平和年鉴

PINGHE YEARBOOK | 2022

中共平和县委党史和地方志研究室 编

方志出版社
Publishing House of Local Records

图书在版编目（CIP）数据

平和年鉴. 2022 / 中共平和县委党史和地方志研究室编. —北京 ： 方志出版社， 2022.12
ISBN 978-7-5144-5378-2

Ⅰ. ①平… Ⅱ. ①中… Ⅲ. ①平和县－2022－年鉴 Ⅳ. ①Z525.74

中国版本图书馆CIP数据核字(2022)第242332号

责任编辑：王娜
责任校对：刘玉霞
责任印制：梅中英
出 版 者：方志出版社
地　　址：北京市朝阳区潘家园东里 9 号（国家方志馆4层）
邮　　编：100021
网　　址：http://www.zgfzcb.cn
发　　行：方志出版社图书营销中心（010-67110500）
印　　刷：泉州智睿印务有限公司
开　　本：889毫米×1194毫米　1/16
印　　张：20.75
字　　数：524千字
版　　次：2022年12月第1版
印　　次：2022年12月第1次印刷
定　　价：260.00元

编辑说明

一、《平和年鉴》是由中共平和县委、平和县人民政府主办，中共平和县委党史和地方志研究室负责编纂的综合年鉴，逐年记述平和县自然、政治、经济、文化和生态文明建设等方面的基本情况，为各级党政机关、研究机构以及社会各界人士和中外投资者了解、研究平和提供丰富、翔实的地情资料。

二、《平和年鉴（2022）》以马克思列宁主义、毛泽东思想、邓小平理论、“三个代表”重要思想、科学发展观、习近平新时代中国特色社会主义思想为指导，坚持辩证唯物主义和历史唯物主义的立场、观点和方法，记录本区域内 2021 年 1 月 1 日至 12 月 31 日各项事业发展的基本情况和重大事件，反映各行各业各领域新成就、新事物、新经验、新趋势。

三、《平和年鉴（2022）》按分类法编辑，主要内容由类目、分目、条目三个层级组成。全书框架结构结合平和县实际情况，在 2021 年的基础上，对部分类目名称、排列顺序、所辖分目作适当调整。全书资料以 2021 年度为主，部分内容根据需要适当突破年度时限，以保持资料的完整性。全书主要数据由平和县统计局提供，其余文稿内容均由平和县相关部门、各承编单位提供并经过领导审定。

四、《平和年鉴（2022）》中“党”“党的”特指中国共产党，其他党派名称用全称或规范化简称。各单位和相关单位名称根据有关文件规定使用规范化简称。

编制单位：福建省地图出版社　审图号：漳S〔2022〕021号　资料截至：2021年12月

平和县城全景图（2021年12月）

（李润南 摄）

2021年7月27—29日，中国共产党平和县第十四次代表大会召开　　（朱连生 摄）

2021年1月6—7日，平和县第十八届人民代表大会第五次会议召开　　（朱连生 摄）

2021年1月5—6日，平和县第十届委员会第五次会议召开　　（朱连生 摄）

2021年12月7—9日，平和县第十九届人民代表大会第一次会议召开　（朱连生 摄）

2021年12月6—8日，政协平和县第十一届委员会第一次会议召开　（朱连生 摄）

2021年10月15日，平和县民营企业发展大会召开　（朱连生 摄）

2021年6月29日，平和县举行“两优一先”表彰大会，表彰一批全县优秀共产党员、优秀党务工作者和先进基层党组织，同时还举行“光荣在党50年”纪念章颁发仪式　　（朱连生 摄）

2021年6月29日，平和县举办主题为“党旗红·苏区兴”的庆祝中国共产党成立100周年文艺晚会
（县委宣传部 提供）

2021年6月19日，“永远跟党走”——漳州市庆祝中国共产党成立100周年巡回宣讲在平和县开讲

（县委宣传部 供图）

2021年，为庆祝中国共产党成立100周年、纪念五四运动102周年，平和县组织开展“在灿烂的阳光下”快闪Show活动

（县委宣传部 供图）

2021年5月，平和县举办“润和杯·我最喜爱习总书记的一句话”演讲比赛，喜迎中国共产党成立100周年 （县委宣传部 供图）

2021年12月，平和县举办庆祝中国共产党成立100周年美术写生及书法作品展（县委宣传部 供图）

2021年8月，平和县各套班子领导开展“学党史、促发展”活动（县委宣传部 供图）

2021年5月14日，平和县举行党史学习教育县委宣讲团宣讲报告会，图为县委宣讲团成员到县直机关开展宣讲（县委宣传部 供图）

2021年7月，平和县组织宣讲报告队伍，分赴全县各地举办学习贯彻习近平总书记“七一”重要讲话精神专题宣讲报告会（坂仔镇）（宣传部 供图）

2021年12月，平和县组织宣讲报告队伍，分赴全县各地举办学习贯彻党的十九届六中全会精神县委宣讲团报告会（党建系统）

（县委宣传部 供图）

2021年4月，平和乡村振兴党建学院在西坑村成立

（县委宣传部 供图）

2021年5月11日，县委党史方志室开展“党史宣传进校园”活动，图为在平和一中活动现场

（县委党史和地方志研究室 供图）

建设中的市政工程项目——新南大桥，位于县城阳明公园旁，全长386米　（林泽霖 摄）

位于闽南第一高峰大芹山上的福建陆宜酒业项目　（林泽霖 摄）

平和县农地资源可持续利用示范项目　（兴和集团 供图）

山水林田湖草沙一体化保护修复项目　（兴和集团 供图）

2021年在建项目——林语堂故居文化核心区工程　　（县旅投公司 供图）

2021年11月18日，平和县生活垃圾焚烧发电厂主厂房顺利封顶　　（城投公司 供图）

中宝食品公司引进多条国内领先的冻干生产线

（县农业农村局 供图）

中宝食品包装车间

（中宝集团 供图）

2021年3月，平和移动开展春耕助农保障

2021年9月12日，中国农技协科技小院联盟2021年现场考察与交流研讨会暨中国农技协福建省科协平和蜜柚科技小院第二届优质柚果评选活动现场　　　　　　　（雷仁清　摄）

位于五寨乡的漳州市天煜木业公司生产车间内景　　（五寨乡　供图）

九峰镇镇区污水处理厂
（九峰镇　供图）

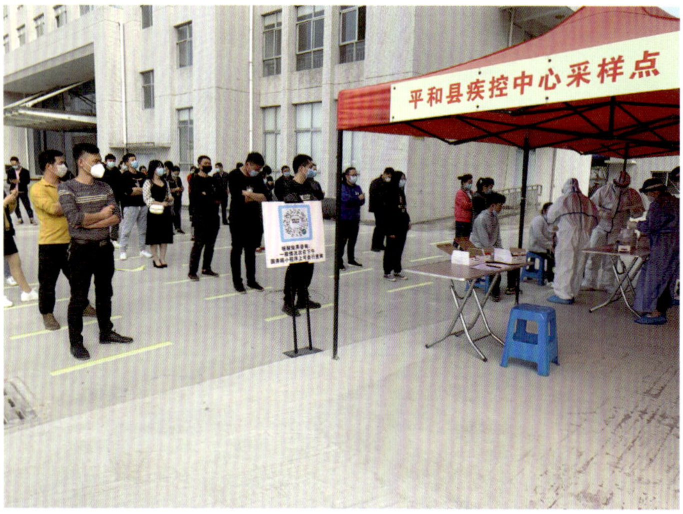

2021年2月，平和县开展“应检尽检”核酸采样工作（县疾控中心 供图）

2021年3月，平和县对市场外环境及食品进行日常核酸检测采样（县疾控中心 供图）

2021年9月，平和县在全县8个高速出口成立查验点，由交通局负责牵头，公安局、县直机关干部、所属乡镇干部组成查验工作人员，每个查验点形成领导一线指挥、党员干部冲在前的一线防疫工作机制

（县交通运输局 供图）

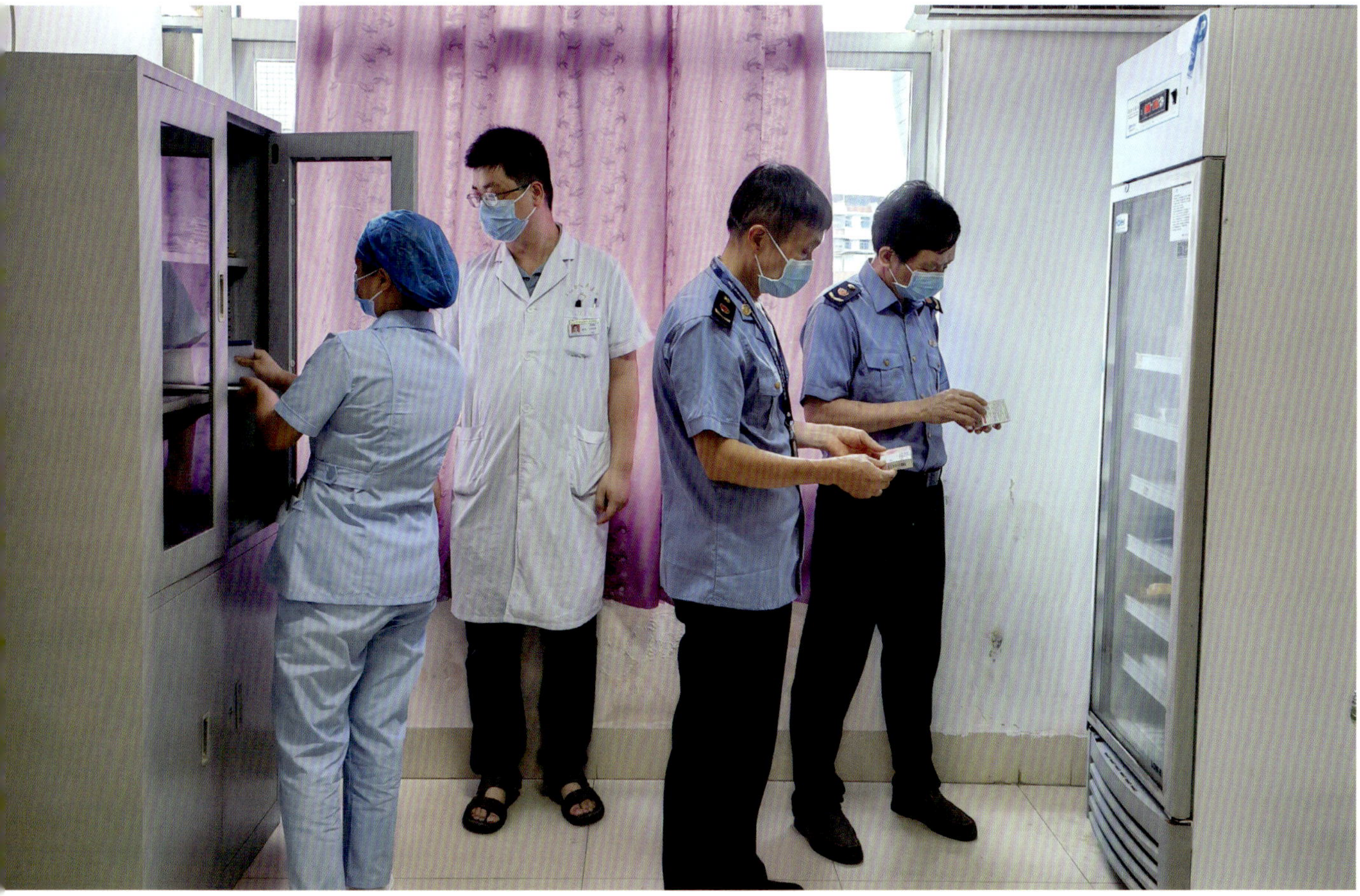

2021年7月，平和县开展疫苗和新冠病毒检测试剂专项检查　　（县市管局 供图）

2021年5月，城关社区卫生服务中心新冠疫苗接种点开展疫苗接种　　（县卫健局 供图）

2021年，平和县各学校依规做好各项疫情防控工作，做好疫情下的复学复课工作　　（朱连生 摄）

2021年2月8日，平和县疾病预防控制中心整体搬迁至平和县小溪镇阳光路14号新址 （县疾控中心 供图）

2021年3月10日，平和县新星幼儿园宝善校区正式开园

（小溪镇 供图）

2021年1月10日，平和县公安局在东风街举行首个“中国人民警察节”第35个“110宣传日”“110社会联动”集中启动仪式 （陈宗泽 摄）

2021年7月30日，县总工会、公安局、消防救援大队在大珩广场联合举办平和县第一届“工会杯”多种形式消防队伍技能比武竞赛

（县总工会 供图）

2021年5月25日，全国科技工作者日活动期间，平和县在金华小学分校开展气象科普活动 （县科协 供图）

2021年7月23日，消防救援人员为小学生讲解消防装备汽车，并带小学生参观消防车（县消防救援大队 供图）

2021年11月9—10日，省、市、县关工委“种子工程”平和县“红美人”优质柑橘种植管理技术培训班在平和县举办。图为现场教学

（县关工委 供图）

2021年4月1日，平和县举行第30个全国税收宣传月暨“百人无偿献血·献礼建党百年”活动启动仪式

（孙瑾 摄）

2021年，平和县行政服务中心设立“零否决”受理窗口，实行“窗口无否决权 否决逐级快速上报”工作机制，避免群众办事“来回跑，多次跑” （县行政服务中心 供图）

目 录

中共平和县委员会

平和县人民代表大会

平和县人民政府

政协平和县委员会

纪检监察

群众团体

法 治

军 事

外事 侨务 台港澳事务

应急管理

经济管理和监督

农业 农村

工 业

商贸流通

财政·税务

金融与保险

交通·邮政·通信

城乡建设与管理

国有资产投资与发展

资源·环境

教育·科技

文化·旅游·体育

医疗卫生

社会民生

乡镇·场区

附录

索引

凝心聚力 砥砺前行
奋力谱写新时代新平和现代化建设新篇章

——在中国共产党平和县第十四次代表大会上的报告

（2021年7月28日）

中共平和县委书记 蔡绿璇

过去五年的工作回顾

县第十三次党代会以来的五年，是我县发展史上极不平凡的五年，是取得全面建成小康社会决定性成就的关键五年。五年来，面对错综复杂的外部环境和艰巨繁重的发展任务，尤其是新冠肺炎疫情的严峻考验，县委团结带领全县广大干部群众，深入实施“新型工业立县、现代农业兴县、生态旅游活县”发展战略，统筹推进“平和经济开发区、现代农业示范区、生态闲适新城区、旅游休闲度假区”空间布局，抢抓机遇、担当作为，攻坚克难、奋勇前进，圆满完成县第十三次党代会赋予的各项任务，“生态·活力·闲适”新平和建设迈上新台阶、取得新成效。先后荣获第三批全国农村创业创新典型县、全国创建无邪教示范县、全国电商示范百佳县、国家农产品质量安全县、全国茶业百强县等荣誉。

五年来，我们坚持政治引领，保持定力，坚决做到“两个维护”。始终坚持以习近平新时代中国特色社会主义思想武装头脑、指导实践、推动工作，切实增强“四个意识”、坚定“四个自信”、做到“两个维护”。紧密结合习近平总书记在闽工作时的重要理念、重大实践，紧密结合习近平总书记来闽考察重要讲话精神以及对福建工作的一系列重要指示批示精神，认真开展“不忘初心、牢记使命”主题教育、党史学习教育，“再学习、再调研、再落实”活动，持续掀起“大学习”热潮，不断提高政治判断力、政治领悟力、政治执行力，推动党中央决策部署和省委、市委工作要求在平和落细落实落到位。

五年来，我们坚持稳中求进，加快赶超，综合实力持续提升。以供给侧结构性改革为主线，紧盯产业短板抓招商、扩投资，持续推动一、二、三产并发增长。新型工业稳步壮大，主导产业、新兴产业加快发展，西蝉木业、大芹陆宜威士忌酒业等一批重大项目建成投产。现代农业巩固提升，出台具体政策措施推动柚茶产业高质量发展，国家现代农业产业园通过认定，入选“中国特色农产品优势区”。第三产业快速发展，全域旅游持续升温，高峰生态谷入选“全国优选旅游项目”，“灵通山国家地质公园”获得正式命名；电子商务快速发展，先后入选“电子商务促进乡村振兴”全国十佳、全国“互联网＋农产品”出村进城试点县等。五年来，地区生产总值、公共财政总收入分别年均增长5%、3%，城镇、农村居民人均可支配收入分别年均递增6.7%、9.0%。固定资产投资累计完成697.91亿元，是“十二五”期间的1.45倍。

五年来，我们坚持深化改革，统筹城乡，协调发展稳步推进。以深化“放管服”改革为主导，着力破除制约协调发展的“中梗阻”问题，有效激发发展活力动力，加快城乡一体化进程。改革任务有力落实。稳妥推进相对集中行政许可权、工程建设项目审批等改革，顺利推进党政机构、乡镇、事业单位及群团组织改革，圆满完成公立医院、农村集体产权制度等改革任务。建立健全平台宗亲常态化交流互访等机制，促进两岸融合发展。城区品位逐步提升。《平和县城乡总体规划（2015—2030）》通过审批，城市道路、饮用水、污水处理、文体场馆、公园绿地等配套设施逐步改善，城市管理水平不断提高；实施“五城同创”，先后荣获“省级园林县城”。乡村风貌大为改观。扎实推进特色镇、示范村建设，形成“串点连线”示范线路2条，小溪镇入选全国乡村特色产业十亿镇、山格镇新陂村获评第六届全国文明村。“一革命四行动”扎实推进，农村人居环境整治三年行动成绩良好，城乡环境更加美丽宜居。

五年来，我们坚持问题导向，聚力攻坚，三大战役成效明显。紧盯目标任务，科学研判、精准施策，以决战决胜的信心和行动推动各项任务落地落实。脱贫攻坚全面胜利。围绕解决好“两不愁三保障”等突出问题，创新实施“有其屋”“养鸡生蛋”“一个不能少”等工程，率先推出医疗费兜底保险、蜜柚价格指数保险等一系列举措，五年来减少贫困人口11545人，提前一年半退出省级扶贫开发工作重点县行列，平和县扶贫开发领导小组办公室获得党中央、国务院“脱贫攻坚先进集体”荣誉表彰。污染防治扎实推进。坚持绿色发展，扎实推进中央环保督察等生态领域反馈问题整改，首创“智慧河长”管理模式，流域断面水质不断改善；深入开展严禁毁林种柚林业大整治行动，加大造林绿化和森林保护力度，森林覆盖率从2015年的70.68%提高到73.32%。平和县被列入国家级森林城市创建名单，国强乡新建村、文峰镇三坪村、九峰镇澄溪村入选第一批国家森林乡村。金融风险防控有效。主动处置不良债务，化解不良资产，防范疫情对信贷的冲击，不良贷款率始终控制在1.5%以下，政府债务风险控制在预警线下。

五年来，我们坚持以民为本，精准发力，民生福祉更加殷实。坚持以人民为中心，扎实办好为民办实事项目，人民生活品质不断改善。疫情防控持续巩固。疫情发生以来，县委坚决贯彻上级决策部署，持续发力，精准闭环，落实落细各项常态化防控措施，迅速推进疫苗接种，平和成为全市唯一“零疑似”“零感染”的县份。民生短板加快补齐。金华小学分校、城关卫生院、疾控中心等一批教育、卫生项目先后建成投用，全县教育教学、健康医疗条件明显改善，养老服务设施及服务扩面提质，科技、文化、体育等各项事业全面发展，精神文明建设持续深化。云平高速公路、国道355线平寨至西蝉公路拓宽改造等一批交通工程竣工投用，城区自来水厂及管网改造、垃圾焚烧发电厂等一批基础设施建设有序推进。社会大局和谐稳定。全面开展政法队伍教育整顿，扫黑除恶专项斗争常态长效，平安平和深入人心，群众安全感满意度连续多年位居省市前列，省食品安全社会共治示范县创建成功，平和县公安局荣获“全国优秀公安局”称号。安全生产形势稳定向好，全县未发生重大安全事故。

五年来，我们坚持党要管党，从严治党，执政能力显著增强。深入贯彻新时代党的建设总要求，全面推进党的各方面建设，为各项事业发展提供坚强的政治保证。政治能力不断提升。严格执行民主集中制，完善县委常委会、县委全会议事规则和“三重一大”事项决策制度，统揽全局、协调各方的能力和水平持续提升。依托“红军党校”“西坑党校”等红色教育阵地，常态化开展党性教育，意识形态阵地始终坚守，党员干部理想信念更加坚定。队伍建设持续优化。坚持正确选人用人导向，把政治标准放在首位，注重从脱贫攻坚、疫情防控、项目建设、综治维稳等急难险重一线考察识别和培养使用干部，选优配强各级领导班子。坚持党管人才原则，深入实施“柚都英才”聚集计划，人才集聚效应不断提升。战斗堡垒更加有力。严格落实党组织书记抓基层党建述职评议制度，建立党委（党组）书记和班子成员挂钩联系党支部工作制度，创新开展“一镇一品多亮点”活动，各领域基层党建基础进一步夯实。推行村级集体经济“整乡推进、抱团发展”模式，全面消除集体经济薄弱村。正风反腐纵深推进。严格落实中央八项规定精神，推进整治形式主义为基层减负专项工作，持续开展移风易俗，着力正党风、淳民风、树新风。持续深化纪检监察体制改革，实现纪检监察派驻和巡察全覆盖。坚持把纪律和监督挺在前面，精准运用“四种形态”，实现由“惩治极少数”向“管住大多数”转变，风清气正的政治生态进一步形成。同时，支持人大、政府、政协和群团组织等工作，积极推动依法治县，壮大爱国统一战线，落实党管武装工作。

成绩来之不易，共识凝聚力量。五年来，我们能取得这些成绩，是上级党委政府坚强领导、大力支持的结果，是县各套班子齐心协力、担当作为的结果，是全县干部群众凝聚一心、砥砺前行的结果。在此，我代表县委，向辛勤工作在各行各业的广大干部群众，向关心支持平和发展的各人民团体、离退休老同志和社会各界人士，向服务平和发展的武警部队官兵、公安民警和消防救援队伍指战员，向为平和发展作出积极贡献的企业家、投资者和建设者，表示衷心的感谢和崇高的敬意！

成绩来之不易，经验弥足珍贵。五年的丰富实践告诉我们：必须坚定不移坚持和加强党的全面领导，坚持以习近平新时代中国特色社会主义思想为指导，坚定不移全面从严治党，以实际行动增强“四个意识”、坚定“四个自信”、做到“两个维护”。必须坚定不移贯彻新发展理念，坚持系统思维、统筹思维，认清差距、正视困难、摆脱惯性、不畏艰难，认真对照审视、知不足而奋进，完整、准确、全面贯彻新发展理念，推动高质量发展。必须坚定不移推进改革创新，实践发展永无止境，深化改革永无止境，要以更大的政治勇气和智慧，不断凝聚共识、不失时机推动中央和省、市各项改革措施在我县落实，以改革创新引领经济社会各项事业发展。必须坚定不移践行以人民为中心的发展思想，江山就是人民、人民就是江山。推动高质量发展的过程，就是不断实现人民对美好生活向往的过程，要把提高人民生活品质、增进人民福祉作为出发点和落脚点，依靠人民推动发展、发展成果人民共享。

成绩来之不易，前路愈加艰辛。在奋进新征程中，我们也要清醒地看到，平和的发展还面临不少问题和挑战，主要表现在：一是产业基础仍较薄弱，一产大而不优，二产杂而不强，三产快而不佳，新型工业乏力、特色农业单一、现代服务业低端等矛盾较为突出。二是城乡发展不够协调，城乡公共资源配置仍不合理，基础设施建设仍需完善，城乡人居环境品质不高，城乡协调发展格局尚未形成。三是发展环境仍需改善，机制运行不够高效，服务水平有待提高，要素保障能力有待加强，激发市场主体活力措施较少。四是民生保障有待加强，教育、文化、医疗、养老等方面供给与群众需求还有较大差距，居民收入增长放缓，返贫致贫风险依然存在，社会治理体系和治理能力有待进一步提升，等等。对此，我们必须高度重视，采取有力措施，切实加以解决。

今后五年的奋斗目标和主要任务

今后五年，是我县全面开启建设社会主义现代化新征程的第一个五年，也是全方位推进高质量发展超越的关键五年，还是平和经济社会各项事业加快发展的奋进五年、奋斗五年、奋发五年。新征程赋予新使命，新阶段召唤新作为。

（一）坚定信念信心，昂首阔步踏上“奋进平和”新征程

今后五年，机遇与挑战并存，优势与困难同在，但机遇大于挑战，优势胜过困难，是平和发挥后发优势、加快跨越提升的有利时期。从国际国内看，世界正经历百年未有之大变局，新一轮科技革命和产业变革蓬勃兴起，新冠肺炎疫情影响广泛深远，经济全球化遭遇逆流，国际环境日趋复杂，不稳定性不确定性明显增加。我国已转向高质量发展阶段，经济长期向好的基本面没有变，发展韧劲强劲，社会大局稳定，继续发展具有多方面优势和条件。从发展形势看，我省全方位推进高质量发展超越，闽西南协同发展区建设驶入快车道，厦漳泉同城化更加紧密，区域发展战略机遇多重叠加，将进一步带动我县加快发展。从平和实际看，经过“十三五”时期的发展，我县经济社会发展和综合实力大幅提升，产业基础更为坚实，发展后劲持续增强，社会民生不断改善，城乡品质和综合承载功能更加完善，政治生态风清气正，广大干部群众干事创业的热情高涨，各方面积极因素加速汇聚，迎来扩容提质、扩大开放、高质量发展的重大契机。站在新的历史起点上，我们要胸怀“两个大局”，把握“国之大者”，始终保持对事业的进取之心，坚定信念、树牢信心，在全市、全省乃至全国发展的大局中找准坐标、找准站位，自觉肩负起时代赋予的使命任务，奋力开创各项事业发展新局面。

今后五年，全县工作的指导思想是：高举习近平新时代中国特色社会主义思想伟大旗帜，深入贯彻党的十九大和十九届二中、三中、四中、五中全会精神，全面贯彻党的基本理论、基本路线、基本方略，紧紧围绕统筹推进“五位一体”总体布局和协调推进“四个全面”战略布局，增强“四个意识”、坚定“四个自信”、做到“两个维护”，坚持党的全面领导，坚持以人民为中心，坚持新发展理念，坚持深化改革开放，坚持系统观念，坚持稳中求进工作总基调，以全方位推进高质量发展超越为主题，以深化供给侧结构性改革为主线，以改革创新为根本动力，以满足人民日益增长的美好生活需要为根本目的，统筹发展和安全，加快建设现代化经济体系，积极服务和融入新发展格局，扎实推进县域治理体系和治理能力现代化，实现经济行稳致远、社会安定和谐，不断增强人民群众获得感、幸福感、安全感，奋力谱写新时代新平和现代化建设新篇章。

今后五年，全县经济社会发展的具体目标是：在质量效益明显提升基础上实现经济持续健康发展，全县主要经济指标增速达到全市平均水平，居民收入增长和经济增长基本同步，城乡一体化发展更加协调，生态环境质量明显提升。至2025年，地区生产总值年均增长6.5%—7%，地方财政总收入年均增长4%，农村居民人均可支配收入年均增长8%，城镇居民人均可支配收入年均增长7.2%，常住人口城镇化率提高至55%，森林覆盖率提高至73.7%，单位GDP二氧化碳排放降低完成省市下达指标。

（二）聚焦重点任务，勇毅笃行开拓“奋斗平和”新局面

未来五年，我们将紧盯主攻方向、找准找实着力点，持续推进新型工业集聚区、现代农业示范区、文化旅游度假区、生态闲适新城区“四区建设”，系统谋划、统筹安排，勇于担当、善作善成，全力推动平和经济社会高质量发展再上新水平。

1. 壮大实体经济，打造新型工业升级版

坚持把发展经济着力点放在实体经济上，着力突出工业、突

破工业，以工业发展引领促进三次产业优化升级、协调发展。

突出主导产业。坚持不懈做大做强生态木业、健康食品、新型建材、机械制造等四大主导产业，促进链条化延伸、规模化集聚、高端化发展，力争到2025年，打造形成生态木业、健康食品两个百亿产业集群，规模工业产值突破300亿元。加快发展数字经济、绿色经济等，全面提升工业能级。要依托西蝉木业产业园，构建高端绿色现代木业产业新体系，打造闽西南生态木业精深加工产业基地。要重点开发健康、绿色、休闲食品，加快推进蜜柚深加工、茶叶精加工等产业发展，培育壮大一批名优品牌。要推动新型建材加工制造业提质升级，加快发展节能节材建筑材料，鼓励开发新产品，提升平和瓷的地域品牌影响力。要重点发展“三机”（农业机械、汽配机械、工程机械）产业，积极引进“三电”（电池、电机、电控）系统，培育壮大新能源汽车及零部件产业，着力打造全省现代农业机械产业基地。

强化创新驱动。发挥科技创新在全面创新中的引领作用，深化“人才+项目+资金”融合发展模式，着力打造主导产业创新链。要强化企业创新主体地位，支持龙头企业联合行业上下游、产学研力量组建创新联合体，推动规模以上工业企业研发活动全覆盖，力争“十四五”期间培育出更多的“双高”企业。要鼓励建设创新平台，建立完善技术创新体系，加快推进科技企业孵化器建设、重点创新平台建设，提升平和琯溪蜜柚科技小院服务功能。要优化引才聚才体制机制，大力引进创新人才，充分激发创新创业创造活力。

推进园区标准化。持续推进平和工业园区扩区升级步伐，高标准推进黄井工业园、山格科技产业园、文美工业园、大坂洋工业园、安厚工业小区等重点园区开发建设，科学规划各园区功能定位和产业布局。谋划古雷石化上下游配套产业园区，促进优势产业集聚发展。加强园区基础设施配套建设，完善园区及周边商业生活服务，提升园区承载能力，加快形成“一区多园”协调发展的工业格局。

优化营商环境。深化“放管服”改革，加快推进相对集中行政许可权改革试点工作，提升县乡村三级政务服务体系建设，建立健全“一表申请、一口受理、一章审批、超时默认、默认追责”制度以及“马上就办”常态化机制，推动“互联网＋政务服务”效能升级。加大企业帮扶力度，以“妈妈式”服务做到“不叫不到、随叫随到、服务周到、说到做到”，努力营造有利于创业创新创造的良好发展环境。要认真贯彻落实支持民营企业改革发展的各项政策措施，依法平等保护民营企业产权和企业家权益。要聚焦企业关切，用好“政企直通车”平台，做到企业诉求有渠道反映、能得到及时解决。建立健全“个转企、小升规、规转股、股上市”企业递进培育机制，积极引导企业参与，加快培育更多新增长点。

2. 发挥资源优势，做好乡村振兴大文章

以乡村振兴为战略基点，以现代农业产业为主导支撑，以农村人居环境为切入点，发挥平和农业农村特色资源优势，加快推进农业农村现代化。

全面推进乡村振兴。紧扣“产业兴旺、生态宜居、乡风文明、治理有效、生活富裕”总要求，聚焦聚力“五大振兴”，努力打造乡村振兴平和样板。要巩固拓展脱贫攻坚成果。建立健全稳定脱贫的长效机制，坚持“四个不摘”，建立健全防止返贫监测和帮扶机制，加大农业保险、重特大意外及大病保险等保险扶贫力度，加大产业和就业扶贫力度，整合优化扶贫资金，帮助贫困群众稳定就业、稳定增收、稳定资产收益。积极探索脱贫攻坚与乡村振兴有效衔接的体制机制，不断巩固提升脱贫攻坚成果。要激发乡村振兴活力。落实第二轮土地承包到期后再延长三十年政策，加快培育新型农业经营主体，发展多种经营，实现农村经济多元化。深化农村集体产权制度改革，引导农村集体资源变资产、资金变股金，培育一批产业发展示范村，形成强村带弱村，共同发展壮大集体经济。健全农村金融服务体系，发展农业保险。创新乡村人才引进机制，提高农民科技文化素质，推动乡村人才振兴。要推动老区苏区发展。用好用足扶持老区苏区振兴政策，积极引导社会组织与老区村结对帮扶，争取更多老区特色产业提升、基础设施建设、公共服务保障等方面支持，精心挖掘保护革命遗址，促进共同富裕。

先行发展现代农业。坚持以工业化理念谋划农业，推动特色农业由规模化向高品质、多样化转型，加快由农业大县向农业强县迈进。要优化发展柚茶产业。推动蜜柚产业转型增效，深化“提品质、扩市场、深加工、护品牌、展文化、促融合”的发展思路，突出柚类加工，突破系列精深加工，积极推广新品种，错开上市时间，拉长供货周期，延伸全产业链，打造中国柚都2.0升级版。巩固提升国家现代农业（蜜柚）产业园建设成果，持续实施高海拔山区退果还林还茶、建设生态果园，加速推动蜜柚产业转型升级、提质增效。推动茶叶产业提档升级，稳步推进生态茶园建设，扩大茶叶种植面积，积极推进茶叶标准化生产，改进制茶新工艺、研发新产品，做大茶文章，推动传统茶业向现代茶业转变，逐步扩大白芽奇兰茶品牌影响力和市场占有率。要培育壮大特色产业。落实最严格的耕地保护制度，坚决遏制耕地“非农化”和防止耕地“非粮化”，持续推进高标准农田建设，提高永久基本农田旱涝保收水平。优化农业发展结构，加大力度发展蔬菜、食用菌、畜牧、花卉苗木、林竹、特色水产、中药材，提高粮食安全保障能力，推动特色农业产业转型升级。要拓展农业新型业态。突出特色发展“农业+”，促进特色农业“接二连三”融合发展。鼓励发展柚茶深加工产业，加快发展特色农产品供应链，突出发挥“互联网+蜜柚”“互联网+茶叶”产业链效益，巩固拓展国内外营销市场，推动特色农业规模化、集约化、专业化发展。加快拓展特色产业功能，建设一批集休闲、观光、科普、研学、体验于一体的综合性示范点。

提升农村人居环境。统筹城镇和村庄规划建设，规范农民建房，打造特色乡村风貌，形成一批体现地域特色的传统民居，保护传统村落和乡村风貌，彰显镇村文化底蕴。突出抓好乡村振兴特色镇、试点村建设。深入开展农村人居环境整治提升五年专项行动，开展治理裸房、空心房和拆除违章建筑“两治一拆”专项行动，深入推进“一革命四行动”，健全“户分类、村收集、镇转运、县处理”的城乡一体化处理体系，推动农村生活垃圾“干湿”分离、就地分类、源头减量。全面加强高速公路、国道沿线环境整治提升。严格执行“一户一宅”政策，推进农村土地复垦。

3. 加强统筹协调，激发城乡融合新动能

加快推进以县城为核心载体的新型城镇化建设，以点带面、统筹协调，推动城乡融合高质量发展。

打造有品质的中心城区。坚持统一规划、连片改造、综合治理，整体提升人居环境和城市品质，不断增强中心城区的聚集效应。要拓展城市发展空间。实施“大城关、小城市”战略，以城镇建设提质工程为抓手，完善城镇功能，发展城区经济，改善城市生态，结合城区周边山水资源，打造山水田园宜居小城市。要提升城市建设品位。重视和加强城市设计工作，塑造城市特色风貌，推进历史街区保护整治，统筹推进老旧住宅小区和城中村更新。大力推进公共交通、停车设施、给排水、绿地等公共设施建设，逐步实现交通网内畅外联、居住区美丽清新、生活圈方便快捷。要加强城市精细管理。完善城市综合执法体制，深入开展综合环境提升整治攻坚行动，落实“门前三包”管理责任，加快推动垃圾分类，规范路面停车秩序，推进市容市貌综合整治。构建县级数字城管平台，全面提升城市管理服务水平。

打造成体系的城乡设施。加快推进新型基础设施和传统基础设施建设，加快构建布局合理、设施配套、功能完备、安全高效的现代化城乡基础设施体系。要完善交通基础设施建设。向上争取平和动车站点、平厦高速公路漳浦石榴至平和坂仔段等项目列入国家、省市相关规划，推进国道355线平寨至西蝉“白改黑”、环大芹山道路等项目建设，优化提升县内交通，抓好“四好农村路”建设。要完善水利基础设施建设。实施九龙江防洪工程漳州段（三期）以及一批乡镇防洪堤工程项目建设，加快城乡供水一体化、第二水源（官峰水库）工程等项目建设，加快推进花山溪城区段等安全生态水系项目建设。要完善能源基础设施建设。全力配合推进闽粤联网、漳州核电500千伏送出线路等重点项目建设。加快推进电网建设改造，提升农村配电网能力。加快“西气东输”管道工程建设，推进清洁能源项目建设。要完善网络基础设施建设。加快5G基站建设，推动5G在更多领域应用。加快基础设施数字化布局、智能化改造。推进数字政务建设，推动城市管理、公共安全、环境建设等方面实现智慧式管理和运行。

打造促融合的长效机制。加快城乡一体化发展，积极探索“以城带乡、以乡促城”的城乡融合发展新路。要合理扩大城乡投资。强化“抓发展是硬道理、抓项目是真功夫”的理念，用好“五个一批”项目生成机制，加大力度谋划一批城乡融合发展项目，推动项目全过程无缝顺畅建设。要着力促进城乡消费。做大做强以三平寺、灵通山、高峰谷为核心的三大景区，建成一批文旅融合景区景点，加强旅游配套提升，进一步提升旅游综合接待能力。完善中心城区商贸服务功能，推动批发市场、特色街等小店集聚区转型升级。完善县乡村三级物流配送体系，推动“农产品进城”更加畅通高效。要深化两岸融合发展。着眼大局大势，发挥平和独特对台优势，坚持以“通”促融，提升平台产业合作水平；坚持以“惠”促融，认真落实国家、省、市惠台政策，推进基本公共服务均等化、普惠化、便捷化；坚持以“情”促融，突出祖地文化、民间信仰、宗族宗亲、乡亲姻亲等重点，加强平台两地人文交流。

4. 践行为民宗旨，答好共享发展民生卷

让老百姓的日子越过越好，是我们一切工作的出发点和落脚点。我们要坚持以人民为中心的发展理念，加强普惠性、基础性、兜底性民生建设，推进基本公共服务均等化，不断满足人民群众对美好生活的需要。

加快补齐民生短板。围绕“幼有善育、学有优教、劳有厚得、病有良医、老有颐养、住有宜居、弱有众扶”目标，整合资源，加大投入，聚焦基础教育、健康平和、社会保障等民生领域短板突出问题，持续增加优质公共服务供给。加快县乡村三级人力资源社会保障公共服务体系建设，全面推进城乡公共就业服务均等化和就业援助普惠化，建立健全推动就业创业机制，提升居民就业质量，促进城镇职工、农民、困难群体、高端人才等四大群体增收，持续提升城乡劳动者生活水平。坚持以社会主义核心价值观引领文化建设，深化“五城同创”和群众性精神文明创建，不断提高社会文明程度。深入挖掘平和历史文化内涵，传承弘扬优秀传统文化，推动文化产业和文化事业繁荣发展。

加强生态环境保护。牢固树立“绿水青山就是金山银山”的理念，加快形成节约资源和保护环境的空间格局、产业结构、生产方式、生活方式。合理划定生态保护红线、永久基本农田、城镇开发边界三条控制线和乡村建设等各类空间实体边界，加快形成生产空间集约高效、生活空间宜居适度、生态空间山清水秀的国土空间体系。严把项目环境准入，鼓励企业加大绿色制造投入，逐步淘汰落后产能，全面节约能源资源。深入实施“蓝天工程”“碧水工程”“净土工程”，深入开展重点流域综合治理，确保考核断面水质稳定达标。加强大气环境监管，提高空气优良率。开展农用地土壤质量类别划分，分类实施农用地污染风险防控。加快推进垃圾焚烧发电厂建设，建立完善分类投放、分类收集、分类运输、分类处置的生活垃圾处理系统，实现生活垃圾减量化、资源化、无害化处理。

加力建设平安平和。坚持法

治平和、法治政府、法治社会一体建设，全面推进严格执法、公正司法、全民守法，扎实推进依法治县，逐步实现治理制度化程序化规范化法治化。落实平安建设责任制，加强和创新社会治理，推进基层治理体系和治理能力现代化。坚持底线思维，增强忧患意识，着力防范化解各种风险和挑战。完善应急管理体系，加快县应急指挥中心建设，提高应急管理综合能力。建立健全县乡村三级救灾物资储备体系，提升物资储备和调运水平。做好消防设施建设，推进房屋结构安全隐患大排查大整治，加强房屋隐患治理和抗震加固工作。强化自然灾害预测预警与风险防范设施建设，推动气象、水文、地震、地质、农林业和野生动物疫源疫病等灾害监测站点建设。抓好防灾减灾知识宣传普及，提高民众防灾减灾意识和应变能力，全面提高安全生产水平，全力维护国家安全、社会安定、人民安宁。

（三）强化政治引领，振作精神营造“奋发平和”新气象

办好平和的事情，关键在党，关键在坚持党要管党、全面从严治党。必须坚定不移地坚持和加强党的全面领导，引领全县广大干部群众感党恩、听党话、跟党走，凝聚起全县奋勇拼搏新时代的强大力量，为经济社会发展提供坚强组织和政治保证。

1. 强化政治思想建设。全面落实新时代党的建设总要求，以党的政治建设为统领，压紧压实管党治党政治责任，全面推进党的各方面建设，提高党的建设质量。大力弘扬党的优良传统，巩固拓展党史学习教育成果，用好红色资源，提升改造长乐红军党校、西坑党校、欧寮苏维埃讲堂等一批红色教育基地，教育引导广大党员、干部为党和人民事业不懈奋斗。

2. 强化基层组织建设。着力健全完善上下贯通、执行有力的组织体系，持续整顿软弱涣散基层党组织，推进党支部标准化、规范化建设。聚力抓党建引领乡村振兴，精准选派优秀干部驻村任职，发挥乡村振兴党建学院作用，加强产教融合，推广典型经验，建强乡村振兴力量。持续发展壮大村级集体经济。扎实推进近邻党建工作，持续强化机关、非公企业和社会组织党组织、国有企业、学校等各领域党建工作。

3. 强化干部队伍建设。围绕建设高素质专业化干部队伍，强化干部政治素质建设，拓宽选拔培养人才视野，持续优化领导班子和干部队伍结构。从严从实抓好干部监督管理，建立完善全县干部业绩综合评价和年轻干部测评管理机制，突出一线考察，常态化跟踪了解干部的工作实绩，树立起“重实干、重实绩”的鲜明导向。加大干部激励关爱力度，提升管理效能，提振干部精气神，营造“比学赶超、力争上游”的良好氛围，推动干部自觉在攻坚克难、跨越发展中增才干、强本领，建设一支“想干事、会干事、干成事、不出事、好共事”的高素质干部队伍。

4. 强化党风廉政建设。把严的主基调长期坚持下去，紧盯“关键少数”、引领“绝大多数”，推动“一把手”管好班子、带好队伍，确保管党治党责任落到实处。锲而不舍落实中央八项规定精神，持续纠治形式主义、官僚主义，巩固拓展基层减负成果。完善基层监督体系，强化政治巡察，加强对公权力运行的制约和监督。深化运用“四种形态”，一体推进不敢腐、不能腐、不想腐，营造风清气正的良好政治生态。

5. 强化民主政治建设。坚持和完善人民代表大会制度，加强人大对“一府一委两院”的监督。加强人民政协专门协商机构建设，提高建言资政和凝聚共识水平。完善大统战工作格局，巩固和发展大团结大联合局面。健全基层群众自治制度，增强群众自我管理、自我服务、自我教育、自我监督实效。发挥工会、共青团、妇联等群团组织作用，把各方面群众紧紧凝聚在党的周围。

6. 强化县委自身建设。坚持党委统揽全局、协调各方。县委班子成员要带头加强学习，不断提高领导发展、谋划发展、推动发展、落实发展的能力。要带头密切联系群众，主动问政于民、问需于民、问计于民。要带头遵

守各项纪律，坚决做到令行禁止。要带头坚守组织原则，严格执行民主集中制。要带头维护团结统一，带动县各套班子形成全县上下同频共振，同心同德搞建设、群策群力促发展的良好氛围和生动局面。

同志们，昨天的平和成就喜人，今天的平和活力无限，明天的平和将更加美好。全县广大党员干部要自觉增强赶超进位的信心，牢固树立“奋进平和”的理念；始终秉持敢拼会赢的精神，持续展现“奋发平和”的姿态；不断提升力争上游的能力，务实践行“奋斗平和”的承诺；凝心聚力谋发展、心无旁骛干事业，努力让美好愿景变为现实。

同志们，新的号角已经吹响，新的征程已经起航。让我们紧密团结在以习近平同志为核心的党中央周围，坚持以习近平新时代中国特色社会主义思想为指导，不折不扣落实党中央决策部署和省委、市委工作要求，团结和带领全县人民，凝心聚力、砥砺前行，为全方位推进高质量发展超越、加快新时代新平和现代化建设而努力奋斗！

（供稿：县委办）

政府工作报告

——在平和县第十八届人民代表大会第五次会议上

（2021 年 1 月 6 日）

平和县人民政府县长　吴丁顺

一、2020 年和“十三五”时期工作回顾

2020 年是极其不平凡的一年。全县上下坚持以习近平新时代中国特色社会主义思想为指导，全面贯彻党的十九大，十九届二中、三中、四中、五中全会精神，认真落实省委省政府、市委市政府和县委工作要求，扎实做好“六稳”[①]工作，全面落实“六保”任务，统筹推进常态化疫情防控和经济社会发展，完成地区生产总值 254.57 亿元。我县入选全国“互联网＋农产品”出村进城试点县。主要工作和成效是：

（一）经济运行总体平稳

疫情防控有力有效。坚决把人民群众的生命安全和身体健康放在第一位，第一时间建立疫情防控组织领导体系，第一时间部署落实防控措施，构筑联防联控、群防群治严密防线，成为全市唯一“零疑似”“零感染”的县份，守住了疫情防控“平和阵地”。

复工复产快速推进。因时因势调整工作着力点和应对措施，创设“五员”服务组，深入开展“奋战下半年、勇夺双胜利”和“难、硬、重、新”工作行动，有序恢复生产生活秩序。不折不扣落实减税降费优惠政策，新增减税降费 14951 万元，其中减税 6018 万元、降费 8933 万元，因疫情而新增减税降费就达 8575 万元。激发市场主体活力，新成立企业 1016 家、个体工商户 8145 户，新增规工企业 11 家。加大信贷投放，采取发放支农再贷款、无还本续贷等措施，全力支持复工复产，金融机构各项存款余额 185.85 亿元，增长 1.95%；贷款余额 111.1 亿元，增长 16.16%。

项目建设提速增效。39 个省市重点项目完成投资 53.87 亿元，119 个县重点项目完成投资 73.57 亿元，固投完成 84.39 亿元，自来水管网改扩建工程、小溪现代农业示范园区等项目扎实推进。新增“五个一批”项目 134 个，其中谋划 21 个、签约 39 个、开工 41 个、投产 30 个、增资 3 个。

县党政“一把手”带队外出招商12次，全县共对接项目55个、签约项目34个，大珩商超、俊鑫木业等项目落地，总投资91.4亿元。高质量编制“十四五”规划，推动5个项目纳入省、市级“十四五”重大项目库。②

（二）产业转型持续加快

工业加快转型升级。坚持不懈“大抓工业、抓大工业”，规模工业总产值完成154亿元。唐宗家居生产、众合木业等开工建设，嘉嘉之福阿胶明胶加工、泰香食品等持续推进，大芹陆宜威士忌酒业第三条生产线建成投产，规工增加值完成44.56亿元，工业投资完成37.16亿元，技改投资完成10.5亿元。工业用电5.68亿千瓦时，增长20.2%。工业园区、安厚莲塘工业小区（一期）基础设施不断完善，承载能力有效提升。

现代农业提质增效。农业总产值完成91.36亿元、增长2.13%。平和国家现代农业产业园创建通过国家考核认定，琯溪蜜柚文化展示馆、高标准生态柚园、大数据平台等相继建成；合益食品、益果园食品等蜜柚深加工生产线投用；举办第十六届平和蜜柚节、庆丰收蜜柚开采活动，打响“平和琯溪蜜柚正宗原产地”品牌；琯溪蜜柚首次出口美国。举办第十三届茶王赛；琯溪蜜柚、彭溪牌平和白芽奇兰茶获2020世界地理标志产业博览会金奖，白芽奇兰茶入选福建2020年地理标志农产品保护品种。温氏、海新等企业采取“公司+农户”的饲养模式，生猪存栏超20万头。

第三产业提速发展。扎实推进省全域生态旅游示范县创建，持续加快北斗七星土楼群、御龙山农业休闲山庄等项目建设，乡村游、红色游持续火爆。鼓励大世界、金恒盛等商超叠加促销活动，捷特姆超市开业，引导发展夜间经济，促进消费拉动内需。推出“柚趣平和·寻味十二时辰”直播日活动，打造“蜜柚+X”促销模式，蜜柚线上销售9.75亿元、增长175%；33家电商企业入驻电子商务服务中心，电子商务交易额完成27亿元。

（三）城乡建设融合发展

基础设施不断夯实。交通工程完成投资2.04亿元，北环路延伸段道路工程持续推进，云平高速、县道芦大线改建等建成通车，实施农村公路示范路、路面挖补项目3个、农村安保工程24千米。水利水保完成投资1.68亿元，完成2个中小河流治理③、9条小流域水土流失综合治理、5个安全生态水系等项目③，投资6亿元的官峰水库④全阶段勘察设计工作全面开展。电力能源完成投资0.66亿元，110千伏文峰、西蝉输变电工程建成投用，新一轮农网改造升级工程完成147个。

城乡环境美丽宜居。深入开展省级文明县城创建活动。投入34.6亿元，建设市政道路9.6千米，新建改造污水管网13千米、供水管网20千米、雨水管网13.5千米，新建改造城区路灯900盏、停车位300个、公厕8座；投资5亿元的垃圾焚烧发电厂开工建设。投资3.16亿元，实施乡村振兴“345”示范项目⑤145个。加大以“清四堆”为重点的村庄清洁与垃圾治理专项行动，农村人居环境整治三年行动通过验收；乡村振兴服务站实现全覆盖。小溪镇入选全国乡村特色产业十亿镇，蕉路村入选第二批全国乡村旅游重点村，新陂村获评第六届全国文明村，6个村入选省级“一村一品”示范村⑥。

生态质量明显提升。推动中央环保督察等问题整改落实，有序开展农村生活污水治理PPP项目、山格污水处理厂提升改造等前期工作。打好环保攻坚战，县城饮用水源、国控洪濑口汤坑桥监测点、跨省长乐葵山监测点水质达标率均达100%，省考核10条小流域水质达标率93.3%，环境空气质量优良天数比例为99.4%，完成植树造林1920公顷、退果还林还茶超600公顷，生态环境质量稳步向好。

（四）民生福祉持续改善

脱贫攻坚稳定提质。落实“四个不摘”要求，扎实开展脱贫攻坚“补短板强弱项‘回头看’行动”，全面推行缓解相对贫困人口政策扶持，脱贫质量进一步提升。继续实施低收入困难群众和建档立卡贫困人口意外、重疾和医药费兜底保险，创新蜜柚价格指数保险，有效防范和化解贫困户返贫风险。

教育文化优先发展。总投资2.73亿元的17项为民办实事项目全部完成。通过省对县教育“两项督导”考核，落实义务教育教师待遇不低于公务员收入，全力推进长宏国际幼儿园、大溪中心小学教学楼等项目建设，广兆中学、平和六中确认为省三级达标高中；稳妥实行公民办中小学同步招生制度改革，再获“漳州市高中教育教学质量先进县”荣誉。县文博中心、4个乡镇综合文化站和107个村级综合性文化服务中心建成投用，保护修缮城隍庙、庄上大楼等文保单位，新增省级、县级文保单位2个、12个。央视拍摄、播出蜜柚公益广告宣传片。《平和县志（1989—2007）》付梓出版。

医疗保障显著提升。投资10亿元的县医院迁建工程顺利开工，有序推进国强乡卫生院、南胜镇卫生院周转房建设。家庭医生签约24.95万人。引进1家国家级、2家省级名医工作室，县域医疗服务能力进一步提升。新建73家农村幸福院，完善提升2家区域性养老服务中心、6家社会养老服务站，为40个老区村配套老年活动中心。落实社会保险惠企援企、失业保险稳岗返还、一次性稳就业奖补等措施，千方百计促就业。

社会治理创新发展。深入开展扫黑除恶专项斗争，严厉打击各类违法犯罪行为，提升“乡村（社区）110”网格治理机制，创新金融纠纷预防调处化解综合机制，拓展提升矛盾纠纷线上调解，群众安全感和满意度持续提升。完成县乡村三级评理室建设，信访秩序进一步规范。常态化开展安全生产大检查、房屋结构安全隐患排查治理，加强重点行业领域安全监管，未发生较大以上安全生产事故。加强国防动员、双拥共建等工作，健全退役军人服务保障体系。

（五）政府建设切实加强

营商环境持续优化。加快推进商事制度改革，应用“企业+N秒办”服务新模式。推进工程建设项目审批制度改革，实现政府投资项目压缩至88个工作日、社会投资项目压缩至66个工作日，审批时限压缩50%以上。推行“五办”审批服务，主动对接“漳州通”APP，发挥“12345”平台便民服务功能，有效提升政务服务便民化水平。

自身建设从严从实。坚持把党的政治建设摆在首位，不折不扣把中央和省、市、县委部署落到实处。落实党风廉政建设责任制，加强廉政风险防控工作；加大行政监察、审计监督和效能管理力度，政府治理能力不断提升。严格执行县人大及其常委会决议决定，自觉接受县人大法律监督和工作监督，主动接受县政协民主监督，办理人大建议65件、政协提案92件，满意率100%。认真贯彻落实中央八项规定及其实施细则精神，规范督查检查考核，切实减轻基层负担。

此外，精神文明、应急管理、市场监管、双拥优抚、人事编制、妇女儿童、老干老龄、档案史志、民族宗教、外事侨务、防震减灾、科普气象、对台、残联等各项工作都取得新成效。

各位代表，2020年是“十三五”规划收官之年。“十三五”期间，我们圆满完成全面建成小康社会目标，“生态·活力·闲适”新平和建设迈上新台阶。

——五年来，我们致力稳中求进、做大总量，综合实力跃上新台阶。国内生产总值由2015年的172.73亿元增加到254亿元。财政总收入由7.6亿元增加到8.9亿元，一般公共预算收入由5.7亿元增加到8.92亿元。社会消费品零售总额由49.18亿元增加到99.58亿元。城镇、农村居民人均可支配收入分别由25281元、13504元增加到34940元、20770元。荣获“全国电商示范百佳县”“全国茶叶百强县”“国家农产品质量安全县”“中国特色农产品优势区”等多项荣誉、表彰。

——五年来，我们致力转型升级、优化结构，产业发展迈出新步伐。扎实推进供给侧结构性改革，三次产业结构由2015年的30∶30.8∶39.2调整为2020年20.7∶28.4∶50.9。壮大生态木业、健康食品、新型建材、机械制造四大主导产业，分别培育国家级、省级高新技术企业4家、6家[7]，高新技术企业实现零的突破；蜜柚重量分级、自动化包装机械研发制造处于国内领先水平。开展国家现代农业产业园、国家现代农业示范区、福建省农民创业园等建设，培育农业产业化省级重点龙头企业12家，现代农业取得长足发展。推进全域旅游，提升“六大特色旅游”品牌[8]，做大做强三平、灵通、高峰谷等重点景区；推进“互联网+”行动，创建国家级农村电子商务示范县，实施“互联网+蜜柚产业”试点项目，进入全国“农村淘宝试点县”20强。

——五年来，我们致力统筹发展、夯实基础，美丽城乡呈现新面貌。实施《平和县城乡总体规划（2015—2030）》，加快推进城区改造、扩容、提质，新改扩建市政道路55千米，改造提升自来水厂及供水管网，城区综合能力不断提升。实施乡村振兴“345”示范工程，创建4个示范乡镇、63个示范村；开展农村人居环境整治三年行动，城乡环境卫生状况从根本上得到改善。云平高速、平寨至西蝉公路拓宽改造等建成通车，农村公路拼宽改造完成357千米；110千伏霞寨、文峰等变电站建成投用，燃气管网铺设40千米；新建14个万里安全生态水系、4处乡镇防洪堤项目，综合整治河道175千米，完成综合治理水土流失面积180平方千米。全面改善县域发展的城建、交通、能源等环境。

——五年来，我们致力攻坚克难、决战决胜，“三大攻坚”取得新胜利。创新实施精准扶贫“五大载体”[9]，全县建档立卡贫困户全部脱贫摘帽，正式退出省级扶贫开发工作重点县。持续推进中央环保督察、省“三合一”督察等反馈问题整改，首创“智慧河长”管理模式，主要流域Ⅰ—Ⅲ类水质比例达100%；大力实施大气污染防治行动计划，环境空气质量优良率由2015年的92.4%提升至99%以上。造林绿化、退果还林还茶完成12.44万亩，森林覆盖率达到73.2%。不良贷款率为1.5%，政府债务风险控制在预警线下。

——五年来，我们致力深化改革、强化合作，机制改革开启新局面。深化“放管服”改革、工程建设项目审批等改革，落实“一趟不用跑”“最多跑一趟”办事制度，营商环境有效改善。统筹推进政府机构、事业单位改革，实施公立医院、农村集体产权制度改革。招商引资成果丰硕，共签约落地项目156个，计划总投资253亿元。实施“柚都英才”聚集计划，举办3届创新创业大赛，科技特派员实现全覆盖。

——五年来，我们致力改善民生、共建共享，社会事业取得新进步。实施教育、医疗、养老补短板项目，县实验幼儿园高南校区、城关社区卫生服务中心等建成投用；通过国家义务教育发展基本均衡县评估验收，公办村卫生所标准化建设实现全覆盖。新建、改造一批养老设施，居家养老专业化服务覆盖230个村（居）。城乡低保标准实现一体化，城乡居民社会养老保险参保率达99.3%。加强文物保护修缮，镇村文化服务站实现全覆盖，建成一批全民健身场地。扫黑除恶专项斗争纵深推进，严厉打击各类违法犯罪，创新推行“乡村（社区）110”网格治理新模式、乡镇律师工作室等，信访态势平稳可控。严格落实安全生产责任，安全生产形势稳定向好。

各位代表！五年的成就来之不易。这是县委总揽全局、坚强领导的结果，是县人大、县政协有效监督、鼎力支持的结果，更是全县上下凝心聚力、苦干实干的结果。在此，我谨代表县人民政府，向努力工作在各条战线上的广大干部群众，向各位人大代表、政协委员、离退休老同志，向各民主党派、工商联、无党派人士、各人民团体，向驻平和武警官兵、应急救援队伍，向在疫情防控工作中付出艰辛努力的广大医务工作者和基层工作人员，向所有关心支持平和发展的同志们、朋友们，表示衷心的感谢和崇高的敬意！

在总结成绩的同时，我们也清醒地看到存在的问题和不足：受外部环境变化和疫情冲击影响，经济发展不确定性增加，经济下行压力持续加大；土地、环保等资源要素制约突出，传统产业智能化改造步伐不快，新经济培育进程缓慢；人才等创新要素保障不足，优质项目储备较少，后疫情时期实现高质量发展任重道远；教育、卫生、养老等优质资源供给不足，与群众对美好生活向往还有不小差距；政府服务质量和效能有待提高，发展环境需要进一步优化。对这些问题，我们一定高度重视，采取更加有力的措施，全力予以解决。

二、全面实施“十四五”规划

各位代表，“十四五”时期是我国全面建成小康社会、实现第一个百年奋斗目标之后，乘势而上开启全面建设社会主义现代化国家新征程、向第二个百年奋斗目标进军的第一个五年，也是我县全方位推动高质量发展超越的关键五年，围绕打造“生态·活力·闲适”新平和，坚定不移实施“三轮驱动”[⑩]，统筹推进“四区建设”，地区生产总值年均增长目标为6.5%—7%。为此，要在以下四方面做出努力：

（一）高质量构建现代产业体系。做大做强先进制造业。坚定不移推进“大抓工业、抓大工业”，进一步提升四大主导产业，积极布局物联网、新材料、生物医药等重点领域，推动平和工业园区整合提升，打造一批亿元龙头企业、百亿产业集群。支持鼓励建筑骨干企业资质增项和升级，做大做强建筑行业“总部经济”。做精做细特色农业。坚持以工业化理念、产业化思维发展现代农业，进一步延伸做强农业产业链，打造蜜柚、白芽奇兰茶2个全产业链优势特色产业，到2025年力争两大特色农业全产业链产值分别超150亿元、50亿元，推动农业由增产导向转向提质导向、由农业大县迈向农业强县。做特做深第三产业。坚定实施扩大内需战略，主动融入以国内大循环为主、国内国际双循环相互促进的新发展格局。坚持“全域旅游、全域景区”理念，依托良好生态环境和独特历史人文资源，推动旅游从观光游向休闲度假游、旅居康养游转变。加快发展商贸服务、电商物流、健康养老等现代服务业，推进文化旅游体育和会展夜间经济融合发展。

（二）高质量推动改革扩大开放。全面激发发展活力。对标中央和省市改革部署，持续深化工业园区体制机制、商事制度、农业农村等重点领域和关键环节改革，打造市场化、法治化营商环境。围绕“两新一重”等重点领域扩大有效投资，充分释放内需潜力。坚定不移扩大开放。积极融入漳州中心城区、厦漳同城化、闽西南协同发展、闽粤经济合作区发展大格局，主动融入“海丝”核心区建设，坚持以“通、惠、情”促进两岸融合发展，深化港澳侨合作，拓展开放的广度和深度。大力推进科技创新。实施创新驱动发展战略，深入推进新时代科技特派员制度，争取布局建设一批国家重点实验室、创新实验室，推动5G在工业互联网、智慧城市等领域应用。

（三）高质量打造生态宜居环境。全力打造美丽城乡。实施“大县城”战略，拓展城市发展空间。推进新型城镇化建设，加强城镇老旧小区改造和社区建设，加强城镇污水、城市供水、排水防涝等市政公用设施建设。深入实施乡村振兴“十大行动”，改善农村人居环境，保护传统村落和乡村风貌，美丽乡村实现“串点成线、连线成片”。推进巩固拓展脱贫攻坚成果同乡村振兴有效衔接，健全防止返贫监测和帮扶机制，发展壮大扶贫产业。全力完善基础设施。加快推进交通、水利、5G等基础设施建设，重点推进官峰水库、九龙江防洪工程漳州段（三期）等项目建设，争取漳州至梅州高铁（平和段）、赣龙厦高铁（平和段）、平和通用机场纳入上级建设规划，加快构建布局合理、设施配套、功能完备、安全高效的现代化城乡基础设施体系。全力构建生态文明。深入践行习近平生态文明思想，持续加强生态县建设。深化自然资源资产产权、生态产品价值转化等制度改革创新，坚决打好污染防治攻坚战，统筹山水林田湖草一体化保护和修复，深入实施“蓝天工程”“碧水工程”“净土工程”，把水资源作为最大的刚性约束，一体建设美丽城市、美丽城镇、美丽乡村。

（四）高质量加快民生事业发展。提升医疗保障水平。实施“健康平和”战略，补齐人才、床位等医疗卫生领域的短板。完善重大疫情防控机制体制，健全公共卫生应急管理体系。健全多层次社会保障体系，实施城乡居民、困难居民增收计划，构建更高质量的就业促进机制。提升教育文化水平。加快建设高质量教育体系，扩大优质教育资源供给，提升新时代教师队伍质量。加快推进文化强县建设，深化群众性精神文明创建，加大文物保护利用和文化遗产保护传承，完善公共文化设施，丰富群众精神文化生活。提升社会治理能力。全面贯彻统筹发展与安全战略部署，防范和化解现代化进程中的各种风险。依法严厉打击各类违法犯罪，进一步健全矛盾纠纷多元调解体系、扫黑除恶长效常治机制，加快推进基层社会治理现代化。落实安全生产责任制，加强食品药品安全监管，维护群众的合法权益。持续加大金融风险防控力度，加强地方政府债务管理。启动实施“八五”普法。

三、扎实做好 2021 年工作

做好今年的政府工作，事关“十四五”开局，事关新发展阶段起步，我们要坚持以习近平新时代中国特色社会主义思想为指导，全面贯彻党的十九大和十九届二中、三中、四中、五中全会精神，按照中央、省委省政府、市委市政府和县委的决策部署，坚持稳中求进工作总基调，立足新发展阶段、贯彻新发展理念、积极服务和融入新发展格局，以全方位推动高质量发展超越为主题，以深化供给侧结构性改革为主线，以改革创新为根本动力，以满足人民日益增长的美好生活需要为根本目的，坚持系统观念，巩固拓展疫情防控和经济社会发展成果，更好统筹发展和安全，扎实做好“六稳”工作、全面落实“六保”任务，突出抓防控抗疫情、抓工业强实体、抓开放扩内需、抓改革优环境、抓城乡促协调、抓民生补短板，努力保持经济运行在合理区间，确保“十四五”开好局，加快建设“生态·活力·闲适”新平和，以优异成绩庆祝建党 100 周年。

今年经济社会发展的主要预期目标是：全县地区生产总值增长 7.5%；财政总收入增长 4%，地方级收入增长 3%；规模工业产值增长 8.2%；农业总产值增长 4.5%；固定资产投资增长 8%；进出口总值增长 5%；实际利用外资增长 9%；社会消费品零售总额增长 6.5%；城镇、农村居民人均可支配收入分别增长 7%、8%；落实节能减排降碳任务。重点做好五个方面工作：

（一）创新驱动抓项目，持续增强发展动能

全力以赴建设项目。深化“五个一批”项目推进机制，谋划实施一批“两新一重”项目，加快推进北环路延伸段、安厚溪尾至白石段公路等交通项目，万里安全生态水系[12]、水土流失综合治理、中小河流治理、城乡供水一体化、九龙江防洪工程漳州段（三期）等水利项目，110 千伏民主变、安厚变等电力项目，确保固投完成 88.5 亿元。交叉推进官峰水库前期工作，力争下半年开工建设。鼓励扩大新兴产业投资，鼓励民间资本参与重点领域项目投资，激发投资活力。

强化项目服务攻坚。用好积极财政政策，争取“特别国债”、地方政府专项债券更大资金规模。加快闲置土地清理、批而未供土地消减和僵尸企业处置，综合运用嫁接、置换、收储方式盘活存量土地，全力保障重大项目建设用地需求。坚持防范化解金融风险和提高金融服务实体经济水平并重，引导金融机构扩大信贷投放规模，更大力度缓解企业融资难、融资贵问题。

大力推动科技创新。引导企业加大研发投入，加强与高校、科研院所的合作，培育国家高新技术企业 3 家、市企业技术中心 1 个，促进传统产品的更新换代，增强竞争力。持续开展工业数字化工作，完成上云上平台规工 26 家、培育“互联网 + 先进制造业重点项目”3 家、培育规上信息技术服务业企业 1 家。加大企业创新资金扶持力度，释放创新创业活力。

（二）突出质效抓产业，提高经济发展质量

稳步壮大新型工业。深入推进“大抓工业、抓大工业”，主动融入省市产业链布局，抓好宏绿包装、香抛茶食品等项目开工，推进鑫源祥木业、柚之家果蔬、巴威蜜柚废果综合利用等项目建设，新增规工企业9家以上，工业投资完成42.9亿元。申报制造强县，创建一批中央、省、市工业品牌培育示范企业。抓好工业园区纵三路至上峰改造、安厚莲塘工业小区（一期）开发工作，提升园区承载能力。推动建筑业健康发展，实现总产值增长20%以上。

稳步提升特色农业。深入实施现代农业发展三年行动计划，加快现代农业“六化”发展⑪，力争培育一批省级农业产业化龙头企业、省级优质农产品示范基地，新增一批“三品一标”产品，让好产品卖出好价钱。实施国家级农地可持续利用示范项目，建设一批生态果园。加强现代农业高新技术运用，开展农业产业园机械化、智能化行动。强化农产品质量安全监管，大力推进食用农产品合格证与“一品一码”追溯并行制度。深度挖掘农业多种功能，大力发展创意农业、农业旅游、农村电商、农业生产性服务业等新业态，推动上好佳、佳柚佳果业等蜜柚加工项目建设，推进正大生猪全产业链项目落地实施，不断提高农业增值能力。

稳步发展现代服务业。大力培育文化、商贸、旅游、物流等服务业，推动文商旅深度融合、跨界发展。持续推进林语堂文化核心区、名峰山旅游开发等重点项目建设，开工建设北斗七星土楼群景观工程、樱花博览园等项目；加快一批旅游厕所、道路建设，规范民宿管理，补足设施短板。顺应消费升级趋势，增加高品质产品和服务供给；创新线上销售渠道，深化线上线下服务融合互动，拓展消费增长新空间；丰富提升夜间消费、餐饮、娱乐、文化体验等消费业态，激活点亮“夜间经济”；推进厚德成文旅康养、曹岩山康养文化园、坂仔西坑康养文化园等项目建设，提升养老产业发展水平；新增限上企业12家。加快平和琯溪蜜柚产业园项目建设，持续推进电商示范县农村三级物流体系、国家级电子商务进农村综合示范县创建工作，扩大农村物流覆盖面。抢抓机遇发展5G商用和5G产业，推动信息基础设施升级。

（三）统筹城乡抓融合，打造更美人居环境

完善城市功能配套。坚持规划引领，编制完成县国土空间规划，分步编制镇村国土空间规划。进一步优化城市路网结构，建成投用北环路延伸路段道路（一期）、奇兰路，改造提升南山路、旧县路，新建、改造一批雨水管网、污水管网、供水管网，实施景观提升工程，加快县城园林和绿道建设。启动实施地下综合管线信息系统建设项目。以创建省级文明城市为引领，加强城市精细化管理，推进生活垃圾分类，让城市处处彰显精致、时时传播文明。

扎实推进乡村振兴。实施乡村振兴三年行动计划，突出抓好总投资8.9亿元的17个乡村振兴重点项目，推进示范片区扩面提质。完善乡村规划体系，规范农房建设，落实“一户一宅”政策。持续开展农村人居环境整治“一革命四行动”，抓好改厕后续管护、污水收集处理、农村通户道路硬化，新建“四好农村路”47.6千米、高标准农田2666.67公顷。加强村级组织建设，发展壮大集体经济，大力培育新型职业农民队伍。推进脱贫攻坚与乡村振兴在“规划、政策、工作、机制”上有机衔接，探索农村低收入群体持续增收机制，确保困难群众真正脱贫、稳定脱贫。

用心守护生态环境。坚持问题导向，加快推进垃圾焚烧发电厂、农村生活污水治理PPP项目等建设，全面完成环保督察整改任务。开展碧水保卫行动，严格落实“河长制”，提升九龙江、漳江、韩江等重点流域水质；深入实施化肥农药减量化、农业废弃物资源化、土壤污染治理等专项行动，推进农业绿色发展。开展蓝天保卫行动，加强工业废气、建筑工地、餐饮油烟等大气污染防控，确保全年空气质量优良天数保持354天以上，优良率97%以上。开展净土保卫行动，强化土壤环境综合监管，系统整治农业面源污染、重金属污染和工业固废污染。有序推进矿山生态恢复治理。创建国家级森林城市，高质量完成造林绿化任务，持续开展高海拔果园还林还茶。

（四）扩大开放抓机遇，改善环境激发活力

持续扩大对外开放。坚持更深层次、更宽领域、更大范围的对外开放，积极融入“海丝”核心区建设，拓展“一带一路”合作。持续探索两岸融合发展新路，以祖地文化、民间信仰、宗族宗亲、乡亲姻亲等为纽带，着力引进一批“扩链”“补链”“强链”台资项目和“三高”⑬台资企业落地，深化产业融通，推进文化旅游、现代农业等方面的深层合作。拓展外贸空间，依托“漳州味·全球销”、“漳州味·世界行”、“5·18”海交会、“9·8”投洽会、蜜柚节等经贸平台，支持企业拓展多元化市场，新增进出口实绩企业3家，进出口总额达到3.07亿元。

倾情招商争引项目。坚持引资、引技、引智相结合，完善重大招商项目落地机制，争取一批央企、国企、民企和外企重大项目签约落地。全力抓好专题招商、产业链招商、园区聚集招商等活动，开展重大项目云签约活动，推动签约项目尽快转化为开工项目，全年招商到位资金50亿元以上。围绕完善和稳定产业链供应链，谋划储备一批重大产业项目。围绕扩大有效投资，重点突出新型基础设施、新型城镇化和交通、水利等重大工程，积极争取和储备一批重大基础设施项目。

持续优化营商环境。推进相对集中行政许可权改革，创新行政审批方式，提高行政审批效率，便利企业和群众办事，进一步激发市场主体活力。深化工程建设项目审批制度改革，最大限度缩短审批时间。放宽小微企业、个体工商户登记经营场所限制，全面推广个体工商户全程智能化登记。强化对稳企业的金融支持，鼓励银行大幅增加小微企业信用贷、首贷、无还本续贷，支持企业债券融资。全面落实国家减税降费政策，坚决整治涉企违规收费。

（五）聚焦短板抓民生，提升群众幸福指数

促进教育文化发展。继续实施初中“壮腰”工程和“十百千万”优质小学教育资源孵化工程，加快义务教育管理标准化学校建设，多渠道、多形式发展优质普惠幼儿教育，全面提升教育质量；继续实施教育补短板项目，新建第六实验小学，扩建育才中学、金华小学。继续配合做好世遗大会筹备工作，加强文物点安全检查和保护标志设置；进一步推进乡镇文化站、村级文化综合服务中心建设，拓展健身场地设施，推进全民健身发展。

做好医疗养老服务。全面落实“外防输入、内防反弹”的疫情防控策略，坚持“人”“物”同防，不断查隐患、补短板、堵漏洞，坚决防止疫情反弹。加快推进县医院迁建项目，继续完善县域紧密型医共体运行机制，建立健全县乡村一体化管理的运行机制。积极应对人口老龄化，做好医养结合和健康老龄化工作，建设一批老年活动中心、农村居家养老服务站，推动居家养老服务专业化。

完善社会保障体系。坚持把稳就业摆在首位，落实职业技能培训、创业担保贷款等扶持政策，新增就业1200人以上，城镇登记失业率控制在3.5%以内，促进高校毕业生、退役军人和就业困难人员、农民工更高质量更充分就业。继续实施全民参保计划，稳步推进社保扩面。抓好保障性安居工程。认真实施妇女儿童发展纲要，关爱留守老人、留守儿童，发展残疾人事业、社会福利和慈善事业。

提升社会治理水平。健全完善矛盾纠纷多元化解体系，着力化解初信初访。深化平安平和建设，常态化开展扫黑除恶专项斗争，严厉打击各类违法犯罪活动，打造共建共治共享的社会治理格局。完善安全生产责任体系，全面排查、分类梳理、重点整治一批事故隐患，持续提高突发事件应对处置能力。严格落实粮食安全责任制，用“四个最严”筑牢食品安全防线，确保人民群众“舌尖上的安全”。全面抓好民族宗教、国防动员、民兵预备役、退役军人、双拥共建等工作，支持工青妇、科协等群团工作。

四、努力建设人民满意的政府

进一步加强政府自身建设，以全面从严治党新成效推动人民满意政府建设迈上新台阶。

旗帜鲜明讲政治。深入学习贯彻党的十九届五中全会精神，增强“四个意识”、坚定“四个自信”、做到“两个维护”，善于从政治上看问题，不断提高政治判断力、政治领悟力、政治执行力。全面加强政府系统党的建设，严格执行民主集中制，把党的全面领导落实到政府工作各领域各环节，确保中央和省委、市委、县委决策部署不折不扣落地落实。提高意识形态工作本领。

锐意进取谋发展。大力提升干部治理能力，坚持抓具体、具体抓、抓到底、抓到位、全覆盖，实施清单化管理、销号式推进、溯源性评估，全面提高政府系统执行力。发扬苏区精神、斗争精神，强化机遇意识、风险意识，深入开展突破“难、硬、重、新”工作行动，牢牢把握经济工作主动权。大力践行以人民为中心的发展思想，把服务群众作为头等大事。

清廉自律葆本色。严格落实中央八项规定精神，驰而不息纠治“四风”。加强法治政府建设，把政府工作全面纳入法治轨道。认真执行县人大及其常委会的决议决定，自觉接受人大法律监督、工作监督和政协民主监督，主动接受监察监督和社会监督。推进公共资金、国有资产、国有资源和领导干部经济责任审计全覆盖。支持纪检监察机关依法监督执纪，促进干部清正、政府清廉、政治清明。

各位代表，使命在肩，初心如磐。让我们更加紧密地团结在以习近平同志为核心的党中央周围，高举习近平新时代中国特色社会主义思想伟大旗帜，在市委、市政府和县委的坚强领导下，不忘初心、勇担使命，攻坚克难、砥砺奋进，在更高起点建设“生态·活力·闲适”新平和，全方位推动高质量发展超越，以“十四五”顺利开局开启全面建设社会主义现代化国家新征程。

名词解释

①“六稳”：稳就业、稳金融、稳外贸、稳外资、稳投资、稳预期工作；“六保”：保居民就业、保基本民生、保市场主体、保粮食能源安全、保产业链供应链稳定、保基层运转任务。

②5个项目纳入省、市级“十四五”重大项目库：渝长厦铁路龙厦段项目经停平和并设站、漳州至桂林高铁（漳州段）项目、古武高速公路漳浦石榴至平和坂仔段、“平和暴动”与闽西南等红色旅游景区构建闽西南红色旅游圈、官峰水库。

③2个中小河流治理：九峰镇防洪堤、文峰镇防洪堤2处；5个安全生态水系：南胜、霞寨、大溪、九峰、芦溪安全生态水系建设项目。

④官峰水库：位于平和县崎岭乡南湖村、韩江梅潭河支流九峰溪上游，工程匡算总投资52730万元。

⑤乡村振兴“345”示范项目：即创建长泰、东山、南靖3个示范县，40个示范乡镇场，500个示范村，在山区、平原和沿海分别打造一批乡村振兴示范样板，为全市提供各具特色模式和经验。

⑥6个村入选省级“一村一品”示范村：小溪镇联光村、宝善村、岩坂村、厝丘村和霞寨镇建设村、钟腾村。

⑦国家级高新技术企业4家：漳州众鑫橡胶有限公司、漳州市天凯塑胶有限公司、中宝（福建）食品科技有限公司、漳州玉露食品科技股份有限公司；省级高新技术企业6家：漳州众鑫橡胶有限公司、中宝（福建）食品科技有限公司、漳州玉露食品科技股份有限公司、福建省百得利实业有限公司、福建宝寨木业有限公司、福建省闽联合农业服务有限公司。

⑧“六大特色旅游”品牌：以闻名遐迩的千年古刹三平寺为代表的宗教朝圣游；以享誉闽南粤东的灵通山为代表的自然风光生态游；以“打响八闽第一枪”

的“平和暴动”发源地长乐乡为代表的中央苏区县红色游；以高寨柚海“布达拉宫”为代表的回归田野、颇具魅力的农业观光游；以林语堂故居为代表的内涵丰富的人文景观游；以庄上大楼和绳武楼为代表的土楼民居游。

⑨“五大载体”：“养鸡生蛋”、“有其屋”、医疗兜底保险、蜜柚价格指数保险、“一个不能少”。

⑩“三轮驱动”：新型工业立县、现代农业兴县、生态旅游活县；“四区建设”：统筹推进新型工业集聚区、现代农业示范区、文化旅游度假区、生态闲适新城区。

⑪现代农业“六化”发展：农业生产标准化、产业特色化、主体法人化、质量品牌化、发展绿色化、服务社会化。

⑫万里安全生态水系项目：花山溪安全生态水系建设项目（城区段）、芦溪镇（秀芦段、益头段）安全生态水系建设三期项目、崎岭乡安全生态水系建设项目、安厚镇安全生态水系建设二期项目；水土流失综合治理项目：治理水土流失面积20平方千米。一批中小河流治理项目：国强乡花山溪镇区（六成楼至延山村下游段）防洪工程，大溪镇后时片区防洪工程，花山溪支流南胜溪前山段防洪工程，五寨乡鹿溪流域新美段防洪工程，山格镇高际溪防洪工程，安厚镇安厚溪白石段防洪工程。

⑬“三高”：高成长、高技术、高附加值。

（供稿：县政府办）

政府工作报告

——在平和县第十九届人民代表大会第一次会议上
（2021年12月7日）

平和县人民政府代县长　黄永健

一、2021年及过去五年工作回顾

一年来，全县上下坚持以习近平新时代中国特色社会主义思想为指导，全面贯彻党的十九大，十九届二中、三中、四中、五中、六中全会精神，深入学习贯彻习近平总书记来闽考察重要讲话精神，认真落实中央决策部署和省委省政府、市委市政府、县委工作要求，凝聚“奋进平和、奋发平和、奋斗平和”强大合力，扎实开展党史学习教育和“再学习、再调研、再落实”活动，深入实施“产业发展项目建设年”活动和“六比一看”竞赛，全方位推进高质量发展超越。预计全县全年完成GDP271亿元，增长8%；一般公共预算收入9.28亿元，增长4%，地方一般公共预算收入6.53亿元，增长3%，荣获“全国农村创业创新典型县”等先进称号，实现“十四五”良好开局。

（一）产业经济稳中有升。一是工业经济平稳发展。坚持突出工业、突破工业，提升园区标准化建设水平，促进福熠食品等开工建设，美艺陶等技改项目入选省重点，完成工业投资36亿元；天煜木业、贵益宝包装等建成投产，完成规模工业总产值226.6亿元、增长8.4%，规工增加值64.5亿元、增长8.3%。工业用电5.98亿千瓦时、增长8.6%。二是绿色农业加快发展。完成农业总产值96.5亿元、增长5%。示范推广化肥减量增效、生态果园建设等技术，续建全国绿色食品原料标准化生产基地2800公顷，推广优新柑橘品种2000公顷；建设蜜柚海外仓，出口蜜柚9.5万吨；新建生态茶园253.33公顷。举办

第十七届蜜柚节暨第一届平和琯溪蜜柚开摘节和白芽奇兰第十四届茶王赛、第一届秋茶赛等活动，“琯溪蜜柚”荣获农产品地理标志登记认证。三是第三产业蓬勃发展。推进印象半径、名峰山旅游开发等项目建设，推动高峰谷创建国家AAA级旅游景区、新建村创建省级金牌旅游村；开展“季季有活动、一年都精彩”活动，全域旅游持续升温。蜜柚原产地官方监管仓、三级物流快递中心正式运营；依托直播带货、漳州跨年购等，拓宽农特产品销售渠道，入选全国农业农村信息化示范基地，完成社会消费品零售总额106.3亿元，增长6.75%。

（二）项目投资有力有效。一是项目建设滚动推进。完成101个县重点项目，总投资66.74亿元，完成固定资产投资91.15亿元，增长8%。新增“五个一批”项目[①]112个。建设项目全过程闭环管理工作平台，入库项目306个、总投资额273.5亿元。做好专项债项目储备和申报，落地项目4个、资金4.52亿元，储备项目9个、资金19.8亿元。二是招商引资初见成效。组织参加“大开放、大工业、大漳州”创业招商大会云签约、厦门平和商会招商推介会、厦门国际投资洽谈会等，引进了西蝉木业二期刨花板生产等项目27个，总投资额69.9亿元。三是基础设施持续完善。建设农村公路82.4千米，修复养护路面3.7万平方米；开通小溪至九峰公交路线。完成官峰水库生态红线调整、进库道路硬化前期工作等，实施农村饮水安全巩固提升项目9个。有序推进35千伏国强变工程建设。

（三）人居环境持续改善。一是城市品质不断提升。实施城乡建设品质提升项目60个，年度投资25.23亿元，完成自来水管网改扩建一期工程，新南大桥等建成投用，北环路延伸段道路一期工程等持续推进。垃圾焚烧发电厂总投资5.68亿元，已完成整体工程量的85%。扎实推进融邦·外滩一号等房地产项目建设，完成建筑业产值4.06亿元，增长3.5%。精细整治市容市貌，有效提升城市管理水平。二是乡村环境更加宜居。挂牌成立乡村振兴局，择优选派60名驻村干部，打造坂仔镇、前埔村等15个示范镇村，西坑党校成为乡村旅游“网红打卡点”。完成村庄规划75个、裸房整治1710栋，授牌市级“美丽庭院”示范户213户。建设4个村庄生活污水处理设施。强力推进“两违”综合治理[②]，执行最严格的耕地保护制度；实施土地开发项目9个、新增耕地面积37.43公顷，旧村复垦项目8个、面积18.08公顷；完成高标准农田建设2693.93公顷。三是生态环境持续向好。加快推进环保督察反馈问题整改，特别是花山溪流域治理，建立化肥购销溯源体系，广泛开展化肥减量增效等入户宣传培训和指导，全县化肥、农药使用量同比减少5%、3%，做法成效受到农业农村部肯定，并在全国宣传推广。2个国控断面、县城饮用水源地Ⅲ类水达标率均达100%。完成8家建陶企业“煤改气”设施改造，县城环境空气质量优良天数比例为99%。退果还林686.67公顷，植树造林1780公顷，森林覆盖率提高到73.32%，位居全市首位。

（四）民生幸福更有质感。一是疫情防控常抓不懈。压实“四方责任”[③]，落实落细常态化防控措施，组建三级流调队伍，提升核酸检测能力，有力有序开展新冠疫苗接种、核酸检测和人员管控，夯实疫情防控基础，我县成为全市唯一“零疑似”“零感染”的县份。二是民生短板加快补齐。完成21个为民办实事项目。县疾控中心、妇幼保健院搬迁新址，县医院胸痛中心顺利通过国家级认证。新星幼儿园宝善分园开园招生，创建省级义务教育管理标准化中学3所、小学6所；落实“双减”[④]工作，课后延时服务实现全覆盖。建成一批居家养老服务示范点。全面完成第七次人口普查和县、乡、村（社区）换届工作。抓实抓好就业工作，城镇新增就业1089人，城镇登记失业率3.24%。《平和县志（1989—2007）》出版发行。三是社会治理持续深化。扎实有效开展政法队伍教育整顿，扫黑除恶取得重大成果，有序推进平安建设“四大攻坚行动”[⑤]；强力打击治理电信网络诈骗、非法出入境从事跨境违法犯罪活动。提升食品药品安全管理水平，通过省级食品安全社会共治示范县考评验收。探索实施“人机犬”空地一体立体防控模式、“两中心一站式”⑥金融纠纷预防调处机制，依法解决一批信访积案。扎实推进“八五”普法工作。高寨村被评为“全国民主法治示范村（社区）”。落实消防安全责任制，常态化开展安全生产大检查，未发生较大以上安全事故。持续打好金融风险防范攻坚战，抓好重点领域风险防范化解。

（五）行政效能稳步提升。一是发展环境持续优化。成立项目活动办、前期办、工业项目服务中心，以“妈妈式”服务，助推重大项目落地见效。建立督查通报机制，解决一批征迁遗留、手续报批等问题，有效增强企业主投资信心。二是办事效率有效提升。稳步开展相对集中行政许可权试点改革，设立投资项目、社会事务等“一站式”服务综合窗口，开启“一枚印章管审批”，开发运用全省首个“审管互动”系统，设立“零否决”受理窗口，推进政务服务标准化、规范化、便民化。三是自身建设不断加强。自觉接受县人大的依法监督和县政协的民主监督，办复县人大代表建议意见62件、政协委员提案85件，满意率均为100%。认真履行全面从严治党主体责任，严格落实中央八项规定及实施细则精神，强化意识形态及保密工作责任制落实，加强审计监督，机关效能和作风建设持续改善，网上办事、政务公开有效开展。

与此同时，统计、粮食安全、军民融合、国防动员、民族宗教、退役军人服务保障等工作得到加强，工会、青年、妇联、计生协、科协、老区、老龄、残联、移民、档案、防震减灾、气象、外事、侨务、红十字会、台港澳、关心下一代等工作都取得新进展。

各位代表，五年来，县政府坚持党的领导，把新发展理念贯彻政府工作全过程，齐心协力、攻坚克难，实现经济社会高质量发展超越。

（一）经济实力稳步提升。全县主要经济指标实现平稳增长，地区生产总值年均增长5.14%，一般公共预算总收入和地方一般公共预算收入分别比2016年增长20.4%、12.6%。产业结构由2016年的29.5∶30.9∶39.6调整为2021年的19.6∶26.7∶53.7。主导产业、新兴产业加快发展，西蝉木业、大芹云顶酒业等建成投产，国家现代农业产业园通过认定，高峰谷入选“全国优选旅游项目”，“灵通山国家地质公园”获得正式命名，入选“电子商务促进乡村振兴”全国十佳、全国“互联网+农产品”出村进城试点县等。

（二）城乡面貌焕然一新。云平高速、平寨至西蝉公路拓宽改造等建成通车，平和县基础设施组团PPP项目落地实施，农村公路拓宽改造完成352千米。实施“大县城”战略。荣获“省级园林县城”。实施乡村振兴“345”示范工程，建立城乡一体化垃圾治理体系，农村人居环境整治三年行动成效良好。

（三）改革创新不断深化。积极推进相对集中行政许可权、工程建设项目审批等改革，圆满完成公立医院、农村集体产权制度等改革任务，国企改革取得实质性进展。实施“柚都英才”聚集计划，汇聚人才支撑，补齐人才短板。健全平台宗亲常态化交流互访机制，促进两岸融合发展。

（四）三大攻坚战果显著。创新实施“有其屋工程”“养鸡生蛋”“一个不能少”、医疗叠加和蜜柚价格指数保险等举措，实现11545人脱贫、45个贫困村出列，提前一年半退出省级扶贫开发工作重点县行列，县扶贫办荣获党中央、国务院“脱贫攻坚先进集体”表彰。打好蓝天、碧水、净土保卫战，全力抓好环保督察反馈问题整改工作，生态文明建设成效良好。主动处置不良债务，化解不良资产，不良贷款率控制在1.5%以下。

（五）人民生活明显改善。金华小学分校、疾控中心新楼等建成投用，养老服务、社会保障实现扩面提质，科技、文化等事业全面发展。城镇居民、农村居民人均可支配收入分别从2016年的27556元、14827元增加到

2021年的38469元、23574元，增长39.6%、59%。全面开展政法队伍教育整顿，扫黑除恶专项斗争常态化、长效化，安全生产形势稳定向好，群众安全感满意度连续多年位居省市前列。

各位代表，五年的成长实践告诉我们，要坚持党的领导，坚持以习近平新时代中国特色社会主义思想为指导，坚定不移推进全面从严治党；要坚持新发展理念，推动高质量发展；要坚持改革创新，大胆创新体制机制，突破发展瓶颈；要坚持民生为本，加快发展社会事业，大力增进民生福祉；要坚持上下同心，有力有效推动工作落实。

各位代表，五年的经验弥足珍贵，五年的成就振奋人心。成绩的取得，是市委、市政府和县委坚强领导的结果，是县人大、县政协和社会各界监督支持的结果，是全县干部群众凝心聚力、团结拼搏的结果。在此，我代表县人民政府，向各位代表、委员，向各行各业辛勤工作的同志们，向所有关心支持我县建设和发展的各级领导、各级部门、各界人士和离退休老同志表示衷心的感谢和崇高的敬意！

在肯定成绩的同时，也要清醒地认识到我们存在的不足：一是产业基础仍较薄弱，经济增长动力不足，财政收支矛盾突出；二是城乡建设存在不少短板，一些为民办实事项目推进不够快；三是教育、卫生、养老等优质资源供给不足，与群众美好生活向往还有不小差距；四是政府服务质量和效能有待提高，营商环境仍需改善等等。对此，我们要坚持问题导向、结果导向，针对短板定向发力，全力以赴抓好工作。

二、今后五年工作

今后五年，是我县全面开启建设社会主义现代化新征程的第一个五年，是全方位推进高质量发展超越的关键五年，是平和经济社会各项事业加快发展的奋进五年、奋发五年、奋斗五年。政府工作的指导思想是：高举习近平新时代中国特色社会主义思想伟大旗帜，深入贯彻党的十九大和十九届二中、三中、四中、五中、六中全会精神，按照党中央、国务院、省委省政府、市委市政府和县委的决策部署，统筹推进“五位一体”总体布局，协调推进“四个全面”战略布局，坚持稳中求进工作总基调，立足新发展阶段，贯彻新发展理念，积极服务和融入新发展格局，以全方位推动高质量发展超越为主题，以深化供给侧结构性改革为主线，以改革创新为根本动力，以满足人民日益增长的美好生活需要为根本目的，聚焦“四新”⑦、建设“四区”⑧、推进“六更”⑨，以奋进之志、奋发之姿、奋斗之力，实现平和高质量发展赶超进位、跨越提升，努力打造现代化滨海城市“后起新秀”、全省县域经济发展十佳“进步之星”。

今后五年，全县经济社会发展的奋斗目标是：在质量效益明显提升基础上实现经济持续健康发展，全县主要经济指标增速达到全市平均水平，居民收入增长和经济增长基本同步，城乡一体化发展更加协调，生态环境质量明显提升。至2026年，地区生产总值年均增长7.5%—8%，地方财政总收入年均增长4%，农村居民人均可支配收入年均增长8%，城镇居民人均可支配收入年均增长7.2%，常住人口城镇化率提高至55%，单位GDP二氧化碳排放量降低至省市下达指标之下。

（一）激发升级动能，构建实体经济新体系。一是工业做大转优。着力突出工业、突破工业，鼓励生态木业、健康食品、新型建材、机械制造等主导产业向“平和特色”方向提升，依托漳州港和现有产业基础，将生态木业全产业链打造为双百亿级产业基地，力争到2026年规模工业产值突破368亿元。二是农业高质高效。以创建国家级农业现代化示范区为引领，深化“提品质、扩市场、深加工、护品牌、展文化、优价格、促生态”的发展思路，树立生态高效发展新理念，落实“化肥减量”和“有机肥替代”，加速推动蜜柚产业向有机高质量发展，实现“优质优价”。向多种柚类拓展延伸，培育全国高端柚类供应链产业链先行区，打造“中国柚都”2.0升级版。推动茶叶产业提档升级，逐步提升白芽奇兰茶品牌影响力和市场占有率。加大农村土地流转力度，消除土地抛荒，优化农业发展模式。三是三产提速升级。做大做强三平寺、灵通山、高峰谷三大景区，谋划“串点连线”旅游攻略，提升“五游”⑩品质，打造平和特色“网红打卡点”，打响旅游品牌，做活全域旅游，力争到2026年旅游年度总接待人数超400万人次、总收入52亿元以上。完善城区商贸服务功能，推动批发市场、农贸市场、特色街等小店集聚区转型升级。建设区域特色果蔬流通枢纽基地，完善三级物流配送体系，培育“一县一商圈”示范点。

（二）聚力创新驱动，深度融入发展新格局。一是推动科技创新。实施“上云用数赋智”⑪行动，布局5G应用、人工智能、大数据等产业，推动数字经济与实体经济融合。加快重点创新平台建设，提升蜜柚科技小院服务功能。完善引才聚才机制，大力引进创新人才。二是密切区域合作。强化精准招商，绘制产业链“全景图”和“招商图”，着力壮龙头、强配套、补短板。积极融入漳州中心城区、厦漳同城化、闽西南协同发展、闽粤经济合作区发展大格局，主动融入“海丝”核心区建设。着眼大局大势，发挥平和独特对台优势，提升对台产业合作水平。三是加强项目建设。用好“五个一批”项目生成机制，优化“妈妈式”服务，深化“放管服”改革，用好相对集中行政许可权改革试点成果，打造好办事、快办事、办成事的“便利平和”。超前布局新型基础设施，积极争取平和动车站点、平厦高速公路漳浦石榴至平和坂仔段等列入国家、省市规划，加密公交线路覆盖面，加快推进官峰水库等基础建设。

（三）提升核心能级，塑造城乡融合新面貌。一是建设高颜值城区。加快实施“大城关、小城市”战略，北进南拓，东延西连，同步推进小溪滨水新城片区、山格产城融合片区建设，以创建省级文明县城引领城市精细管理，提升人居环境和城市品质，形成“青山环城、碧水穿城”的特色风貌。二是建设有特色乡村。聚焦聚力“五大振兴”⑫，统筹城镇和村庄规划建设，规范农民建房；深入开展“两治一拆”⑬专项行动、推进“一革命四行动”⑭，全面抓好“四好农村路”⑮建设，着力建设干净整洁、和谐有序的美丽乡村。用好用活扶持苏区老区政策，加快农村基础设施建设。三是建设高品质生态。严守生态环境保护红线，扎实推进能耗“双控”⑯和碳达峰、碳中和工作，坚决打好污染防治攻坚战。积极实施投资7.46亿元的九龙江西溪（平和段）山水林田湖草沙一体化保护和修复工程项目，深入实施“碧水蓝天净土”工程，扎实开展环保督察反馈问题整改。把生态效益更好地转化为经济效益和社会效益，并积极争取碳汇交易试点。

（四）紧盯民生需求，创造共同富裕新生活。一是补齐民生短板。围绕“幼有善育、学有优教、劳有厚得、病有良医、老有颐养、住有宜居、弱有众扶”目标，整合资源，加大投入，加快推进县医院迁建工程、第六实小建设等重点民生工程，持续增加优质公共服务供给。二是加强民生保障。健全防止返贫监测帮扶机制，增加村集体、脱贫农户家庭收入，持续提升居民生活水平。深化群众性精神文明创建活动，不断提高社会文明水平。深入挖掘平和土楼文化、语堂文化、阳明文化，推动文化产业繁荣发展。三是确保安全稳定。坚持人民至上、生命至上，慎终如始抓好常态化疫情防控，完善应急管理体系，牢牢守住安全发展底线。常态化开展扫黑除恶斗争，巩固政法队伍教育整顿成果，加强社会治安综合治理。健全完善公共法律服务体系、信用体系，完善社会矛盾纠纷多元预防调处化解综合机制，不断提升法治建设水平。

三、扎实做好2022年工作

2022年是奋力开启全面建设社会主义现代化国家、向第二个百年奋斗目标进军的开局之年，也是我县全方位推动高质量发展超越、加快新时代新平和建设的关键一年。政府工作指导思想是：以习近平新时代中国特色社会主义思想为指导，全面贯彻落实中央决策部署和省委省政府、市委市政府、县委工作要求，主动融入漳州现代化滨海城市建设，扎实开展“产业发展项目建设攻坚年”活动，深入实施“七比一看”竞赛，围绕争创省级县域经济发展“十佳县”强基年、创建省级文明县城提升年、打造省级全域生态旅游示范县拓展年、建设国家级生态文明建设示范区达标年和建设国家级现代农业示范区升级年等为目标，以奋进之志、奋发之姿、奋斗之力，大抓项目、抓大项目，突出工业、突破工业，推进平和高质量发展赶超进位、跨越提升，以优异的成绩迎接党的二十大胜利召开。

经济社会发展的主要预期目标是：力争全县地区生产总值增长8%，财政总收入增长8%、地方级收入增长7.27%，规模工业产值增长11.3%，农业总产值增长5.2%，固定资产投资增长8.5%，进出口总值增长3%，实际利用外资增长3%，社会消费品零售总额增长8%，城镇、农村居民人均可支配收入均增长8.5%，完成节能减排降碳任务。重点做好六个方面工作：

（一）聚焦项目建设，培育发展强劲动能

强化“项目为王、项目为大、项目为重”意识，以更大力度抓项目、增后劲。

一是打好项目建设攻坚战。依托项目活动办、前期办、工业项目服务中心，整合资源，责任到人，健全专班攻坚、挂牌督办、集中开竣工等推进机制，常态化推进项目破难攻坚，坚决扫除阻碍项目建设的“绊脚石”。实施县级重点项目114个、年度投资78亿元，确保固定资产投资完成98.89亿元。道路交通，投入1.4亿元，开工建设南胜欧寮至三坪、大溪大松上陂至风洞里段等项目，继续推进一批道路项目[17]前期。水利水保，投入3亿元，加快推进官峰水库建设步伐，稳步实施城乡供水一体化一期工程、大溪镇后时片区防洪工程和水土流失综合治理等项目。电力能源，加快推进35千伏国强变、农网改造升级工程、华能“一县一企”光伏开发建设，持续配合一批重点能源工程[18]建设。

二是打好项目争取大会战。坚持把招大引强作为“一把手工程”，完善招商目录和产业政策，建立全流程的招商引资管控机制，进一步提高签约项目履约率、到资率和开工率，力争全年新签约项目45个以上、总投资100亿元以上。积极跟踪和上报中央、省预算内资金补助项目，做到常年筛选储备、上报跟踪项目。结合“十四五”规划项目库建设，进一步明确亩均投资强度、产值、税收，在新基建、新兴产业、城市建设、乡村振兴等领域谋划一批重大项目。落实工作专班谋划项目，特别是要用好原中央苏区县、省重点老区县扶持政策，从政策里找机遇、找项目、找资金。

三是打好要素保障主动仗。加强项目用地保障，强力推进征迁扫尾清零；编制国土空间规划，做好农村乱占耕地建房、卫片图斑核查整改，大力推进批而未供、闲置土地处置；积极推动旧村复垦、园地改耕地，抓好山格全域土地综合整治项目，新增耕地120公顷以上。深化拓展“柚都英才”聚集计划，依托市人才集团，持续加大教育、医疗、企业、农业等招才引才力度。积极争取专项债、预算内补助、政策性资金等，不断开拓资金来源，着力突破财政困难问题。

（二）聚焦产业发展，促进产业提档升级

全力推进市场主体优存量、扩增量，推动产业持续向高质量发展转型。

一是推动新型工业聚集发展。全面落实各项惠企政策，开工建设福和木业、两顺二期、德拓新型建材等项目，提速建设西蝉木业产业园、益果园食品等项目，建成投产鑫富创木业、润鑫木业等项目，狠抓低效企业整治，工业投资实现增长12%以上。加快工业集聚集群发展，完善工业园区“纵七路”，开工建设污水管网扩建工程、污水厂扩容提标项目；加快莲塘工业小区（一期）配套基础设施建设。探索建立建筑产业园，扶持建筑业龙头骨干企业升级资质、扩大营业范围，增加产值效益。

二是加快绿色农业转型增

效。巩固国家现代农业（蜜柚）产业园建设成果，建设现代农业智慧园和农业物联网应用示范基地；实施“一退二改三换种”，推进琯溪蜜柚优化工程；用好国家生态文明实验区补助资金，示范推广蜜柚科技小院“减肥调酸增镁”研究成果，在全县，特别是花山溪流域，积极开展化肥农药减量增效行动，禁止使用除草剂，全面推广增施有机肥、限施化肥、生草覆盖、绿色防控等技术。推动茶叶产业提档升级，建设一批生态茶园，引导龙头企业、科研单位和社会组织组建茶产业联盟，逐步扩大白芽奇兰茶品牌影响力、市场占有率和产品附加值。持续扩大蔬菜、百香果等果蔬种植面积，推进生猪规模养殖场标准化改造，优化农业发展结构。坚持把保障粮食安全放在突出位置，防止耕地抛荒和“非粮化”。

三是促进生态旅游提速提档。稳步推进奇兰茶王谷生态园区、霞寨镇全域旅游开发等项目建设，因地制宜发展特色民宿。统一打造旅游攻略，精心规划旅游线路，在主要景区及路口设置形象广告、全域旅游地图。推动灵通景区创建国家AAA级旅游景区、大芹陆宜酒业创建AAA观光工厂；创新开展旅游营销，积极宣传“三平文化”和“阳明文化”，打响“行旅世界·心归平和”旅游品牌。加快推进国家级电子商务进农村综合示范县创建工作，完善农村电商基础设施建设，培育一批“电子商务+农特产品”“电子商务+工业企业”等新型经营主体，进一步强化琯溪蜜柚、百香果电子商务销售在全国独占鳌头的主导地位。提升完善城区商贸服务功能，积极引进高端酒店、娱乐餐饮，打造集购物、休闲、娱乐、住宿于一体的城市综合体。

（三）聚焦品质生活，推进城乡融合发展

坚持新型城镇化与乡村振兴联动联建，推动城乡能级提升、县域格局优化。

一是推动城市能级大提升。以争创省级文明县城为抓手，着力拉框架、强功能、提品质，不断提升城区集聚力。持续推动北环路延伸段道路、东环路一期续建等建设，打通断头路，增强城市绿地、停车场等供给，构建“10分钟”幸福生活圈。以“乐水社区”理念，推动高南片区更新改造，打造滨水新城片区；以“乐山社区”为理念，推动西环片区开发建设，打造依山康养片区。推进城市垃圾污水治理，延伸城区污水管网，确保垃圾焚烧发电厂建成投用。加快融邦·外滩一号、瀚海五凤郡等项目建设，打造一批宜居小区。推进坂仔环镇路建设及芦溪、安厚等镇区连片开发，提升集镇建设水平。完善城市管理长效机制，加强数字城管运用，提高城市管理精细化、数字化水平。

二是迈出乡村振兴新步伐。巩固拓展脱贫攻坚成果同乡村振兴有效衔接，继续推行意外重疾叠加医药费兜底保险、蜜柚价格指数保险。实施乡村建设行动，整合各级财政资金，重点抓好坂仔西坑、安厚美峰、崎岭顶寨等15个省级示范村建设，形成4条乡村旅游“串点连线成片”示范线路⑲。科学编制村庄规划，保护传统村落和乡村风貌。围绕“一革命四行动”，建设一批乡镇污水管网、农村污水处理设施、农村公厕等，提高农村污水治理覆盖率，倡导生活垃圾干湿分离，促进农业生产废弃物资源化利用。深化“两违”综合治理，合理安排农村宅基地用地，规范宅基地审批。

三是跑出生态保护加速度。不折不扣抓好生态环境突出问题整改落实，力争花山溪饮用水水源地风险突出问题尽快销号。深入实施“碧水工程”，严格落实“河长制”，扩大县城区雨污分离、污水管网改造和截污纳管覆盖面，推进大溪镇污水处理厂二期管网、九峰镇污水处理厂建设，提高已建成污水处理设施运营管理水平。深入实施“蓝天工程”，全面治理扬尘污染，更新企业老旧环保设施，完成陶瓷企业“煤改气”。深入实施“净土工程”，加强土壤分类管控和农业面源污染治理。积极创建国家级森林城市，推进花山溪流域退果还林还耕完成100公顷以上。

（四）聚焦改革创新，激发县域发展活力

坚持全力推动科技创新、不断深化重点领域改革，实现创新引领、开放崛起。

一是突出改革蓄能。持续推进平和工业园区扩区升级，加快构建“一区多园”发展格局。深化农村集体产权制度改革，加快农村土地流转，引导农村集体资源变资产、资金变股金，不断激活农业农村发展潜力。加强能耗“双控”，积极争取碳汇交易试点。引导金融机构推出更多符合平和县经济发展需求的金融产品，促进金融创新和金融创收。

二是突出服务聚能。加快新行政服务中心建设，全面落实“三集中三到位”，加快“互联网+政务服务”建设，完成“电子证照”国标化改造；高标准完成智能化、一体化在线服务平台建设，实现线上线下“大厅之外无审批”，让企业和群众“进一扇门、办一揽子事”。紧盯企业和群众办事的堵点难点问题，最大限度减环节、优流程、压时限、提效率，把“一表申请、一窗受理、超时默认、默认追究”落到实处，为企业提供便捷高效服务，进一步优化营商环境。

三是突出创新赋能。鼓励企业与高等院校、科研院所开展深度合作，提高科技创新力，打造一批细分行业的“单打冠军”。加快传统产业数字化改造，推动规上工业企业智能化改造，确保技改投资增长5%。与福建农林大学合作成立“平和柚类产业研究院”，柔性引进一批专家教授、研究生团队，进行科研攻关，打造全国乃至全球首个柚类产业研究学院。加快5G等新一代信息基础设施建设，完善农村淘宝服务体系。

（五）聚焦惠民实事，持续推进共同富裕

坚持以人民为中心，强化惠民利民安民举措，让人民生活更殷实、更安康、更幸福。

一是让公共服务更有厚度。编制教育资源布局专项规划，加快育才中学高中部、新星幼儿园第二分园等项目建设，提高教育信息化水平；巩固提升“双减”成效，优化学校管理量化评价体系；确保“义务教育教师平均工资收入不低于当地公务员平均工资收入水平”，进一步激发教师内生动力。坚持“外防输入、内防反弹”的总策略，坚持“动态清零”的防疫目标，把疫情防控融入经济社会发展各个方面。持续推进县医院迁建项目，深化医养结合，依托三甲医院，建立名医工作室，优化提升中医服务，增加优质医疗资源供给。推动林语堂故居核心区布展，实施庄上大楼修缮，鼓励开展全民健身运动。紧紧围绕做好“通”“惠”“情”三篇文章，突出祖地文化、民间信仰、宗族宗亲、乡亲姻亲等重点，着力深化两岸融合发展。

二是让保障体系更有广度。加大就业创业帮扶力度，城镇登记失业率控制在4.5%以内。稳步推进社会保险扩面。完善社会救助、社会福利等制度，切实保障妇女儿童和老年人权益，大力发展红十字、慈善公益、残疾人事业。鼓励养老孝老敬老，加快构建居家社区机构相协调、医养康养相结合的养老服务体系。巩固省级食品安全社会共治示范县成果，健全食品药品全程监管机制，保障“舌尖上的安全”。扎实开展全民国防教育和国防动员，统筹做好退役军人事务和拥军优属工作。

三是让社会治理更有深度。完善社会治安主体防控体系，常态化开展扫黑除恶斗争、政法队伍教育整顿。严格落实安全生产责任制，加快县应急指挥中心建设，提升防灾减灾救灾能力。拓展“平和县矛盾纠纷化解云平台”运用，完善多元化解决矛盾纠纷机制，积极探索基层社会治理创新。深入开展新时代文明实践试点，扎实开展精神文明创建活动，全方位推进移风易俗、志愿服务，大力培育和践行社会主义核心价值观。

（六）聚焦自身建设，全力打造现代政府

始终牢记政府前面“人民”二字，全面提升行政质量，努力建设人民点赞的人民政府。

一是强化政治建设，全面提升战斗力。牢记“两个确立”、做到“两个维护”，坚决落实上级决策部署和工作要求，贯通决策落实的“最后一公里”。树立“今天再晚也是早、明天再早也是晚”的效率意识，摒弃“大概、差不多、过得去”的模糊思维，尽心竭力、勤勉进取、踏实工作。提升平和乡村振兴党建学院办学水平，着力增强干部“八种本领”和“七种能力”[20]。

二是强化法治建设，全面提升保障力。坚持把法治理念贯穿政府工作始终，严格规范重大行政决策制定和执行，严格执行民主决策程序，重大事项向县委请示报告，自觉接受人大法律监督、政协民主监督、监察机关监督，重视司法监督、群众监督、舆论监督，加强审计监督、统计监督。加大公共资源配置、重大建设项目等信息公开力度，组织实施“八五”普法规划，让依法行政的行为更加自觉。

三是强化廉政建设，全面提升公信力。严格落实中央八项规定及其实施细则精神，坚持政府过紧日子、让群众过好日子，严控“三公”经费，进一步压缩一般性支出。持续深化政府系统党风廉政建设，用好基层干部廉洁履职教育基地、王阳明廉政文化教育馆、乡村振兴廉政教育基地等平台，驰而不息整治形式主义、官僚主义，切实营造干部清正、政府清廉、政治清明、社会清朗的政治生态和发展环境。各位代表，新蓝图振奋人心，新征程催人奋进。让我们更加紧密团结在以习近平同志为核心的党中央周围，在中共平和县委的坚强领导下，凝聚起“奋进平和、奋发平和、奋斗平和”的思想共识和强大合力，不忘初心、牢记使命，在奋勇拼搏中进位赶超，在乘风破浪中扬帆远航，为全方位推进高质量发展超越、加快新时代新平和现代化建设而努力奋斗！

名词解释

①“五个一批”项目：“谋划一批、签约一批、开工一批、投产一批、增资一批”项目。

②“两违”综合治理：违法用地和违法建设行为综合治理。

③“四方责任”：在疫情期间，把全市动员起来，全面落实属地、部门、单位、个人的四方责任，建立全社会共同防控体系。

④“双减”：减轻义务教育阶段学生作业负担和校外培训负担。

⑤平安建设“四大攻坚行动”：社会治安突出问题治理、信访积案化解、重点人群服务管理、道路交通安全管理。

⑥“两中心一站式”：2019年由县法院成立“金融纠纷诉调对接中心”，由县银行协会成立“银行业调解中心”，两中心合署办公，通过“诉前调解＋司法确认”模式，一站式化解金融纠纷。

⑦“四新”：立足新起点，适应新常态，争创新优势，实现新发展。

⑧“四区”：打造新型工业集聚区，打造现代农业示范区，打造文化旅游度假区，打造生态闲适新城区。

⑨“六更”：经济发展更加强劲，改革开放更加深入，社会文明更加进步，生态环境更加优美，人民生活更加幸福，社会治理更加高效。

⑩“五游”：朝圣游、文化游、红色游、乡村游、体验游。

⑪“上云用数赋智”：“上云”是指探索推行普惠型的云服务支持政策；“用数”是在更深层次推进大数据的融合运用；“赋智”，是要加大对企业智能化改造的支持力度，特别是要推进人工智能和实体经济的深度融合。

⑫“五大振兴”：产业振兴，人才振兴，文化振兴，生态振兴，组织振兴。

⑬“两治一拆”：治理空心房、治理裸房，拆除违法建筑。

⑭“一革命四行动”：“厕所革命”，农村垃圾治理行动、农村污水治理行动、农房整治行动、村容村貌提升行动。

⑮“四好农村路”：把农村公路建好、管好、护好、运营好。

⑯能耗“双控”：能耗总量和强度双控。

⑰一批道路项目：安厚农场至安厚互通连接线、三平景区上镜至楼脚公路、云平高速长乐互通至长乐乡段公路改造。

⑱一批重点能源工程：配合实施闽粤联网工程、漳州核电送出线路工程、西三线闽粤支干

线与漳州 LNG 外输管道联通工程建设。

⑲ 4 条乡村旅游“串点连线成片”示范线路：联胜黄田线（红色文化 + 乡村旅游）、西坑寨河线（党建引领 + 生态宜居）、蕉路高寨线、前埔欧寮线。

⑳ 干部“八种本领”和“七种能力”：“八种本领”即学习本领、政治领导本领、改革创新本领、科学发展本领、依法执政本领、群众工作本领、狠抓落实本领、驾驭风险本领；“七种能力”即政治能力、调查研究能力、科学决策能力、改革攻坚能力、应急处突能力、群众工作能力、抓落实能力。

专记

平和县扎实开展党史学习教育

2021年，平和县认真学习贯彻习近平总书记关于党史学习教育的重要论述、在中国共产党成立100周年大会上的重要讲话精神、来闽考察重要讲话精神和中共十九届六中全会精神以及省、市党代会精神，按照中央决策部署和省委、市委要求，牢牢把握“学党史、悟思想、办实事、开新局”的总要求，以开展“再学习、再调研、再落实”活动为载体，以“我为群众办实事”实践活动为重要内容，精心组织、周密部署，立足实际、守正创新，推动全县党史学习教育有力有序有效开展。

一、创新做法特点

平和县立足“红色资源多、红色故事多、革命先烈多”的优势，创新方式方法，创设“五大主题”，凸显“自选动作”特色，因地制宜开展主题突出、特色鲜明的党史学习教育。一是以“学党史、祭英烈”为主题，组织县处级领导干部参观平和暴动纪念馆和平和暴动烈士纪念碑，通过现场奏唱《义勇军进行曲》、重温《入党誓词》、宣读“敬英烈祭文”等方式，学习革命战争时期先辈敢为人先、不畏牺牲的革命精神。二是以“学党史、传精神”为主题，组织县处级领导干部到山格镇军民堤和爱武山，现场听取驯水桥、军民堤修建以及爱武山和女民兵们的故事，学习社会主义建设时期广大人民和干部团结一致、自强不息的奋斗精神。三是以“学党史•促发展”为主题，组织县处级领导干部到坂仔镇西坑村，参观西坑党建学院新校区、中共党史教育展览馆，学习“五点要求”，积极推动基层党建与乡村振兴深度融合，全方位推进平和高质量发展。四是以“学党史•固成效”为主题，在全县范围内开展“脱贫成效两访三帮三促大回访”活动，巩固拓展脱贫攻坚成效，聚焦“两不愁三保障”和饮水安全问题，及时回应群众关切，全面消除返贫风险，为加快推进乡村振兴打下坚实基础。五是以“学党史、志愿行”为主题，组织县处级领导干部与留守儿童、文明实践志愿者一同开展“阳光成长志愿行”活动，观看并聆听革命先辈们的故事，切身感悟红色文化，重温革命历史，引导全县广大少年儿童听党话、感党恩、跟党走，厚植爱国爱党情怀。

二、主要工作成效

中央、省委、市委党史学习教育动员部署会召开后，平和县闻令而动，把开展党史学习教育作为一项重大政治任务，整体谋划、全面推进党史学习教育各项工作。

（一）聚力“三个突出”，抓实部署推动。一是突出机制建设。及时成立县委党史学习教育领导小组，领导小组充分发挥把方向、抓统筹、抓全盘作用，结合实际制定下发平和县《关于开展党史学习教育的实施方案》和《关于开展党史学习教育的实施细则》，提出重点任务、时间安排和学习要求。全县各单位各部门党委（党组）认真履行主体责任，结合实际，制订具体计划，确保组织到位、措施到位、落实到位。二是突出挂图作战。采取定期调度通报的方式，对全县党史学习教育工作进行挂图作战，督促参学单位和部门扎实推进各项工作。对“为民办实事”重点工作，围绕贯彻新发展理念、推进乡村振兴、提高生活品质、优化营商环境、服务台胞台企、数字赋能增效、生态环境建设、基层治理工作八大方面，建立工作台账，梳理项目清单，明确责任单位、规定完成时限，采取每月一报的方式，实时掌握项目的进展情况，及时向主要领导汇报。三是突出督查问效。成立9个巡回指导组，开展了3轮巡回指导工作。坚持严格督查、分类指导，按照“规定动作做到位，自选动作做出彩”的工作要求，围绕县直各单位、各乡镇（场、区）专题学习培训、党史宣传宣讲、“我为群众办实事”实践活动等工作开展情况研究讨论，进一步明确目标任务、时间安排和方法步骤，对存在的问题及时发现反馈，严格要求相关部门单位认真整改，确保了党史学习教育推进思路清晰，指导工作到位。

（二）紧扣“三个环节”，抓实专题学习。把准政治方向，丰富方式内容，因地制宜搭建学习平台，开好组织生活会，紧盯各个细节，提升学习成果。一是明确学习内容。县委常委班子以上率下，先学一步、学深一层，认真学习贯彻习近平总书记在党史学习教育动员大会重要讲话、来闽考察时的重要讲话和庆祝中国共产党成立100周年大会重要讲话精神，学习贯彻中共十九届六中全会精神、省第十一次党代会和市第十二次党代会精神；研读党史学习教育指定教材和“四史”相关参考教材。平和县还出版发行展示平和老区革命、发展的党史文献资料书籍——《平和长乐·八闽首举》《红军三平会师》（连环画），以及反映社会主义新农村发展的乡土教材《蔡家堡》，成为平和本土红色出版物；举办“传承红色基因、讲好平和故事”微视频竞赛活动，推选出讲解平和红色故事的优秀作品18部，进一步弘扬平和苏区精神、赓续红色血脉、激发奋进力量，走好新时代长征路。全年已组织召开党史学习教育专题宣讲报告会129次、党史专题培训52次、县管干部读书班1期，县委中心组集体学习46次、专题研讨会10次，举办学习贯彻中共十九届六中全会精神专题培训班1期。二是用好红色资源。发挥全县各级爱国主义教育基地宣传教育功能，整合推出平和暴动纪念馆、平和红军三平会师纪念馆、平和县烈士陵园、中共闽粤边特委机关旧址（南胜革命烈士纪念碑）、大芹山革命根据地纪念馆、西坑党校等省、市、县级共14个党史学习教育参观学习点，建设山格镇社会主义新农村发展史展览馆、坂仔镇党建党史展示厅、小溪镇延安楼党史展览馆等，成为平和县家门口的党史教育基地，较好地发挥了全县红色教育阵地作用，尤其是西坑党校成为党史学习教育“打卡点”、主题党日活动“新地标”，单月接待参观200多批次、近万人参观学习。由三平红军会师纪念馆、三平风景区、高峰生态谷红军寮、平和暴动纪念馆构成的“花样漳州·平和革命烽火”之旅成为省文化和旅游厅推出百条红色旅游线路之一。新华书店的“党史图书角”、小溪镇延安楼党史教育陈列馆、县博物馆“红色平和展厅”逐步打造成为红色旅游参观点。精心组织策划拍摄红色主题微电影《我的爷爷——陈彩芹》。在“七一”中国共产党建党日期间，举办“平和县党史学习教育有奖问答”活动，通过互动答题的方式，引导广大党员干部进一步了解党的奋斗历程、学习党的基本知识。三是严格组织生活。全县771个党组织围绕“学党史、悟思想、办实事、开新局”主题，以党支部或党小组为单位，组织全体党员召开专题组织生活会，结合开展谈心谈话、认真盘点检视等方式积极开展批评与自我批评，从政治上、思想上、工作上、作风上全面开展自我剖析和相互点评，真正发挥出相互提醒、相互帮助、相互促进的作用。县领导分别以普通党员身份与支部党员一起交流习近平总书记“七一”重要讲话学习体会，并开展批评与自我批评。县委党史学习教育指导组加强督促指导，采取随机抽查、巡听旁听、派人列席等方式对各级党组织专题组织生活会的召开情况进行督促检查。

（三）注重“三个实效”，抓实宣传宣讲。牢牢把握宣传宣讲工作重点和正确导向，创新方式方法，着力营造浓厚的宣传氛围。一是在基层宣讲上见实效。组建县委宣讲团和客家山歌、闽南话“三句半”“快板书”宣讲团以及乡村讲师团，大力开展党史党课送课下乡活动。全县各单位各部门通过到各级爱国主义教育基地、党性教育现场教学点、各类纪念馆等场所参观学习，邀请革命后代讲述红色故事，乡村讲师团成员讲党课等方式，开展形式多样的学习教育活动。各乡镇立足实际，通过形式多样的平台载体，开展广泛宣传，比如，长乐乡发挥农村广播“村村响”宣传阵地作用，不定时向群众播送红歌、《党史故事》等内容，让党史学习教育深入基层、“声”入人心。特别是注重抓好青少年宣讲，全县各中小学坚持线上线下、课内课外双结合，以学生讲党史、教师讲党史、革命后代讲党史、宣讲团讲党史、文化长廊展党史、观看讲座和电影等方式，引导广大青少年厚植爱党爱国情怀，让红色基因、革命薪火代代传承。二是在主题活动上见实效。精心组织“四史”学习宣传教育和“永远跟党走”群众性主题宣传教育，提前谋划以“党旗红，苏区兴”为主题的“十个一”系列庆祝活动，“七一”中国共产党建党日前后，先后举办“我最喜爱习总书记一句话”演讲比赛、“永远跟党走——漳州市庆祝中国共产党成立100周年”巡回宣讲（平和专场）、庆祝中国共产党成立100周年文艺晚会、“重温入党誓词,党旗高扬苏区”的走访慰问活动等一系列活动；积极组织全县广大党员干部参与由中共福建省委宣传部等单位主办的福建省“全媒体党史知识竞赛”活动，县融媒体中心荣获“突出贡献奖”，县委宣传部、中国移动平和分公司党支部荣获“优秀组织奖”“人气代表队”。县社科联积极组织、广泛发动党员群众参与省社科联举办的“深入学习贯彻党的十九届六中全会精神”有奖竞答活动，活动参与人次排名全省第九，获省社科联发文表扬。在各类主题活动中持续掀起庆祝建党百年热潮，让广大党员干部在参与中受到感染和熏陶。三是在新闻报道上见实效。坚持新闻宣传、社会宣传、文艺宣传齐发力，积极发挥典型带动作用。在电视《平和新闻》、平和新闻微信公众号等官方媒体平台开设“党史学习教育”“我为群众办实事”专栏；拍摄《在灿烂阳光下》快闪，创作并拍摄《南湖起航》《百年丰碑》《八闽儿女颂》3首赞歌；平和新闻微视频、平和新闻抖音号也同步播发相关平和县党史学习教育的相关微视频，打造宣传矩阵，形成宣传合力。国家、省、市各级主流媒体共刊播发表党史学习教育的新闻宣传报道300多篇，其中“漳州平和：清明祭英烈，长乐学校少先队员献唱《我们是共产主义接班人》”“漳州平和：春花烂漫暖琯城”短视频在“学习强国”学习平台刊播。

（四）组织“三个微端”，推动党员“全覆盖”。平和县针对农村党员、流动党员、“两新”组织党员、离退休人员党员的实际情况，切实采取微视频、微课堂、微面谈等方式，分门别类加强学习，有力推动了党员党史学习教育实现“全覆盖”。一是“微课堂”领学，注重解决农村党员学习问题。针对农村党员，结合他们白天在田间地头劳作、晚上喜欢聚在公共场所乘凉聊天的特点，创新开设“微课堂”党课。在充分利用“新时代文明实践所站”和“党群服务中心”，开展好“定点式”教学的基础上，结合乡村振兴、乡村风貌、文化惠民、移风易俗等工作，深入田间地头、农家院落、村中大树头等公共场所，开展好“流动式”微党课活动。只要聚上三五人或十多人，便可设堂“开讲”，即利用5分钟左右的时间，向党员群众讲政策、讲党性、讲工作。二是“微视频”促学，注重解决流动党员学习问题。针对流动党员参加集中学习活动难召集的实际问题，根据外出务工党员，特别是青年流动党员善用、喜用新媒体的特点，创新开设了“微视频”党课，平和县党史学习教育组织与县委党校联合录制《八闽第一枪——平和暴动》《传承红军基因、弘扬平和老区精神》等六堂“平和县党史学习教育公开课”。同时要求各级党组织结合学习教育内容，立足自身实际，积极采取讲座、问答等方式，扎实抓好“微视频”党课录制工作，有针对性地给流动党员推送微视频、上好“微党课”。同时，举办“传承红色基因、讲好平和故事”微视频竞赛活动，推选出讲解平和红色故事的优秀作品18部，进一步弘扬平和苏区精神、赓续红色血脉、激发奋进力量，走好新时代长征路。三是“微面谈”助学，注重解决离退休人员党员学习问题。针对老、弱、病、残等无法出门集中参加学习活动的党员，采取“微面谈”的方式，主动将“微党课”送到党员家中。通过组织联系村干部、驻村第一书记、工作队员等党员骨干到不便出门、不能出门的党员家中，认真开展送一本书、慰一次问、谈一次心、讲一次课、佩戴一次党徽、承一次诺等“六个一”活动，不断唤起党员干部的初心使命，全面提升他们的党性修养，从而达到送课送学的目的。

（五）坚持“三个聚焦”，抓实民生实事。坚持把学习党史同总结经验、观照现实、推动工作结合起来，以学促干、以干践学，切实解决基层急难愁盼问题，把学习教育成果转化为开新局、起好步的强大动力，真正让党员干部受教育、让人民群众得实惠。一是聚焦民情民意查问题。结合开展“再学习、再调研、再落实”活动，县处级领导围绕制约发展的瓶颈、群众关切的焦点、分管领域的短板，精心选题，带着问题下去、带着办法回访，深入一线，在企业复工复产、重点项目建设、花山溪水源地保护、新冠病毒疫苗接种等方面，现场协调解决工作推进中的重点难点问题。实行领导干部不亮身份，亲自申请办理具体事项，以普通群众的身份从业务咨询到事项办结，全程参与各环节流程，既全程体验办事流程和感受，又充分听取群众意见。2021年，县处级领导累计开展现场办公334场次，对群众“急难愁盼”的问题进行现场协调、现场解决。二是聚焦堵点难点抓整改。针对群众反映强烈的基层矛盾纠纷、基础设施建设、环境卫生整治等突出问题，县委党史学习教育领导小组制定县级层面实事项目清单，涉及50个实事项目，已全部完成本年度目标任务。各乡镇各部门结合实际形成具体项目清单，建立工作台账，逐一落实，涉及其他重点项目52个，775个惠民利民实事（其中包括疫情防控工作办实事项目70个，处级领导干部开展现场办公实事388个，处级领导到一线服务窗口开展走流程、查短板22次，各乡镇各部门开展惠民利民实事296个），现已全部完工。三是聚焦急难愁盼解民忧。全县各级各部门立足岗位职责，强化公仆意识和为民情怀，坚持小切口、硬举措、准发力，切实将实事办在群众心坎上。如：行政审批局开设“零否决”窗口，不断提升服务效能，让难办之事“不难办”，把好事实事办到群众心坎上；县人社局先后举办3期现场“春风送岗·就业暖人心”招聘会，提供876个就业岗位，实现县内就地就近就业850人，为125人提供劳动维权和法律援助；市场监督管理局开展“平和琯溪蜜柚”地理标志商标品牌保护行动，出动执法人员320人次，检查蜜柚销售企业130家，查处平和琯溪蜜柚商标侵权案件3件，罚没金额0.42万元，有力地打击平和琯溪蜜柚商标品牌违法行为。

三、主要经验启示

一是必须坚持政治引领。要把政治建设放在首位，聚焦主题、紧扣主线，在思想上政治上行动上同以习近平同志为核心的党中央保持高度一致，把开展党史学习教育，与秉承弘扬习近平总书记在福建工作时的重要理念和重大实践相结合，把对习近平总书记的深厚爱戴之情，转化为牢记“两个确立”、做到“两个维护”的自觉行动。二是必须坚持理论武装。要树立正确的党史观，强化理论思维、历史思维，深入理解和把握习近平新时代中国特色社会主义思想的科学性、真理性，自觉做新思想的坚定信仰者、忠实践行者、不懈奋斗者，切实武装头脑、指导实践、推动发展。三是必须坚持人民至上。要坚持人民立场，始终保持同人民群众的血肉联系，走好新时代的群众路线，主动问需于民、问计于民、问效于民，始终牢记我们党是什么、要干什么这个根本问题，以人民是否满意、群众是否认同为根本标准，不断实现好、维护好、发展好最广大人民的根本利益。四是必须坚持宣传引导。要统筹谋划、全面覆盖，牢牢把握宣传宣讲工作重点和正确导向，在基层宣讲上见实效、在主题活动上见实效、在新闻报道上见实效，切实营造知史爱党、知史爱国、知史爱社会主义的浓厚氛围。五是必须坚持守正创新。要发挥平和党史事件多、红色资源多、革命先辈多的优势，推动红色基因融入精神血脉、续写共产党人精神谱系，真正从党史学习中鼓舞斗志、明确方向、启迪智慧、提升能力、砥砺品格，确保党史学习教育扎实、到位。六是必须坚持知行合一。要以知促行、务求实效，把党史学习教育成果转化为推动事业发展的强大动能，聚焦我们正在做的事情，领导带头、以上率下，以实际行动做好标杆、作好示范，形成上下联动、层层落实的工作格局，全方位推进高质量发展超越，奋力推动各项工作开新局、谱新篇。

（供稿：县委宣传部）

平和县2021年新冠肺炎疫情防控

2021年，平和县认真贯彻习近平总书记关于统筹推进疫情防控和经济社会发展工作的重要讲话重要指示批示精神，严格贯彻落实中央和省委省政府、市委市政府的各项工作部署，坚持常态化疫情防控与应急处置相结合，坚持科学防治、精准施策、紧密协同，疫情防控工作总体平稳，持续保持无确诊病例无疑似病例“双零”的防控成果。

一、加强组织领导

调整充实由县委书记担任组长、县长担任副组长、相关县领导为成员的县应对新冠肺炎疫情工作领导小组；成立由县长担任总指挥长的县应对新冠肺炎疫情工作指挥部，负责协调各方面防控工作，县委、县政府主要领导高度重视疫情防控，多次召开全县专题会议就疫情防控工作进行详细部署，推进常态化防控机制有效运转。

二、完善工作预案

结合平和县实际，出台《防控工作方案》《应急预案》《医疗救治工作方案》《医疗救治应急预案》《大规模人群核酸检测组织实施方案》《冷链食品疫情防控工作应急处置方案》《2022年元旦春节新冠肺炎疫情防控工作方案》等配套方案。加强人员培训和应急演练，组织开展技术队伍培训，完成县级5支流调队伍组建并授旗，开展流调业务培训，举办疫情防控应急演练、核酸采样演练，提高应对新冠肺炎的应急处置反应能力。

三、提升应急能力

对实验室改造扩建，先后完成县医院、疾控中心、安康中医院核酸实验室建设并投用，共有

9 套核酸检测机，满负载检测量达 6300 余份，并按要求储备检测试剂。全县设置采样点 255 个，采样台 344 个，通过全员培训具备核酸采样能力的医务人员 917 人，持有 PCR（聚合酶链反应）上岗证的检测人员 46 人，全县样本转运人员（司机，不包含村居转运乡镇人员）43 人，全员核酸采集信息保障技术人员 255 人，组织县医院、妇幼保健院建立核酸应急采样队 10 支共 50 人。调整 15 个乡镇流行病学调查行动小组和各村（社区）流调协查员队伍共 1204 人。9 月 10 日莆田等地突如其来的疫情发生后，平和县立即再投入 340 万元用于采购口罩、防护服、隔离衣等医疗物资。

四、落实健康管理

落实入境人员集中医学观察分流、人员“点对点”闭环转运管理和信息对接工作。按要求做好隔离、核酸及抗体检测等工作，严格要求解除隔离前须由指挥部领导签字，解除居家医学观察由乡镇党委书记审核后实施。全县推广安装居家医学观察人员监控平台，落实专人负责，实施 24 小时远程监控居家观察对象，促使居家健康管理管得住、管得实。利用好“大数据”和“网格化”，织密织牢人员信息排查网。2021 年省外累计入平人员 44685 人，发布《致平和在外乡亲的一封信》《关于奖励举报疫情防控线索的通告》等倡议，推动严格落实重点人群和运输、冷链加工等进口食品重点行业的相关从业人员固定频次核酸检测。本年度重点人群核酸累计检测 36.34 万份。

五、严抓院感防控

规范设置发热门诊，县医院发热门诊为独立建筑，实现“六不出门”，防止交叉感染。严格落实预检分诊和闭环管理，全县分 8 个片区建立可疑发热病人专人专车转送机制以及可疑病人报告制度，落实首诊责任，县医院发挥“龙头”作用，全天候待命，统筹调度专用车辆，实现闭环管理。加强医院人员培训，强化医院院感管理。严格执行院感制度，严格落实标准预防。加强医疗机构环境核酸检测，严格落实医疗废物管理，加强患者住院管理，规范陪护、探视管理，设置门禁、陪护卡，对住院患者和陪护人员进行新冠病毒核酸检测，对新入院的患者进行单间收治，待排除新冠病毒感染后再转至常规病房。

六、强化冷链管理

建立健全冷链食品生产经营主体“一对一”监管台账，不定期检查冷链食品生产经营单位进货查验、索证索票及“一品一码”溯源平台录入情况。督促市场开办者、食品生产经营者落实进口冷链食品索票索证、进货查验责任，“四证”齐全，方可入库、投用、销售，确保来源可溯、去向可追。设立“进口冷链食品监管总仓”。县疾控中心每周均开展对市场外环境、食品、销售人员进行核酸抽检，并对重点从业人员核酸检测应检尽检，执行每 7 天检测 1 次制度，共监测食品 1857 份，外环境 2408 份，从业人员 3579 人次。

七、盯紧重点场所

药品零售企业严格执行“戴口罩、验码、测温、一米线、定期消毒”及“两抗一退一止”药品购买必须实名登记。落实汽车站体温监测措施，设置留观区，口罩专用回收医疗废弃桶，增加通风、消毒等措施频次，引导减少交通工具内人员走动和聚集等工作。对各类公共场所加强“验码、测温、不聚集、戴口罩”防控措施；督促商超、农贸市场等人员密集场所落实清洁消毒、通风换气、公共卫生和公共秩序维护等措施；督促宾馆酒店严格落实入住人员健康信息登记制度；督促餐饮场所合理设置就餐设施和餐桌距离，严格控制聚集性桌餐，避免聚集性排队等待，提倡分食就餐；三平、灵通景区等旅游景点严格落实“限量、预约、错峰”要求，控制好接待游客数量；严格落实进景区景点前扫码登记、测体温等要求严防人员瞬时过度集中避免线路规划不合理导致游客扎堆拥挤等现象；加强景区外部游客疏导、分流，避免游客在景区入口区域形成聚集。各文化场馆对到馆人员严格落实疫情防控责任，坚持做好戴口罩、扫健康码、测体温、实名登记、消毒消杀等措施，健全疫情防控方案。

八、推进疫苗接种

成立了新冠病毒疫苗接种工作领导小组，制定下发《新冠病毒疫苗加强免疫接种实施方案》和《3—11 岁人群新冠病毒疫苗接种实施方案》《进一步做好“一老一少”新冠病毒疫苗接种工作》等配套方案，组织疫苗接种相关业务培训，完成疫苗接种相关设施建设，目前全县共配备医用冷库 2 个，冷藏运输车 2 辆，疫苗接种资格人员 435 人，保障 18 个接种点，66 个接种台。在全县开展疫苗接种“逐村清零”行动，配备移动疫苗接种车，县领导靶向攻坚，全力推进 60 周岁以上疫苗接种工作，筑牢全县免疫屏障。

九、开展爱卫行动

深入开展人居环境整治，在全县范围内大力开展爱国卫生运动，开展环境卫生整治行动，强化“门前三包”责任制落实。结合乡村振兴，组织开展 4 次春、夏、秋、冬季村庄清洁行动，组织开展除“四害”病媒生物防治工作，分别于春秋两季组织“四害”专业消杀队伍对县城区农贸市场、食品餐饮行业、公园绿地、垃圾中转站、车站等重点部位进行全面消杀。加强卫生健康知识普及，以“爱国卫生月”活动为契机，通过举办志愿者服务活动、健康讲座、张贴宣传海报、LED 屏滚动播放字幕等多种形式，普及健康知识，开展控烟行动。开展卫生村镇创建活动，2021 年 12 月份省爱卫办公示 2018—2020 年度福建省卫生村、卫生社区名单，平和县 80 个村，2 个社区获得命名。

（供稿：县卫健局）

平和县加快打造农村创业创新高地

近年来，平和县立足特色农业大县实际，围绕特色农业产业和乡村旅游资源，创新推进农业农村的创新创业工作，探索“政府搭台 + 民间推动 + 科技助力 + 链条变革”方式，推动全县农村创业创新高质量发展，加快推进农业农村现代化。今年 1 月，平和入选第三批“全国农村创业创新典型县”。

一、培育发展平台，集聚农村“双创”资源要素。充分发挥农村创新创业园区、孵化实训基地等平台作用，引导资源要素向农村创新创业平台聚集，鼓励扶持农村创新创业项目，助力乡村产业振兴。一是做大培育平台。围绕蜜柚产业绿色发展、蜜柚产业信息化管理与服务、创新创业支撑体系、新型农民利益联结机制试点、三产融合发展、品牌宣传推广等六方面，积极打造国家现代农业（蜜柚）产业园、省级农民创业园、平和蜜柚互联网产业园等 3 个创新创业园区，并在其基础上衍生出 14 个蜜柚互联网双创基地，20 个 11000 亩蜜柚互联网试点示范基地。2008 年至今新增创新创业主体 3272 家，网上销售农产品 40 万吨以上，年均增幅 20% 以上。二是做优孵化平台。建立“云柚工场”“柚海智谷”“创淘电商”等 3 家市级示范众创空间，吸引 150 余个返乡创业项目、近千名创业青年入驻，成功孵化项目 72 个。同时，县财政设立 1000 万元专项资金，已连续举办 3 届中国柚都“平和创客”创新创业大赛，推动创新创业项目 325 个，有效激发大众创新创业热情，促进创新创业工作。三是做强引才平台。由县委组织部、共青团、驻外党工委等部门，共同推动建立首批省级人才驿站示范站青创协会“人才驿站”和创淘学校、语堂书院及驻厦、驻泉党工委等 5 家“人才驿站”。依托福建农林大学专家团队成立全市首家蜜柚科技小院，集聚 24 名农业专家。成功与邓秀新院士续签蜜柚产业发展院士专家工作站。平和作为漳州唯一试点县，成功举办“师带徒”引凤还巢计划暨“才聚柚都”人才项目专场对接会，现场签约6个合作项目。2018年以来，全县新增2家国家级高新技术企业，1家市级技能大师工作室，成功引进高层次、高学历人才14名，与76名高校研究生、中高级人才签订就业意向书。

二、增强发展引力，优化农村“双创”服务环境。牢固树立“大农业”观念，立足县情实际，着力在优化农村创新创业环境上下功夫，推动农村产业融合发展，近年来，全县新增双创经营主体达850户，新增双创人员1500人，带动就业5000人，创业导师30名。一是机制赋能。出台《平和县支持和促进科技创新驱动发展三十条措施的通知》《平和县紧缺急需专业人才就业补贴暂行办法》《“柚都英才”聚集计划》《重点企业柔性引才支持办法》《高素质教育卫生人才引进支持办法》等13份人才引进配套政策以及《关于进一步促进蜜柚产业转型升级发展的若干意见》《平和县人民政府关于印发促进平和蜜柚产业高质量发展的若干措施的通知》等一系列产业发展政策，进一步优化农村创业创新环境，推动农村创业创新工作。二是资金帮扶。设立蜜柚深加工企业发展基金，成立了农业信贷担保公司，积极协调金融机构推出农村创业创新贷款优惠措施，为农村创业提供融资贷款政策。对新购深加工设备200万元以上及技术改进更换设备100万元以上且符合条件和要求的深加工企业，分别按其新购、更换深加工设备购置资金总额的10%、5%给予一次性奖励。每年对鲜果深加工量达到500吨以上的企业给予一次性奖励10万元。三是科技驱动。持续深化科技体制创新，推动全县科学发展、跨越发展。依托平和琯溪蜜柚产业发展院士专家工作站-蜜柚产业公共服务平台，开展蜜柚产业发展中的共性关键技术攻关。利用科技孵化器，加大产学研结合力度，建立蜜柚种植、加工试验平台；推动与集美大学、闽南师范大学、漳州职业技术学院等高校开展县校合作，申报省市县各级各类科技计划项目，其中漳州市柚之乡食品有限公司与集美大学合作的蜜柚烘焙馅料创新研发项目获得2020年福建省星火计划项目立项。

三、创新多元业态，激活农村“双创”动力源泉。聚焦一、二、三产融合发展，加快产业链、价值链整合共生，推动农业全环节升级、全链条升值。一是农业+电商。主动对接天猫、抖音、京东和一亩田等直播平台，开展网红、明星、领导直播带货，充分利用线上资源组织“9·8”招商会、“9·22”第十六届蜜柚节、系列平和蜜柚直播带货活动。2020年平和蜜柚线上销售额达9.75亿元，同比增长175%。同时，2019年10月在天猫平台成功开设平和琯溪蜜柚官方旗舰店，正式打响了线上平和琯溪蜜柚品牌保卫战，对平和蜜柚电商价格起到价格标杆作用，也对县域电商企业发展起到托底作用。2020年，旗舰店预售突破13万件、75万公斤，预售单日营业额突破80万元以上。二是农业+旅游。发挥平和县青山绿水、田园风光、古村落、老区苏区等资源优势，深入发掘农业的生态价值、休闲价值和文化价值，培育发展农事体验、观光采摘、生态旅游等休闲农业、创意农业，园区变景区、农房变客房、农产品变旅游商品。投资建设了平和九龙江高峰生态谷项目、平和长乐乡红色文化旅游综合提升工程项目、平和印象半径旅游综合开发项目等省文化和旅游系统重点项目，着力打造省级金牌旅游村、省级三星级休闲集镇，省级乡村旅游村，创建国家级旅游景区等乡村特色集镇。三是农业+扶贫。因地制宜，创新模式，实施一户一策，发展一村一品，精准施策，精准发力，精准扶贫工作取得实质性成效。创新实施“养鸡生蛋”工程，2017年以来共整合资金1.2亿元，累计收益2140万元。同时引进油茶、百香果、红心番石榴等特色农产品，推动扶贫产业项目持续发展，带动贫困户、贫困村增收，2019年6月，平和县退出扶贫开发重点县行列。2021年2月，全国脱贫攻坚总结表彰大会上，平和县扶贫开发领导小组办公室荣获“全国脱贫攻坚先进集体”荣誉称号。

（供稿：平和县委改革办）

1月

5—6日，中国人民政治协商会议平和县第十届委员会第五次会议召开。

6—7日，平和县第十八届人民代表大会第五次会议召开。

10日，县公安局举行系列活动，纪念首个警察节，县领导叶胜发、庄汉土、周志伟、蔡立保参加启动仪式。

12日，省绿化委员会、省林业局决定命名300个村庄为“福建省森林村庄”，平和县的芦溪镇双峰村、崎岭乡桂竹村、山格镇白楼村、文峰镇前埔村4个村庄榜上有名。

同日，平和入选第三批国家现代农业产业园认定名单，成为全市唯一上榜园区。

18日，副市长兰万安带领市相关部门到平和县调研工业企业发展，县领导朱新丰参加调研。

25日，漳州市扶贫开发协会会长吴景辉与漳州市部分企业负责人深入大溪镇、安厚镇看望慰问困难群众，为他们送去慰问金和新春祝福，县领导林启明参加慰问。

同日，市委常委、常务副市长张慧德到大溪镇大松村走访慰问困难群众，向他们送去慰问金及新春祝福，将党和政府的亲切关怀送到困难群众手中，县领导黄榕城一同参加慰问活动。

26日，省残联党组书记、理事长邵旭在市县残联有关领导陪同下，到平和县走访慰问困难残疾人，县领导林文利一同参加慰问活动。

29日，市委常委、军分区司令员张世永到平和县慰问困难党员，代表市委、市政府向他们致以新春祝福。县领导陈恩平、郭毅置参加慰问。

2月

2日，市委常委、军分区司令员张世永，市人大常委会副主任余溪到平和县崎岭乡际头村走访慰问困难户，代表市委、市政府向他们致以新春祝福，县领导曾民陪同慰问。

3日，市长刘远带队到挂钩村国强乡凤山村，走访慰问困难群众、困难党员，县领导吴丁顺、王毅伟参加慰问。

同日，市委常委、漳州军分区司令员张世永，副市长张翼腾到平和县走访慰问基层困难党员、困难群众，县领导林文利一同参加慰问。

4日，庆祝中国共产党成立100周年暨“吴七章师生美术作品联展”在平和县周碧初艺术馆举行。出席活动的有全国政协委员、福建省美术家协会副主席董希源，中国美术家协会漆画艺委会委员、福州大学厦门工艺美术学院漆艺系主任苏国伟，漳州市美术家协会副主席、中美协会员、一级美术师吴其生，县领导郭德志、李真、林丽玲。

5日，漳州市政府党组成员、

一级巡视员谢毅泰带领市政府办、人社局、体育局、医保局等部门，到秀峰乡三联村走访慰问5名困难群众。县领导王振惠一同参加慰问。

7日，中共平和县纪委十三届六次全会召开。

20日，平和县与正大集团签署生猪全产业链项目战略协议，项目预计总投资20亿元，年生猪出栏量可达50万头。

22日，平和县对2020年度纳税大户、先进集体和先进个人给予表彰。

25日，平和县扶贫开发领导小组办公室获“全国先进集体”称号。

3月

2日，平和县获评第三批全国农村创业创新典型县，成为全市唯一上榜的县（区）。

2—3日，省农业农村厅党组成员、副厅长梁全顺带队到平和县开展“再学习、再调研、再落实”活动，就推进农业绿色发展进行调研，县领导王振惠参加调研。

3日，中央电视台新闻频道播出《福建平和好生态引来“不速之客” 耍呆卖萌煞是可爱》。

12日，市老体协主席李斯杰一行到平和县检查指导工作。县领导林丽玲参加座谈、周瑞民陪同检查工作。

23日，市委副书记阮开森带领市直有关单位负责人到平和县开展“再学习、再调研、再落实”活动，调研平和县的乡村振兴工作，县领导在南胜镇参加调研，县政协主席李瑞林全程参加调研。

同日，副市长崔为磊带领市台港澳办、文旅局相关工作人员到平和县开展“再学习、再调研、再落实”活动，就对台工作与文旅工作开展调研，县领导蒋启财一同参加调研。

24日，副市长吴卫红率队调研平和县新冠病毒疫苗接种工作。县领导蔡云英、林丽玲全程调研。

31日，平和暴动纪念馆被命名为第六批福建省爱国主义教育基地。

4月

13日，市委书记邵玉龙，市委常委、秘书长张琳光到平和县调研生态保护和乡村振兴工作，县领导郭德志、王振惠参加调研。

20日，市人大常委会副主任余溪带队到平和县开展九龙江西溪流域水环境保护情况调研，县领导黄榕城、林慧颖参加调研。

22日，市委常委、常务副市长张慧德带领相关市直单位负责人深入平和县，就提升城乡建设品质开展现场办公，县领导吴丁顺、黄榕城参加调研。

5月

13日，全国政协委员、省政协副主席、民盟福建省委会主委阮诗玮带领调研组到平和县，开展“关于协同加强我国闽台地区古厝文化保护暨传承发展创新的建议”重点提案督办调研。市政协副主席何伟燕、县政协主席李瑞林参加调研。

14日，福建省首届连环画巡展第二站在平和周碧初艺术馆举行，副县长林丽玲出席并宣布开幕。

6月

2日，市人大常委会副主任欧龙光带队到平和县调研医保基金使用监管情况。县领导黄榕城参加座谈会、江益权参加调研。

10日，平和县乡村振兴局正式挂牌成立，县领导郭德志、吴丁顺、王毅伟、王振惠参加揭牌仪式。

17日，平和县蜜柚出口工作会议召开，漳州海关到平和县开展蜜柚出口指导培训，保障2021年平和县输美、输欧蜜柚顺利出口，县领导王振惠、林启明出席会议。

25 日，省林业局副局长林旭东带领调研组，到平和县调研生态木业产业发展工作，县领导林文利参加调研。

29 日，副市长张翼腾带领市政府办、商务局、漳州海关等相关部门到平和县开展企业调研，推动“千名干部挂千企”帮扶活动落实，县领导朱新丰参加调研。

30 日，“中国移动福建公司红色文化教育基地”揭牌仪式在长乐乡平和暴动纪念馆举行。县领导李瑞林、漳州移动公司党委书记沈火平共同为红色文化教育基地揭牌。

7 月

2 日，坂仔镇西坑村党总支部、闽南师范大学继续教育学院党支部结对共建签约仪式在西坑党校举行。闽南师范大学继续教育学院院长曾天德，县领导王毅伟出席此次活动。

5—6 日，市委党史学习教育第四巡回指导组组长杨亚文一行到平和县，就党史学习教育工作开展情况进行巡回指导，县领导李真陪同检查。

6 日，省委党史学习教育第二巡回指导组组长林晓峰带领指导组到平和县，采取听汇报、查看台账资料、参观检查具体学习教育点等方式开展党史学习教育调研指导。市委党史学习教育办，市委第四巡回指导组有关领导参加活动。县领导蔡绿璇、黄永健、曾民、李瑞林、李真、蔡立保参加座谈会。

7 日，第四批“福建省国防教育基地”揭牌仪式在南胜镇中共闽粤边特委机关旧址举行。市国教办主任、军分区政治工作处主任韩少华，县领导郭毅置参加揭牌仪式。

12 日，市委常委、常务副市长张慧德带领市直有关部门负责人到平和县现场办公，协调推进房屋安全隐患整改、新增乱占耕地建房问题整改等工作。县领导林英强参加调研。

22 日，省政法队伍教育整顿第三指导组组长张镇雄带队到九峰镇调研指导教育整顿工作。市委常委、政法委书记吴文团，县领导王国东、郭艺泓参加调研。

23 日，市台联带队到平和县开展“再学习、再调研、再落实”活动，考察平和县部分台资企业。县领导林丽玲参加调研。

27 日，副市长张翼腾带领市水利局、应急管理局工作人员到平和县开展巡河及调研防汛抗旱工作，县领导吴映红一同参加调研。

27—29 日，中国共产党平和县第十四次代表大会举行。

8 月

4 日，副市长张翼腾带领市直相关部门到平和县检查“大棚房”整治“回头看”及调研推动花山溪饮用水水源地风险突出问题整改工作。县领导郑炎山、林琦志参加活动。

同日，在县委常委王振惠的陪同下，省直机关工委副书记刘用通、省委老干局副局长陈爱平带领省直机关工委省委老干部、省机关管理局、省电子信息集团、福建农林大学、闽侯县等 6 个部门到平和县调研。县领导黄永健、林琦志参加座谈会。

7 日，副市长吴卫红带队到平和县检查疫情防控工作，县领导林贵良参加检查。

同日，市委常委、常务副市长张慧德带领市直有关部门负责人与相关专家，到平和县督导农村在建房屋安全清查整治和地灾点防治。县领导林英强参加督导活动。

11 日，省人大常委会委员、研究室主任冯潮华带领调研组到平和县开展“运用法治力量，加快推进乡村振兴”课题调研。县领导朱顺忠一同参加调研。

12 日，市委常委、常务副市长张慧德带领市直有关部门负责人，到平和县现场办公，以问题为导向，抽查并指导农村污水治理和公厕运行情况。县领导吴映红参加活动。

17 日，平和县工业项目服务中心揭牌成立。县领导林丽玲、林方晔出席揭牌仪式。

24 日，省生态环境厅副厅长

陈明义带领调研组到平和县，调研第二轮中央生态环境保护督察反馈问题整改情况。县领导林英强参加调研。

25日，省应急管理厅副厅长欧阳德带领省自然灾害工作指导组，到平和县召开自然灾害安全整治和防汛防灭火工作座谈会，并到大溪镇指导防汛防灭火工作。县领导吴映红参加活动。

同日，市委常委、组织部部长蔡亚东到平和县调研村（社区）“两委”换届和抓党建促乡村振兴工作。县领导王毅伟参加活动。

27日，漳州市振文经济促进会在文峰镇举行2021年度奖教奖学活动。县领导蒋启财出席活动。

9月

3日，市人大常委会党组副书记、副主任吴达金带领市农业农村局负责人到平和调研乡村振兴、生态农业工作，详细了解乡村规划编制、人居环境整治提升、基础设施建设等乡村建设行动实施情况，以及存在的主要困难和问题。县领导朱新丰、林慧颖、林琦志一同参加调研。

8日，市委副书记黄水木到平和县开展疫情防控及乡村振兴调研。县领导黄永健、王振惠参加调研。

11日，中国工程院院士、中国农技协副理事长、中国农业大学国家农业绿色发展研究院院长、教授张福锁带队到平和县开展中国农技协科技小院联盟2021年现场考察与交流研讨会。县领导王振惠一同参加活动。

13日，市政协副主席戴鹏飞到平和县指导疫情防控工作。县领导林英强、蔡云英、蒋启财、林贵良、蔡立保一同参加督查工作。

14日，市政协副主席戴鹏飞在平和县指导疫情防控工作。县领导李瑞林、蒋启财参加指导工作。

16日，市政协副主席戴鹏飞到平和县疫情防控指挥部，就进一步做好疫情防控工作召开座谈会，传达习近平总书记关于疫情防控工作的重要指示精神以及省委省政府、市委市政府疫情防控部署要求。县领导蔡绿璇、黄永健、王毅伟、林英强、蔡云英、林贵良、郭艺泓参加座谈会。

18日，市政协副主席戴鹏飞到芦溪镇检查指导疫情防控工作，县领导曾文汉一同参加检查。

19日，市政协副主席戴鹏飞到坂仔镇检查指导疫情防控工作。县领导李瑞林、曾文汉一同参加检查。

20日，在中秋节来临之际，市政协副主席戴鹏飞、代理县长黄永健到乡镇看望慰问奋战在一线的疫情防控工作人员。县领导林英强、蔡云英、林贵良、曾文汉参加部分地点的慰问活动。

22日，市政协副主席戴鹏飞轻车简从到平和工业园区检查指导疫情防控工作，县领导曾文汉陪同参加检查。

23日，省疫情防控和医疗救治工作组到平和县检查指导疫情防控工作。县领导黄永健、蔡云英参加活动。

同日，市教育局局长黄江辉带队到平和县，就教育高质量发展开展调研。县领导朱顺忠、吴映红参加调研。

24日，省人大常委会委员、市人大常委会副主任李珊珊带领调研组，到平和县开展《中华人民共和国台湾同胞投资保护法》及省实施办法落实情况专题调研，全面了解相关部门执行“一法一办法”的主要成效及存在问题。县领导朱新丰参加调研。

27日，副市长郑立敏带队到平和县调研商务工作，为企业纾难解困，助力平和县经济高质量发展。县领导蔡绿璇、林方晔参加调研。

同日，市领导潘全胜带领市直有关单位负责人到平和县，就城建系统项目建设开展现场办公，逐一“把脉会诊”，研究解决实际问题。县领导蔡绿璇、黄永健参加调研。

28日，副市长兰万安带领市直有关部门负责人，深入平和县调研督导、一线推进花山溪水源地问题整治及特色现代农业发展工作。副县长林琦志参加调研。

同日，市委副书记黄水木到平和县开展疫情防控、乡村振兴及村“两委”换届工作调研，县领导蔡绿璇、王毅伟、王振惠、蒋启财、吴朝东、蔡立保参加调研。

10月

11日，市委常委、政法委书记张慧德带领市委政法委、市法院、公安局相关领导到平和县开展平安建设调研督导。县领导蔡绿璇、王国东、郭艺泓、黄国盛参加调研。

27日，副市长郑立敏到平和县开展山水林田湖草沙一体化保护和修复工作调研。县领导林英强陪同调研。

28日，市委副书记黄水木到平和县调研花山溪饮用水水源地风险突出问题整治工作。县领导郑炎山参加调研。

28日，漳州市委党史学习教育领导小组实践组副组长陈伟凡一行到小溪镇延安楼党史教育陈列馆、行政审批局“零否决”窗口、坂仔镇西坑党校等地，调研督导平和县“我为群众办实事”典型案例评选活动参评案例开展情况。县领导李真参加调研。

29日，“平和县新时代文明实践中心”揭牌成立。县领导黄永健、吴映红参加揭牌仪式。

同日，市委常委、常务副市长侯为东带领市直有关部门负责人到平和县现场办公，一线督导安全生产，推进重大项目建设。县领导林英强、吴映红参加调研。

11月

4日，闽南师范大学与霞寨中心小学乡村少年宫签订2021—2023年城乡共建协议。

4—5日，市委党史学习教育第四巡回指导组组长杨亚文带队到平和县，检查指导党史学习教育工作。县领导李真参加活动。

10日，省民政厅厅长程强到平和县南胜、山格、小溪等乡镇开展“我为群众办实事”项目推进情况调研。副市长张翼腾，县领导郑炎山、吴朝东参加调研。

11日，漳州市2021年秋季制茶能手竞赛在高峰生态谷隆重举行，市海峡两岸茶业交流协会会长刘文标，市农业农村局领导，县领导林炳仁、王振惠到场观摩指导。

同日，平和蜜柚科技小院获评省科协2021年度“福建省优秀科技小院”。

12日，平和县妇幼保健院新院举行揭牌仪式。县领导长林英强揭牌。

17日，市统计局党组书记、局长林同池一行深入芦溪镇秀芦村调研指导乡村振兴工作。通过座谈交流、实地查看、听取汇报等方式，详细了解芦溪镇乡村振兴工作进展情况，对当前存在的难点、堵点问题提出意见建议。县领导林英强参加调研。

22日，平和县举行平和青创“市级人才驿站”暨“平和青创电商孵化基地”揭牌仪式。县领导林方晔出席揭牌仪式。

25日，闽南师范大学马克思主义学院与长乐乡开展“思想政治理论课实践教学基地”共建活动。县领导郑炎山、林琦志参加活动。

25—26日，省教育厅副厅长李迅带领省教育厅教育督导处、省学生资助管理中心一行到平和县开展调研慰问活动。县领导吴映红参加调研。

26日，市厅级退休老干部到平和县西坑村考察参观，县领导黄永健、李瑞林、朱新丰、王毅伟一同参加活动。

同日，副市长余向红带队到平和县开展新冠疫苗接种情况调研。县领导黄永健、郑炎山、林贵良参加活动。

30日，市委常委、政法委书记张慧德带领市委政法委、文旅局相关负责人到平和县调研法治乡村、平安景区建设工作。县领导王国东一同参加调研。

12月

6—8日，政协平和县第十一届委员会第一次会议召开。

7日，副市长余向红带队到

平和县检查疫情防控工作，县领导林贵良参加检查活动。

同日，副市长余向红带领市直有关部门负责人到平和县，就漳州市《政府工作报告（征求意见稿）》广泛听取平和县各界的意见和建议。县领导黄永健、朱顺忠、谢伟宏参加座谈会。

7—9日，平和县第十九届人民代表大会第一次会议召开。

20日，平和县金融知识普及基地揭牌，县领导林英强出席揭牌仪式。

21日，省委文明办综合处二级调研员苏令举一行到山格镇新陂村，对省级“文明乡风联系点”建设工作进行实地调研。市委文明办有关领导，县领导李真一同参加调研。

同日，王阳明廉政文化教育中心揭牌仪式在山格镇举行，县领导蔡绿璇、县长黄永健、郑炎山、郭毅置、李真、林炳仁、林丽玲、王振惠、王国东出席揭牌仪式。

同日，平和县与漳州人才发展集团签订战略合作框架协议。

同日，省人大常委会党组副书记、副主任梁建勇带领省市人大常委会宣讲调研组到平和县开展宣讲和调研。省人大常委会委员、侨（台）工委主任陈雄，市人大常委会党组书记李东河，省人大常委会委员、市人大常委会副主任李珊珊，县领导朱新丰、林慧颖、卢文深参加调研。

22日，平和县国防教育主题公园落成揭牌仪式在阳明公园举行。县领导郑炎山、郭毅置、鲁绍荣参加活动。

23—24日，省直机关工委分管日常工作副书记张源生带领省直机关工委一行到平和县宣讲党的十九届六中全会和省第十一次党代会精神，协调推进乡村振兴挂钩帮扶项目，了解平安建设工作情况，并看望部分省派驻村干部、慰问困难群众。县领导蔡绿璇王毅伟、王振惠参加调研活动。

24日，闽侯县委书记赵明正、副县长赵兴到五寨乡开展山海协作对口帮扶活动。县领导蔡绿璇、郑炎山、王振惠参加活动。

28日，平和县计划生育协会第七次会员代表大会在县委会议厅召开。市计生协会会长黄浦江，市计生协会党组书记、常务专职副会长林继锋，市计生协会副会长周肖峰，县领导蔡绿璇、黄永健、朱新丰、李瑞林、李真、林慧颖、林贵良出席开幕式。

31日，福建平和农村商业银行股份有限公司创立大会暨第一次股东大会召开。省农信联社发展规划部总经理林友航、漳州办事处主任孙志明，县领导林方晔出席会议。

（供稿：县委办）

县情概貌

自然环境

【位置面积】

平和县地处福建省闽南金三角的漳州市西南部，介于厦门、汕头两个经济特区之间，与闽粤两省八县（市）毗邻，素有“八县通衢”之称。平和县是福建省重点侨乡之一，也是台胞的重要祖籍地，是原中央苏区县、省重点革命老区县。县城小溪镇，距漳州市47千米，国道官九线、东东线及沈海复线高速公路贯穿全县，地理坐标为北纬24° 02′ —24° 35′ 、东经 116° 54′ —117° 31′ ，全境面积2309.57平方千米。2021年，平和县常住人口45.3万人，辖17个乡镇（场、区）。

【地貌】

平和县处于南岭山脉东西向复式构造带与新华夏系第二复式隆起带这两个巨型构造体系的复合部位，境内出露的地层有三叠系、侏罗系、白垩系、第四系，历经多次地壳运动，构造断裂复杂，是一个以北东向褶皱为主干、多组断裂交织一起的网格状断裂构造格局。境内的大芹山和双尖山纵贯南北，把全县分为东南、西北两大部分，地势中部、西部高，向东南和西北倾斜。地貌主要有中山、低山和丘陵等3个类型。其中以丘陵地为主，占全县总面积的65.2%，多分布于东南部花山溪畔两侧河谷地带和山间盆地；其次为低山，占全县总面积的26.3%，主要分布在中部和东南部陡坡地外围；再次为中山，占全县总面积的8.5%，主要分布于境内中部和西北部。全县海拔1000米以上的山有64座，海拔1544.8米的九峰镇大芹山，是漳州市最高峰；工业园区的黄井村海拔20米，是全县最低点。

平和县城鸟瞰图　　（卢达鹏 摄）

【气候】

平和县地处南亚热带，东南

部的南亚热带海洋性季风气候和西北部的中亚热带潮湿气候共存是平和县生态环境优势的中心环节。县域内光热资源丰富，雨量充沛，终年温暖湿润。2021年，平和年平均气温22.7℃，比历年平均值高1.3℃，属异常偏高年份；年极端最高温度38.7℃，出现在7月28日；年极端最低气温-0.5℃，出现在1月13日。年总降水量1108.9毫米，比历年平均值少673.4毫米，属异常偏少年份。年总日照时数2199.4小时，比历年平均值多461.9小时，属异常偏多年份。县城气候高温日数67天，大风日数7天，暴雨日数2天。

年内，2109号台风“卢碧”（热带风暴级）对平和县造成一定的灾情。受台风“卢碧”影响，8月4日8时至7日8时全县有13个自动站累计雨量达到100毫米以上，其中文峰镇黄井工业区296.5毫米为最大，有5个自动站极大风速超过10.8米/秒（6级），以九峰镇大芹山19.0米/秒（8级）为最大。2021年有两次暴雨过程：7月30—31日受西南气流影响，平和县普降暴雨，部分乡镇大暴雨，7月30日平和国家基本气象站降水量94.2毫米。8月18日全县普降大到暴雨，以山格镇88.9毫米为最大，平和国家基本气象站降水量73.2毫米。

【主要气候特征】

平和县属南亚热带海洋性季风气候，春、秋、冬温差小，气候温暖，夏季较长，偶有酷热严寒出现。春季温暖多雨，湿度大，光照少。夏季温度高，雨量多，光照足。秋季天高气爽。冬季温暖，雨量少，个别年份霜害严重。最冷月1月，最热月7月。平和本站历年极端最高气温40.5℃（2020年7月14日），极端最低气温-2.9℃（1999年12月23日），日极大风速32.3米/秒（11级）（2020年8月11日）。年平均降水量为1742.7毫米。年降水峰期出现在3—6月和7—9月，春季为多雨期，春季降水量接近年水量的一半；夏季雨日不多，但雨强大；秋季、冬季为少雨期，以秋季为甚。

【主要气象灾害】

春季（3—6月）：3—4月为春雨季，主要气象灾害有强对流天气（包括雷电、冰雹、雷雨大风等）、春旱、倒春寒；5—6月为雨季（又称梅雨季节、前汛期），主要气象灾害有暴雨洪涝、早台风等。

夏季（7—9月）（又称台风季、后汛期）：7—8月，主要气象灾害有台风、高温、暴雨、雷电、夏旱；9月，主要气象灾害有台风、高温、暴雨、雷电、夏旱、寒露风。

秋季（10—11月）：10月，主要气象灾害有寒露风、晚台风、寒潮；11月，主要气象灾害有低温霜冻、寒潮、秋旱。

冬季（12月至次年2月）：主要气象灾害有寒潮、低温冻害（包括低温、霜冻等）、冬季干旱。

自然资源

【土地资源】

平和县全境土地总面积2309.57平方千米，其中耕地24000公顷，占10.39%；山地172666.67公顷，占74.76%。人均占有耕地0.04公顷，农业人口人均占有耕地0.05公顷。全县有林地162242公顷，疏林地3656公顷，灌木林地3214公顷，未成林造林地552公顷，苗圃地24公顷，无林地10853公顷。

【水资源】

平和县地处九龙江、韩江两大水系的上游，是九龙江西溪、云霄漳江、漳浦鹿溪、诏安东溪、平和芦溪等五大江河的源头，素有“漳州水塔”之称。境内溪涧纵横，河流集雨面积3平方千米以上的有137条，其中，集雨面积10—100平方千米的河流69条，100平方千米以上的河流9条，主要有花山溪、芦溪溪、九峰溪、安厚溪、大溪溪、文峰溪、五寨溪等。全县水资源总量27.78亿立方米，占全市水资源总量的15.6%。全县水能资源理论蕴藏量16.6万千瓦，可开发量14.94万千瓦，建成投产的电站装机容量为12.63万千瓦。县内地下水总量为4.08亿立方米，已探明地下热水11处。其中，山格镇宝丰村地热72℃，日出水量259.2立方米；南胜镇溪埔楼汤鼎地热62℃，日出水量408.7立方米；坂仔镇桂阳楼南面地热60℃，日出水量345.9立方米。

【植物资源】

全县森林覆盖率70.3%，绿化程度91.6%。全县森林活立木蓄积量517.5万立方米。竹林立竹量10.8万株，其中，毛竹9.7万株、麻竹及杂竹1.1万株。原生植被为亚热带雨林和亚热带常绿阔叶林、针阔混交林，植物群落类型繁多，层次结构复杂，具有浓厚的南亚热带雨林景观的色彩，主要有针叶林、阔叶林、针阔混交林、竹林、灌木和草坡等6种植被类型，15个群系纲、165个群系、408个群丛。

【动物资源】

平和县境内兽类有8目24科38属57种。被列入国家一级保护的有7种，二级保护的有6种，三级保护的有2种。鸟类有14目38科83属276种。鱼类有15科41属44种，其中鲤科25属27种，均为淡水鱼。昆虫有11目55科222种，蜱螨8科22种。

【菌类资源】

境内微生物主要有细菌、酵母菌类、放射菌类、镰刀菌类、多孔菌类和食用菌类。大型真菌种类达27科106种，其中食用真菌所占比例大，银耳、毛木耳等都有天然分布。

【矿藏资源】

平和矿藏资源丰富，主要有金属矿和非金属矿两大类，32种，矿点142处。主要矿种有铜钼矿、铅锌矿、硫铁矿、铁矿、石英矿、锰矿、稀有金属、稀土矿和明矾矿、高岭土、泥煤、叶蜡石、花岗岩、水晶矿等。

【旅游资源】

平和县拥有国家AAAA级旅游景区1个：平和县三平风景区；国家级风景名胜区、国家地质公园1个：平和县灵通山景区。2021年，全县接待国内外游客419.76万人次，旅游总收入44.82亿元。

【文物古迹】

平和县有全国重点文物保护单位4处：南胜窑址，作为福建土楼的绳武楼、庄上大楼，平和城隍庙；省级文物保护单位19处：平和文庙、三平寺塔殿、天湖堂、薰南楼、中湖宗祠、侯山宫、报本堂、铜陵黄氏宗祠、九峰追来堂、九峰崇福堂、黄田土楼群、前山胡氏家祠、埔坪林氏宗祠建筑群、福塘建筑群、平和暴动遗址、林语堂故居、中共平和县委旧址、平和向文书院、小芦溪点编旧址秀芦陈氏家庙；县级文物保护单位107处。

人文地理

【建置沿革】

平和县古为扬州之域，周为七闽之地。魏晋南北朝，属绥安县，隋属龙溪县。唐垂拱二年（686年），“开漳圣王”陈元光建置漳州郡后，平和属漳浦县。元至元十六年（1279年），漳州郡改为漳州路。明洪武元年（1368年），改漳州路为漳州府，属福建省布政使司，府治在龙溪县（今福建漳州市龙海市）。元至治年间（1321—1323年），析龙溪、漳浦、龙岩县之部分地建置南胜县，辖今平和、南靖全境及云霄部分地，隶于漳州路。县治设于今平和南胜（后迁于今平和小溪镇旧县村）。元至正十六年（1356年），县治迁于今南靖县靖城，更名南靖县。明正德十三年（1518年），析南靖县之清宁、新安两里共十二图，建置平和县，属漳州府，治所设在河头大洋陂（今属九峰镇）。1949年夏，县治迁至小溪。1949年9月17日和平解放后，隶属龙溪专区（地区）、漳州市，治所设在小溪镇。1950年，全县分9个区，领125个乡（镇）。1954年10月，各区改冠以所在地名。1958年上半年撤区，划为45个大乡；下半年改区为人民公社，全县划分为山格、坂仔、南胜、五寨、国强、安厚、大溪、霞寨、芦溪、崎岭、九峰、长乐、文峰13个公社，辖241个生产大队。1984年底，改人民公社为乡（镇），全县设小溪、九峰2个镇及城关、山格、文峰、坂仔、南胜、五寨、国强、安厚、大溪、霞寨、芦溪、崎岭、长乐13个乡，共辖7个居委会、253个村。此后，行政区划及名称多次变更。

始建于元末明初的小溪镇高南村南山古城（2021年12月）
（小溪镇 供图）

【行政区划】

平和县人民政府位于小溪镇。2021年，全县设10个镇（小溪镇、九峰镇、山格镇、南胜镇、文峰镇、坂仔镇、大溪镇、霞寨镇、芦溪镇、安厚镇）、5个乡（五寨乡、国强乡、崎岭乡、长乐乡、秀峰乡）、1个国有农场（安厚农场）、1个工业园区（平和工业园区），240个行政村、22个社区居委会。

2021年平和县行政区划情况表

表1 单位：平方千米

乡镇名称	辖区内村（社区、居）委会及个数		土地面积
	居（社区）委会	村委会	
平和县	22个	240个村	2309.67
文峰镇	龙文、西蝉、龟仔头	文洋、三坪、文美、龙山、南虾、前埔、柴船、龙东8个村	215.11
山格镇	山格	山格、白楼、新陂、平寨、宝丰、高磜、隆庆、前进、铜中、土田、三美、双田、双坑13个村	177.72
小溪镇	城东、建设、东大、东风、九一七、广宝、新东、城南	共和、古楼、联星、西林、高南、玉溪、宝善、新桥、豆坪、枫埔、旧楼、厝丘、金光、产坑、联光、五村、溪州、南寨、岩坂、湖田、内林、坑里、旧县23个村	137.19
南胜镇	南胜	南胜、义路、龙溪、子坑、法华、欧寮、糠厝、龙心、安石坑、云后、前山11个村	127.20
五寨乡	五农	优美、新塘、侯门、联盟、前岭、埔坪、寨河、新美、高峰9个村	91.78
坂仔镇	绿城	民主、宝南、东风、心田、东坑、联建、五星、山边、仁山、西坑、和平、梨洋、峨嵋、金京洋14个村	133.70
国强乡		高坑、延山、白叶、壠岭、古爽、泮池、碧岭、三五、凤山、松湖、梅仔、新建、白水、岩坑14个村	144.09
安厚镇	龙东、下坪	安厚、龙门、白石、莲塘、大坑、山口、东川、东寨、大径、马三、双马、下新楼、华美、田径、径内、龙头、三龙、汤厝、美峰、岐山、三马、顶楼22个村	122.34

续表 1

乡镇名称	辖区内村（社区、居）委会及个数		土地面积
	居（社区）委会	村委会	
大溪镇	鸿滨	店前、大芹、大松、下村、溪口、新荣、檬林、新光、新农、新红、江寨、赤坑、三华、云中、硕卿、庄上、廖安、赤安、宜盆、峰山、石寨、山布、壶嗣、坪塘、大二 25 个村	139.30
霞寨镇	兴霞	群英、寨里、岩岭、洋坑、寨北、内坑、联荣、大湖、西安、建设、村东、古隆、墩里、坑内、彭林、三合、团结、后塘、红楼、高寨、长汀、黄庄、钟腾、高山、官峰、五美 26 个村	203.90
崎岭乡		合溪、桂竹、新南、南湖、浮坪、彭溪、际头、诗坑、时陂、下石、顶寨、崎南、溪头 13 个村	127.99
九峰镇	东街、西街	九峰、城东、城西、城中、三坑、苏洋、复兴、眉山、福坑、积垒、下坪、陈彩、黄田、澄溪、联峰、福田、平等、军溪、福山、新山、东富、振阳、下北、下西、上仓 25 个村	203.53
长乐乡		联三、联胜、建南、建三、葵山、南庭、乐北、秀山、农家 9 个村	60
秀峰乡		秀峰、龙岭、坝头、坪洄、坪东、三联、双塘、文田、南峰、福塘 10 个村	87.42
芦溪镇	东溪	东槐、村坑、新村、蕉路、芦丰、树林、连益、连新、连城、双峰、梨坑、华峰、秀芦、西新、漳汀、九曲、山岗等 17 个村	307.40
平和工业园区		黄井村 1 个村	31
安厚农场			

注：安厚农场的面积分布在各片区，没有单独汇总。

【人口】

2021 年，平和县年末户籍总户数 179100 户，总人口 60.66 万人，常住人口 45.3 万人。平和县旅居海外的侨胞，分布世界 18 个国家和地区，通行闽南方言厦门话。

2020 年平和县人口及其变动情况表

表 2

乡　镇	年末总户数（户）	年　末　总　人　口（人）									
		合计	城镇人口	乡村人口	性别		年龄				
					男	女	0—15 岁	0—17 岁	18—34 岁	35—59 岁	60 岁及以上
平和县	179100	606572	230697	375875	325198	281374	113205	131954	139312	228664	106642
九峰镇	14146	49300	16606	32694	26697	22603	9364	11214	10466	18868	8752
五寨乡	6319	21042	1390	19652	11122	9920	4140	4818	4629	8027	3568
南胜镇	8479	27274	12268	15006	14553	12721	4763	5424	5648	10994	5208
国强乡	6773	22713	474	22239	12531	10182	3832	4540	5092	8843	4238
坂仔镇	11921	39888	13153	26735	21202	18686	6154	7521	8403	160102	7862
大溪镇	16474	63368	20735	42633	34909	28459	14824	16899	15706	21735	9028

续表 2

乡 镇	年末总户数（户）	年末总人口（人）									
		合计	城镇人口	乡村人口	性别		年龄				
					男	女	0—15岁	0—17岁	18—34岁	35—59岁	60岁及以上
安厚镇	18511	66836	11501	55335	37034	29802	13342	15572	17323	23485	10456
小溪镇	32528	102447	86072	16375	51806	50641	21623	24118	23026	38677	16626
山格镇	13187	45398	28230	17168	24015	21383	7500	8759	9817	17893	8929
崎岭乡	7115	25161	770	24391	13772	11389	4123	4949	5849	9620	4743
文峰镇	6500	20814	12826	7988	11124	9690	3572	4057	4358	8451	3948
秀峰乡	5083	19135	374	18761	10481	8654	3466	4143	4834	7030	3128
芦溪镇	12504	42820	9597	33223	23431	19389	6940	8295	10764	15874	7887
长乐乡	3482	13283	187	13096	7303	5980	2805	3262	3004	4881	2136
霞寨镇	16078	47093	16514	30579	25218	21875	6757	8383	10393	18184	10133

【民族】

2021 年，全县少数民族主要为畲族，以及散居在全县各乡镇的因移民、婚嫁迁入的其他 20 多个少数民族，共有少数民族人口约 3000 人，占全县总人口的 0.49%。其中畲族约 2500 人，占少数民族总人口的 83.3%。

国民经济与社会发展

【概况】

2021 年，平和县实现地区生产总值 271.49 亿元，比 2020 年增长 6.1%。其中，第一产业 52.75 亿元，增长 6.7%；第二产业 76.65 亿元，增长 6.5%；第三产业 142.09 亿元，增长 5.8%。固定资产投资 95.7 亿元，增长 13.4%；社会消费品零售总额 104.6 亿元，增长 5%；实际利用外资 0.33 亿元；一般公共预算总收入 8.94 亿元，增长 0.2%；地方一般公共预算收入 6.38 亿元，增长 0.6%；公共财政预算支出 24.31 亿元，增长 -9.9%；城镇居民人均可支配收入 36938 元，增长 5.7%；农村居民人均可支配收入 23005 元，增长 10.8%。

【农业和农村经济】

2021 年，平和县全年农林牧渔业总产值 101.06 亿元，同比增加 7.1%，增幅位居全市第七。示范推广化肥减量增效、生态果园建设等技术，续建全国绿色食品原料标准化生产基地 2800 公顷，推广优新柑橘品种 2000 公顷；建设蜜柚海外仓，出口蜜柚 9.5 万吨；新建生态茶园 253.33 公顷。举办第十七届蜜柚节暨第一届平和琯溪蜜柚开摘节和白芽奇兰第十四届茶王赛、第一届秋茶赛等活动，“琯溪蜜柚”荣获农产品地理标志登记认证。

【工业转型升级】

2021 年，平和县规模工业总产值完成 247.02 亿元，同比增长 9.8%，规模工业增加值完成增长 9.5%。坚持突出工业、突破工业，提升园区标准化建设水平，促进福熠食品等开工建设，美艺陶等技改项目入选省重点，完成工业投资 36 亿元；天煜木业、贵益宝包装等建成投产。工业用电 5.98 亿千瓦时，增长 8.6%。

【第三产业】

2021 年，推进印象半径、名峰山旅游开发等项目建设，推动高峰谷创建国家AAA级旅游景区、新建村创建省级金牌旅游村；开展“季季有活动、一年都精彩”活动，全域旅游持续升温。蜜柚原产地官方监管仓、三级物流快递中心正式运营；依托直播带货、漳州跨年购等，拓宽农特产品销售渠道，入选全国农业农村信息化示范基地。

【项目建设】

2021年，平和县在建省级重点项目2个，总投资14.91亿元，年度计划投资6.5亿元。全年完成6.57亿元，占年度计划的101.12%，高于序时进度1.12%。市级重点项目47个，其中在建重点项目40个，总投资142.92亿元，年度计划投资53.04亿元；预备项目7个，总投资31.21亿元，年度投资项目5.28亿元。全年市级在建重点项目完成投资59.13亿元，占年度计划的111.48%，高于序时进度11.48%。市级在建重点项目年度应开工任务数24个，开工24个，开工率100%。县级以上在建重点项目101个，总投资181.84亿元，年度计划投资66.74亿元。全年101个县级以上在建重点项目累计完成投资76.01亿元，完成进度的113.88%，高于序时进度13.88%。开工73个，开工率100%。全年新增“五个一批”项目120个，其中谋划14个、签约20个、开工52个、投产32个、增资2个。固定资产投资全年完成95.7亿元，增长13.4%，超额完成全年目标任务。其中项目投资完成89.8亿元，同比增长20.9%（工业投资完成38.39亿元，同比增长3.3%）；房地产投资完成5.9亿元，同比增长-41.8%。全年固投新增入库项目188个，计划投资额119.86亿元，其中，5000万元以上项目新增55个，计划投资额82.68亿元；5000万元以下项目新增129个，计划投资额27.18亿元；房地产项目新增4个，计划投资额10亿元。

【招商引资】

2021年，组织参加“大开放、大工业、大漳州”创业招商大会云签约、厦门平和商会招商推介会、厦门国际投资洽谈会等，引进西蝉木业二期刨花板生产等项目27个，总投资额69.9亿元。

【城区环境建设】

2021年，精细整治市容市貌，实施城乡建设品质提升项目60个，年度投资25.23亿元，完成自来水管网改扩建一期工程，新南大桥等建成投用，北环路延伸段道路一期工程等持续推进。垃圾焚烧发电厂总投资5.68亿元，完成整体工程量的85%。扎实推进融邦·外滩一号等房地产项目建设，完成建筑业产值4.06亿元，同比增长3.5%。

【镇容村貌】

2021年，挂牌成立乡村振兴局，择优选派60名驻村干部，打造坂仔镇、前埔村等15个示范镇村，西坑党校成为乡村旅游“网红打卡点”。完成村庄规划75个、裸房整治1710栋，授牌市级“美丽庭院”示范户213户。建设4个村庄生活污水处理设施。强力推进“两违”综合治理，执行最严格的耕地保护制度。实施土地开发项目9个，新增耕地面积37.43公顷；旧村复垦项目8个，面积18.08公顷。完成高标准农田建设2693.33公顷。

【电力建设】

2021年，电力能源完成投资0.6431亿元，110千伏安厚变闽粤联网间隔扩建工程建成投用。新一轮农网改造升级工程完成67个。

【道路建设】

2021年，交通工程完成投资8546.32万元，实施农村公路生态示范路、路面挖补项目14个，危桥改造2座。

【水利建设】

2021年，水利水保完成5条小流域水土流失综合治理958万元，总投资11.455亿元的官峰水库工程前期工作有序进展。

【生态环境】

2021年，加快推进环保督察反馈问题整改，特别是花山溪流域治理，建立化肥购销溯源体系，广泛开展化肥减量增效等入户宣传培训和指导，全县化肥、农药使用量同比减少5%、3%，做法成效受到农业农村部肯定，并在全国宣传推广。2个国控断面、县城饮用水源地Ⅲ类水达标率均达100%。完成8家建陶企业“煤改气”设施改造，县城环境空气质量优良天数比例为99%。退果还林686.67公顷，植树造林1780公顷，森林覆盖率提高到73.32%，位居全市首位。

【社会事业】

2021年，完成21个为民办实事项目。县疾控中心、妇幼保健院搬迁新址，县医院胸痛中心顺利通过国家级认证。新星幼儿园宝善分园开园招生，创建省级义务教育管理标准化中学3所、小学6所；落实“双减”工作，课后延时服务实现全覆盖。全面完成第七次全国人口普查和县、乡、村（社区）换届工作。《平和县志（1989—2007）》出版。

【民生保障】

2021年，新增城镇就业1561人，失业人员实现再就业285人，就业困难人员实现再就业116人，城镇登记失业率3%。年末职工基本养老保险参保职工54378人，城乡居民社会养老保险参保人数28.71万人，机关事业参保职工8586人，离退休人员4669人，工伤保险参保职工35190人，失业保险参保人数13875人。年末全县纳入农村低保对象共9015户11814人；城市低保对象共590户，792人；城乡特困（五保）供养对象2610人。年末各类养老服务机构和设施280个，新增备案养老机构3家。平和县康乐养护中心（山格镇敬老院）成为漳州市民政局、漳州市卫生健康委员会确定的第一批市级医养结合试点单位。

【社会治理】

2021年，扎实有效开展政法队伍教育整顿，扫黑除恶取得重大成果，有序推进平安建设“四大攻坚行动”；强力打击治理电信网络诈骗、非法出入境从事跨境违法犯罪活动。提升食品药品安全管理水平，通过省级食品安全社会共治示范县考评验收。探索实施“人机犬”空地一体立体防控模式、“两中心一站式”金融纠纷预防调处机制，依法解决一批信访积案。扎实推进“八五”普法工作。高寨村被评为“全国民主法治示范村（社区）”。落实消防安全责任制，常态化开展安全生产大检查，未发生较大以上安全事故。持续打好金融风险防范攻坚战，抓好重点领域风险防范化解。

（供稿：县委党史方志室）

县委重要会议

【中共平和县第十三届委员会全体会议】

2021年，中国共产党平和县第十三届委员会召开4次全体会议。

3月29日，中共平和县第十三届委员会第十二次全体会议召开。专题研究中国共产党平和县第十四次代表大会的有关事项，审议通过《关于召开中共平和县第十四次代表大会的决议》。

5月20日，中共平和县第十三届委员会第十三次全体会议召开，票决陈志平等15名县委常委会提名的拟任人选和推荐人选。

7月13日，中共平和县第十三届委员会第十四次全体会议召开。全会深入学习贯彻习近平总书记在庆祝中国共产党成立100周年大会上的重要讲话精神，学习贯彻习近平总书记来闽考察重要讲话精神，按照省委十届十二次全会和市委十一届十五次全会的部署要求，进一步动员全县广大干部群众牢记嘱托、担当使命、锐意进取，奋力加快新时代新平和现代化建设，全方位推进高质量发展超越。会议审议通过《中共平和县委关于学习贯彻习近平总书记来闽考察重要讲话精神 谱写新时代新平和现代化建设新篇章的决定》；审议通过《中国共产党平和县第十三届委员会第十四次全体会议决议》。

7月22日，中共平和县第十三届委员会第十五次全体会议召开。专题研究县第十四次党代会有关事项。会议听取县第十四次党代会筹备工作情况报告；审议通过县第十四次党代会有关建议名单等。审议通过大会日程安排（草案），十三届县委报告（草案）和十三届县纪委工作报告（草案），大会选举办法等有关事项。审议并确定平和县出席中国共产党漳州市第十二次代表大会代表候选人预备人选。会议决定，中国共产党平和县第十四次代表大会7月27—29日召开。

【中国共产党平和县第十四次代表大会】

7月27—29日，中国共产党平和县第十四次代表大会在平和县城举行。县委书记蔡绿璇代表中国共产党平和县第十三届委员会，作题为《凝心聚力，砥砺前行，奋力谱写新时代新平和现代化建设新篇章》的报告，全面回顾过去五年的发展成就，系统科学地提出今后五年的奋斗目标和主要任务。会议听取审议并通过《中国共产党平和县第十三届委员会工作报告》《中国共产党平和县第十三届纪律检查委员会工作报告》，选举产生第十四届县委委员、候补委员、县纪委委员和出席漳州市第十二次党代会代表。

【中共平和县第十四届委员会全体会议】

2021年，中国共产党平和县第十四届委员会共召开2次全体会议。

7月29日，中共平和县第十四届委员会第一次全体会议召开。会议选举中共平和县第十四届委员会常务委员会委员、书记、副书记。通过县纪委一次全会选举产生的纪委常委、书记、副书记。中共平和县第十四届委员会常务委员会委员：蔡绿璇、黄永健、郑炎山、王毅伟、郭毅置、李　真、林炳仁、林丽玲、王振惠、林英强、王国东。书记：蔡绿璇。副书记：黄永健、郑炎山。

12月29日，中共平和县第十四届委员会第二次全体会议召开。全会深入学习贯彻党的十九届六中全会，省第十一次党代会和省委十一届一次全会，市第十二次党代会和市委十二届一次、二次全会精神，动员全县上下统一思想、统一意志、统一行动，从党的百年奋斗历程中汲取智慧和力量，振奋精神贯彻落实中央决策部署和省市工作要求，凝心聚力将平和发展成为全省、全市的“进步之星”“后起之秀”。会议审议、通过《中共平和县委关于深刻领会党的百年奋斗重大成就和历史经验汇聚平和高质量发展强大精神动力的决定》和《中国共产党平和县第十四届委员会第二次全体会议决议》，书面审议《县委常委会工作报告》。

【县委常委会会议】

2021年，中共平和县委先后召开34次常委会会议。

1月4日，县委书记郭德志主持召开县委常委会会议，传达学习贯彻习近平总书记致首届全国职业技能大赛的贺信精神；传达学习贯彻习近平总书记在中央政治局民主生活会和在中央全面深化改革委员会第十七次会议上的重要讲话精神；研究有关干部人事事宜。

1月19日，县委书记郭德志主持召开县委常委会会议，传达学习贯彻习近平总书记在中央农村工作会议、在全国政协新年茶话会上的重要讲话精神；传达学习贯彻习近平总书记对政法工作作出的重要指示、关于平安中国建设重要指示精神和全国、省、市平安建设工作会议精神；研究调整平和县应对新冠肺炎疫情工作领导小组成员和各工作组组成及平和县新冠肺炎疫情防控工作指挥部架构及职责分工事宜；研究县委县政府表彰2020年度经济建设和社会发展先进集体和个人有关事宜；研究《2021年平和县花山溪饮用水水源地风险突出问题整治行动方案》等方案相关事宜；研究正大畜牧全产业链项目、解决平和正兴学校原公办教师退休办理相关事宜；研究有关干部人事事宜。

2月4日，县委书记郭德志主持召开县委常委会会议暨县应对疫情工作领导小组第一次会议，听取县疫情防控指挥部5个小组近期工作开展情况汇报，部署下一阶段疫情防控工作。

2月4日，县委书记郭德志主持召开县委常委会会议，传达学习贯彻全国和省、市委宣传部长会议主要精神，研究部署平和县宣传思想工作和意识形态工作；传达学习贯彻习近平总书记在省部级主要领导干部学习贯彻党的十九届五中全会精神专题研讨班开班式、在十九届中央纪委五次全会上的重要讲话精神；传达学习贯彻中央、省委、市委政法工作会议精神；传达学习贯彻《关于加强巡视巡察上下联动的意见》、十届省委第十轮巡视工作动员部署会精神；研究县委县政府表彰2020年度经济建设和社会发展先进集体和先进个人（名单）、通报表扬2020年度纳税大户相关事宜；研究解决行政服务中心办公场所相关事宜；研究有关干部人事事宜。

2月7日，县委书记郭德志主持召开县委常委会会议，传达学习贯彻中央和省市纪委全会精神；听取县纪委监委2020年工作情况报告，审议县纪委十三届六次全会工作报告；研究《关于加强对乡镇党政“一把手”和领导班子监督的实施方案》；研究讨论“七一勋章”提名和全国“两优一先”推荐人选。

2月26日，县委书记郭德志主持召开县委常委会（扩大）会议，认真学习贯彻习近平总书记在党史学习教育动员大会上的重要讲话精神，传达学习《中共中央关于在全党开展党史学习教育的通知》精神，研究平和县贯彻落实措施，部署安排全县党史学习教育工作；传达学习贯彻习近平总书记在中共中央政治局第二十七次集体学习时的重要讲话、给上海市新四军历史研究会百岁老战士们的回信精神；传达学习贯彻全省、全市组织部长会议，省、市统战工作会议和省、市民族宗教工作会议主要精神；研究《中共平和县委关于开展“再学习、再调研、再落实”活动工作方案》《落实市纪委〈关于纪检监察信访举报和日常监督有关情况的函〉整改方案》；研究拨付机关、全额拨款事业单位被开除公职人员养老保险改革试点期间原单位应缴未缴养老资金相关事宜。

3月16日，县委书记郭德志主持召开县委常委会会议，传达学习贯彻习近平总书记在全国脱贫攻坚总结表彰大会、在中共中央政治局第二十八次集体学习上的重要讲话精神；传达学习贯彻全国和省、市政法队伍教育整顿有关会议精神，研究《平和县政法队伍教育整顿领导小组组成人员和领导小组办公室组成人员》和《平和县政法队伍教育整顿实施方案》。传达学习贯彻省总工会十三届十次全委会议、市总工会十八届四次全委（扩大）会议精神；传达学习贯彻全省、全市换届工作会议暨业务培训会精神和专题学习严肃换届纪律要求；研究《中共平和县委关于认真做好县乡领导班子换届工作的通知》及换届工作领导小组组成人员建议名单；研究组建县委党史学习教育领导小组及其工作机构；研究落实“天价茶”背后“四风”和腐败问题集中整治工作；研究《建党百年系列活动方案》；研究《平和县计划生育协会改革方案》；审议陈文生党纪申诉事项；研究部分异地任职干部周转房收取租金及物业管理费有关事宜。

3月29日，县委书记郭德志主持召开县委常委会（扩大）会议，传达学习贯彻习近平总书记来闽考察重要讲话精神，研究平和县学习宣传和贯彻落实工作。

3月29日，县委书记郭德志主持召开县委常委会会议，传达学习贯彻习近平总书记在中央党校（国家行政学院）中青年干部培训班开班式、在中央财经委员会第九次会议上的重要讲话精神；听取中央巡视福建涉漳（平和）、省委巡视平和及市委“机动式”巡察需进一步整改事项整改进展情况汇报；听取2020年县委巡察工作情况汇报；分析研判平和县2021年第一季度经济运行形势；研究东瓴智慧供应链基地项目；研究县红十字会改革方案相关事宜；研究平和县《关于巩固深化“不忘初心、牢记使命”主题教育成果的工作方案（讨论稿）》；研究县十四次党代会有关事宜；研究有关干部人事事宜。传达省、市换届工作领导小组会议精神，原则同意《平和县乡镇领导班子换届考察实施方案（讨论稿）》。

4月12日，县委书记郭德志主持召开县委常委会会议，传达学习贯彻习近平总书记对革命文物工作作出的重要指示精神；传达学习贯彻全市粮储系统警示教育大会精神；传达学习贯彻省委巡视办游美萍主任“深入学习贯彻习近平总书记关于巡视工作重要论述，准确理解新时代巡视巡察内涵要求”专题辅导报告会精神及《中共漳州市委2021年巡察工作计划》；传达学习贯彻全市对台工作会议精神；研究《中共平和县委常委会2021年工作要点》；研究市级“两优一先”推荐名单；研究有关干部人事事宜。

4月26日，县委书记郭德志主持召开县委常委会会议暨县委党史学习教育领导小组第一次会议，传达学习贯彻省委、市委党史学习教育领导小组会议精神，研究《县委党史学习教育领导小组工作规则》、《县委党史学习教育领导小组办公室工作规则》和《中共平和县委关于开展党史学习教育的实施方案》，进一步部署全县党史学习教育工作。

5月14日，县委书记郭德志主持召开县委常委会会议，传达学习贯彻习近平总书记对职业教育工作作出的重要指示精神、习近平总书记在中央政治局第二十九次集体学习的重要讲话精神，以及全省基层党建工作重点任务推进会精神；研究《平和县“学党史·固成效”脱贫成效二访三帮三促“大回访”活动方案》《漳州市平和县长乐乡乐北村红色美丽村庄试点建设实施方案》；研究有关干部人事事宜。

5月25日，县委书记郭德志主持召开县委常委会会议，传达学习贯彻习近平总书记在广西考察时和在推进南水北调后续工程高质量发展座谈会上的重要讲话精神；研究《2021年平和县督查检查考核计划》《2021年全县党建工作要点》；研究有关干部人事事宜。

6月7日，县委书记郭德志主持召开县委常委会会议，传达学习贯彻全国巡视工作会议暨十九届中央第七轮巡视动员部署会主要精神；传达学习贯彻《关于进一步加强巡视成果运用的规定（试行）》精神；研究2021年县委县政府为民办实事项目的相关事宜；研究《平和县提升民生保障能力实施方案》等；研究县级“两优一先”表彰对象人选、2019—2020年度县直机关“党建工作先进单位”表彰名单；研究有关干部人事事宜。听取当前全县重点工作进展情况汇报。

6月21日，县委书记郭德志主持召开县委常委会会议，传达学习贯彻习近平总书记在两院院士大会和中国科学技术协会第十次全国代表大会上的重要讲话、给廖俊波母亲季平英的重要回信、对湖北十堰市张湾区艳湖社区集贸市场燃气爆炸事故作出的重要指示精神；学习贯彻习近平总书记重要文章《用好红色资源，传承好红色基因，把红色江山世世代代传下去》精神；研究给予卢文海开除党籍、政务撤职处分事宜；会议还研究了其他事项。

7月2日，县委书记蔡绿璇主持召开县委常委会会议，传达学习贯彻《中共中央关于加强“一把手”和领导班子监督的意见》精神；传达学习贯彻《中国共产党组织工作条例》精神。

7月13日，县委书记蔡绿璇主持召开县委常委会会议，传达学习贯彻习近平总书记在中共中央政治局第三十次集体学习、在中共中央政治局第三十一次集体学习、在庆祝中国共产党成立100周年“七一勋章”颁授仪式上的重要讲话精神；传达学习贯彻中共漳州市委十一届十五次全会精神；研究中共平和县委十三届十四次全会有关事宜；研究有关干部人事事宜。

7月22日，县委书记蔡绿璇主持召开县委常委会会议，传达学习贯彻上级有关学习贯彻习近平总书记“七一”重要讲话精神的会议精神；研究《平和县开展领导干部挂钩帮扶企业活动工作方案》、关于平和县2021年“产业发展项目建设年”活动实施方案及考评办法、2021年第三批公开招标地方政府债券转贷资金、平和县自来水公司改制工作、需提交县委全会通过的县第十四次党代会等有关事项。讨论并表决第十四届县委委员、候补委员和县纪委委员候选人预备人选有关事项。

7月30日，县委书记蔡绿璇主持召开县委常委会会议，传达学习贯彻习近平总书记致第44届世界遗产大会的贺信、对防汛救灾工作的重要指示精神；研究有关干部人事事宜。

8月9日，县委书记蔡绿璇主持召开县委常委会会议，传达学习贯彻习近平总书记对深入推进农村厕所革命作出的重要指示精神；传达学习贯彻习近平总书记在中共中央政治局第三十二次集体学习时的重要讲话精神；传达学习贯彻全省、全市组织工作推进会主要精神；传达学习贯彻全省村（社区）“两委”换届工作视频会议主要精神；传达学习贯彻《关于加强新时代民营经济统战工作的意见》精神；传达学习贯彻《中共中央关于加强新时代检察机关法律监督工作的意见》主要精神和中央、省委、市委领导批示精神；研究调整充实平和县工业发展领导小组相关事项；研究2020年度绩效考评结果及2021年度绩效管理工作方案相关事宜；研究2020年县本级财政收支决算报告；研究有关干部人事事宜。

8月19日，县委书记蔡绿璇主持召开县委常委会会议，传达学习贯彻习近平总书记对档案工作作出的重要批示精神；听取关于县委巡察“回头看”中央巡视福建涉漳、省委巡视平和、市委机动式巡察未完成整改问题进展情况和关于向省纪委监委七室、省委巡视办报送《中共平和县委关于巡视整改进度情况报告》情况的汇报；研究《关于落实〈省委2020年度全面从严治党主体责任对市检查的反馈意见〉（涉及平和）整改任务分工方案》；研究县、乡、村三级团组织换届工作；研究有关干部人事事宜。

8月23日，县委书记蔡绿璇主持召开县委常委会会议，传达学习贯彻习近平总书记在7月30日中央政治局会议、在中央财经委员会第十次会议上的重要讲话精神；传达学习贯彻全市领导干部警示教育大会、全市村（社区）“两委”换届工作动员部署视频会议主要精神；听取全县生态环境突出问题整改、平和县教师队伍建设情况汇报；学习统计法律法规及有关业务知识。

8月30日，县委书记蔡绿璇主持召开县委常委会会议，传达学习贯彻习近平总书记在河北承德考察、在党外人士座谈会上的重要讲话精神；传达学习贯彻王宁省长，省委常委、省纪委书记、省监委主任李仰哲来漳调研讲话精神；听取平和县安全生产专项整治三年行动工作开展情况、重点项目工作推进情况汇报；研究第十七届平和蜜柚节暨蜜柚开摘节活动有关事宜。

9月2日，县委书记蔡绿璇主持召开县委常委会会议，听取国土空间规划编制工作汇报，研究全县县乡两级人大换届选举工作有关事宜。

9月7日，县委书记蔡绿璇主持召开县委常委会会议，学习《福建省防范和惩治统计造假、弄虚作假责任制规定（试行）》；研究《平和县常态化开展扫黑除恶斗争实施方案》；研究《中共平和县委办公室关于开展2021年全面从严治党主体责任落实情况检查的工作方案》；研究给予蔡炎辉开除党籍、开除公职处分的事宜；研究有关干部人事事宜。

9月17日，县委书记蔡绿璇主持召开县委常委会会议，传达学习贯彻习近平总书记在2021年秋季学期中央党校（国家行政学院）青年干部培训班开班式上的重要讲话精神；传达学习贯彻省委书记尹力在2021年秋季学期省委党校（福建行政学院）开学典礼上的讲话精神；传达学习贯彻中央纪委和省、市纪委关于抓好疫情防控监督有关文件精神；传达学习贯彻全市平安建设暨市域社会治理工作推进会精神；研究《关于落实〈市委2021年度全面从严治党主体责任检查反馈问题〉整改工作方案》；研究县、乡选举委员会及办公室、办事处组成人员建议名单和县、乡两级人民代表大会代表换届选举日的建议时间；研究有关干部人事事宜。传达学习省委、市委常委会会议暨省、市应对新冠肺炎疫情工作领导小组会议、市新冠肺炎疫情防控工作调度会议精神，通报近期平和县疫情防控工作情况，部署平和县疫情防控工作。

9月27日，县委书记蔡绿璇主持召开县委常委会会议，传达学习贯彻习近平总书记在中央全面深化改革委员会第二十一次会议、在中央民族工作会议上的重要讲话精神；传达学习贯彻《中国共产党统一战线工作条例》及中共福建省委印发《关于贯彻〈中国共产党统一战线工作条例〉的实施意见》精神；传达学习贯彻市委巡察工作领导小组印发《关于进一步加强巡察成果运用的规定（试行）》精神；研究2021年第二批新增政府债务限额使用方案相关事宜；研究2018年省委巡视反馈财政出借资金问题整改相关事宜；研究红色旅游道路南胜欧寮至文峰三坪道路建设相关事宜；研究《平和县县直有关部门生态环境保护责任清单》相关事宜；研究有关干部人事事宜。传达学习贯彻副总理孙春兰到闽到漳州调研讲话精神和省委书记尹力在厦门、漳州调研讲话精神，以及市委常委会会议暨市应对新冠肺炎疫情工作领导小组会议精神。

10月18日，县委书记蔡绿璇主持召开县委常委会会议，传达学习贯彻习近平总书记在陕西榆林考察时的重要讲话精神；传达学习贯彻习近平总书记在中央人才工作会议上的重要讲话精神；传达学习贯彻全省、全市粮食购销领域腐败问题专项整治工作有关精神；学习“时代楷模”孙丽美同志先进事迹、中国共产党人的精神谱系；听取涉粮专项了解报告材料情况汇报；研究县委、县政府关于命名2018—2020年度县级文明村镇、文明单位、文明校园的决定；研究关于省委巡视和市委机动式巡察反馈意见未完成整改问题责任分解事宜；研究进一步深化医药卫生体制改革的实施意见相关事宜；研究关于十一届平和县政协委员安排工作的意见；研究有关干部人事事宜。

11月1日，县委书记蔡绿璇主持召开县委常委会会议，传达学习贯彻习近平总书记在中央人大工作会议、在中共中央政治局第三十三次集体学习上的重要讲话精神以及中办国办《关于进一步加强生物多样性保护的意见》的通知精神；传达学习贯彻习近平总书记关于禁毒工作重要指示批示精神；传达学习《习近平总书记对谷文昌精神的评价摘要》；传达学习贯彻《漳州市“万才聚漳”行动计划》，省纪委监委、省公安厅、省扫黑办关于推进扫黑除恶常态化有关文件和全市打击治理电信网络诈骗犯罪专项整治推进会精神；听取平和县贯彻执行防止干预司法“三个规定”情况报告；研究确定县第十九届人大代表候选人名单；研究有关干部人事事宜。

11月8日，县委书记蔡绿璇主持召开县委常委会会议，传达学习贯彻习近平总书记在纪念辛亥革命110周年大会、在中共中央政治局第三十四次集体学习时的重要讲话精神；传达学习贯彻全国政协系统党的建设工作经验交流会、全省市县政协主席工作座谈会、全市县区政协主席工作座谈会主要精神；研究平和县纪委监委驻县人民法院、人民检察院、公安局纪检监察机构设置及管理体制的意见；研究给予曾文旭开除公职处分的事宜；研究确定县第十九届人大代表候选人正式人选；研究有关干部人事事宜；传达学习国务院联防联控机制综合组电视电话会议精神和省应对新冠肺炎疫情工作领导小组会议精神，部署平和县当前疫情防控工作。

11月19日，县委书记蔡绿璇主持召开县委常委会会议，传达学习贯彻习近平总书记在深入推动黄河流域生态保护和高质量发展座谈会、在第四届中国国际进口博览会开幕式上的重要讲话精神；研究县第十九届人大一次会议有关事宜；研究县政协十一届一次会议有关事宜；研究2021年第二批新增政府专项债务相关事宜；研究平和县2019—2020年滞留债券资金收回重新安排方案相关事宜；研究有关干部人事事宜。

12月1日，县委书记蔡绿璇主持召开县委常委会会议，传达学习贯彻习近平总书记在中共中央政治局会议、在中央全面深化改革委员会第二十二次会议上的重要讲话精神；听取平和县政治生态分析报告；听取县人大常委会、县政府、县政协、县法院、县检察院党组2021年工作情况和2022年工作安排的汇报；听取县人大常委会工作报告以及县第十九届人民代表大会第一次会议列席人员的安排原则的汇报；听取县政府、县政协常委会工作报告；研究《关于调整和充实县委宣传思想工作领导小组的通知》及《平和县党委（党组）意识形态工作责任制实施细则》；研究县工商联第十一次代表大会工作有关事宜；听取2021年全县反恐怖工作情况报告；研究县政府和福建农林大学共建平和县柚类产业绿色发展研究院，“漳州市选优生人才政策”平和县配套补助标准，平和县2021年主要经济指标预计完成情况及2022年初步安排方案表，2021年本级财政预算调整草案，2021年财政预算执行情况和2022年财政预算（草案）的报告，十九届人大一次会议临时党委、党支部组成人员相关事宜；研究有关干部人事事宜。

12月20日，县委书记蔡绿璇主持召开县委常委会会议，传达学习贯彻习近平总书记在中央军委人才工作会议、全国宗教工作会议、中央经济工作会议上的重要讲话精神；传达学习《中共福建省纪委关于福建省2021年全面从严治党主体责任落实情况检查问责典型案例的通报》；传达学习贯彻十二届市委第一轮巡察、第一轮县级交叉巡察工作动员部署会精神；研究《平和县“整肃纪律作风、优化营商环境”专项行动实施方案》；研究学习贯彻党的十九届六中全会精神县委宣讲团名单；听取十三届平和县委巡察工作情况汇报；研究《中共平和县委巡察工作规划（2021—2026年）》、《平和县实现巩固脱贫攻坚成果同乡村振兴有效衔接的实施意见》、关于召开平和县计划生育协会第七次会员代表大会相关事宜；研究确定平和县新一届村（社区）党组织书记任职人选；研究有关干部人事事宜；研究基层党支部建设工作事宜。

12月27日，县委书记蔡绿璇主持召开县委常委会会议，传达学习贯彻习近平总书记在中国文联十一大、中国作协十大开幕式、中共中央政治局第三十五次集体学习、对党内法规工作作出的重要指示精神；传达学习贯彻全省粮食购销领域腐败问题专项整治工作推进视频会议主要精神；研究《“十四五”时期平和县保密事业发展规划》、县委十四届二次全会有关事宜；听取近期全县疫情防控工作开展情况，研究部署“两节”期间平和县疫情防控工作；研究《平和县创建福建省全域生态旅游示范县工作方案》《平和县国家生态文明建设示范县规划（2020—2025）》《全县机关事业单位编外临聘人员规范管理方案》相关事宜；研究南山花园项目用地及建筑物收回相关事宜。

【县委、县政府2020年度总结表彰会】

2月22日，平和县召开县委县政府工作视频会议，总结成绩、表彰2020年度纳税大户、先进集体和先进个人，明确任务、鼓舞斗志，动员全县上下迅速收心归位，铆足干劲、全力以赴，以开局就是攻坚的态势，提振精神抓落实，转变作风谋发展，坚定发展信心，奋力担当作为，全力推动“十四五”开好局、起好步。

【党史学习教育动员大会】

3月4日，全县党史学习教育动员大会以视频会议形式召开，会议全面贯彻落实党中央和省委、市委党史学习教育动员大会精神，动员全县上下提升认识、凝聚思想、自觉行动，扎实开展党史学习教育，以满怀信心开启全面建设社会主义现代化新征程，以昂扬斗志开好局、起好步，以务实作风做好年度各项工作。

【政法队伍教育整顿动员部署会】

3月15日，平和县召开政法队伍教育整顿动员部署会，深入贯彻习近平法治思想和习近平总书记关于加强政法队伍建设的重要指示和训词精神，按照全国、全省、全市动员部署会议要求，部署平和县政法队伍教育整顿工作。

【领导干部大会】

3月29日，平和县召开领导干部大会，认真学习宣传贯彻落实习近平总书记来闽考察重要讲话精神，传达贯彻全省、全市领导干部大会精神，强调要学深悟透习近平总书记来闽考察重要讲话精神，创造性地抓好贯彻落实，努力在全方位推进高质量发展超越中作出更大贡献，在服务和融入新发展格局上展现更大作为。

【“两优一先”表彰大会】

6月29日，平和县举行“两优一先”表彰大会，表彰一批全县优秀共产党员、优秀党务工作者和先进基层党组织，并颁发“光荣在党50年”纪念章，激励全县各级党组织和广大党员不忘初心、牢记使命，提振精神、奋勇拼搏，持续推进新时代新平和建设。强调，全县各级党组织和广大党员要坚持绝对忠诚的政治品格，做理想信念的坚守者；要坚持担当作为的政治责任，做真抓实干的奋斗者；要坚持以民为本的政治情怀，做实干为民的践行者；要坚持清正廉洁的政治本色，做遵纪守法的示范者，共同汇聚起全方位推进平和高质量发展超越的强大力量。

【政法队伍教育整顿总结大会】

8月10日，平和县召开政法队伍教育整顿总结大会，回顾了全县教育整顿工作情况，对下阶段工作进行部署，扎实有效做好政法队伍教育整顿“后半篇文章”，为全方位推进高质量发展超越、加快新时代新平和现代化建设提供强有力政法保障。

【民营企业发展大会】

10月15日，平和县召开民营企业发展大会，进行招商推介，鼓励民营企业家在加快平和经济社会高质量发展中发挥更大作用、作出更大贡献。现场举行招商项目集中签约，签约项目16个，涉及新能源、物流仓储等行业，总投资58亿元。

（供稿：县委办）

县委重大决策

【开展“再学习、再调研、再落实”活动工作】

总体要求　全县各级各部门要统一思想、深刻领会，按照省委、市委部署要求，认真开展“再学习、再调研、再落实”活动，做好“六稳”“六保”工作，统筹抓好“五促一保一防一控”重点工作，持续深化“十七评比”，力促全县各级党员干部思想境界和精神状态更加饱满，解决问题和开展工作措施更加务实，干事创业和促进发展成果更加丰富，以优异成绩迎接建党100周年。

重点任务　一是坚持学深悟透，开展“再学习”，推动各级干部特别是主要领导干部深化认识、解放思想、振奋精神、提升能力。二是坚持问题导向，开展“再调研”，重点开展产业发展问题、城市建设问题、营商环境问题、乡村振兴问题、对台融合问题和民生保障问题6个方面调研。三是坚持实干实效，开展“再落实”，重点开展推进产业转型升级、项目投资攻坚、城市加快发展、乡村全面振兴、对台融合发展、提升民生保障能力、生态环境质量、营商服务效能、文化事业水平、党建工作质量“五推进、五提升”工作。

措施保障　一是加强组织领导，二是健全工作机制，三是改进工作作风，四是注重督查考评。

【关于巩固深化“不忘初心、牢记使命”主题教育成果的工作方案】

指导思想　深入贯彻习近平新时代中国特色社会主义思想，全面贯彻党的十九大和十九届二中、三中、四中、五中、六中全会精神，持续推动各级党组织和党员、干部不忘初心、牢记使命，增强“四个意识”、坚定“四个自信”、做到“两个维护”。

主要任务　一是持之以恒加强理论武装，推动学习贯彻习近平新时代中国特色社会主义思想走深走实走心。二是强化理想信念教育和党性教育，引导党员、干部筑牢信仰之基、补足精神之钙、把稳思想之舵。三是检视整改违背初心使命的各种问题，永葆党的先进性和纯洁性。四是教育引导党员干部履职尽责、担当作为，推动习近平总书记重要指示批示在平和落地生根。五是聚焦破解重点难点问题，大兴调查研究之风。六是始终坚持以人民为中心，持续解决群众最急最忧最盼的问题。七是改进领导方式和工作方法，力戒形式主义、官僚主义。八是开展常态化专项整治，解决工作中突出问题。九是督促党员、干部遵规守纪、廉洁从政，保持为民务实清廉的政治本色。十是加强组织领导，推动巩固深化主题教育成果各项任务落地见效。

【平和县全方位推动住房和城乡建设高质量发展超越行动计划】

指导思想　以习近平新时代中国特色社会主义思想为指导，深入贯彻党的十九大和十九届二中、三中、四中、五中、六中全会精神，坚持以人民为中心的发展思想，坚持稳中求进工作总基调，立足新发展阶段、贯彻新发展理念、构建新发展格局，以深化供给侧结构性改革为主线，以改革创新为根本动力，坚持系统观念，深入实施城市更新和乡村建设行动，全方位推动高质量发展超越，不断满足人民日益增长的美好生活需要。

重点任务　一是城市规划设计引领行动，二是居住条件提升行动，三是市政基础设施提质增效行动，四是城市管理创新行动，五是历史文化保护利用行动，六是乡村环境整治行动，七是建筑业转型升级行动，八是城市建设安全保障行动，九是城市活力提升行动。

保障措施 一是加强组织领导，二是完善工作机制，三是创新投融资方式，四是严格督导考核。

【全面推行林长制实施方案】

指导思想 以习近平新时代中国特色社会主义思想为指导，认真践行习近平生态文明思想，按照山水林田湖草系统治理要求，在全县全面推行林长制，明确各级党政领导干部保护发展森林资源目标责任，构建党政同责、属地负责、部门协同、源头治理、全域覆盖的长效机制，积极融入国家生态文明试验区建设，推进国家森林城市创建工作，打造高颜值的“美丽平和”。

工作原则 一是生态优先、保护为主。二是绿色发展、生态惠民。三是问题导向、系统治理。四是党委领导、部门联动。五是依法治林、长效管理。六是严格考评、强化监督。

主要任务 一是强化森林资源监管和保护。二是完善和修复森林生态系统功能。三是不断深化林业综合改革。四是创新森林资源监测监管模式。五是夯实基层基础建设。

保障措施 一是加强组织领导。二是健全工作机制。三是接受社会监督。四是加强宣教引导。五是严格督导考核。

【推进乡村振兴战略实施方案】

工作目标 巩固拓展脱贫攻坚成果，“一村一方案”压茬推进乡村振兴，对照决战决胜全面建成小康社会目标任务，以加快农业高质量发展为主攻方向，以提升乡村人居环境为重要载体，着力破解农村发展不平衡不充分的突出矛盾，加快补齐“三农”工作“短板”，奋力走好乡村振兴的平和实践之路，通过项目带动效应，包含产业发展、基础设施、文化旅游、环境整治等多个领域项目建设，全面推动脱贫攻坚同乡村振兴有效衔接，推动乡村产业、人才、文化、生态、组织等全面振兴。

重点任务 一是着力推动特色产业转型升级。二是加强村庄规划，建设宜居乡村。三是持续巩固脱贫攻坚成果同乡村振兴有效衔接。四是完善农村公共服务体系，深化农村精神文明建设。五是夯实基层组织基础，促进乡村治理有效。

工作措施 一是抓乡村振兴“串点连线成片”工作，着力打造特色产业。二是实施乡村建设行动。三的加快发展特优农业。四是巩固脱贫攻坚成果。

【关于实现巩固拓展脱贫攻坚成果同乡村振兴有效衔接的实施意见】

指导思想 以习近平新时代中国特色社会主义思想为指导，全面贯彻党的十九大和十九届二中、三中、四中、五中、六中全会精神，贯彻落实中央经济工作会议、中央农村工作会议和省委经济工作会议、省委农村工作会议、市委经济工作会议、市委农村工作会议等精神，按照县委经济工作会议、县委农村工作会议等部署要求，坚持以人民为中心的发展思想，大力弘扬脱贫攻坚精神，将巩固拓展脱贫攻坚成果放在突出位置，建立农村低收入人口和脱贫村帮扶机制，健全乡村振兴领导体制和工作体系，开创具有平和特色的乡村振兴之路，加快推进乡村产业、人才、文化、生态等全面振兴，全方位推进平和高质量发展超越，为“奋进平和、奋发平和、奋斗平和”奠定坚实的基础。

主要内容 一是巩固拓展脱贫攻坚成果，要保持帮扶政策总体稳定，巩固提升“两不愁三保障”和饮水安全成果，健全防止返贫动态监测和挂钩帮扶机制，推进脱贫人口稳岗就业，做好易地搬迁后续扶持工作，强化扶贫项目资产管理和监督。二是全面推进乡村振兴，要推进特色现代农业发展，推进闽台产业合作，推进基础设施进一步完善，推进农村基本公共服务水平提升，推进法治乡村建设进程。三是完善农村低收入人口常态化监测和帮扶机制，要完善农村低收入人口监测机制，完善分层分类实施社会救助机制，完善农村医疗保障待遇机制，完善养老保障和儿童关爱服务机制，完善丧失劳动能力人口基本生活兜底保障机制。四是强化脱贫攻坚与乡村振兴政策有效衔接，要强化财政投入政策衔接，强化金融支持政策衔接，强化土地支持政策衔接，强化人才智力支持政策衔接，强化山海协作和挂钩帮扶政策衔接。

加强组织领导　一要加强领导体制衔接，二要加强工作体系衔接，三要加强规划项目衔接，四要加强考核机制衔接。

【平和县农村村民住宅规划建设管理工作实施方案】

总体要求　按照“县统筹、乡统管、地统筹、事统管”的要求，落实“县主导、乡镇主责、村级主体”责任，明确任务，细化举措，规划引导，规范程序，统筹发展，强化监管，保障农村村民合理居住需求，改善村民生产生活条件，切实解决好“有新房、没新村”问题。

具体管理职责　一是县统筹：规划设计“一张图”，要明确工作职责、规划原则、重点内容和风貌特色。二是乡统管：审批“一支笔”，要完善组织架构，做好咨询服务，规范审批流程。三是地统筹：布局“一盘棋”，做到布局合理、选址科学、配套完善。四是事统管：监管“一条龙”，建立健全村民自治机制、竣工验收机制、巡查执法机制和旧宅基地退出机制。

保障措施　一是试点落地，二是资金倾斜，三是用地保障，四是人才保障。

【平和县优化营商环境行动实施方案】

目标任务　围绕打造国际化、法治化、市场化、便利化的一流营商环境，以世界银行和中国营商环境评价指标体系为重要抓手，聚焦企业关切、响应项目需求、满足群众期盼，以一流作风效能推进一流营商环境建设。去年，平和县开办企业、登记财产、跨境贸易、执行合同、市场监管等指标存在短板，力争今年靠后指标实现进位，各项指标走在全市前列，全面提升企业和群众获得感、满意度。

重点改革举措　一是深化“放管服”改革，包括开展相对集中许可权试点改革、持续深化工业园区体制机制改革创新、工程建设项目区域评估、开展“一件事”改革、推动政务服务“跨省通办”“省内通办”、提升政务服务软硬件水平。二是营商环境指标全面提升，包括优化企业开办服务、深化工程建设项目审批改革、提升供电供水供气服务、提高不动产登记体验、打造便利化纳税环境、打造公正法治环境、畅通企业融资渠道、规范政府采购和招投标行为、推进政务服务标准化、规范化，强化知识产权创造保护与运用、完善市场监管机制、健全社会信用体系、改善人才与用工环境。三是构建开放型经济新体制，包括提升跨境贸易便利化水平、加快推进跨境电商综试区建设。

保障措施　一是强化组织领导，二是完善干部激励机制，三是推动担当作为，四是强化监督执纪，五是着力效能建设推动，六是推动惠企政策落地见效。

【平和县加快城市建设行动实施方案】

总体目标　按照县委、县政府“五推进，五提升”工作安排，优化和完善区域交通及城区市政基础设施，促进“生产、生活、生态”空间协调发展及县城中心城区发展，谋划实施一批重要的基础设施项目，提升城市承载力，壮大城市规模，提升城市品质，释放城镇化发展潜力，提高城乡融合发展水平，打造“生态·活力·闲适”新平和。

主要内容　一是城市规划拓展工程，包括加快县国土空间总体规划编制、开展城市综合交通规划编制、开展市政设施专项规划修编。二是中心城区壮大工程，包括提速提质南部高南新区、北部科技产业区、中部新陂片区三大片区开发建设。三是城市品质提升工程，包括居住小区、城市交通、水环境、城市风貌、城市管理品质提升。

保障措施　一是强化组织领

导，二是细化“两单一表”，三是强化协调推进。

【开展领导干部挂钩帮扶企业活动工作方案】

总体要求 深入贯彻习近平总书记来闽考察重要讲话精神，按照省委十届十二次全会、市委十一届十五次全会部署要求，结合正在开展的党史学习教育“我为群众办实事”实践活动和“再学习、再调研、再落实”活动，通过建立领导干部挂钩帮扶企业制度，切实帮助企业解决生产经营及项目建设中存在的困难和问题，增强领导干部服务企业的主动性、针对性和有效性，不断优化发展环境，加快产业转型升级，确保经济运行在合理区间，推动“十四五”全县经济社会发展开好局、起好步。

挂钩帮扶干部 一是县委、县人大常委会、县政府、县政协领导。二是县直有关部门领导。

挂钩帮扶企业 按照“一家企业，一名挂钩领导帮扶”的要求，安排48家重点企业。

帮扶方式 坚持“不叫不到、随叫随到、服务周到、说到做到”，既与企业保持必要工作联系，及时为企业排忧解难；又不影响干扰企业正常生产经营，切实提高帮扶实效，力戒形式主义、官僚主义。

挂钩帮扶要求 一是分类精准帮扶，二是加强督促协调，三是营造浓厚氛围。

【关于党员、干部带头落实花山溪饮用水水源地果园化肥减量增效综合整治措施的通知】

区域人员 花山溪饮用水水源地流域上游重点乡镇（小溪镇、南胜镇、坂仔镇、国强乡、霞寨镇5个乡镇）8.3万亩重点区域范围内有在耕作经营果园的党员、干部。干部特指村“两委”干部及县内党政机关、企事业单位等工作人员（包括离退休人员）。

工作要求 从2021年起，要求党员、干部严格按照化肥减量增效、土壤酸化改良、有机肥替代化肥、果园留草等综合整治技术措施，带头落实做好果园化肥减量增效工作，综合整治技术措施实施面积覆盖率要求达100%，直至整治工作结束为止。

保障措施 一是严格落实责任，二是率先带头示范，三是严肃督查问责。

【平和县2021年“产业发展项目建设年”活动实施方案及考评办法】

主要目标 通过开展“产业、发展项目建设年”活动，实施“六比一看”竞赛，力促产业支撑与项目带动，确保经济运行回归合理区间、加快回升向好。

重点工作 一是比征地拆迁与耕地保护，二是比项目招商，三是比项目开竣工，四是比园区标准化建设，五是比农村人居环境整治与农村建设品质提升，六是比新增规模以上（限额以上）企业，七是看高质量发展成效。

保障措施 一是加强组织领导，二是狠抓活动落实，三是强化考评管理。

【打击整治电信网络诈骗外流犯罪专项行动工作方案】

指导原则 深入贯彻落实习近平总书记“七一”重要讲话精神和打击治理电信网络诈骗犯罪重要指示精神，认真落实党中央、国务院和省委省政府、市委市政府、县委县政府关于打击治理电信网络诈骗犯罪工作决策部署，进一步深化思想认识，压实工作举措，全力营造“不骗人、不被骗”的氛围，坚决遏制电信网络诈骗案件多发高发态势，切实维护广大人民群众财产安全和合法权益，保障社会大局和谐稳定。

行动举措 一是开展劝返攻坚战，二是始终保持严打高压态势，三是坚持系统治理，综合治理，四是全面集中火力，重点攻坚，五是切实加大宣传力度。

工作要求 一是加强领导，二是挂图作战，三是约谈督导，四是挂牌整治，五是注重长效。

【法治平和建设规划（2021—2025年）】

指导思想 高举习近平新时代中国特色社会主义思想伟大旗帜，坚持以马克思列宁主义、毛泽东思想、邓小平理论、“三个代表”重要思想、科学发展观、习近平新时代中国特色社会主义思想为指导，全面贯彻党的十九大和十九届二中、三中、四中、五中、六中全会精神，深入贯彻习近平法治思想，认真落实习近平总书记来闽考察重要讲话精神，增强“四个意识”、坚定“四个自信”、做到“两个维护”，坚持党的领导、人民当家作主、依法治国有机统一，坚定不移走中国特色社会主义法治道路，培育和践行社会主义核心价值观，以解决法治领域突出问题为着力点，深入推进全面依法治县工作，在法治轨道上推进县域治理体系和治理能力现代化，全方位推进高质量发展超越，为“奋进平和、奋发平和、奋斗平和”提供有力法治保障。

主要原则　坚持党的集中统一领导、坚持贯彻中国特色社会主义法治理论、坚持以人民为中心、坚持统筹协调推进、坚持数字赋能驱动。

主要内容　一是坚定不移走中国特色社会主义法治道路，奋力建设更高水平法治平和。二是全面贯彻实施宪法，坚定维护宪法尊严和权威。三是深化法治政府示范创建，全面提升依法行政水平。四是深化司法体制改革，打造公正高效权威司法环境。五是深入推进全民守法，加快建设法治社会。六是构建规范高效法治监督体系，加强权力运行制约监督。七是加强党内法规制度建设，纵深推进依规治党。八是加强涉外涉台港澳侨法治建设，为对外开放和融合发展提供法治支持。九是强化工作保障，夯实法治平和建设坚实基础。十是加强党对法治平和建设的集中统一领导，充分发挥党委总揽全局、协调各方作用。

（供稿：县委办）

县委办公室工作

【概况】

2021 年，县委办深入学习贯彻习近平总书记“七一”重要讲话和来闽考察重要讲话精神，全面贯彻落实党的十九大及十九届二中、三中、四中、五中、六中全会精神，充分发挥上情下达、下情上传的枢纽功能，履职尽责，切实保证县委日常工作有序高效运转，较好完成办公室各项工作任务。

【办文办会】

2021 年，县委办完善办文程序，按时限高质量完成任务，全年共接收办理来文 1511 份，起草审核各类文件 259 份。落实“基层减负”要求，全年下发文件 26 份，同比减少 1 份。深入贯彻落实中央有关规定，精简会议活动，切实改进会风，不断提高办会水平，全年承办全县性会议（县委部分）13 场，同比减少 13.33%。

【督查督办】

2021 年，县委办围绕县委各项中心工作和重大决策部署开展督查，共办理市县领导批示、交办件共 88 件，其中办理市领导批示件 20 件，办理县委主要领导批示件 68 件，按时办结率 100%。

【参谋辅政】

2021 年，县委办坚持树立精

2021 年 11 月 11 日，县委办党支部组织党员干部到五寨乡开展主题党日活动　（县委办　供图）

品意识，践行工匠精神。全年完成领导讲话参阅、工作汇报、文件等各类文字综合材料280多篇、70多万字；围绕全县中心工作，聚焦“产业发展项目建设年”“六比一看”活动等重点工作，深入开展调查研究工作，组织起草《中共平和县委2021年工作要点》《县委常委会工作报告》等材料；紧紧围绕中心工作，将党委信息工作与党委的工作思路同频共振，全年累计被省委办采用信息79条，位列全省第六；被市委办采用130条，位列全市第三；编辑下发《平和快讯》51期。其中，《平和县着力加强换届纪律宣传》先后获得省、市领导批示。

（供稿：县委办）

保密工作

【概况】

2021年，平和县保密战线以习近平新时代中国特色社会主义思想为指导，在省、市保密委和省、市国家保密局的指导下，在县委、县委保密委的正确领导下和全县保密干部的努力下，坚持统筹发展和安全，突出定密、网络保密、涉密人员“三大管理”，强化新时代保密工作保党的长期执政地位、保国家安全、保人民幸福、保民族复兴的职责使命，真抓实干、锐意进取，推动保密工作取得成效。

【保密执法】

2021年，县委保密委坚持“党管保密”和“依法保密”相结合，督促各乡镇（场、区）、县直各单位落实保密各项规章制度，进一步做好保密防范和管理工作，确保党和国家秘密安全。2021年，对县直相关单位开展二轮检查指导工作。

【保密宣传】

2021年，县委保密委为提升全县党员干部的保密意识、保密常识和保密防范意识，把保密工作纳入县委党校培训计划，通过保密培训班、保密讲座、上保密党课、保密法律法规宣传等多种形式开展保密知识教育，充分发挥党校教育基地作用；邀请市委保密办分别在县委理论学习中心组（扩大）会和新提拔科级领导干部培训班上，作专题保密培训。同时，县委保密办先后到县直相关单位开展保密法律法规宣讲、保密业务培训及泄密案例警示教育等。结合《中华人民共和国保守国家秘密法》普法宣传活动，在全县开展保密知识竞赛，有效运用“保密观”微信公众号等，提升业务能力和业务水平。充分发挥传统媒体与新媒体的融合效应，积极对接县融媒体中心，紧抓国家安全日、宪法宣传日等重要时点，发放保密法宣传折页、在平和电视台播放保密工作公益广告片等活动，向普通民众普及保密知识。

（供稿：县委办）

组织工作

【概况】

2021年，中共平和县委组织部扎实开展党史学习教育和“再学习、再调研、再落实”活动，坚持“全域党建、全面提升”，以完善上下贯通、执行有力的组织体系为重点，以建设政治过硬、忠诚干净担当的高素质专业化干部队伍为关键，以全方位培养、引进、用好人才为支撑，开拓创新，奋发进取，各项工作取得新成效。2021年，县委组织部组工信息工作位列全市第一名、全县党委信息工作第一名、全省各县（区）组织部第八名，并获得省委组织部感谢信表扬。选送的《山村“永久书记”》《白芽奇兰茶制作工艺》获十六届全省党员教育电视片观摩交流活动“培训片”三等奖。2021年4月，被中共福建省委、福建省人民政府授予“第十四届省级文明单位”称号；5月，被福建省扫黑除恶专项斗争领导小组授予“全省扫黑除恶专项斗争先进集体”称号；6月，县委组织部党支部被中共福建省委评为“全省先进基层党组织”；被中共平和县委评为“全县党建工作先进单位”。

【开展大学习】

2021年，平和县委组织部推动“三会一课”制度落实，促进各级党组织学习贯彻习近平新时代中国特色社会主义思想，深入学习贯彻习近平总书记在党史学习教育动员大会上的重要讲话精神、“七一”重要讲话精神和来闽考察时的重要讲话精神，推动党员领导干部带头为党员讲党课。组织宣讲团成员送课下基层，发放《习近平在福建》《中国共产党组织建设100年》《党的十九届六中全会〈决议〉学习辅导百问》等书籍，组织开展专题学习研讨，推动全县广大党员干部全面系统学、深入思考学、联系实际学，让理论武装真正走深走实走心。加强自身建设，推行“线上”+“线下”学习模式,“线上”依托“学习强国”学习平台、“平和组织工作”公众号等网络平台,“线下”利用“组干书架”图书室，开展读书交流活动，营造浓厚学习气氛；组织机关党员干部到红军寮、平和县博物馆等地参观红色教育基地，接受革命传统教育，提升干部职工思想政治素质；开展业务“大学习”“大讨论”活动，组织学习《中国共产党组织工作条例》等重要政策法规；落实联系基层制度，引导领导干部深入基层一线，提升发现问题、解决问题和推进重点工作落实的能力和水平；持续深化“组工讲坛”，推动部机关干部走上讲台组织业务学习、交流工作经验、分享学习成果。

2021 年 3 月 12 日，平和县召开 2021 年全县组织工作会议

（汤绍平 摄）

【干部专业化培训】

2021 年，平和县委组织部制定《2021 年平和县干部培训工作方案》，把党史学习教育作为党员干部教育培训的重点任务。组织开展党的十九届五中全会精神研讨班、乡村振兴战略专题培训班、春季科级干部培训班等班次，累计培训 549 人次。坚持“引进来”，邀请中央党校、厦门大学等 3 名教授、专家及丰富实践经验的一线领导干部到平和县授课、开展专题讲座；坚持“走出去”，带领 69 名科级干部到长泰区林溪村和珪后村现场学习乡村振兴先进经验。坚持互学互促，推动各有关部门举办乡村振兴、人居环境整治、巩固脱贫攻坚、教师专业能力建设、疫情防控等多个专题培训班，累计培训各级各类干部 2000 余人次。完成省市 23 个培训班次调训工作，累计调训 1200 人次。

【党史学习教育和“再学习、再调研、再落实”活动】

2021 年，依托平和县丰富的红色教育资源，选取 3 个具有代表性的教学点，分革命战争时期、社会主义建设时期、改革开放时期 3 个时期开展主题特色活动，将党史与县史相融合、共促进，增强学习教育的针对性和实效性，着力打造新桥村延安楼党史教育陈列馆及小溪镇新时代文明实践中心、厝丘名人园、高峰谷红军寮等党史学习教育基地。组织开展“传承红色基因、讲好平和故事”微视频竞赛活动，生动活泼地展现平和老区精彩的红色故事，经过线上、线下评审，评选出 18 名优秀讲解员。把“我为群众办实事”作为党史学习教育的重要内容，结合“再学习、再调研、再落实”和“党旗在基层一线高高飘扬”活动，推动党

2021 年 6 月，平和县举行"传承红色基因、讲好平和故事"微视频竞赛活动颁奖仪式（汤绍平 摄）

员干部服务身边人、办好身边事，解决群众急难愁盼问题。

【党内评选表彰和慰问工作】

2021 年，平和县组织开展全县"两优一先"评选表彰工作，"七一"中国共产党建党节前夕，表彰 160 名全县优秀共产党员、优秀党务工作者和 60 个全县先进基层党组织，向省市推荐表彰 38 个"两优一先"对象。结合"两优一先"表彰大会、"七一"中国共产党建党节前夕走访慰问、邮寄等方式，将 1589 枚"光荣在党 50 年"纪念章发放到党龄满 50 年、一贯表现良好的党员手中。开展走访慰问困难党员、离退休干部、获得党内荣誉功勋、烈士遗属和因公殉职党员干部家属 1344 人。

【公务员管理工作】

2021 年，平和县加强政策研究，继续推行定向招考和放宽报考条件并重的招考模式，同时适当增加招考比例，拓宽高校毕业生就业通道。贯彻落实公务员职务与职级并行制度，在基本完成职级套转工作的基础上，做好职级职数的审核报批工作。做好人员调配和选调生、公务员培养管理工作，推动干部有序流动。严格执行工资福利政策，合理保障公务员合法权益。年内，平和县共招录公务员 80 人，比 2020 年增加 32 人，同比增长 66.7 个百分点。稳妥做好 5 名选调生接收和 2 名优秀村（社区）主干考录公务员工作，拓宽各领域优秀人才进入公务员队伍渠道。

【年轻干部培养工作】

2021 年，县委组织部深入实施干部"一线两优"培养工程和"墩苗"计划，持续选派干部到征地拆迁、信访、疫情防控等工作一线捶打磨炼。注重加强年轻干部跟踪培养，定期召开年轻干部座谈会，经常性深入乡镇、机关开展年轻干部专题调研，了解掌握年轻干部现实表现。创新开发年轻干部综合评价系统，配套设计年轻干部综合评价问卷调查表，结合乡镇换届考察，同步对 267 名 35 岁以下乡镇年轻干部开展涉及理论素养、业务水平、沟通协调等 9 个维度的专项测评，形成年轻干部评价数据库，结合测评结果和民主推荐，从中选拔提任 24 名年轻干部进入领导岗位。

【干部人事档案管理】

2021 年，县委组织部完成新录用干部人事档案换核、初审、复审 242 卷；专项复审 49 名县委、县政府工作部门正职和各乡镇党委书记的干部人事档案，查缺补漏、及时认定"三龄两历一身份"等关键信息有涂改、不一致或者缺漏等情况；完成 17 个乡镇（场区）和 35 个机关事业单位的公务员、参公人员、事业干部的 1456 卷档案进行复审，发出催缴单 1456 份；预审 182 卷即将录用及调入平和工作的干部人事档案。加强档案规范管理，建立和完善管理台账，实时登记、精细管理。2021 年，接收需归档材料约 2 万份。在干部调入调出档案接转工作中，加强对档案信息采集、材料收集补充和甄别整理。2021年，接收新录用、调入等干部人事档案252卷，整理并转递人事档案77卷，查阅人事档案301卷。同时，推进干部人事档案数字化工作。

【党建引领助力疫情防控】

2021年，县委组织部第一时间向全县各级党组织和广大党员发出号召，全县共成立战疫一线临时党支部97个，组建“党员突击队”254支、“党员突击预备队”236支，设立“党员先锋岗”337个；抽调140多名县直机关党员、干部到岗支援。下拨党费专项资金16万元，慰问在疫情防控第一线的医务工作者和基层党员干部。组建8支一线考察组，近距离接触了解和考察识别干部在疫情防控工作中的表现情况，为疫情防控提供坚强有力的组织保障。

【党建促乡村振兴】

2021年，平和县创新成立“乡村振兴党建学院”，并建立4个现场教学点，同步启动线上平台，提供党建引领乡村振兴经验介绍、专题党课、农业技术培训、法律法规及惠农政策解读、产业相关信息分析等服务，打造形成基层党员干部群众“学技能、提素质、转观念、促发展”的新平台。完成第五批55个省市县派第一书记考核工作，其中平和县第五批驻村党员干部中被市级以上记功20余人次。向59个乡村振兴等任务重的村选派第一书记或工作队，选派驻村党员干部数量全市最多。编制红色村试点建设实施方案。2020年底，平和县长乐乡乐北村被中组部、财政部确定为“红色美丽村庄建设试点村”。2021年，县委组织部指导长乐乡编制实施方案，以红色资源为纽带，通过抓党建带动乡村振兴和基层治理，该方案已通过省市组织部门报中组部备案。开展“党旗在基层一线高高飘扬”活动，推动农村基层党组织全面覆盖、有效覆盖，常态化整顿软弱涣散村党组织，推动各领域基层党组织紧紧围绕中心、服务大局，做好“六稳”工作、落实“六保”任务。

【近邻党建工作】

2021年，县委组织部扎实开展近邻党建“六项行动”，开展近邻党建工作调研，明确4个基础条件较好的小区开展试点，制定出台工作方案，促进试点小区发挥示范带动作用。实施党建网格化管理，织密近邻党建组织体系，由党小组长联系党员，党员联系住户，开展“我为群众办实事”活动，2021年办成实事100余件。广泛动员小区党员、居民群众积极参与各项活动，营造近邻党建浓厚氛围。

【“两新”组织党建工作】

2021年，县委组织部做好市级第三批非公有制企业和社会组织“党建示范点”“党建标兵”以及第二批“党建之友”评选工作，2021年平和县推选的对象均通过实地复核，其中获评市级党建示范点2家，市级党建标兵4人，市级党建之友4人。举办“全县‘两新’领域党龄逢十党员党史学习教育专题培训班”。开展快递物流行业等新业态党组织覆盖“百日攻坚”行动，联合邮政、市场监管、税务等职能部门和相关行业协会，摸排出平和县登记在册的快递物流企业5家，并建立台账实行动态管理。聚焦民生保障、社会治理、志愿服务等多个领域，发挥两新组织资金、人才、信息等优势，积极为民办实事。2021年，全县“两新”组织党支部办成实事70余件。

【党委换届工作】

2021年，县委组织部推行“1234”工作法，完成县乡党委换届。在乡镇党委换届中，深入开展换届专题调研和谈心谈话，了解掌握干部思想和工作情况，做到底数清、情况明。研究制定换届工作时序安排表，明确换届整体安排、职责分工、工作进度，形成“时间表”“路线图”。制定《换届考察实施方案》，组建7个换届考察组，开展乡镇换届考察。深入分析研判，统筹考虑班子结构功能和人选契合度，调整优化乡镇班子结构和功能。完成全县15个乡镇党委换届选举工作，选举产生新一届党委班子成员 131 名、纪委班子成员 68 名。结合乡镇换届选举工作，调整配备干部 221 人，乡镇班子平均年龄比上届下降 3.4 岁，乡镇党政正职平均年龄下降 2.4 岁；调整配备 39 个县直部门领导班子，调整后班子平均年龄下降 2 岁，选拔任用的干部中超过 75% 具有相应专业背景或相关任职经历，班子结构和整体功能得到优化提升。加强换届风气监督工作，通过集中学习、群发短信、发放提醒卡、签订承诺书等多种方式，实现纪律宣传、书面承诺、谈心谈话“三个全覆盖”。加强督查指导，成立 3 个换届风气巡回督查组和 10 个派驻乡镇督导组，开展巡回督查和现场督导，及时督促整改现场反馈的问题。换届过程平稳有序、风清气正，在换届考察公示、任前公示和继续提名公示中均没有收到有关违反换届纪律的问题反映，实现“零信访”“零举报”，有关经验做法在中组部《组工信息》刊载交流，并得到时任省委常委、组织部部长杨贤金和时任市委常委、组织部部长沈金水的批示肯定。

【村（社区）“两委”换届选举工作】

2021 年，平和县 240 个村、22 个社区共选举产生村（社区）“两委”成员 1561 名，全面实现村（社区）党组织书记、村（居）委会主任“一肩挑”，一次性选举成功率达到 100%，全面完成“五个确保”目标。新一届村、社区“两委”成员平均年龄分别为 41.4 岁、39.8 岁，其中村、社区党组织书记平均年龄分别比上届下降 2.1 岁、4.3 岁；村、社区“两委”班子成员中专高中以上学历占比分别为 74.4%、94.6%；女性委员 393 名，占比 25.2%，村（社区）党组织书记、村（居）委会主任中女性人数 16 人，占比 6.1%。新一届班子年龄、学历呈“一降一升”态势，年轻化、知识化、专业化水平全面提升。经验做法在《漳州信息》《八闽快讯》刊载交流。

【人才强县工作】

2021 年，县委组织部制定出台《平和县教育人才引进管理办法（暂行）》《平和县教育类、医疗类选优生配套补助办法（试行）》等政策，与市人才集团签订框架合作协议，加大高层次人才引进力度。加大各类创新创业平台的培育建设力度，指导企业向上申报省级企业技术企业 2 家。建强做大“平和琯溪蜜柚科技小院”，利用农林大学的人才和资源优势，组织农民科技骨干和农林大学院士专家团队成员对接，逐步推广应用“减肥补镁”蜜柚绿色提质增效技术等研究成果。协助平和青创人才驿站在小溪镇古楼村建设新场址，着力点打造拴心留人的“人才之家”。2021 年，新挂牌成立电商孵化基地，牵头组织各种青年创业交流活动 30 次，覆盖青年 150 余人；开展创业项目辅导 6 次，推报的“梦享柚生鲜供应链”获得第八届“创青春”中国创新创业大赛乡村振兴专项电商组金奖，福建稻田蛙综合体全产业链项目获得漳州市 2021 年度青年优秀创业项目一等奖。兑现人才优惠政策，发放 2020 年平和县创新创业项目、市级优秀名师、市级有突出贡献中青年医疗专家等奖励补助资金 109.6 万元。推进平和县人才公寓建设力度，现有的 50 套人才公寓继续实行“零房租”入住政策。投入 428.55 万元建设人才公寓，委托县城投公司回购和装修 24 套经适房作为人才公寓。

宣传思想工作

【概况】

2021 年，平和县宣传思想战线坚持以习近平新时代中国特色社会主义思想为指引，突出学习贯彻习近平总书记“七一”重要讲话和来闽考察重要讲话精神、党的十九大及十九届二中、三中、四中、五中、六中全会精神，紧跟党史学习教育、“再学习、再调研、再落实”活动要求，创新开展学党史系列活动，开设平和县党史学习教育视频公开课，开展“平和县党史学习教育有奖问答活动”，并在省“全媒体党史知识竞赛”中荣获“优秀组织奖”“突出贡献奖”。完成新时代文明实践阵地建设全覆盖（中心1个、所15个、站262个），成立新时代文明实践专业志愿服务队10支。2021年，平和暴动纪念馆被评为省级爱国主义教育基地；“西坑党校”典型案例入选漳州市“我为群众办实事”典型案例评选网络投票十强。“学习强国”学习平台积分稳居全市前三，参与完成国家社科基金项目“清代阳明学文献整理与思想演变研究”（批准号：20BZX070）。“爱心助学 传习行动”在2021年福建省志愿服务项目大赛中获铜奖；推送新陂村被中央文明委授予“全国文明村”称号，成功举办市级“三下乡”活动。

2021年4月7日，举行平和县爱国主义教育基地命名授牌仪式

（县委宣传部 供图）

【理论武装】

2021年，县委理论学习中心组通过专题报告、专家授课、交流研讨等方式共开展集体学习43场，下沉到下一级党委（党组）开展巡听旁听27场。全县各级党委（党组）扎实开展“大学习、大讨论”活动，用好每周一例会时间，以学增信、以学促干，掀起新一轮“大学习”热潮，切实增强理论素养和业务水平。组织平和县6名市级“新时代宣讲师”到全县各新时代文明实践所（站）、“阳明传习堂”开展理论宣讲志愿服务活动，用接地气的闽南话、客家话，以口口相传的方式将党的理想信念、奋斗史诗、精神赞歌传递给全县基层群众，凝聚起奋进“十四五”的强大精神力量。2021年，全县开展党史学习教育专题、学习贯彻习近平“七一”重要讲话精神、市第十二次党代会精神和党的十九届六中全会精神专题宣讲4轮127场。

【党史学习教育】

2021年，平和县委宣传思想工作以精读深读和悟深悟透四本指定教材为着力点，举办县处级领导党史学习教育专题读书班；30多名处级领导示范带头到基层党支部讲党课，以普通党员身份参加所在党支部主题党日活动，集中到八闽第一枪策源地、西坑党校、文博中心重温入党誓词。发挥平和红色资源多的优势，结合革命战争时期、社会主义建设时期、改革开放时期的平和革命史、建设史、奋斗史，自选特色动作，开展学党史系列主题活动。在清明节前夕，组织县四套班子成员到“平和暴动”策源地，开展缅怀革命先烈的“学党史·祭英烈”活动；在劳动节和青年节期间，组织县四套班子成员到“军民堤”“爱武山”，开展“上下同心、战天斗地、共创奇迹”的“学党史·传精神”活动；新一届县领导班子到任后，组织县四套班子成员到乡村振兴党建学院西坑教学点开展重温习近平总书记西坑“五点指示”精神的“学党史·促发展”活动。同时，开设“党史学习教育公开课”，邀请县委党校老师从不同角度深度讲解平和县红色故事，由县融媒体中心录制成5个微视频短片在主流媒体上滚动播放。在平和新闻微信公众号开设专栏，以中国共产党历

2021年5月8日，为庆祝中国共产党成立100周年，平和县举办"润和杯·我最喜爱习总书记的一句话"演讲比赛　（黄水成　摄）

史、平和县地方党史为主要内容开展"平和县党史学习教育有奖问答活动"。选派多支团队参加全省"百年党史铸辉煌——全媒体党史知识竞赛"，县委宣传部党支部、平和移动党支部、县融媒体中心党支部分获"优秀组织奖""人气代表队""突出贡献奖"；组织发动党员干部参与全省"十九届六中全会精神网络竞答"活动，参与情况在全省排名第九、全市排名第二。

【建党百年宣传】

2021年，平和县以"永远跟党走"为主题，在公园街区、行政单位、学校群团、主要路口等人员密集的公共区域悬挂党旗、国旗、建党百年标语口号2000多幅；全面启动"党史上的今天"万屏联动宣传活动，在单位、企业、社区以及户外广告宣传屏幕上，滚动播放海报；举办"党旗红·苏区兴"庆祝中国共产党成立100周年文艺晚会，参与群众涉及各行各业，齐声唱响平和人民爱党爱国爱社会主义的深厚情感；拍摄《在灿烂的阳光下》快闪MV，取景地点遍布多个乡镇，全面展示平和人民团结奋进新时代的昂扬姿态；举办"我最喜爱习总书记的一句话"演讲比赛。

【媒体宣传】

2021年，平和县对市、县、乡三级联办的2021年漳州市文化、科技、卫生"三下乡"集中示范活动、琯溪蜜柚开摘节采用线下搭台和线上直播方式进行全媒推送展示。与新华社福建分社、人民网、《经济日报》、《福建日报》、福建电视台、《闽南日报》、漳州电视台等媒体保持密切联络，加大供稿力度，在人民网等16家媒体发出琯溪蜜柚开摘节相关报道数十篇；在CCTV-2《第一时间·中国印象》栏目天气预报时段推出展示周期为2个月的平和琯溪蜜柚、白芽奇兰茶广告；在北京国贸地铁显著位置的LED屏幕循环播放平和琯溪蜜柚宣传片。

【文艺创作】

2021年，平和县委宣传部策划指导《平和长乐·八闽首举》《红军三平会师》（连环画），以及反映社会主义新农村发展的乡土教材《蔡家堡》出版发行；美术家协会创作一批以平和红色革命老区为题材的书画作品；语堂研究院创作《南湖起航》《八闽儿女颂》《百年丰碑》等红色歌曲，制作成音乐MV；县融媒体中心创作旅游推介小视频《这是梦里到过的地方》；宣传部部委李小勇创作抗疫原创歌曲《战疫》；芦溪镇《回望百年历史传承革命精神》、国强乡"传承红色基因·讲好平和故事"、安厚农场"碗窑精神传佳话"等微视频。

（供稿：县委宣传部）

统一战线工作

【概况】

2021年，平和县委统战部深入贯彻落实习近平总书记关于加强和改进新时代党的统一战线工作的重要思想和《中国共产党统一战线工作条例》，严格落实中央和省委、市委、县委决策部署，把握好新形势下统战工作的关键环节和重点任务，凝聚思想共识，服务全县大局，促进团结和谐，为加快建设“奋进平和、奋发平和、奋斗平和”作出积极贡献。

【疫情防控】

2021 年，平和县委统战部引导统战力量同心抗疫，动员全县民营企业家、商会组织、宗教界人士发扬“一方有难、八方支援”和爱国爱乡优良传统，参与疫情防控、公益事业，各界人士捐赠的物资和资金总额达 1200 万元。推进疫苗接种，组织 3 个疫苗接种工作组深入网格区宣传发动 96 户居民接种新冠疫苗，为 10 多家民营企业开设民营企业疫苗接种专场。开展疫情排查 120 多人次。

【民营经济统战工作】

2021 年，平和县委统战部联合县委党校、县工商联（商会）举办“平和县 2021 年民营经济人士培训班”，50 多人参加。10 月，平和县召开民营企业发展大会，现场举行项目签约仪式，涉及蜜柚种植及出口、茶叶、陶瓷、生态木业、房地产等全县重点十大行业的企业家代表，120 多人参加。

【民族宗教工作】

2021 年，平和县委统战部积极向上申请少数民族补助资金 86 万元，改善少数民族村组基础设施建设，助力少数民族村组乡村振兴。结合党史学习教育，开展以“铸牢中华民族共同体意识•永远跟党走”为主题的民族团结进步宣传月活动，召开座谈会（学习会或培训会）3 场次，用 LED（发光二极管）屏幕播放、张贴悬挂标语 128 条。制定实施《平和县民族宗教系统消防安全标准化管理达标创建工作方案》，开展宗教领域消防安全业务培训和消防演练，同时抓好宗教活动场所常态化疫情防控。2021 年，平和县山格镇铜中开山伯公庙和小溪镇古楼村延寿庙被市民宗局列为第三批 14 个漳州市民间信仰备案登记管理场所，九峰镇永隆庙被市民宗局授予“第八批优美民间信仰活动场所”称号。

2021 年 9 月 6 日，县委统战部举办统战工作业务能力提升培训班

（统战部 供图）

【新的社会阶层人士及党外人士统战工作】

2021 年，平和县委统战部组织新的社会阶层人士开展 “学党史、感党恩，悟思想、共发展”主题活动暨“四史”宣传教育活动和无党派人士“学党史、跟党走”主题教育，参观闽粤边区省委旧址，聆听党校老师讲授党史，参加“红色经典、献礼百年”赠书阅读活动，走访慰问烈士遗属、老战士，并为老区群众送上防疫及农业科学普及资料。与东山县新阶联开展交流活动，到平和县坂仔镇就物流行业的智能化发展方向、服务层面升级和蜜柚产业商务合作等方面与相关企业进行深入交流与探讨。平和县新阶联副会长曾清森入选 2021 年度福建省乡村文化和旅游能人，并被推荐为文化和旅游部 2021 年度乡村文化和旅游能人；平和县新阶联兼合式党支部书记、副会长陈贺主持的“梦享柚生鲜供应链”项目在第八届“创青春”中国创新创业大赛乡村振兴专项电商组决赛中获得金奖，是漳州市创业青年首次在“创青春”国赛中获得金奖。

【台港澳侨联络联谊】

2021 年，平和县开展台港澳文化交流 27 多次，接待台胞约 8000 人次，港澳同胞约 3000 人次；编印、分发“两法一例”等宣传材料。2021 年 12 月，香港中国企业协会（中企协）成立 30 周年庆典在香港会展中心举行，香港特别行政区行政长官林郑月娥见证协会成立 30 周年并向持续服务协会近 30 年的香港中银国际控股有限公司副董事长林广兆颁发“杰出贡献奖章”，中共平和县委、平和县人民政府代表全县人民向乡贤林广兆发去贺信。

2021 年，平和县举办“两法一例”（《中华人民共和国归侨侨眷权益保护法》《中华人民共和国归侨侨眷权益保护法实施办法》《福建省华侨权益保护条例》）宣传教育活动，在城区、在机关开展学习侨法活动，利用发放宣传单、干部会等形式，对“两法一例”进行学习宣传；开展“两法一例”进社区、进农村活动。

（供稿：县委统战部）

机构编制管理

【概况】

2021 年，平和县委编办深入学习贯彻习近平总书记关于党史学习教育的重要讲话精神，深入学习领会党的十九届六中全会精神和省市县党代会精神，在县委、县政府的正确领导和市委编办的具体指导下，紧紧围绕全县经济社会发展大局，统筹推进机构改革，不断加强机构编制管理，优化编制资源配置。

【机构编制核查工作】

2021 年，平和县制定下发《中共平和县委机构编制委员会关于印发〈平和县第二次全国机构编制核查实施方案〉的通知》以及中共平和县委机构编制委员会办公室关于转发《中共漳州市委机构编制委员会办公室关于转发〈福建省第二次全国机构编制核查实施方案〉的通知》文件，进一步实现机构清、编制清、领导职数清、实有人员清，具体机构设置与按规定审批的机构相对应、实际配备人员和在职财政供养人员与批准的编制和职数相对应。2021 年，全县行政机构 77 个（不含下设机构）；全县事业单位 458 个（不含教学点机构数）。省里共核定平和县行政编制合计 1470 名，行政编制在职人数 1315 人，空编 155 名。其中：党政群系统行政编制 1045 名，在职人数 926 人，空编 119 名；政法系统行政编制 425 名，在职人数 389 人，空编 36 名。事业编制 8266 名（含群团机关使用的事业编制 37 名），在职人数 7398 名（含群团机关使用事业编制在职人数 36 人，不含编外聘用人员 1882 人），空编 868 名。

【相对集中行政许可权改革试点工作】

2021 年，平和县制定出台《平和县开展相对集中行政许可权改革试点实施工作方案》，梳理划转权责事项清单。依法明确行政

2021 年 9 月 13 日，县委编办召开全体干部大会开展集中学习并部署相关业务工作

（县委编办 供图）

审批局权责事项275项，其中行政许可238项、行政确认6项、其他行政权力18项、公共服务13项。制定审管衔接配套机制，建立审批与监管协调运行审管互动信息交流、现场勘验和技术业务审核、事中事后监管、监管部门责任领导和责任人、公示告知默认5项制度，确保审批与监管及时衔接。推动审批部门与执法机构协调联动，建立健全工作会商、业务协同和审批与监管工作信息传送机制，明确审批和监管部门的职能界定与划分，确保行政审批与事中、事后监管工作顺畅衔接。推动平和县行政审批局在全省首创“审批监管互动系统”上线运行，为深入推进相对集中行政许可权改革提供有益借鉴的“平和经验”。

【机构编制管理】

2021年，平和县贯彻落实《中国共产党机构编制工作条例》，健全完善同纪检监察、组织人社、财政审计等部门的协作联动机制，约束增编、规范用编，盘活机构编制资源，确保全县行政编制不突破中央核定的总额，事业编制不突破2012年底总量，机关工勤人员编制只减不增，稳步推进党政群机关及事业单位控编减编工作。统筹配置重点领域机构编制资源，核增平和县疾病预防控制中心财政核拨事业编制5个；设立“平和县乡镇社区卫生服务中心”，核定财政核补事业编制10名。审核用编计划，将有限的编制资源向民生领域和关键岗位倾斜，为人才引进提供编制支持，全年共招考公务员（含参公）、选调生72名，其中行政人员57名，参公人员15名；招考事业单位人员159名，其中教育系统65名，卫生系统43名，其他事业单位51名。

【事业单位登记管理】

2021年，平和县推动实现事业单位登记管理事项无纸化，利用网上事业单位登记管理系统的附件功能，取消报送纸质材料，优化报审环节，缩短办事时限。畅通信息咨询渠道，推动“互联网+政务服务”模式，畅通咨询和监督投诉渠道，利用短信、电话、QQ、微信等多种方式，加强与各报审单位经办人员的联系沟通。完成事业单位法人证书年度报告公示工作的事业单位有203个，完成变更登记的事业单位有82个，完成注销登记的事业单位有2个。

（供稿：县委编办）

机关党建

【概况】

2021年，中共平和县委县直机关工作委员会（简称县直机关党工委）加强对机关单位党支部按期换届选举、落实“三会一课”制度、专题组织生活会、“主题党日”活动、党员教育管理、党费收缴管理、党务公开、党组理论学习中心组学习巡听旁听等党建工作的督查指导，推动机关党建各项工作有序推进、有效落实。严格贯彻执行《党委（党组）落实全面从严治党主体责任规定》，按照县委的统一部署要求，对县财政局等39个县直单位党委（党组）落实全面从严治党主体责任开展重点检查，并认真督促整改，进一步推动县直单位党委（党组）落实好管党治党政治责任，增强“四个意识”、坚定“四个自信”、做到“两个维护”。

【述职评议会】

2021年4月2日，县直机关党工委组织召开县直机关2020年度党组（党组织）书记抓基层党建工作述职评议会议，67名机关党组（党组织）书记参加会议，其中县委办、县人大、县政协等12名县直机关党组（党组织）书记分别作了现场述职，其他的以书面形式述职，并在述职的基础上对机关各党组（党组织）书记2020年度抓基层党建工作情况进行测评评议。

【机关党组织建设】

2021年，县直机关党工委严格落实《中国共产党党和国家机关基层组织工作条例》和《中国共产党支部工作条例（试行）》等党内法规，通过换届前发出提醒函做好提醒督促，换届期间做好业务指导，切实抓好机关单位党组织按期换届工作，严格把关选优配强机关各党组织党支部书记和委员。全年落实按期换届工作和调整充实班子人员的党组织近70个。深化党支部“达标创星”活动，整顿转化软弱涣散党支部，加强和改进离退休干部党支部建设，扎实推进县直机关事业单位256个党支部规范化建设。建立理论学习中心组学习巡听旁听制度，印发《关于开展平和县县直单位党委（党组）理论学习中心组的巡听旁听工作方案》，对县直单位党委（党组）理论学习中心组学习每年开展一次巡听旁听工作，督促指导各党组（党委）提高理论中心组学习质量，推进机关党组（党委）理论中心组学习制度化、规范化。

【机关党务干部培训教育】

2021年12月8—9日，县直机关党工委和县委党校联合举办为期2天的“2021年县直机关党务干部提升能力素质培训班”，共有87名县直机关党务干部参加培训。

【模范机关创建】

2021年，县直机关党工委印发《关于在县直机关深入开展创建“让党中央放心、让人民群众满意”的模范机关的实施意见》，细化模范机关创建标准，加强督促指导，引导各级党组织在强化党建引领、建设过硬队伍、密切联系群众、健全完善制度、推动中心工作上作表率、当模范。2021年，共创建县税务局、行政服务中心、交通局、市管局、供电公司等一批党建品牌，并通过党建品牌的示范引领和辐射带动，进一步发挥党支部的战斗堡垒作用和党员先锋模范作用。

2021年10月20日，平和县直机关党工委召开县直单位全面从严治党主体责任落实情况检查工作部署会　（县直机关党工委　供图）

【疫情防控工作】

2021年，县直机关党工委印发《发挥“走前头、作表率”作用——致县直机关各级党组织和全体党员干部的倡议书》，倡议机关各级党组织和全体党员干部充分发挥好党组织的战斗堡垒作用和党员先锋模范作用，走在前、作表率，认真做好疫情防控工作。全年共有1100多名机关党员干部响应县委号召，第一时间下沉到小溪镇各村（社区）持续开展疫情防控值守、防疫宣传、疫苗接种等工作，涌现出一大批先进典型。

【庆祝中国共产党成立100周年系列活动】

县直机关党工委开展庆祝中国共产党成立100周年系列活动，评选表彰26个县直机关单位为2019—2020年度“党建工作先进单位”；举办县直机关党员干部“庆百年·颂党恩”经典诗词诵读会；开展庆祝中国共产党成立100周年暨“学党史、强信念、跟党走”主题党日活动；开展退休老党员颁发“光荣在党50年”纪念章活动。

（供稿：县直机关党工委）

老干部工作

【概况】

2021年，平和县委老干部局

紧紧围绕全县工作大局，以“扎实开展党史学习教育，助力加强和改进离退休干部工作”为主线，结合“再学习、再调研、再落实”活动，大力开展老干部工作调研，推动老干部服务管理、离退休干部党建、老年教育等各项工作取得发展。2021年，全县共有43个离退休党支部（其中：1个临时离退休党支部），35名离休干部，12名“5·12”退休干部。

【老干部党史学习教育】

2021年，平和县老干局开展“你讲我听 共话初心”主题活动，组织全县离休干部、“5·12”退休干部及老党员代表参加全市“百老颂党恩”活动，亲述革命、建设经历，制作微视频《你讲我听 共话初心》，其中蔡义坚、陈古老、吴莲3名老干部访谈实录和微视频在“漳州市离退休干部”公众号展出，并被收录到由中共漳州市委老干部局印发的《百老颂党恩》一书中。组织开展“庆祝中国共产党成立100周年”主题活动，在“七一”中国共产党建党日期间组织开展“庆建党百年唱红歌”、全民健身项目展示会等文体活动。县老年大学在参加漳州市离退休干部局举办的“银耀芗江、颂歌献给党”庆祝中国共产党成立100周年文艺演出中荣获金奖。开展自主学习、集中学习、专题学习研讨、讲党课、座谈会等形式多样、内容丰富的干部学习教育，组织集中学习党史学习教育指定书籍，到县文博中心参观平和历史展厅、红色记忆展厅深入学习平和革命历史等。全年共开展老干部集中学习9场次，学习交流会4场次，座谈会2场次，为老干部讲党课2场次。

【老干部服务管理】

2021年，平和县全年走访慰问老干部180多人次，电话视频慰问20多人次，在重大节日、老干部生病住院、生活有困难等时候，及时把党和政府对老干部的关心、关爱及时送到老干部手中。在“再学习、再调研、再落实”活动中，广泛听取老干部的意见、建议，为老干部更好发挥作用搭好台，做好服务。落实老干部生活待遇，为2名离退休干部办理护理费，为4个老干部遗属家庭发放一次性抚恤金。针对老干部“双高期”特点，加强与老干部原单位、所在社区联系提供“四就近”（就近参加学习、就近参加活动、就近得到关心照顾、就近发挥作用）服务，并与专业家政公司签约，为老干部提供上门体检、理发、保洁等精准服务。

【离退休干部党建】

2021年，平和县继续深入开展全县离退休干部党支部创星活动，按照离退休干部党支部“六有”（有组织、有制度、有活动、有阵地、有经费、有联络员）标准加强离退休党支部建设。2021年，小溪镇和南胜镇离退休党支部顺利通过“省级离退休干部‘示范党支部’”创建工作验收。退休干部赖文达任职新建村党支部书记先进事迹被福建省委老干部

2021年11月，平和县委老干部局开展 我为群众办实事“关爱老人健康 义诊志愿服务进社区暨老干部“三微一端”宣传推广
（老干局 供图）

局评为“八闽银发先锋”。准备“红色欧寮”“红军三平会师纪念馆”等本地红色资源有关资料，作为福建省离退休干部党员传承红色基因学习教育基地向上推荐。

【县老年大学工作】

2021年，平和县采取“时政课+网上教育+红色教育”教育方式，提高思想政治教育质量水平和教育覆盖面。对照“省级达标校”标准要求，巩固加强老年教育阵地建设。利用县老年活动中心大楼，拓展教学面积至2400平方米，其中800平方米多功能厅1间、多媒体综合教室1间、图书资料室1间、器乐室1间、书画室1间、乒乓球室1间；聘请14名辅导教师，开设时政、保健养生、广场舞、拳操、太极拳（剑）、器乐、书画、声乐、歌唱、交谊舞、乒乓球等10多门课程，吸引近600名学员参加学习活动。创新成立学员委员会，组织指导班级管理、社团活动。2021年，县老年大学舞蹈队被福建省老年大学协会评为“全省老年大学专业社团先进集体”。

（供稿：县委老干局）

精神文明建设

【概况】

2021年，平和县精神文明建设着力用社会主义核心价值观引领风尚，着力推进新时代文明实践，着力深化文明创建工程，提升社会文明程度。以创建新一届省级文明城市为目标，部署开展创城专项整治行动，推进文明县城常态长效管理。

【创城工作】

2021年，平和县以创建新一届省级文明城市为目标，调整充实创城指挥部及办公室，健全工作机制，激活创城工作体系。细化《福建省文明城市（城区）和未成年人思想道德建设工作实地测评标准》责任分解方案，梳理形成《创城网格化管理一览表》《创城公益广告宣传一览表》、县城基础设施建设项目清单，对标对表夯实创城工作基础。研究制定《平和县创城工作领导小组关于推进创城工作常态化的意见》，持续开展市容市貌、交通秩序、公共卫生、市场秩序、市政设施、文化市场等“六大专项整治”行动，推行“街长制”，推动示范街建设，组建专项督导组，加强文明县城常态化长效化管理。开设“文明平和”微信公众号，对六大专项整治行动牵头部门负责人和小溪镇镇长进行专题访谈，持续开展创城动态报道，适时推出融媒作品。

【移风易俗】

2021年，平和县制定下发《关于进一步完善村规民约推动移风易俗工作的通知》，规范各村居推进移风易俗工作；修订村规民约，突出抓好“民俗节”“红白事”等重点问题整治；建立责任制，实行网格化管理，进一步规范民俗节日台账管理；深化省级“文明乡风联系点”建设，在以大溪镇江寨村、南胜镇法华村、霞寨

2021年11月9日，平和县召开全县精神文明建设先进命名暨推进省级文明县城创建工作推进会
（县委宣传部 供图）

镇钟腾村为乡风文明示范村、联系点先行先试基础上，在全县铺开；征集乡风评议和移风易俗典型案例，开展“十大家风家训馆”评选；积极推送“好儿媳、幸福老人”“星级文明户”“文明家庭”等系列评选，在新时代新农村形成良好社会风尚。

【文明实践】

2021年，平和县完成新时代文明实践中心建设，由县委书记蔡绿璇担任主任，县委副书记、县长黄永健担任第一副主任。中心面积600平方米，内部由大厅、展厅、文化功能室三部分构成，按照“7+N”的要求，搭建了理论宣讲、社会宣传、教育服务、文化服务、科技与科普服务、体育健身服务、乡风文明建设、心理健康服务、法律援助等9个平台，常态化组织开展新时代文明实践活动，从多个角度多个层面展示活动风采；文化功能室有书法室、舞蹈室、培训室等，为文明实践活动的开展提供空间。

【志愿者服务】

2021年，平和县建成县志愿服务促进中心、县志愿服务总站，成立县志愿服务总队，按照“8+N”（“8”即理论政策宣讲、文化文艺服务、助学支教、医疗健身、科学普及、法律服务、卫生环保扶贫帮困等8类常备队伍，“N”即若干具有自身特色和优势的志愿服务队伍）要求，配置10类常备志愿服务队伍。全县同步建成新时代文明实践所15个、站262个，实现文明实践所、站全覆盖；同步成立新时代文明实践志愿服务队387支，注册志愿者87932人，超过全县常住人口的20%，为在全县范围内常态化开展各项文明实践活动提供强有力的队伍保障。2021年，以中国共产党成立100周年为主题，开展“学党史·志愿行”等11场大型活动，形成爱心助学志愿者协会、助残志愿者协会、红十字会志愿服务队、蓝天救援志愿服务队、青年志愿者协会5个志愿服务活动品牌，其中爱心助学志愿者协会的“爱心助学传习行动”获得福建省志愿服务项目大赛文明实践类铜奖。

【未成年人思想道德建设】

2021年，平和县推进“乡村学校少年宫”建设，拓宽思想道德教育阵地。牵头组织实施中央、省专项彩票公益金支持乡村学校少年宫项目建设工作任务，建成16所乡村学校少年宫，实现各乡镇全覆盖。县委文明办组织32个省级文明单位、文明校园与16个乡村学校少年宫开展结对共建活动，把省级文明单位、校园的帮扶化作建设好乡村学校少年宫的实际行动。在未成年人中形成“人人践行核心价值观、争当时代新人”的生动局面。推选出的芦溪双丰小学二年级学生叶博宇被评为市“新时代好少年”先进典型。

（供稿：县委宣传部）

党校工作

【概况】

2021年，平和县委党校聚焦主业主责，通过举办各类培训班和开展送课活动，发挥党校干部培训主渠道、主阵地作用，推动习近平新时代中国特色社会主义思想在平和落地生根、开花结果。4月21日，平和乡村振兴党建学院在县委党校（行政学校）正式揭牌成立，线上平台同步启动，设坂仔镇、南胜镇、长乐乡、高峰谷4个分教学点。2021年，平和县委党校党支部被县委授予“2019—2020年度县直机关党建工作先进单位”荣誉称号；8月被漳州市委市政府命名为第十四届市级文明单位（2018—2020年度）。

【干部教育培训】

2021年，平和县委党校延伸培训范围，把主体班办到谷文昌干部学院。举办1次科级干部培训班，平和县43名科级干部参加；举办1次中青年干部培训班。拓展培训职能，与多个县直单位开展联合办班培训，举办5个培训班次，培训840人次；与县委组织部联合举办7期党员发展对象培训班，培训学员477人次。

【新时代宣讲工作】

2021年，平和县委党校选派

2021 年 10 月党校老师在平和暴动纪念馆为福建省爱国主义教育基地测评小组成员现场教学　（县委党校　供图）

12 名骨干教师，成立新时代宣讲师志愿服务队，按上级部署要求走进全县乡镇（场区）、村（社区）开展理论宣讲活动；派出多名教师参与县委宣讲团，积极参与党史学习教育，党的十九届六中全会精神，省、市、县党代会精神等各阶段的集中宣讲活动，把孙丽美先进事迹、乡村振兴等内容融进宣讲内容中，主动开展“送百场党史课进基层”活动，共深入机关、乡镇、村（社区）、企业、学校开展宣讲 196 场次，参训 14121 人次。党史学习教育经验做法被 2021 年 7 月 9 日《八闽快讯》采用，并入选 2021 年 9 月 1 日第 3 期福建党校（行政学院）工作通讯。

【平和教学培训品牌创建】

2021 年，平和县委党校创新教学培训方式方法，整合平和县党性教育资源，挖掘西坑党校、长乐红军党校、中共闽粤边特委机关旧址、高峰谷红军寮等现场教学点资源，串点成线，打造优质培训线路，形成以县委党校为中心，以现场教学基地为支点的党性教育培训格局，采取“走出去”的方式，把课堂建在现场教学点上，把校区延伸到现场教学点上，教学培训取得良好效果。2021 年，组织该校 10 个班次 513 人次到各现场开展现场教学活动；开展对外宣传，承接对外培训任务，有漳州市委党校第 44 期处级干部进修班、第 28 期县区正科级干部培训班等多个县外的培训班前来开展现场教学。

【科研资政】

2021 年，党校共完成课题申报 17 项，立项 8 项。其中省委党校系统中国特色社会主义理论体系基地课题申报项目 8 项，立项 3 项，结项课题 2 项；漳州市党校系统课题申报 9 项，立项 5 项，结项 5 项并均得奖，其中一等奖 1 项、二等奖 1 项、三等奖 3 项。此外，入选省社科界理论研讨会论文 1 篇，《县情县策参阅》获领导肯定性批示 2 篇。周国林、陈海标、陈金营 3 位教师被聘请为平和县革命遗址项目数据库建设顾问，负责 12 个乡镇 287 处革命遗址的挖掘整理，占全县 15 个乡镇 329 处的 87%，为平和县革命遗址项目数据库建设和《平和县革命遗址概览》一书的编撰工作作出贡献。

（供稿：县委党校）

党史和地方志工作

【概况】

2021 年，平和县委党史和地方志深入学习贯彻落实习近平总书记系列讲话和重要指示批示精神特别是关于福建的批示指示精神，围绕县委、县政府和省、市党史方志部门的工作部署，以编史修志，存史资治为目标，不断加强党史方志工作的修编和资料收集工作，扎实开展党史学习教育，推动史志工作服务全县工作大局。

【党史学习教育】

2021 年，平和县委党史方志室在抓好自身学习教育的同时，认真履行党史方志室作为全县党史学习教育领导小组成员单位的职责，选派 1 名干部参与协助县委党史学习教育领导办公室日常工作，服务好全县党史学习教育。主任作为党史学习教育宣讲员，进机关、下乡镇开展宣讲 9 场次。参与协办平和县“党旗红·苏区兴”庆祝中国共产党成立 100 周年大型文艺晚会，承担全场晚会主持人串词撰稿工作；参与县委办系统摄制《朱德在平和的五天四夜》微视频，获得“传承红色基因，讲好平和故事”微视频竞赛活动二等奖；联合县融媒体中心、福建兴和投资发展集团有限公司开展“庆祝中国共产党成立 100 周年”专栏征文活动；参与创建革命遗址（旧址）示范单位评选活动；牵头启动创作一批具有平和特色的红色图书，做好各责任单位的工作进度跟踪，其中，《平和革命遗址概览》《八闽首举》出版发行。

【“我为群众办实事”实践活动】

2021 年，平和县委党史方志室发挥史志职能，扎实推进“我为群众办实事”实践活动，联合县委组织部、县委宣传部、福建兴和集团开展创建“静享书香”读书角活动，分别在县委候会室，平和工业园区企业服务中心，霞寨镇、大溪镇、南胜镇、九峰镇、安厚镇、长乐乡干部职工活动室，国强乡大芹山革命根据地纪念馆，坂仔学校、秀峰中心小学阅览室，黄井村上峰书屋等 12 个单位设置读书角，累计赠送以红色书籍为主的各类书籍近 5000 册。

2021 年“七一”中国共产党建党日期间，县委党史方志室联合县委组织部、县委宣传部、福建兴和集团在全县部分县直机关、镇、村、学校开展创建“静享书香”读书角活动。图为赠书仪式活动现场

（县委党史方志室 供图）

【史志编研】

2021 年，平和县委党史方志室有序推进志书工作，《平和县志（1989—2007）》《平和年鉴（2020）》正式出版发行；《平和年鉴（2021）》交付出版；与县农业农村局联合启动《平和蜜柚志》编纂工作；精心组织推进党史书籍编修，《中国共产党平和历史（1949—1978）》（平和卷）进入统稿总纂阶段，着手编写《平和县党史百年大事记（1921—2021）》，《中共平和县委执政纪要（2017）》印刷出版，完成市委史志室关于《脱贫攻坚口述史》《漳州红色人物读本》《漳州红色故事读本》等文稿的征集编写工作。

【史志宣传教育】

2021 年，平和县委党史方志室创新史志宣教方式，立足平和丰富的党史和地方志资源，开设“平和党史方志”微信公众号，发布 200 多篇文章；撰写并推动相关文章在各类媒体平台推送刊发，由林丽红撰写的如《朱德在平和的五天四夜》《中央红军东路军来到五南苏区》《爱武山和它的女民兵们》等文章分别在“学习强国”学习平台、“福建纪委监委”微信公众号、漳州史志网、《柚都平和》等媒体平台上刊发。同时，践行史志成果“走出去”，送书籍进乡镇、社区、学校，赠送书籍 600 多册；协助省电视台拍摄《追寻红色足迹》电视系列专题片及相关媒体到平和县拍摄红色专题配合工作。

【史志资源挖掘工作】

2021年，平和县委党史方志室注重收集、整理民间收藏的革命斗争史料和流传的革命故事。年内，收集到朱积垒和朱思在集美学校学籍档案图片资料、黄廷钧家书图片资料、杨永松将军采访资料，到云霄走访收集林渔（解放战争时期霞寨龙文地下交通站站长）口述资料，收集溪洲村蔡培元红色家庭资料、老革命许仁贵事迹资料、抗美援朝黄耀秋烈士事迹资料、新四军收编游击队人枪及原驻地统计表等20多份图文资料。

（供稿：县委党史和地方志研究室）

档案管理

【概况】

2021年，平和县档案馆紧紧围绕“四个好”（把蕴含党的初心使命的红色档案保管好、利用好，把新时代党领导人民推进实现中华民族伟大复兴的奋斗历史记录好、留存好）、“两个服务”（更好地服务党和国家工作大局、服务人民群众）的目标任务，推进档案治理体系、档案资源体系、档案利用体系和档案安全体系建设，提高档案工作服务中心大局、服务经济建设、服务社会民生、服务文化宣传的能力和水平。2021年，共征集到抗疫有关档案24件，内容涉及医护工作、社区防控、驰援莆田、物资捐赠、抗疫宣传、荣誉证书等多个方面。共接收档案局、台港澳办、团县委、妇联等4个单位文书档案31卷2243件，同步接收电子目录；共接收脱贫攻坚档案11105件、照片档案345张，疫情防控档案3155件，地名普查档案7414卷。

【档案服务水平】

2021年，平和县档案馆共接待社会各界档案利用者1300余人次，查阅文书档案及婚姻档案共1050卷（件），复印文书档案5250张，为群众工龄认定、落实待遇、房产交易、解决土地林权纠纷等提供有力证据。加快数字档案馆建设，提升馆藏档案数字化率。2021年，县档案馆第二批馆藏档案数字化扫描项目已全部完成，共扫描2386707页，著录目录476473条，提高档案的查准率、查全率和查档速度，缩短群众等待时间，提高群众满意度。

【档案宣传工作】

2021年，平和县档案馆开展新修订档案法的宣传贯彻工作，结合国际档案日、宪法宣传日，开展档案宣传活动。通过悬挂横幅、LED显示屏滚动播放档案宣传标语、编发“6·9”档案日主题效能快信等方式，扩大档案宣传面。平和县第十四次党代会期间，在县人民大会堂和九一七社区（小溪镇中山公园）开展“光辉历程 红色印迹——漳州市庆祝中国共产党成立100周年图片展”进机关、进社区活动。

【档案安全管理】

2021年，平和县档案馆牢记安全红线，加强档案安全防护工作，定期开展常态化档案安全

工作人员在数字扫描室开展档案数字化扫描工作

（县委档案馆 供图）

风险排查治理工作和24小时安全巡查工作。3月中旬，县档案馆开展馆藏档案数据异地备份工作，将一期档案数字化成果备份到福建省档案馆，确保档案数据安全。

【档案规范化管理和执法检查】

2021年6月，县档案馆与县委办（档案局）联合开展档案检查指导工作，对县直机关单位档案管理情况进行检查，查看各立档单位档案室建设情况、档案工作制度制定情况、档案归档范围及保管期限表制定情况、文书档案归档整理情况，并对2020年新冠肺炎疫情防控期间生成的文书档案归档工作提出具体要求，为做好当前档案工作指明努力方向。

（供稿：县档案馆）

关心下一代工作

【概况】

2021年，平和县关工委深入学习贯彻习近平总书记对关心下一代工作重要指示精神，按照“急党政所急，想青少年所需，尽关工委所能”的要求，坚持围绕中心、服务大局，坚持服务青少年的正确方向，紧紧依靠各级关工委和广大“五老”（老党员、老专家、老教师、老战士、老模范），扎实开展关心下一代工作。

2021年9月2日，漳州市关工委暨民政局教育局金秋助学金发放仪式

（县关工委 供图）

【青年致富“种子工程”示范点设立】

2021年，县关工委继续打造“种子工程”平和模式。市关工委在本县前两年设立5个“种子工程”示范点的基础上再增设5个示范点，每个示范点给予3000元资金支持。全县示范点总数达到10个。适时举办观摩推进会。年内，协同县农业农村局深入各乡镇村举办“高素质农民培训班”43班次，培训农村果树种植技术带头人3500多人。11月9—10日，省市县关工委“种子工程”平和县“红美人”优质柑橘种植管理技术培训班在平和县洲际大酒店举办。

【关爱青少年儿童】

2021年，县关工委深入实施“五老”关爱工程。组织成立“爱心妈妈”队伍，开展爱心帮扶留守儿童孤残儿童活动，累计资助贫困少年儿童365人，金额60多万元。县关工委及各乡镇关工委春节前夕走访慰问特困青少年51人，开展“元月送温暖”活动，为每位特困青少年送上慰问金300元和大米、食用油等慰问品，价值2万多元。

【奖学助学】

2021年，县关工委以“大手握小手，听党话、跟党走”活动为主线，整合“五老”人员、教师队伍、青年志愿者及社会爱心人士等力量，采取各种形式，帮扶帮教接力不断。发动金秋助学活动，全县部门、企业及各乡镇关工委共发起助学236人，助学总额90.6万元；奖学2961人，奖学总额221.5万元；奖教人数1033人，奖教总额118.3万元。县关工委代办发放省关工委“福光助学金”资助平和一中高中部10名贫困学生每人每学年2000元，3年共计6万元，直至他们高中毕业。发放“福光助学金”第三年度，完成此项目。

（供稿：县关工委）

平和县人民代表大会

综　述

【概况】

2021年，平和县人大常委会召开常委会会议11次，听取和审议专项工作报告18项，针对重大事项重大问题审议并作出决议、决定、审议意见19项，依法任免国家机关工作人员108人次，开展工作视察、调研、执法检查20次，形成调研报告和执法检查报告10篇。

【决议和决定】

2021年，平和县人大常委会听取审议并作出关于开展第八个五年法治宣传教育的决议，听取审议并审查批准2020年县本级财政决算（草案），2021年地方政府债券转贷资金支出预算调整方案（草案）；听取审议2021年上半年预算执行情况和下阶段工作安排、听取和审议县2021年第二批新增地方政府债券资金安排支出预算调整方案（草案）、听取和审议县政府关于核销部分财政资金2015年以前出借挂账预算调整方案（草案）、2021年第三批新增债券资金安排使用预算调整方案（草案）的报告和2019—2020年滞留债券资金收回重新安排使用方案（草案），审查批准2021年预算调整方案；听取审议2021年上半年国民经济执行情况和下阶段工作安排；听取审议2020年县本级预算执行和其他财政收支情况审计工作以及审计查出问题整改落实情况；听取审议地方政府债务管理情况的报告，听取2020年度县属国有资产管理情况报告。

重要会议

【第十八届人民代表大会第五次会议】

2021年1月5—7日，平和县第十八届人民代表大会第五次会议在县人民会场召开，225名人大代表出席会议。会议主要议程：听取和审议平和县人民政府县长吴丁顺关于平和县人民政府工作的报告；审查和批准平和县国民经济和社会发展第十四个五年规划和二〇三五年远景目标纲要；听取和审议县发展和改革局局长吴志育关于平和县2020年国民经济和社会发展计划执行情况与2021年国民经济和社会发展计划（草案）的报告；审查、批准平和县2021年国民经济和社会发展计划；听取和审议县财政局局长张明山关于平和县2020年预算执行情况和2021年预算（草案）的报告；审查、批准平和县2021年县本级预算；听取和审议平和县人民代表大会常务委员会主任曾民关于平和县人大常委会工作的报告；听取和审议平和县人民法院院长高长江关于平和县人民法院工作的报告；听取和审议平和县人民检察院代理检察长黄国盛关于平和县人民检察院工作的报告；选举平和县人大常委会副主任1名，平和县监察委员会主任、平和县人民检察院检察长；新任职人员宪法宣誓；县委书记郭德志讲话。

【第十九届人民代表大会第一次会议】

2021年12月6—9日，平和县第十九届人民代表大会第一次会议在县人民会场召开，269名人大代表出席会议。会议主要议程：听取和审议平和县人民政府代县长黄永健关于平和县人民政府工作的报告；听取和审议平和县发展和改革局局长吴志育关于平和县2021年国民经济和社会发展计划执行情况与2022年国民经济和社会发展计划（草案）的报告；审查、批准平和县2021年国民经济和社会发展计划执行情况与2022年国民经济和社会发展计划；听取和审议平和县财政局局长赖志生关于平和县2021年预算执行情况和2022年预算（草案）的报告；审查、批准平和县2021年预算执行情况及2022年预算草案；听取和审议平和县人民代表大会常务委员会主任曾民关于平和县人大常委会工作的报告；听取和审议平和县人民法院院长高长江关于平和县人民法院工作的报告；听取和审议平和县人民检察院检察长黄国盛关于平和县人民检察院工作的报告；选举新一届平和县人大常委会主任、副主任3名、委员28名，平和县人民政府县长、副县长8名，平和县监察委员会主任，平和县人民法院院长、平和县人民检察院检察长，漳州市第十七届人大代表37名；表决通过县人大专门委员会组成人员名单；新任职人员宪法宣誓；县委书记蔡绿璇讲话。

【平和县第十八届人大常委会会议】

2021年，平和县第十八届人大常委会在平和县人大常委会会议室召开11次常委会。

县第十八届人大常委会第三十五次会议　3月18日召开。传达学习全国人大会议精神及省市人大会议精神；投票表决有关人事事项。

县第十八届人大常委会第三十六次会议　4月29日召开。听取和审议县政府关于2020年度国有资产管理情况综合报告；听取县人大调研组关于乡村产业振兴工作的调研报告；听取县人大调研组关于信访办理工作情况的调研报告。

县第十八届人大常委会第三十七次会议　5月31日召开。投票表决有关人事事项。

县第十八届人大常委会第三十八次会议　6月11日召开。投票表决有关人事任免事项；审议决定各乡镇人大代表名额。

县第十八届人大常委会第三十九次会议　6月30日召开。投票表决有关人事任免事项。

县第十八届人大常委会第四十次会议　7月23日召开。投票表决有关人事事项；听取和审议县政府关于地方政府债务管理情况的报告；听取和审议县政府关于2021年地方政府债券转贷资金支出预算调整方案（草案）的报告。

县第十八届人大常委会第四十一次会议　8月20日召开。投票表决有关人事事项；听取和审议县本级2020年财政决算草案的报告；听取和审议县本级2020年预算执行和其他财政收支情况审计工作的报告；听取和审议2021年上半年预算执行情况和下半年工作安排的报告；听取和审议2021年上半年国民经济执行情况和下半年工作安排的报告。

县第十八届人大常委会第四十二次会议　9月28日召开。审议县乡人大换届选举工作相关事项；投票表决有关人事事项；听取和审议县政府关于《中华人民共和国消防法》及《福建省消防条例》实施情况的报告；听取县人大调研组关于县城环境卫生管理情况的调研报告；听取县人大调研组关于城乡公共文化体育设施建设情况的调研报告；听取县人大调研组关于交通安全整治调研意见落实情况“回头看”的调研报告；听取县人大调研组关于《中华人民共和国归侨侨眷权益保护法》及福建省实施办法、《福建省华侨权益保护条例》贯彻执行情况的调研报告。

县第十八届人大常委会第四十三次会议　11月4日召开。传达学习习近平总书记在中央人大工作会议上的重要讲话精神；听取和审议县政府关于2021年第二批新增地方政府债券资金安排支出预算调整方案（草案）的报告；听取和审议县政府关于核销部分财政资金2015年以前出借挂账预算调整方案（草案）的报告；听取和审议县政府关于2020年县本级预算执行和其他财政收支审计发现问题整改落实情况的报告；听取和审议县政府关于自然资源工作情况的报告；听取县政府关于公办学校教育质量提升情况的报告。

县第十八届人大常委会第四十四次会议　11月26日召开。传达学习贯彻党的十九届六中全会精神；投票表决有关人事事项；听取和审议县政府关于2021年第三批新增债券资金安排使用预算调整方案（草案）的报告和关于2019—2020年滞留债券资金收回重新安排使用方案（草案）的报告；听取县政府关于平和县“七五”普法工作情况及“八五”普法工作安排意见的报告；审议通过《关于开展第八个五年法治宣传教育的决议（草案）》；听取县政府关于2021年环境状况和环境保护目标完成情况的报告；审议通过平和县第十九届人民代表大会第一次会议召开的时间；审议通过关于平和县第十九届人民代表大会代表的代表资格的审查报告；审议通过县人大常委会工作报告（草案）。

县第十八届人大常委会第四十五次会议　12月3日召开。投票表决有关人事事项；听取和审议县政府关于2021年本级财政预算调整（草案）的报告；审议通过召开县十九届人大第一次会议有关事项。

依法监督

【法律监督】

2021年，县人大常委会听取平和县政府关于平和县“七五”普法工作情况及“八五”普法工作安排意见的报告，组织开展《中华人民共和国全国人民代表大会和地方各级人民代表大会选举法》《中华人民共和国消防法》《福建省消防条例》等法律法规贯彻实施情况执法检查，开展《中华人民共和国归侨侨眷权益保护法》及福建省实施办法和《福建省华侨权益保护条例》工作情况调研，开展公安局交通安全整治调研意见落实情况“回头看”检查，加强规范性文件备案审查。

【工作监督】

2021年，县人大常委会对县政府各组成部门，县人民法院、县人民检察院，市垂直管理部门，非政府组成部门的有关单位进行年度工作测评。重点围绕“产业发展项目建设年”“六比一看”竞赛和民生热点开展监督，开展工业发展、乡村振兴、自然资源管理、疫情防控及公共卫生应急管理体系建设、环境保护、环卫管理、养老事业发展、城乡公共文化体育设施建设的督查，持续跟踪监督公办学校教育质量提升工作、官峰水库建设及饮用水安

2021年10月22日，县人大常委会机关工会开展登山活动

（县人大常委会办公室　供图）

全、耕地和永久基本农田保护、矿山保护和开采治理等事项。

代表工作

【概况】

2021年，平和县人大常委会组织好代表视察、专题调研、执法检查、旁听庭审、年度述职、列席人大常委会、参加各种类型的座谈会等活动，为代表履职提供活动载体和平台。组织代表学习培训，着力提高代表履职水平。组织代表参与县十九届人大专门委员会对口工作。每年初召开议案建议办理工作会，评选表彰年度优秀代表建议和代表建议承办先进单位。

【代表视察】

2021年，县人大常委会组织开展工业发展、乡村产业振兴、官峰水库建设、养老事业发展、自然资源工作、交通安全整治调研意见落实情况“回头看”、信访办理工作、归侨侨眷及华侨权益保护等调研视察。2021年，组织代表参加课题调研、执法检查、视察等常委会活动92人次，撰写专题调研文章11篇。

【代表建议督办】

2021年，县人大常委会筛选9件代表建议进行重点督办，开展建议办理工作满意度测评。平和县第十八届人民代表大会第五次会议，共收到县人大代表提出的建议66件，涉及交通、建设、水利、教育卫生、文化旅游、环保等方面，均已办理完毕并答复代表。

【代表履职】

2021年，县人大常委会加强代表履职工作平台和网络服务平台建设，召开各乡镇人大代表联系群众活动室创建工作交流会。强化代表履职服务中心建设，累计服务代表260人次，宣传报道代表履职情况40篇。加强代表管理，表决接受2名县代表辞去代表职务请求。凝聚代表抗疫力量，莆田、厦门、泉州等地出现新冠肺炎感染病例后，县人大常委会印发《平和县人大常委会关于动员全县各级人大代表积极做好新冠肺炎疫情防控工作的通知》，并通过微信、代表履职服务平台等渠道，号召各乡镇人大主席团及各级人大代表积极投身到疫情防控之中。做好换届选举工作，贯彻落实选举法、代表法、地方组织法以及福建省实施办法，以高度的政治责任感组织好县乡人大换届选举工作。11月16日，全县170个县代表选区和734个乡代表选区投票选举结束，共选举产生273名县十九届人大代表和1068名乡镇人大代表。新一届县乡人大代表中，基层代表特别是一线工人、农民和专业技术人员代表的比例得到提高，代表结构优化，素质增强。

（供稿：县人大办）

2021年县人大、县政府、县监委、法院、检察院及县直部门领导任免情况表

表3

时间	会议	任免事项
2021年3月18日	县十八届人大常委会第三十五次会议	任命：卢海滨为平和县人民法院民事审判庭（生态环境审判庭）庭长；赖丰富为平和县人民法院立案庭（诉讼服务中心）庭长；庄文才为平和县人民法院交通审判庭（综合审判庭）庭长；朱杰光为平和县人民法院霞寨人民法庭庭长；李茂己为平和县人民法院立案庭（诉讼服务中心）副庭长；张海金为平和县人民法院交通审判庭（综合审判庭）副庭长；许春福为平和县人民法院霞寨人民法庭副庭长；林荣杰为平和县人民法院立案庭（诉讼服务中心）副庭长；曾祥紫为平和县人民法院交通审判庭（综合审判庭）副庭长；黄伟兵为平和县人民法院民事审判庭（生态环境审判庭）副庭长；张子立为平和县人民法院民事审判庭（生态环境审判庭）副庭长；马淑惠为平和县人民法院审判员；杨斌为平和县人民法院审判员。

续表 3

时间	会议	任免事项
2021 年 3 月 18 日	县十八届人大常委会第三十五次会议	免去：李茂己的平和县人民法院审判委员会委员、民事审判第一庭庭长职务；邱德利的平和县人民法院审判委员会委员、坂仔人民法庭庭长职务；卢海滨的平和县人民法院民事审判第二庭庭长职务；赖丰富的平和县人民法院霞寨人民法庭庭长职务；庄文才的平和县人民法院立案庭庭长职务；朱杰光的平和县人民法院行政审判庭庭长职务；吴一儒的平和县人民法院执行庭庭长职务；周健民的平和县人民法院审判监督庭庭长职务；张文华的平和县人民法院交通审判庭庭长职务；张海金的平和县人民法院霞寨人民法庭副庭长职务；曾钦良的平和县人民法院审判监督庭副庭长职务；许春福的平和县人民法院执行庭副庭长职务；林玉和的平和县人民法院少年审判庭副庭长职务；林荣杰、王赐财的平和县人民法院民事审判第二庭副庭长职务；曾祥紫、黄伟兵的平和县人民法院交通审判庭副庭长职务；卢建安、周拱南、吴家敬的平和县人民检察院检察员职务。
2021 年 5 月 31 日	县十八届人大常委会第三十七次会议	任命：吴朝东为平和县人民政府副县长；叶晓婷为平和县人民检察院检察员。 免去：吴两木的平和县人大常委会人事代表工作委员会主任职务；洪亮的平和县人民检察院检察委员会委员、检察员职务。
2021 年 6 月 11 日	县十八届人大常委会第三十八次会议	决定：接受林文团辞去平和县第十八届人民代表大会代表职务的请求。 任命：林琦志为平和县人民政府副县长；林方晔为平和县人民政府副县长。 免去：许渊俊的平和县人民检察院副检察长职务；林木聪的平和县人民检察院检察员职务。
2021 年 6 月 30 日	县十八届人大常委会第三十九次会议	决定：接受吴丁顺辞去平和县人民政府县长职务的请求；黄永健代理平和县人民政府县长职务；接受蔡炎辉辞去平和县第十八届人民代表大会代表职务的请求。 任命：黄永健为平和县人民政府副县长。
2021 年 7 月 23 日	县十八届人大常委会第四十次会议	决定：接受黄榕城、朱新丰、林文利、曾庆丰、周志伟、林丽玲、王振惠辞去平和县人民政府副县长职务的请求；接受卢和强辞去平和县第十八届人大常委会委员职务的请求。 任命：吴映红为平和县人民政府副县长；吴聪勇为平和县人大常委会办公室主任；黄深泉为平和县人大常委会城乡建设环境资源保护委员会主任；黄良仕为平和县人大常委会农村经济委员会主任；赖伟民为平和县人大常委会财政经济委员会主任；曾春玉为平和县人大常委会教育科学文化卫生委员会主任；黄镇城为平和县人大常委会监察和司法工作委员会主任；黄松生为平和县人大常委会华侨台胞民族宗教委员会主任；吴茂长为平和县人大常委会信访办公室主任；叶明山为平和县人大常委会农村经济委员会副主任；卢振德为平和县人大常委会教育科学文化卫生委员会副主任；曾卫军为平和县人大常委会信访办公室副主任；林绍东为平和县人大常委会城乡建设环境资源保护委员会副主任；卢和强为平和县教育局局长；陈建章为平和县工业和信息化局局长；陈耀勇为平和县司法局局长；庄汉生为平和县住房和城乡建设局局长；卢胜为平和县文化体育和旅游局局长；陈苍山为平和县卫生健康局局长；李林城为平和县应急管理局局长；卢林海为平和县市场监督管理局局长；林荣建为平和县统计局局长；张少云为平和县行政审批局局长。

续表 3

时间	会议	任免事项
2021 年 7 月 23 日	县十八届人大常委会第四十次会议	免去：黄祖捷的平和县人大常委会办公室主任职务；李九伍的平和县人大常委会城乡建设环境资源保护委员会主任职务；林中峰的平和县人大常委会农村经济委员会主任职务；赖育民的平和县人大常委会教育科学文化卫生委员会主任职务；蔡裕民的平和县人大常委会财政经济委员会主任职务；陈良州的平和县人大常委会信访办公室主任职务；卢金洪的平和县人大常委会监察和司法工作委员会主任职务；曾春玉的平和县人大常委会华侨台胞民族宗教委员会主任职务；郑伟强的平和县人大常委会监察和司法工作委员会副主任职务；卢庆祥的平和县人大常委会信访办公室副主任职务；蔡云英的平和县卫生健康局局长职务；吴映红的平和县教育局局长职务；黄深泉的平和县工业和信息化局局长职务；苏鹏华的平和县司法局局长职务；张明山的平和县财政局局长职务；赖建生的平和县住房和城乡建设局局长职务；黄堃的平和县农业农村局局长职务；黄荣才的平和县文化体育和旅游局局长职务；陈建章的平和县应急管理局局长职务；陈苍山的平和县市场监督管理局局长职务；陈耀勇的平和县统计局局长职务；庄汉生的平和县行政审批局局长职务。
2021 年 8 月 20 日	县十八届人大常委会第四十一次会议	决定：接受吴金成、赖志生辞去平和县第十八届人大常委会委员职务的请求。 任命：林贵良为平和县人民政府副县长；郭艺泓为平和县人民政府副县长、平和县公安局局长；吴金成为平和县人力资源和社会保障局局长；赖志生为平和县财政局局长；杨跃盛为平和县监察委员会副主任； 林明生为平和县监察委员会委员；周良为平和县监察委员会委员。 免去：周志伟的平和县公安局局长职务；李振忠的平和县人力资源和社会保障局局长职务；林添华的平和县监察委员会副主任职务；叶珠明的平和县监察委员会委员职务；曾小群的平和县监察委员会委员职务。
2021 年 9 月 28 日	县十八届人大常委会第四十二次会议	任命：石艺军为平和县人大常委会人事代表工作委员会主任。
2021 年 11 月 26 日	县十八届人大常委会第四十四次会议	任命：李明聪为平和县农业农村局局长。
2021 年 12 月 3 日	县十八届人大常委会第四十五次会议	免去：吴志育的平和县发展和改革局局长职务；卢文深的平和县自然资源局局长职务。 任命：吴志育为平和县自然资源局局长；杨武牧为平和县发展和改革局局长。

平和县人民政府

综 述

2021年，平和县全县上下坚持以习近平新时代中国特色社会主义思想为指导，全面贯彻党的十九大和十九届二中、三中、四中、五中、六中全会精神，深入学习贯彻习近平总书记来闽考察重要讲话精神，认真落实中央决策部署和省委省政府、市委市政府、县委工作要求，凝聚"奋进平和、奋发平和、奋斗平和"强大合力，扎实开展党史学习教育和"再学习、再调研、再落实"活动，提高理论联系实际水平，完善政府工作制度和运行机制，加快转变政府职能，切实维护人民群众的切身利益。

重要会议

【县政府常务会议】

2021年，县政府召开14次常务会议：

1月19日，县长吴丁顺主持召开2021年县政府第一次常务会议，研究关于《全面加强危险化学品安全生产工作的实施方案》；《平和县房屋结构安全专项治理三年行动方案》；平和县城市基础设施配套费征收管理办法等8项事宜。

2月3日，县长吴丁顺主持召开2021年县政府第二次常务会议，研究关于对"十七竞赛"单项第一名的乡镇（场、区）予以表彰；35千伏国强变电站等5个地块控制性详细规划；购置皇家滨城D101和D201房产作为解决行政服务中心办公场所等5项事宜。

2月25日，县长吴丁顺主持召开2021年第三次县政府常务会议，专题研究拨付机关、全额拨款事业单位被开除公职人员养老保险改革试点期间原单位应缴未缴养老资金相关事宜。

4月15日，县长吴丁顺主持召开2021年县政府第四次常务会议，研究关于小溪镇宝善村以北奇兰路以西地块用地性质调整论证报告及8个地块控制性详细规划。研究制定《平和县相对集中行政许可权改革试点实施工作方案》、《平和县优化营商环境行动方案》、2021年度县重点项目实行分级管理和领导挂钩责任制等14项相关事宜。

5月28日，县长吴丁顺主持召开2021年县政府第五次常务会议，研究关于2021年为民办实事工作计划。研究制定《平和县提升民生保障能力实施方案》《平和县推进项目投资建设工作方案》等7项事宜。

7月22日，代县长黄永健主持召开2021年县政府第六次常务会议，研究关于《平和县文峰镇P2021-1（牛路口）地块控制性详细规划》等7个规划。研究制定《平和县全面推行林长制实施方案》《平和县2021年"产业发展项目建设年"活动实施方案及考评办法》等7项事宜。

8月9日，代县长黄永健主

持召开2021年县政府第七次常务会议，研究关于《全县2020年度绩效考评结果的通报》《2021年度平和县绩效管理工作方案》《平和县促进服务业发展暂行办法》等5项事宜。

8月24日，代县长黄永健主持召开2021年第八次县政府常务会议，专题研究第十七届平和蜜柚节暨蜜柚开摘节活动方案相关事宜。

8月30日，代县长黄永健主持召开2021年县政府第九次常务会议，研究关于《全县景区和非景区景点安全管理专项整治行动方案》《2021年平和县安全生产大排查大整治百日行动方案》《关于深化医疗卫生行业综合监管工作的实施意见》等11项事宜。

9月24日，代县长黄永健主持召开2021年县政府第十次常务会议，研究关于《平和县和平路、奇兰路（北环路至迎宾大道）、阳明路（北环路至迎宾大道）三个项目道路控制性详细规划》《平和县医院迁建工程选址调整论证报告》，开展花山溪流域生态地质调查评价项目等16项事宜。

10月11日，代县长黄永健主持召开2021年县政府第十一次常务会议，研究关于《关于进一步深化医药卫生体制改革的实施意见》《平和县行政审批与监管联席会议制度（试行）》等2项制度，以及《平和县建设项目场地内部砂石料合理利用方案》《林语堂文化博览园控制性详细规划调整论证报告》。

11月11日，代县长黄永健主持召开2021年县政府第十二次常务会议，研究关于《平和县九峰镇大芹山革命历史培训基地项目选址可行性报告》《平和县城乡低保、特困供养审核确认权限下放到乡镇人民政府工作实施方案》《实现巩固拓展脱贫攻坚成果同乡村振兴有效衔接的实施意见》等11项事宜。

11月30日，代县长黄永健主持召开2021年县政府第十三次常务会议，研究关于《平和县河道管理范围线划定工作实施方案》《加强扶贫项目资产后续管理的实施方案》《平和县促进建筑业持续健康发展六条措施》等14项事宜。

12月24日，县长黄永健主持召开2021年县政府第十四次常务会议，研究关于《平和县创建福建省全域生态旅游示范县工作方案》《平和县金华小学地块控制性详细规划》等6个规划以及《高南村南山花园项目回收后的土地出让安置房回购方案》等7项事宜。

【县政府专题会议】

2021年，县政府召开7次专题会议。

1月19日，研究关于平和工业园区“煤改气”推进工作会议的相关事宜。

2月1日，研究关于2020年县政府与县总工会联席相关事宜。

3月10日，研究关于解决平和县基础设施组团PPP项目北环路延伸段道路工程（一期工程）基本农田段后续处理事宜。

3月11日，研究关于协调解决县级文物保护单位张御史墓葬迁移异地保护工作相关事宜。

12月22日，研究关于平和县移民工业创业园项目建设的有关事宜。

12月30日，研究关于2021年县政府与县总工会联席相关事宜。

12月31日，研究关于欧寮至三平红色旅游公路2个建设项目独立选址论证相关事宜。

为民办实事

【概况】

2021年，平和县开展为民办实事工作建设，通过广泛征集，筛选城市路网贯通工程、老旧小区改造提升、历史文化遗产保护利用、中小学校舍安全保障长效机制项目及教育信息化建设项目、农村供水保障工程、水环境综合治理、治理“餐桌污染”、建设“食品放心工程”、提升卫生应急救援处置能力、养老服务工程等21个为民办实事项目，总投资4.2亿元，年度计划投资4.2亿元，21个项目如期完成。

【项目建设进展】

2021年，平和县实施电网建设新时代“双满意”工程，漳州平和安厚110千伏变电站35千伏闽粤联网直流站施工电源间隔扩建工程投产送电，国强输变电、民主—国强线路及配网项目等工程有序推进。实施城市路网贯通工程，其中在县城城区实施北环路延伸段道路工程，项目总投8000万元；建设新南大桥（阳明大桥），项目总投资7000万元。实施老旧小区改造提升，完成鑫达公寓、土地开发公司两个老旧小区天然气管道铺设。实施历史文化遗产保护利用项目，完成林氏宗祠建筑群——龙头宗祠、花砖宗祠和绥丰宗祠全部修缮；完成小芦溪点编旧址电气线路；完成绥丰宗祠电气线路。实施中小学校舍安全保障长效机制项目及教育信息化建设项目，侯门小学教学综合楼项目完工；全县教育信息化建设，计划配备教学触控一体机350台，完成采购652台。实施“四好农村路”工程项目，南胜镇乡道前五线（Y822）法华桥危桥改造完工；打造农村公路生态示范路工程、农村公路路基、路面挖补工程项目4个完工。实施农村供水保障工程项目，农村供水巩固提升工程项目和平和县自来水厂及管网改扩建一期工程（管网部分）均完成。实施农村生活污水治理项目，新建福塘村污水收集处理站，污水收集管网894米完工；南胜镇区污水收集干管更换约2000米，完成收集管道建设。实施高素质农民培训工程，计划培训高素质农民1620人次，其中专业技能型（蜜柚种植技术）20个班850人，生产经营型10个班450人，社会服务型8个班320人。

实施水环境综合治理项目，山格镇三美村提升改造生态湿地2.1公顷。实施造林绿化美化工程项目，植树造林1184公顷，森林抚育2286.67公顷，封山育林1000公顷。实施提升基本公共卫生服务能力项目，根据省市文件要求，公卫资金采取“先预拨，年度结算”的方式进行。其中，原12大类基本公共卫生服务项目人均补助经费为70元，计划投入3185万元，省级按80%比例承担2548万元，县级按20%比例承担637万元，至年底已下拨3185万元，人均70元；新划入基本公共卫生服务项目人均补助经费为9元，计划投入409.5万元，由省市（含中央）100%承担，县级无须配套，至年底已下拨298.17万元，人均6.55万元。实施发放困难残疾人生活补贴和重度残疾人护理补贴项目，领取困难残疾人生活补贴4368人，合计发放625.912万元，领取一级残疾人护理1779人，领取二级残疾人护理5706人，两项合计发放：782.19万元，生活补贴和护理补贴累计发放1408.102万元。实施提高孤儿及事实无人抚养儿童基本生活保障补助标准项目，领取事实无人抚养儿童人数201人，合计发放257.7947万元；孤儿发放人数59人，合计发放129.08万元，两项合计发放386.8747万元。实施治理“餐桌污染”、建设“食品放心工程”项目，省级食品安全社会共治示范县创建工作顺利通过验收，2家“明厨亮灶”示范建设已通过初审；开展全县食品安全“一品一码”全过程追溯体系建设，做好食品污染物及食品中有害因素监测、食源性疾病监测和食品中放射性污染物监测等工作，防控食品安全风险隐患；食品食用农产品监督抽检工作完成采样。实施霞寨镇安全生态水系建设项目，综合整治大坪溪及支流钟腾溪河段10.715千米，项目完工验收；梅潭河安全生态水系建设项目（九峰镇段），综合整治九峰镇和支流黄田溪、澄溪11.886千米，项目完工验收。实施提升卫生应急救援处置能力项目，制订项目建设方案，完成县卫生应急能力调研调整卫生应急队伍，完成装备采购清单，资金690万元到位，12月15日招投标，江西协迪医疗器械有限公司为本项目中标人，12月20日签订采购合同，585万元采购费用，15万元组织两场培训，90万元用于后续装备维护。实施市政生活污水管网建设项目，按计划进度完成钢板桩支护约400米，管道铺设约700米。实施建设城市公共停车设施项目，新增路外公共停车泊位约100个。实施城市绿道建设项目，完成山格溪江滨慢道，建设休闲慢道1条，长度约1千米。实施困难老年人家庭适老化改造项目，通过专业化服务和市场操作，采取施工改造、设施配备等方式，缓解老年人因生理机能变化导致的生活不便，降低在家庭发生意外的风险，超额完成全县完成困难老年人家庭适老化改造543户。

政府办公室工作

【概况】

2021年，县政府办紧紧围绕全县中心工作，以提高服务保障能力和作风建设水平为目标，主动适应新形势、新任务、新要求，以抓好要务、做好政务、办好事务、搞好服务为宗旨，充分发扬“潜心谋事，扎实干事，努力成事”的优良作风，确保县政府各项工作高效、高质、有序运转，圆满完成县领导交代的各项事务。

【以文辅政】

2021年，县政府办完成县政府工作报告，形成《登高望远绘蓝图 雄心壮志谱新篇——平和县“十四五”高质量发展规划前瞻》等调研材料，草拟县政府领导讲话和汇报等各类材料150余篇。梳理文件制发分类，根据“文山会海”整改要求，做到应减尽减。年内，政府办公文平台及时接收、运转、办结上级领导批示、部门函件等1750余件，制发文件170份。编发《平政要讯》20期，上报市政府信息约650条，省政府信息约380条，被省市政府采用215条，全年得分1409分，2021年度在漳州市政务信息考评当中平和县位居第三名。

【后勤保障】

2021年，县政府办按照“百密而无一疏”的要求，规范县政府常务会、各类办公会议的办理流程，认真做好重要会议、重要活动等安排，抓好会务统筹、人员通知、议题和材料审核等各项准备工作。全年共召开各类会议322场。

2021年8月27日，县政府办党支部组织党员干部到长乐乡开展主题党日活动　　（县政府办 供图）

【政务督查】

2021年，县政府办把督促检查作为促进工作落实的重要手段，对县政府常务会议审议通过的各项决议、重点工作、惠民实事等任务，逐条分解、定期通报，做到件件有着落、事事有回音，全力保障县政府决策部署落到实处、取得实效。对重点或经催办未按要求办理的工作事项，进行现场督查并形成督查报告，及时反馈给县政府主要领导。全年督查项目26个次，督查单位152个次，转办督办省市县领导批示件、交办件及群众反映的热点难点问题24件。交办县十八届五次会议的代表议案2件、建议64件，县政协十届五次会议的委员提案84件，另有市人大建议5件，市政协提案1件，答复率100%。

政府门户网站建设

【概况】

2021年，平和县强化网站和政务新媒体“信息公开、在线办事、公众参与”功能，恪守全心全意为人民服务的根本宗旨，不断健全完善政府门户网站和政务新媒体便民利民、社会服务功能，进一步把公开与服务有机结合起来，提高行政效率，成为发布政府信息、提供在线服务、与公众互动交流的重要平台和窗口。

【资金投入】

2021年，平和县共投入8万元用于政府网站、政务新媒体建设，优化政府网站、政务新媒体网络软硬件环境，从系统维护、程序设计、网络接入及通信保障、安全管理等方面确保管理维护平和县人民政府网站和政务新媒体工作顺利开展；各乡镇、县直各部门也根据需要添置网站、政务新媒体管理软硬件设施，保障政府门户网站、政务新媒体建设和政府信息公开工作顺利开展。

【业务培训】

2021年，平和县积极参加、开展电子政务与网站系统、政务新媒体安全培训，强化管理人员网站和政务新媒体系统责任意识、安全意识，提高网站和政务新媒体系统管理维护水平与安全防护技能。积极组织相关分管领导与业务人员参加2021年度全省政府网站与政务新媒体工作培训会议。通过QQ群、微信群等新形式，积极参加网信办与公安网络安全培训会议，对各乡镇、县直各部门进行平和县人民政府网站和新媒体信息维护工作业务指导培训，对全县42个政府信息公开单位的分管领导和信息员开展网站、新媒体普查工作与政府信息公开工作培训会。

【政务新媒体协作与管理】

2021年，县政府办与县融媒体中心建立良好的沟通协调机制，及时选登“平和新闻”等信息，共同做好信息发布、解读回应、政务服务等工作。以县政府办负责组织、沟通协调，县新闻中心负责录制的形式，联合摄制6期政务访谈节目。根据工作需要完善平和县人民政府微信公众号相关栏目，与县域内新媒体实现数据同源共享、服务同根。同时严格按照省市有关要求，做好政府信息公开电子监察系统采集、报送工作。继续对县域内政务新媒体进行规范整合，全县有平和县人民政府、平和公安、平和交警3个微信公众号，平和县人民政府网站客户端1个，平和公安新浪微博1个，共发布新媒体信息近千篇。

【互动交流】

2021年，平和县分别针对燃气安全使用、乡村振兴、省级卫生乡镇创建、退果还茶、中国人民警察节等群众所关心的热点、焦点问题开展民意征集、网上调查和在线访谈等活动。通过领导信箱、公众监督举报等栏目，接受公众建言献策和情况反映。将公众的意见和建议，及时分析汇总，为决策提供参考，提高科学民主决策水平。

【政务新媒体清理整顿】

2021年，平和县按照国办标准和要求，每个月将政务新媒体建设工作纳入日常普查和年底绩效考核等监管范围。认真开展本地区政务新媒体百分百监督检查、自查，在每季度第二个月上旬通过政府门户网站通知公告类栏目公开检查、自查情况。开设建立“平和县人民政府”微信公众号，集中发布乡镇、县直各单位信息，与平和县人民政府网站信息同步，将县域内政务新媒体统一纳入漳州市人民政府政务新媒体统一管理平台，统筹推进政务新媒体与政府网站等融合发展，实现县域政务新媒体矩阵体系，集中力量做优做强县级政务新媒体。建立、健全政务新媒体信息发布审查机制，信息审核实行分工负责制，完善信息审查发布机制，规范工作流程，严禁涉密信息上网发布。2021年，平和县在网站平台和政务新媒体上没有发现涉密信息。

（供稿：县政府办）

机关效能建设

【概况】

2021年，平和县认真落实县委、县政府各项部署要求，以优化营商环境为目标，以推进中心工作为重点，以提高机关效能为核心，切实加强组织领导，明确目标任务、强化工作措施，狠抓任务落实，扎实推进工作深入开展，取得良好的成效。

【效能督查】

2021年，县效能办联合县委县政府督查室对为民办实事项目、“六比一看”竞赛、防疫抗疫工作，“两违”拆除工作及县乡两级便民服务中心服务情况等重点项目进行督查，针对督查中发现的问题及时协调解决，确保各项重点工作进展顺利。年内，督查项目26个次。加大治慵治懒治散工作力度，通过视频监督系统、现场明察暗访等方式，不定期对县直部门上班工作纪律、窗口单位办件效率、节假日值班情况及会风会纪不严肃情况进行督查，重点整治上班迟到早退、脱岗离岗、上班利用办公电脑上淘宝网、玩游戏等不良机关作风。年内，督查单位152个次。

【绩效管理】

2021年，平和县在征求各指标牵头单位意见的基础上，探索创新，科学设定绩效目标，完善考评方案。首次将县直各单位关键性业绩任务纳入县本级绩效考评体系；细化市对县指标的跟踪落实，及时通报指标完成情况，将年度绩效目标执行情况跟踪监控与整改落实紧密结合；多次召开绩效管理工作会议，对全县绩效管理工作进行全面动员、部署，促进各部门、各乡镇强化绩效意识，改进管理方式，提高工作实效；强化绩效考评结果运用，将绩效考评结果与政府绩效奖金、年终评优评先及干部选用紧密结合。

【诉求受理】

2021年，平和县拓宽效能投诉渠道对电话来访、现场来访或上级转办的各类机关效能问题投诉件，认真研究，及时协调办理。特别是对企业群众投诉的重点、热点问题等，直查快办，第一时间响应解决。执行投诉回访制度。做好投诉件情况上报工作。2021年，受理效能投诉5件，办结5件，办结率100%。

（供稿：县政府办）

行政服务

【概况】

2021年，平和县行政审批局、行政服务中心管委会认真落实国务院“放管服”改革要求，在县委、县政府的领导及市行政服务中心管委会、市审改办、县审改办的指导下，按照“减时间、减材料、减环节、减事项、减跑动”的改革目标，对照短板问题，对标对表先进，不断推进审批服务便民化，持续优化平和县营商环境。

【行政审批制度改革】

2021年，县行政审批局、行政服务中心管委会根据“五级十五同”改革要求，全县5516审批服务事项均按要求绑定标准化事项目录清单，实现同一审批服务事项无差别受理、同标准办理，促进政务服务“一网通办”“异地可办”。为工程建设项目提供联审联办、“多测合一”、联合竣工验收、重点项目全过程代办等服务；设立工业项目服务中心，建立专业队伍为企业提供“妈妈式”审批服务，2021年共办理468件。同时，结合县情，选取企业和群众申办较频繁的事项，推行“企业开办”“不动产登记”“建设项目竣工验收”“营利性医疗机构申办”“我要开美容美发店”“我要开超市”等“六个一件事”集成套餐服务，通过优化再造政务服务流程，实现“一次告知、一表申报、一口受理、一网办理、一次办成、一件一评、一体管理”。

【便民服务】

2021年，县行政服务中心设立“零否决”受理窗口，实行“否决逐级快速上报机制”工作机制，解决各类非标准化申请10件。针对医疗、社保、公安、商事登记等领域开展厦漳泉地区“异地代收”试点，推行与潮州、汕头政务服务高频事项“跨省通办”；在县行政服务中心设置“异地代收”窗口，在更大范围内实现跨省通办、省内联办、掌上可办、一网好办，已办理21件。开展“沉浸式”政务服务体验专项活动，邀请县领导和各进驻单位局长到县中心各窗口调研体验，有10名县领导、13名科局长到行政服务中心体验政务服务。

平和县行政审批局发挥审批权集中优势，开展并联审批，公司设立登记与食品经营许可证同步办理，一窗发证　　（县审批局 供图）

【群众诉求反馈】

2021年，县行政审批局、行政服务中心管委会落实好政务服务“好差评”，全年共受理众诉求件共28件，“好差评”总评价数213055件，非常满意率99.99%。

抓好“12345”便民热线“五个率”（按时办结率、诉求受理率、反馈回复率、及时查阅率、群众满意率），总共接件办结件8573件，按时办结率为100%、诉求受理率为100%、反馈回复率为100%、及时查阅率为100%、群众满意率为99.99%，全市年度考核排名第二。年内，平和县服务事项入驻“漳州通”App事项5516项，通过“漳州通”App办件74946件。

【不见面审批】

2021年，平和县依托全市统一的电子招投标平台，推行“不见面”开标系统，实现远程不见面开标，投标人不必到开标现场就能通过互联网及现场监控实现足不出户进行投标开标，真正让数据“多跑路”，投标企业“零跑腿”。年内，“不见面”开标系统为11812家投标方提供远程开标服务，项目成交金额86834.32万元，节约资金6655.82万元，节资率7.12%。

【基层便民服务】

2021年，平和县通过“四统一”（统一设立代办点、统一标识标牌、统一配备设施、统一制度上墙）、“五个有”（有专职队伍、有专项清单、有专业培训、有专门考评、有专利创新）、“四个办”（帮代办、网上办、邮寄办、延伸办）推进基层政务服务标准化、规范化、便利化，真正打通服务群众“最后一公里”。12月9日，漳政要讯印发题为《平和县聚力打造便民服务“升级样板”》的增刊；12月10日，全市基层便民服务（代办点）建设现场推进会在平和县召开，该做法得到市委常委、常务副市长侯为东批示肯定，要求在全市推广平和经验。12月29日，平和县审批局代表漳州市在省政务服务标准化、规范化、便民化绩效指标数据采集座谈会上做典型经验介绍。

【相对集中许可权改革】

2021年，平和县将市场准入、投资建设和社会事务三大领域的433个事项划转到行政审批局进行审批。县行政审批局设立投资项目、商事登记、社会事务3个综合审批窗口，按照“前台综合受理、后台分类审批、统一窗口出件”的模式开展审批，实现“一枚印章管审批”。6月15日，平和县行政审批局正式运行，盖出首枚印章。年内，共计发布225项行政许可服务事项，办理审批服务办件3014件。启动“审管互动”系统，出台《关于印发平和县行政审批与监管联席会议制度（试行）等2项制度的通知》，建立审批与监管双向反馈机制。开发并运用全省首个“审批与监管互动系统”，于6月15日上线试运行，完成所有划转部门的系统配置，开展6场系统操作培训，通过系统平台推送认领637条办件信息。

【行政审批服务改革】

2021年，平和县开展工程项目“一站式”服务改革，设立“一站式”服务工程建设审批窗口，推行“一表申请、一口受理、一章审批、超时默认、默认追责”审批制度，办结企业投资项目备案103件、政府投融资项目审批28件、建筑施工许可证核发13件、特殊消防审计审查3件 、就地人防建设审查2件、易地人防建设审查5件、水土保持方案5件。推行企业“异地代收”的“收受分离”模式，推进“放管服”改革，将企业迁移登记由3个环节整合为1个环节，实现企业迁移在迁入地“一次申请、联网通办”，让企业告别迁移登记“折返跑”，实现“让数据多跑路，群众少跑腿”，21家企业通过“异地代收”窗口完成迁移登记。

（供稿：县行政审批局、行政服务中心管委会）

信访工作

【概况】

2021年，平和县信访工作深入贯彻中央、省、市关于信访维稳工作的系列决策部署，突出社会治理创新、社会矛盾化解、社会稳定维护这三个重点，推进信访制度改革，打造阳光信访、责任信访、法治信访。2021年，共受理群众来信及网上信访1296件次、受理群众到县及县级以上来访513批556人次。2021年，被国家信访局评为全国信访工作“三无”县。

【领导干部接访制度】

2021年，平和县持续推进《关于落实领导干部接待群众来访制度的实施意见》文件的贯彻落实，县、乡、村三级领导坚持每月定期、不定期在信访接待中心接访群众、约访群众或带案下访，将群众反映的合理诉求解决好，无理诉求解释清楚，最大限度将问题解决在基层。

【“治重化积”专项行动】

2021年，平和县把集中治理重复信访、化解信访积案专项工作作为信访工作的重中之重，狠抓措施落实。年内，国家、省信访局累计交办平和县的第一批重复信访事项91件，已全部汇报化解，化解率位于全市前列。集中梳理重点，逐一明确合理诉求和不合理诉求，精准制定化解方案，采取“情、礼、法”综合措施调处。

【信访工作机制】

2021年，平和县建立乡镇信

2021年1月，信访群众给信访局送来锦旗

（县信访局 供图）

访工作联席会议机制，坚持和发展新时代“枫桥经验”，推动信访工作重心下移、关口前移，发挥县乡司法、信访、综治、公安派出所协调联动机制，打造“四位一体”工作模式，将人民调解、行政调解和司法调解紧密结合，形成组织健全、信息畅通、程序规范、快捷高效的信访多元调解格局。2021 年，平和县 15 个乡镇均已建立乡镇信访工作联席会议，共召开信访联席会议 141 次，研究解决重要信访事项 32 件次，协调化解矛盾纠纷 54 件次，督查督办信访问题 12 件次。

【督查督办】

2021 年，由县联席办牵头，对在工作中排查梳理汇总的“及时受理率、按期办结率、群众满意率”较低的初信初访、重信重访及不按规定要求办理、办理不及时的，以及在信访工作中办理不规范的信访件进行实地公开督查，推动职能部门依法依规按政策办事，从源头上预防和减少信访问题的产生。重点推进“阳光信访”建立健全信访工作考核制度。落实“六定五包”责任制，按县乡挂钩联系制度的方式，确定领导挂钩联系化解责任，明确“责任清单”，严明责任。加大督查问责力度，通报督查问责情况，把越级访情况列入年终绩效重点考核内容，从根本上解决平和县越级访数量多问题。

（供稿：县信访局）

政协平和县委员会

综 述

2021年，平和县政协在县委的坚强领导下，在市政协的精心指导和县政府的大力支持下，牢牢把握团结和民主两大主题，坚持围绕中心、服务大局，建言资政，凝聚共识。2021年，县政协召开2次全体会议，5次常委会会议，2次全体协商、3次重点协商会议，8次专题协商会议，3次提案办理协商会议。开展调研、视察活动11次，界别活动7次，举办政情通报会9场。上报社情民意信息13条，其中，《关于推动漳州生态木业产业高质量发展的几点建议》《关于适当调整新农合重大疾病报销政策的建议》等多条得到采用；《关于加大名贵树木种植力度的建议》得到市领导的批示，填补了县政协信息被市领导批示的空白。

重要会议

【县政协十届五次会议】

2021年1月4—6日召开。会议听取并讨论中共平和县委书记郭德志的讲话；听取并审议十届县政协常委会工作报告和提案工作情况报告；表彰2020年度优秀提案和提案承办先进单位。补选十届县政协主席，李瑞林当选。会议期间，委员们列席县人大十八届五次会议，听取并讨论县政府吴丁顺县长所作的政府工作报告以及其他几个工作报告。

【县政协十一届一次会议】

2021年12月5—8日召开。会议听取并讨论中共平和县委书记蔡绿璇的讲话；听取并审议县政协李瑞林主席所作的县政协十届委员会工作报告和曾文汉副主席所作的提案工作报告；选举产生十一届县政协主席、副主席和常务委员，表彰2021年度优秀提案和提案承办先进单位。举行委员培训。会议期间，委员们列席县人大十九届一次会议，听取并讨论县政府黄永健代县长所作的政府工作报告以及其他几个工作报告。新一届政协委员158名，设置17个界别，其中：中共党员63名，占39.9%；党外95名，占60.1%；留任54名，占34.2%；新任104名，占65.8%；女委员38名，占24.1%；少数民族委员2名，占1.3%。常委31名，占19.6%，其中党员10名，占32.3%；党外21名，占67.7%。

【县政协十届常委会会议】

2021年，平和县政协十届常委会召开5次会议。

2月24日，县政协主席李瑞林主持召开县政协十届十七次常委会会议。会议主要有4项议程：一是传达学习习近平总书记在党史学习教育动员大会上的重要讲话精神；二是传达省、市、县有关会议精神；三是协商通过政协相关工作制度；四是协商通过县政协2021年工作要点。

5月13日，召开县政协十届十八次常委会会议。会议主要有2项议程：一是协商通过有关人事事项。会议表决同意许天送同志不再担任县政协提案委主任职务。二是邀请县委党校邓思静老师作党史学习教育专题辅导。

8月12日，县政协主席李瑞林主持召开县政协十届十九次常委会会议。会议主要有4项议程：一是听取县委常委、常务副县长林英强通报县政府2021年上半年工作情况；二是听取县政府党组成员、县公安局局长郭艺泓通报县公安局2021年上半年工作情况；三是传达贯彻县第十四次党代会精神；四是协商通过有关人事事项。表决通过赖艺玲任县政协提案委主任，曾庆辉任县政协提案委副主任。黄志中任县政协教科卫体委副主任。李建文任县政协农业农村委副主任、张智民不再担任县政协教科卫体委副主任职务、李松平不再担任县政协提案委副主任。

10月21日，县政协主席李瑞林主持召开县政协十届二十次常委会会议。会议主要有4项议程：一是听取县法院沈蔚林副院长通报2021年1—9月工作情况。二是听取县检察院黄国盛检察长通报2021年1—9月工作情况；三是传达学习市第十二次党代会精神；四是部署下阶段政协工作。

12月1日，县政协主席李瑞林主持召开县政协十届二十一次常委会会议。会议共有5项议程：一是审议通过县政协十一届委员名单（草案）和常委人选名单；二是审议通过县政协十届常务委员会《工作报告（征求意见稿）》和《提案工作报告（征求意见稿）》；三是审议通过2021年度县政协优秀提案和提案承办先进单位名单（草案）；四是审议通过县政协十一届一次会议相关事宜；五是传达学习党的十九届六中全会和省第十一次党代会精神。

视察与调研

【花山溪综合整治工作视察】

3月11日，县政协李瑞林主席带领县政协班子成员、县生态环境局、县水利局、县农业农村局等相关部门人员深入小溪镇、坂仔镇、南胜镇和霞寨镇实地调研了花山溪县城饮用水源地取水口、坂仔镇仁山村畜禽粪污资源化利用项目、南胜镇前山村流域两侧生态果园、霞寨镇寨北村土壤治理示范项目，并紧扣饮用水源地保护、水质提升、土壤改良、生态果园建设等方面工作，协商建言，集思广益。

【茶产业绿色高质量发展调研】

8月26日，县政协组织部分政协常委、委员到九峰、崎岭、霞寨等茶叶主产乡镇实地调研生态茶园、退果还茶基地、制茶企业，并召集当地茶叶种植大户、制茶企业、经销商等代表参加座谈。调研期间，共举办5场座谈会，走访茶叶基地和茶企13家，邀请茶叶种植大户、营销大户和制茶企业共65家参加。重点围绕退果还茶政策落实情况、茶叶生产营销、品牌推广、配套设施建设等

2021年9月2日，县政协调研组到霞寨镇调研退果还茶工作情况
（县政协 供图）

方面，进行深入协商，广泛征求意见和建议。

【生态木业产业高质量发展调研】

4月1日，县政协深入学习贯彻落实省委“再学习、再调研、再落实”活动要求，组织开展生态木业产业高质量发展课题调研。县政协李瑞林主席，副主席林启明、曾文汉、蔡立保带领部分政协常委、委员，在朱新丰副县长陪同下，实地调研西蝉木业、鑫源祥木业、时时进木业、寨高山木业产业园、宝寨木业等5家企业，并召集县工信局、县发改局、工业园区、安厚农场、文峰镇等相关单位，以及部分生态木业生产企业代表参加调研座谈会，紧扣做大做强平和县木业产业，深入协商建言。

【农村人居环境整治提升调研】

11月上旬，县政协社会法制委组织部分政协委员，由蔡立保副主席带领深入五寨乡寨河村、坂仔镇西坑村，调研农村人居环境整治提升工作情况，并召开调研座谈会，围绕如何推动平和县农村人居环境整治提升，进行交流、座谈，就平和县农村人居环境的规划编制、基础设施、管护机制等方面提出意见建议。

【中小学课后延时服务工作调研】

10月20日，县政协副主席谢伟宏带领部分政协委员到金华小学分校、育英小学分校和平和一中就中小学课后延时服务工作开展调研，听取县教育局关于开展学校课后延时服务工作情况汇报。委员们就提升课后延时服务工作提出意见建议。

提案工作

【概况】

2021年，县政协委员、政协各参加单位和政协各专门委员会共提交提案88件，经审查立案85件，占提案总数的96.6%；分别交由32个部门和单位办理，年内，所有立案提案全部办结，办结率100%，委员对提案办理结果满意率96.5%。表彰优秀提案14件，提案承办先进单位4个。

【优秀提案】

2021年，获得优秀提案的有：蔡金华委员的《关于加快发展平和红色旅游的建议》，吴素芬委员的《关于进一步打造良好营商环境促进经济高质量发展的建议》，黄坤龙委员的《关于进一步优化营商环境，做好民营企业发展服务工作的建议》，卢碧端委员的《关于加强中小学生心理健康教育的几点建议》，林红连委员的《关于高度重视我县农村义务教育质量问题的建议》，林燕婷委员的《关于在中小学校中加强劳动教育的建议》，游美德委员的《关于加快推进农村土地使用权流转的建议》，黄丽琴委员的《针对我县土壤问题及改良的建议》，曾丽旋委员的《关于因地施策建立琯溪蜜柚保护区和出口示范区的建议》，朱炼初委员的《关于推进我县乡村振兴人才集结的建议》，曾奋委员的《建议开展县城违章搭建经营清障专项整治的提案》，黄新委员的《关于加大保护扶持平和县中医药事业发展的建议》，张阿平委员的《关于拓展和提升平和白芽奇兰产业，拉长产业链延伸附加值的建议》，陈荣秋委员的《关于稳定基层卫生队伍、保障民众健康需求的建议》。

2021年度平和县提案承办先进单位名单一览表

表4

序号	单位名称
1	县委办公室
2	县政府办公室
3	县农业农村局
4	县公安局

民主监督

【司法监督】2021 年，县政协推荐多名委员担任县公安局警风监督员，通过参加督导等活动，加强对公安工作的民主监督力度。推荐 2 名委员担任县法院特邀调解员，参与多起民事案件的调解工作，积极化解法院案多人少的矛盾。组织委员 10 余人次旁听县法院多场庭审，监督公正司法，维护法律权威。多次组织委员参与“检察开放日”和公益起诉听证会等活动。

【议政监督】年会期间，县委、县政府主要领导深入各界别参加委员分组讨论，与委员们就实施“十四五”规划、城市管理、异地商会建设、营商环境建设、退果还林还茶等事关全县经济社会发展和民生改善的重大问题，开展面对面协商议政。县委、县政府分管领导主动参加政协调研、视察等专题协商活动，认真听取委员意见和建议，当场答疑解惑，促进有关问题得到解决。全年县政协先后完成花山溪水环境综合整治、茶产业、生态木业等重点调研视察课题，完成课后延时服务、对台融合、农村人居环境等专题协商议政课题，积极提出针对性的意见和建议。充分发挥政协民主监督作用，组织委员 179 人次，协助做好机关效能评议、事业单位招考、廉政征兵、招生电脑派位等监督活动。

其他工作

【“我为群众办实事”活动】2021 年，县政协班子成员带头开展“我为群众办实事”活动，帮助群众改善出行条件、扶持产业项目、蜜柚出口等民生问题。

【联谊工作】2021 年，县政协接待来平和县考察、交流的政协系统人员 9 批 86 人次，围绕乡村振兴、民间信仰管理、现代农业产业、对台融合发展等主题进行交流。

【文史工作】2021 年，县政协文史文化和学习委重点完成平和《百年平和大事记》收集整理编撰工作。完善修改平和古楹联 66 副及相关历史背景资料。协助县老区办编撰《平和老区革命遗址概览》，支持文史界别委员开展文学、文艺、书法创作活动，助推抗疫宣传。组织政协委员到龙海参观实地考察漳州月港，为海丝申报提供历史资料。结合党史学习教育，参观“龙江精神”陈列馆活动。

【信息宣传】2021 年 6 月，县政协教科卫体委与县诚信促进会、县文化体育和旅游局联合举办“润和杯”平和土楼摄影大赛，共收到 40 多名摄影家、摄影爱好者投来的 600 多幅土楼摄影作品。经有关专家评审，100 幅土楼摄影作品入选。

纪检监察

综 述

2021年，平和县纪检监察机关在市纪委监委和县委的坚强领导下，深入推进全面从严治党、党风廉政建设和反腐败斗争，为全县经济社会发展提供坚强保障。年内，协助县委落实管党治党政治责任，定期分析全县政治生态情况，开展落实主体责任检查，督促各级党委（党组）认真贯彻落实《党委（党组）落实全面从严治党主体责任规定》，坚持问题导向，实施党内问责11起14人。挖掘本地特色廉政资源，创建王阳明廉政文化教育中心、平和县基层干部廉洁履职教育基地。推进扫黑除恶“惩腐打伞”、粮储领域反腐败，以及党风廉政教育等工作走在全市前列，得到市纪委监委肯定。

监督执纪

【执纪执法为民】

2021年，平和县纪检监察机关聚焦人民群众急难愁盼问题，筛选群众诉求集中的21项内容，扎实开展“点题整治”，共发出纪检监察建议书、提醒函7份，推动职能部门整改问题50个，健全完善制度19项，查处群众身边腐败和作风问题50起89人，整治低保“漏保”典型事例在中国纪检监察报头版刊载。围绕“两违”整治、统计数据、安全生产领域违规违纪以及不作为、慢作为、乱作为问题，共查处形式主义、官僚主义问题33起56人。扎实开展“一县一清单”专项整治，查处享乐主义、奢靡之风问题21起26人，通报典型案例3起3人。

2021年6月18日，召开平和县纪检监察干部能力素质提升培训班

（县纪委监委 供图）

【日常监督管理】

2021年，平和县纪检监察机关聚焦“产业发展项目建设年”活动、“六比一看”竞赛等重点，开展调研督导，助力优化营商环境。加强县乡村三级换届风气监督，严把党风廉政意见回复关，保障换届工作风清气正。加强疫情防控督导，深入一线明察暗访，严肃查处疫情防控中作风漂浮、消极避战等失职失责党员干部6人，其中政务处分1人。出台《关于加强对乡镇党政“一把手”和领导班子监督的实施方案》，加强对乡镇领导班子特别是乡镇党政主要领导等“关键少数”依法履职、秉公用权、廉洁从政从业情况的监督。认真落实纪委书记谈话提醒制度，针对苗头性、倾向性问题约谈各级“一把手”34人次。

【正风反腐肃纪】

2021年，平和县共立案110件，其中科级案件16件。深化运用“四种形态”批评教育帮助和处理470人次，第一至第四种形态分别占74.89%、15.74%、1.91%、7.45%。推进“惩腐打伞”，在全市率先探索推行纪检监察机关、检察机关、公安机关“三专班”机制，严肃查处蔡某某、陈某某等一批严重违纪违法案件，挽回经济损失2300多万元。建立“四个一”（印发一份通报，召开一场警示教育大会，组织一次专题民主生活会，发出一份纪检监察建议书）机制，抓好粮储系统、政法系统严重违纪违法案件案后整改。召开全县领导干部警示教育大会，通报剖析粮储系统、政法系统典型案例，教育引导党员干部以案为鉴、警钟长鸣。

【巡察效能建设】

2021年，平和县研究制定《县委巡察工作规划（2021—2026年）》《2021年巡察工作计划》，启动该届县委第一轮巡察工作。将巡视巡察反馈的问题和整改落实情况纳入本级巡察监督重点，派出2个巡察组对落实中央、省委巡视和市委机动式巡察整改未到位问题开展“回头看”，发现并反馈问题34个。健全完善巡察整改工作考评办法，把整改工作考评结果纳入县委落实全面从严治党主体责任考评体系，压实巡察整改责任。

【队伍建设管理】

2021年，平和县纪委监委在全系统开展比学习看成绩、比工作看业绩、比作风看效率“三比三看”活动。建立“周一夜读”制度，常态化开展全员学习培训、业务测试。推进法院、检察院、公安局纪检监察体制改革，强化“室组”联动监督、“室组地”联合办案。健全内控机制，结合实际制定出台纪检监察干部外出报告、请假制度，教育引导全县纪检监察干部自觉接受最严格的约束和监督，严防“灯下黑”。

（供稿：县纪委监委）

巡察工作

【概况】

2021年，平和县委巡察工作

2021年11月15日，十四届县委第一轮巡察工作动员部署会召开

（县委巡察办 供图）

在市委巡察工作领导小组和县委的领导下，结合党史学习教育和“再学习、再调研、再落实”活动，坚持围绕中心、服务大局，深化政治巡察。2021 年，共开展 1 轮联动专项巡察、1 轮巡视巡察整改“回头看”，发现并反馈问题 46 个，移交问题线索 1 条；向 2020 年巡察的县公安局党委、县检察院党组、县法院党组等 3 个被巡察党组织反馈巡察情况，反馈问题 42 个，移交问题线索 3 条；11 月 15 日，启动十四届县委第一轮巡察工作，截至 12 月，已完成第一批次 7 个县直单位的常规巡察任务。

【主要任务】

2021 年，平和县委巡察工作以践行“两个维护”为根本任务，深入贯彻中央关于巡视巡察工作的新精神新部署和省委、市委、县委新要求，全面落实巡视工作方针，深化巡视巡察上下联动，聚焦“十四五”开局之年决策部署、全面从严治党战略部署、新时代党的组织路线深化政治巡察，切实发挥巡察监督保障执行、促进完善发展作用。

【巡察整改】

2021 年，平和县委把巡察成果运用作为发挥巡察标本兼治战略作用的关键环节，完善整改促进机制，推动巡察“后半篇文章”做深做细做实。年内，检查县委第七轮第二批、第八轮、第九轮 18 个完成整改的被巡察单位整改工作落实情况，根据检查结果分级定档，作为年终考评的重要依据。研究制定《关于进一步加强巡察成果运用的规定》，明确县纪委监委、县委组织部、县委巡察机构等部门在加强巡察成果运用中的职责任务，紧盯巡察发现的问题，抓好整改落实。深化巡察情况通报机制，向被巡察党组织反馈的同时，向分管或联系的县级领导和主管部门通报巡察情况，构建齐抓共管、整体推进的整改工作格局。持续跟踪 2016 年以来向县委、县政府和有关职能部门提出的 17 条意见建议的落实情况，截至 2021 年 12 月，15 条得到落实，2 条办理中，推动整改成果转化为治理效能。

（供稿：县委巡察办）

平和县总工会

【概况】

2021年以来，平和县总工会在县委的坚强领导下和市总工会的正确指导下，突出主责主业，团结引领全县广大职工营造“奋进平和、奋发平和、奋斗平和”的良好干事创业氛围，在全方位推进高质量发展超越中充分凸显主力军作用。8月20日，平和县总工会十七届四次全委（扩大）会在县总工会六楼会议室召开。年内，召开县政府与县总工会联席会议，会议听取并研究县总工会提出的“关于为县级以上劳模提供免费乘坐公交车服务的建议”“关于加强劳模工作室建设的建议”两个议题。

【建功立业】

2021年，平和县总工会开展职工劳动技能竞赛，组织全县各级工会开展群众性岗位练兵、技术培训、技能比赛等活动。7月，举办平和县第一届“工会杯”多种形式消防队伍技能比武竞赛，有40家单位150人组队参加。9月，组织中宝公司、宏绿公司3名技术能手代表市总工会参加三明沙县全国钳工技能竞赛选拔赛，获“优秀组织奖”。10月，组织宝罐公司、贝甜公司4名行业能手参加在龙海区举办的全市食品行业技能比赛。12月，举办税务系统技能竞赛。2021年，选送优秀工作者、先进单位参与省五一劳动奖和福建省工人（五一）先锋号评选，其中，福建宏绿食品有限公司陈淑琴荣获福建省五一劳动奖章；漳州市天凯塑胶有限公司业务部荣获“福建省工人先锋号”称号；3月，县总工会职工服务中心服务大厅荣获福建省“五一先锋号”称号；6月，何志生荣获福建省“安

2021年7月5日，平和县总工会职工子女暑托班开班

（县总工会 供图）

康杯”竞赛组织工作优秀个人。开展劳模生日致礼活动，对全县225名县级以上劳模提供免费乘坐公交车服务。年内，共有34条信息被全总和省市县各级媒体采用报道。

【维护权益】

2021年，平和县总工会组织职工 52人次，开展法治宣传月暨送法进企业的宣传活动3次、普法讲座2场，提供法律咨询服务26人次。落实工资集体协商工作，指导国网平和县供电公司、漳州市程盛再生资源有限公司、漳州市百得利实业有限公司、贝甜食品有限公司4家企业建立多形式多层级劳资沟通协商机制。“三八”国际妇女节期间开展“课后服务工会有爱”慰问活动，看望从事课后服务工作的一线女教职工，为山格中心小学30名留守儿童赠送书籍；7月，平和县总工会职工子女暑托班正式开班，解决35名职工家庭暑期孩子“看护难”问题。

【帮扶救助】

2021年，平和县总工会慰问驰援莆田核酸检测人员家属22人2.2万元；中秋节期间，向全县医学集中观察点、高速出口检测点、乡镇一线防控人员发放慰问价值7.8万元物资；足额返还20家小微企业的工会经费84.46万元；“两节”送温暖慰问 183人10万元；外省籍职工留平和过年慰问100人2万元；环卫工人困难家庭慰问12人0.48万元；补助困难省级劳模困难4人3.3万元；困难企业1家慰问1万元；开展“夏送清凉”活动，7月走访慰问了2个建筑工地、3家企业、14个基层单位等近千名一线职工，送去价值5万元的防暑物品，发动11家企业开展防暑降温活动，投入资金21.5万元，惠及职工3000多人次；开展金秋助学活动，帮扶金额1.5万元，为8名学子圆大学梦。实施职工医疗互助活动。全县共有144家行政、事业、企业单位参加职工医疗互助活动，11338名职工参保，收缴互助金67.36万元。截至12月31日，共有598名患病住院职工受益，获得职工医疗补助金111万元，其中大病补助36人次，补助金额达12万元。2月，投入3万元补助九峰镇陈彩村用于乡村振兴建设；7月，补助30万元用于九峰镇基础设施建设；帮扶九峰镇新山村、南胜镇欧寮村困难群众0.98万元。

【改革创新】

2021年，平和县总工会新组建 12家基层工会组织，新增工会会员411人，换届及改选基层工会55家。工人文化宫项目于2021年1月29日取得施工许可证，3月9日正式开工建设。

【召开政府联席会议】

2021年1月18日，吴丁顺县长主持召开县政府与县总工会联席会议。会议听取并研究县总工会提出的“关于为县级以上劳模提供免费乘坐公交车服务的建议”“关于加强劳模工作室建设的建议”2个议题。会议明确：县总工会统一为平和县县级以上劳动模范颁发劳动模范荣誉证，实施亮证使用（上车要亮证给驾驶员和车载摄像头）；平和县劳模荣誉证公交补贴纳入平和县公交政策性亏损财政补贴补偿范围；创建新的劳模工作室，经市级以上总工会验收合格后，给予每家5000元资金补助；工信局对劳模工作室的项目申报、科技攻关等方面给予政策和资金上的倾斜；人社局对劳模工作室在人才评定、劳动竞赛、技能培训等方面予以政策和资金上的倾斜。

【召开平和县总工会十七届四次全委（扩大）会】

2021年8月20日，平和县总工会十七届四次全委（扩大）会在县总工会六楼会议室召开，会议以投票方式选举林丽玲为县总工会第十七届委员会主席。

（供稿：县总工会）

共青团平和县委员会

【概况】

2021年，共青团平和县委员会开展党的十九届五中全会精神宣讲活动4场次，组织团员参与“青年大学习”网上主题团课约14万人次。各学校团委、少工委开展“红领巾心向党”“争做新时代好队员”“青春心向党”等系列主题教育实践活动100余场。开展业务培训3场。通过微信公众号推送党史学习教育相关文章90余篇，组织拍摄《在灿烂阳光下》快闪视频作品。2021年“星级团支部”创建达标以上团支部324个，占比92.31%；五星级团支部149个，占比42.45%；一星级以上团员10168个，占比85.08%。年内，共发展团员1120名，累计建设“青年之家”12个；完成县、乡、村三级团组织换届工作；全县24个中学团委顺利换届，聘任40名中小学少先队大队辅导员。4月，平和县正兴学校高三年级9班学生罗喆涵被共青团福建省委评为2020年度“福建省优秀共青团员”；6月，国家税务总局平和县税务局第一税务分局（办税服务厅）被共青团福建省委、福建省创建青年文明号组委会评为2021—2023年省级青年文明号；8月，霞寨镇人民政府农业农村服务中心干事赖汉明被福建省保护母亲河行动领导小组评为福建省第四届母亲河奖“绿色卫士奖”。

2021年10月27日，共青团平和县第二十三次代表大会召开
（朱连生 摄）

【青春护航行动】
2021年，平和团县委开展普法主题活动10余场，活动参与师生8000余人次；利用微信公众号等新媒体平台，推送普法和安全自护知识等20余篇；联合开展青春期心理健康教育、假期安全自护、禁毒、防校园欺凌等主题活动20余场；指导团属社工平和惟志承接县检察院观护帮教项目3宗；开展附条件不起诉未成年人社会调查和重点青少年社会观护帮教6场次。联合开展“圆满柚你，结伴同行”“童心向党，快乐成长”等重点青少年群体关爱帮扶活动5场次，关心关护留守儿童300余人次、残障儿童近40人。依托未成年人校外心理健康辅导站，提供心理健康服务，接受咨询12人次，推送心理健康知识文章5篇，跟踪服务个案1人，开展进校园活动10余场，参与1200余人次。

【创新创业服务】
2021年，平和团县委结合工作实际组织成立疫情防控青年突击队15支、“产业发展项目建设年”青年突击队7支，累计服务超过10万人次，平和县山格镇青年突击队在服务“产业发展项目建设年”活动中被评为市级优秀青年突击队。开展青年英才优秀项目申报，举办青年创业就业交流培训活动3场次，推报10余个项目参与省市创新创业比赛，平和“梦享柚生鲜供应链项目”获得“创青春”国赛金奖、省赛乡村振兴电商组二等奖。动员青创协会成员企业、驻外团工委等力量，为一线防疫捐赠爱心物资，累计向各乡镇青年志愿者发放防护口罩9000个，捐赠防疫物资价值近15万元。组织青年志愿者参与疫情防控工作2万余人次，储备青年志愿者近600人，开展各类志愿活动600余场次，参与志愿者1万余人次，志愿汇平台注册志愿者新增1508人，累计信用时数近2万小时。

【困难青少年扶助】

2021年，平和县团县委为崎岭乡、秀峰乡的2所农村小学捐赠共青团爱心图书角18个，配送爱心图书3000余册；为建档立卡贫困户家庭的贫困学子发放助学金5.2万元。用好“平和县英才青年创业协会”平台，通过微信公众号，发布企业招聘、招募信息3次。开展平和县大学生实习“扬帆计划”活动，征集实习岗位91个，收到简历投递信息619条，56名返乡高校大学生顺利完成实习工作；开展返乡大学生交流座谈活动3场次。开展关爱快递员“暖蜂行动”“留闽过年，青春暖冬”活动等，关心慰问在平和工作青年80人次。联合举办平和县首届“琯溪蜜柚杯”乡村网红大赛，吸引200余名本地“网红”参与，活动话题播放量超1.4亿次，累计成交约500万元。对接团省委新媒体资源，开展“爱心助农”公益活动，推广蜜柚销售，累计成交1.1万余单。通过平和青创电商孵化基地平台，培养新媒体从业青年近20名。

【青春家园行动】

2021年，平和县团县委采访在平和创业的台湾地区青年詹秉义个人事迹，引导在平和的台籍青年参与青年创业就业大赛及英才项目申报。各级团组织、少先队将党史学习教育与主题团日、队日、中队会等相结合，开展“保护母亲河”、垃圾分类减量、清洁家园、“忆英烈，办实事”平和革命遗址/旧址清洁行动等党史学习教育志愿活动100余场，发放疫情防控、移风易俗宣传材料5000余份。

（供稿：团县委）

平和县妇女联合会

【概况】

2021年，平和县妇女联合会（简称“县妇联”）按照县委县政府工作部署和省市妇联的工作要求，团结引领广大妇女为全方位推进高质量发展超越、加快新时代新平和现代化建设贡献巾帼力量。全县评出县级“美丽庭院”578户，其中已获得市级“美丽庭院”192户，省级“美丽庭院”75户；全县新建妇女微家5个。年内开展基层调研28人次，组织活动16场次，为民办实事10件。2021年，平和县实验幼儿园被福建省妇联授予“2019—2020年度福建省三八红旗集体”荣誉称号；平和县人民检察院第五检察部被福建省妇联授予“2021年福建省巾帼文明岗”称号；朱惠珍被福建省妇联授予“2020年度福建省三八红旗手”荣誉称号；吴镇海、黄冰心家庭被福建省妇联、省生态环境厅授予“2021年福建省绿色家庭”荣誉称号。

【巾帼建功】

2021年，县妇联以“家政培训提升行动”为抓手，依托福乐家家政培训基地师资力量，在县委党校、小溪镇等地共举办6

2021年，县妇联开展我为群众办实事“促进妇女就业、助力乡村振兴”家长培训活动

（县妇联 供图）

期家政服务技能培训班；全县共271名贫困妇女参加该次家政服务技能培训；以“落实关爱行动，呵护校园安宁”为主题，在平和县正兴学校、广兆中学、小溪中心小学举办家庭教育公益大讲堂3场，参加学生1800多名；全县240个行政村22个社区完成“两委”换届工作，100%实现“一肩挑”，共选举产生村（社区）女性“一肩挑”16名，占比6.1%，比上届提高0.8%。其中，村女性“一肩挑”6名，占比2.5%，女性进村（社区）“两委”工作取得新突破。

【维护权益】

2021年，县妇联下发《关于开展〈平和县妇女儿童发展纲要〉（2011—2020）年实施情况终期评估工作的通知》，制定两纲终期评估方案，召开部署培训会，“两纲”80项指标实现基本全面达标，完成两纲终期评估验收工作。在文峰镇三坪村创建“春蕾安全员”实践基地，为困境儿童提供维权和爱心帮扶。联合县政法委、小溪镇等部门到小溪中心小学开展“百年华诞心向党，远离邪教享安康”主题宣传活动，联合团县委、县禁毒大队等部门到平和四中开展“无毒青春，健康生活”禁毒宣传活动，在县健身中心广场开展“国际反家暴日”普法宣传活动，共发放宣传资料2000余份，分发宣传袋及环保袋3000余个。到秀峰中心小学、大溪中心小学、安厚中心小学、平和开智学校、九峰镇积垒小学等5所学校开展法治宣传及预防性侵讲座。联合县法院到霞寨镇举办“巾帼暖人心·普法维权在身边”法治讲座。与检察院、团县委签订未成年人《附条件不起诉监督考察协议》，参与13起18人次的社会调查。参与法院陪审涉及妇女儿童权利案件14起，用好“12338”妇女维权力服务热线，共接待11名来访妇女，维护妇女儿童合法权益。2021年，全县共评选“平安家庭”16万户。年内举办2期培训班。

【关爱妇女儿童】

2021年，县妇联发动社会力量和爱心人士参与“母亲健康1+1”公益募捐10万元，开展“两癌”贫困母亲救助工作，共救助12人次3.6万元。春节期间至秀峰乡中心小学开展“同心携手为爱传递”主题法制宣讲活动，至大溪中心小学开展“把爱带回家相伴共成长”为主题的反性侵讲座。“六一”国际儿童节到平和县开智学校开展“关爱特殊儿童”活动，金额达3000多元；到九峰镇积垒小学开展“为民办实事”活动，捐赠校服70多套，价值5550元；金秋助学6名女大学生，总金额3万元。金华小学在“4·23”世界读书日举办“学党史 颂党恩 传家风”主题读书日活动，赠送200多册红色书籍送进校园；走访慰问平和县坂仔镇东坑村南安组百岁革命“五老”（老接头户）何莲，将老人的感人革命故事拍成视频播放。

（供稿：县妇联）

平和县科学技术协会

【概况】

2021年，平和县科学技术协会（简称“县科协”）以科技“三下乡”、世界气象日、防灾减灾日、食品安全宣传月、安全生产周、全国消防日等主题节日为依托，联合应急局、地震办、气象局、消防救援大队等部门开展防震减灾、应急救护、气象知识、消防知识等系列科普活动进校园、社区20余场，共发放科普宣传手册1万余册，参加活动的科普志愿者70余人，受益人群达2万余人。年内，做好疫情防控科普宣传工作，发送短信18万条，投放微信朋友圈广告点击量10万余次；联合融媒体中心开设“平和科普”专栏，推送疫情防控相关知识。组织全县优秀科技人才和优秀科技工作者到坂仔镇五星村参观平和县科技小院召开科技工作座谈会。

【科技小院助力乡村振兴】

2021年4月起，组织蜜柚科技小院师生、县植保站技术人员到全县15个乡镇、部分村开展以“减肥压酸，补镁增效”为授课核心，配合改变施肥位置、生草

2021 年 9 月 12 日，中国农技协科技小院联盟 2021 年现场考察与交流研讨会现场，柚农赖国永分享他的“减肥”故事 （蔡远扬 摄）

覆盖等技术系列培训 48 场次，发放《蜜柚绿色提质增效技术手册》约 4200 册；在科普宣传、技术培训和田间观摩活动中师生们积极回答农户们的疑问，现场指导解答技术问题；研究生深入田间地头与农户交流，指导农户科学生产管理蜜柚 100 余次，涉及农民 1000 余人次；通过微信公众号推出科普文章与科普视频，借助网络直播平台讲解科学种植管理蜜柚技术，通过微信群聊集专家学者、企业农资人员、柚农、研究生等于一体，共同交流讨论蜜柚生产中遇到的问题和解决对策，同时也转发相关的科普知识供大家学习，微信公众号发送推文 64 篇，总阅读量达 4.2 万余次。

【承办活动】

2021 年，平和县承办中国农技协科技小院联盟 2021 年现场考察与交流研讨会。组织全国各地领导专家与各基地科研人员、果农深入交流、探讨，详细了解科技小院的科研成果和科普服务、科技与产业融合发展、科技小院建设发展等情况，为平和县蜜柚产业长期过量化肥施用带来的土壤酸化、面源污染等一系列问题把脉，对平和蜜柚科技小院总结推广的“减肥压酸、补镁增效”绿色提质增效技术现场验收。9 月 11—12 日，联合福建省农技协组织一批专家到平和县开展科技志愿服务活动。

【青少年科教】

2021 年，县科协以科技活动为载体，联合平和县第一中学组织 2 支队伍参加第 18 届福建省青少年机器人竞赛，青少年参与 VEX 机器人工程挑战赛获得银牌；黄海清、蔡少怡老师指导的学生团队荣获漳州市青少年科技创新大赛二等奖。县青少年科学工作室开展多场人工智能科普公益讲堂，共接待学生 500 余人次。12 月 22 日，联合平和一中、平和县教育局、县地震办等单位开展校园科技节。对接漳州市科技馆开展“科普大篷车进校园”活动，提供各类参观、体验、科学普及等服务。

（供稿：县科学技术协会）

平和县归国华侨联合会

【概况】

2021 年，平和县归国华侨联合（简称“县侨联”）会认真贯彻落实习近平总书记关于侨务工作的重要论述和重要批示精神以及省、市、县有关决策部署精神，聚焦“围绕中心、建设队伍、服务群众”任务，积极探索新时代加强和改进侨联工作的新途径、新办法和新举措。2021 年，做好侨联界别委员推荐提名，组织各级代表、委员围绕群众最关心、最直接、最现实的利益问题建言献策。积极联系协调海外侨团、华侨华人公益慈善组织，搭建“侨爱”平台，在崎岭乡南湖村和大溪镇江寨村分别开展医疗、科技、侨法“三下乡”义诊等活动。

【主要工作】

2021 年 3 月 30 日，市侨联副主席周允玉到挂钩帮扶村芦溪

2021 年 12 月 18 日，平和县侨联联合平和县总医院、崎岭乡政府开展医疗、科技、侨法“三下乡”活动 （县侨联 供图）

镇九曲村开展扶贫帮扶工作调研。6 月 7 日，市侨联副主席周允玉到平和县开展基层组织建设指导工作。11 月 9 日，霞寨镇召开第二次归侨侨眷代表大会。12 月 18 日，在崎岭乡南湖村开展医疗、科技、侨法“三下乡”活动。

【基层组织建设】

2021 年，平和县开展“五有”“五好”侨胞之家创建，落实基层侨联创建工作经费 5.5 万元。9 月，成立秀峰乡福塘村侨联；11 月，霞寨镇侨联换届；12 月，长乐乡建南侨联小组升格为建南村侨联；小溪镇侨联被评为漳州市“五有”侨胞之家。2021 年，基层侨联组织工作受到市侨联通报表扬。

【服务招商引资工作】

2021 年，县侨联积极参与上级侨联组织的“引进侨资侨智侨力行动”和“中国侨商投资（福建）大会”。正大平和生态肉联产业化项目落户平和县，县侨开展侨资企业联系服务点建设，侨联积极对接侨资项目，认真做好全程跟踪服务，受到市侨联通报表扬。

【疫情防控】

2021 年，县侨联通过网络、微信等平台，主动加强与海外侨胞的联系，及时准确发送疫情防控信息，在第一时间为他们安排疫苗接种。2021 年春节期间，有 40 多名华侨、出国务工人员在平和县优先接种疫苗。

【海外联谊】

2021 年，县侨联进一步做好海外侨情数据调查收集整理，不断完善海外侨情资料库，开展“海外侨胞故乡行”“健康三宝”等活动。11 月 17 日，第四届“行走中国·海外华文媒体漳州行”参访团走进平和，到林语堂故居和大芹陆宜酒业采访。

【侨界群众工作】

2021 年，县侨联开展归侨侨眷基本情况调查，认真落实侨界群众来信来访反映问题，依法维护侨益，对生活困难的侨眷侨属落实生活困难补助，走访慰问侨界群众 50 户，特殊群体关怀 10 户。

（供稿：县归国华侨联合会）

平和县台湾同胞联谊会

【概况】

2021 年，平和县台湾同胞联谊会（简称“县台联”）在县委、县政府的坚强领导下，在市台联和县委统战部的正确指导下，发挥自身职能作用，积极服务平和县定居台胞，推动台联各项工作的创新与发展。7 月 27—29 日，平和县第十四次党代会召开，县台籍党员林丽云参加此次党代会。11 月 5 日，县委统战部、县台联领导到平和县医院，走访慰问抗疫一线台籍医务工作者林少青。11 月，推荐平和县 5 名优秀中青年台胞担任市、县政协委员，提高中青年台胞参政议政能力。2021 年 4 月，林丽娜被福建省台湾同胞联谊会授予“促进福建建

2021 年 2 月 1 日，市、县台联一行人看望慰问平和县高龄台胞
（县台联 供图）

设和两岸交流贡献奖”；7 月，林丽娜被台盟中央委员会授予“全盟脱贫攻坚先进个人”称号；10 月，林少青被漳州市台湾同胞联谊会评为“富美新漳州”建设及祖国和平统一大业做出贡献的优秀定居台胞。

【台胞之家】

2021 年，县台联为 42 名老龄台胞、4 名困难台胞申请到省、市生活补助及项目补助资金近 20 万元；看望、慰问老台胞、患病台胞、困难台胞、困难台生 18 人次；为 3 名高考生开具“平和县台籍子女证明”，使台籍学生享受到加分政策；帮助多名台胞户解决迁移台籍关系过程中遇到的困难和问题；更新平和县定居台胞数据库，填报各类定居台胞基础数据表格，鼓励台胞、台生踊跃参与社会活动，积极参政议政；上报台籍人大代表、政协委员、台籍青年优秀人才等数据，做好台籍优秀人才选拔培养工作。

【疫情防控】

2021 年，县台联严格做好县域内定居台胞的疫情防控，及时在全县定居台胞微信群发布疫情防控宣传资料，经常性提醒台胞“不信谣、不传谣”，做到少出门、少聚集。利用微信、电话等线上平台，及时回复、办理台胞的相关业务工作，减少人员外出，聚集。县医院台籍医务工作者奔赴疫情防控一线——厦门机场入境人员启泰分流中心，参加机场转运工作。

（供稿：县台联）

平和县工商联

【概况】

2021 年，平和县工商联围绕中心服务大局，紧扣“两个健康”主题，着力加强工商联领域工作、努力改进服务、助力改善营商环境，构建亲清政商关系。2021 年，

2021 年 12 月 3 日，平和县工商联（商会）第十一次代表大会召开，选举产生平和县工商联（商会）新一届领导班子 （朱连生 摄）

召开5场次民营企业家座谈会，落实“千企帮千村”乡村振兴专项行动。引导非公有制经济人士积极投身新农村建设、光彩事业、社会公益事业，累计捐资4450万元，支持社会公益及乡村振兴等事业建设。4月25日，县工商联（商会）与县委统战部、县委党校联合举办“平和县2021年民营经济人士培训班”，共50多人参加培训。12月3日，平和县工商联（商会）第十一次代表大会召开，选举产生平和县工商联（商会）新一届领导班子。2021年，县工商联被授予福建省“千企帮千村”精准扶贫行动先进集体称号，被评为全国“五好”县级工商联。

【商会组织建设】

2021年，平和县组建珠三角平和商会、厦门市平和商会、泉州市平和商会、北京市平和商会、上海市平和商会、福州市平和商会、香港平和同乡联谊会等7个异地商会。推进直属商会开展四好创建工作，加强乡镇商会规范化管理，推动乡镇商会注册工作，已有7个乡镇登记注册。建立企业家诉求平台，共接收60条诉求，全部沟通协调解决。

【基层调研】

2021年8月4日，平和县工商联联合县税务局到天醇、盛宇建设、玉露食品、卓意广告等企业开展助力小微企业发展“春雨润苗”活动。8月31日，县工商联与县委统战部、小溪镇商会联合到广和堂、宏绿食品、乐其家私、中宝食品、柚多多、月阳果农产品有限公司、集锦园果蔬电商部、丽冠家具、领峰食品等企业进行实地调研，与企业负责人深入交流，详细了解企业发展情况、存在问题以及意见建议，及时为企业协调解决存在的问题和难题。

（供稿：县工商联）

平和县文学艺术界联合会

【概况】

2021年1月15日，平和县文学艺术界联合会第四次代表大会召开，提出新一届县文联的奋斗目标。年内，共有上百件作品入选市级以上各类作品集及展出、演播等。其中获得省级奖项10多件，国家级奖项4件；获得省级入展及作品刊载30多件，国家级入展及作品刊载10多件。

【文艺活动】

2021年，平和作协联合县委党史和地方志研究室、县融媒体中心、福建兴和投资发展集团有限公司举办在“五江之源”版面设立《庆祝中国共产党成立100周年》专栏征文活动；与县纪委监委、县融媒体中心联合举办“红色百年·话史说廉”主题征文活动；与县文化广电体育局、县融媒体中心联合主编《柚言柚语》图书。5月9日、6月19—20日，邀请闽南日报社高级编辑、总编助理、漳州市作家协会副主席陈小玲，泉州文学院院长、《泉州文学》副主编、泉州市作家协会副主席张明前来授课；11月20—21日，举办“2021平和作家短训

2021年1月15日，平和县文学艺术界联合会第四次代表大会召开，图为与会人员合影

（文联 提供）

班”，邀请《福建文学》常务副主编、福建省文艺评论家协会副主席石华鹏前来授课；7月11日，举办2021年平和籍新晋中国作家协会会员江惠春、苏丽梅两位女作家创作分享会；10月24日，举办许少梅《诗意平和》新书分享会。县美协组织会员深入红色苏区乡镇采风写生活动，举办庆祝建党100周年苏区写生创作展等；组织女会员参加“巾帼心向党 丹青歌盛世”漳州市美术家协会女画家委员会庆祝中国共产党成立100周年美术作品展。县书协开展平和县“迎世遗大会 临经典碑帖”首届临帖展等活动。县音协选送3首作品参加省音协建党创作歌曲比赛等。

【文艺服务】

2021年，县书协组织中国书法碑拓精品展和文化“三下乡”义务送春联等8次活动。送出春联400多副，创作展出书法作品180多幅；县舞协组织会员参加县委主办的“党旗红 苏区兴”暨庆祝中国共产党成立100周年文艺晚会；县民协组织民间文艺家义写抗疫情宣传标语100多张；县音协参与福建省庆祝中国共产党成立100周年歌曲征集评选活动，参加革命苏区自创红杏庆建党百年，创作作品3首——《南湖起航》《八闽儿女颂》《百年丰碑》。

【文艺成绩】

2021年，县作协新增江惠春、苏丽梅2名女作家中作协会员；张山梁《阳明先生道学钞》（点校本）、许少梅诗集《诗意平和》出版，苏丽梅微型小说集《用我的温柔为你疗伤》再版。8月，黄水成的报告文学《脱贫路上的铿锵力量》获中国报纸副刊研究会评出的2020全国报纸副刊年度美文（二等奖），并收入中国报纸副刊作品集萃；3月和6月，该文分别获得福建报纸副刊年赛（2020年度）一等奖和2020年度福建新闻奖二等奖。朱超源的《峨嵋山下寻秘》及罗燕军的《闽粤边永远的历史丰碑——秀磜交通站》获中共中央保密委员会办公室、国家保密局主办的全国征文比赛一等奖和三等奖；年内，共有30多篇（部、首）作品获得市级以上奖项，100多篇（部）在省、市以上文学期刊发表出版。2021年1月，美协黄荣金中国画作品《春风花草香》获福建省美协主办的第五届福建省迎春画展优秀奖；11月，中国画作品《火红年华》获福建省美协主办的“意之大者——第八届福建省写意画大展”优秀奖。林明才作品《大美漳州·盛世芳华》入展中国美协主办的“大美漳州——全国中国画作品展”并获奖。年内，县书协吸纳县级会员39人，12人加入市书协，3人加入省书协；县书协会员陈圣典、赖宇玲加入中书协。书法作品9人次入展国家级展览、13人次入展省级展览、4人次入展市级展览。县舞协编排的舞蹈《星火燎原》荣获平和县一等奖、漳州市三等奖。县民协加入市民间文艺家协会4人、省民间文艺家协会3人；有两幅书法作品入展“百年正青春、永远跟党走”福建省供销社系统庆祝中国共产党成立100周年书法美术摄影展。

（供稿：县文联）

平和县残疾人联合会

【概况】

2021年5月27日，平和县残疾人联合会（简称“县残联”）联合平和启能康复中心在长乐乡红色教育基地举办“牵着蜗牛去散步”庆祝中国共产党成立100周年专题活动。10月1日至11月30日开展全国持证残疾人基本状况调查工作。调查残疾人11319名，其中已搬迁17人，外出15人，注销35人，迁移1人，已填表11251人，采集率100%。入户调查10635人、电话调查616人，入户调查率达94.52%，App采集11251人，比例100%。2021年，县残联实施法律救助行动，建立残疾人法律救助工作站，聘请曾茂通律师为县残联法律顾问，帮助残疾人及时获得法律援助、法律服务和司法救助。

【康复服务】

2021年，县残联为280名

（0—17 岁）残疾儿童办理申请康复救助训练补助，其中 1—6 月补助 222 人合计补助金额 160.3174 万元；下半年补助人数 182 人，合计 119.9 万元；为 218 名有需求的残疾人适配基本型辅具，货币补贴 35.5386 万元；发放实物辅具 26 件；帮助 5 名符合条件的听力残疾儿童申请免费人工耳蜗植入手术项目，术后开机后，结合专业机构接受康复训练效果良好。

【无障碍改造工作】

2021 年，县残联确定 26 户残疾人家庭无障碍改造项目任务，及时录入信息、审核及验收，补助资金在验收合格后及时拨付到残疾人手中。2 月 3 日，平和县残联在全省残联理事长会议上作“全面发展无障碍 同心共筑小康梦——让残疾人有尊严、城市有温度”的残疾人无障碍改造工作经验专题交流。

【就业扶贫】

2021 年，县残联按各乡镇残疾人办证数就业年龄段比例分配，严格审核居家托养 366 户 73.2 万元、就业创业 82 名计 41 万元；扶残助学项目资助 34 人计 6.8 万元整；危房改造资助 3 户计 4.5 万元；阳光家园项目 68 人计 13.6 万元；一户多残项目全年补助 800 人次计 48 万元，慰问残疾人 200 人计 6 万元。

2021 年 3 月，县残联职工陈南程（右二）见义勇为，救出一名落井儿童，7 月被平和县公安局确认为见义勇为。图为与获救儿童家属送来的锦旗合影

（县残联 供图）

【残疾人体育事业】

2021 年 10 月 10 日，平和县九峰镇福坑村 1 组残疾人运动员曾美玲，参加中华人民共和国第十一届残疾人运动会暨第八届特殊奥林匹克运动会，获跆拳道女子 K42 58 公斤级第二名。

（供稿：县残联）

平和县红十字会

【概况】

2021 年，平和县红十字会结合世界志愿者日、世界红十字日、防灾减灾日、世界急救日等重要节点，开展形式多样的红十字文化传播活动，开展专题讲座，开展应急救护推进年活动，推进应急救护进学校、进机关、进企业、进农村。2021 年，县红十字会协调福建宏绿食品有限公司对漳州台投区的食品捐赠 8.54 万元，平和县助残志愿者协会三红蜜柚 5 万元、山东可漾饮料有限公司饮料 1.5 万元。年内，红十字会成立基层组织 5 个。

【“99 公益日”募捐活动】

2021 年，平和县开展“爱过年·情系漳州”“救在身边·漳州行动”2 个子项目网络筹资，完成“99 公益日”募捐活动，共募捐 258770.56 元，取得全市第二名、全省第八名的好成绩，平和县红十字会被省红十字会授予“2021年度福建省红十字会99公益日优秀组织单位”称号。

【救助慰问】

2021年，县红十字会获得“爱·过年”子项目支持款共计14.46万多元，该笔款项全部用于爱·过年红十字博爱送万家救助慰问活动。年内，申请“爱·助学”贫困大学生项目、多胞胎困难家庭救助、福万通少儿重特大疾病救助3个项目救助款，其中接受“爱·助学”贫困大学生项目36人14.2万元。

【志愿服务队】

2021年，根据《中国红十字志愿服务管理办法》，县红十字会成立平和县红十字应急救护志愿服务队、平和县红十字捐献造血干细胞志愿服务队、平和县红十字无偿献血志愿服务队、平和县红十字助残志愿服务队、平和县红十字乡村志愿服务队5支志愿服务队，宣传红十字精神，开展志愿活动。

（供稿：县红十字会）

2021年2月，平和县举行红十字会志愿服务队授旗仪式

（县红十字会 供图）

平和县计划生育协会

【概况】

2021年，平和县计划生育协会（简称“县计生协会”）在小溪镇东风社区建设“心理慰藉援助中心”开展5场心理健康讲座和1场座谈会，对计生特殊家庭重点围绕心理疏导、生活照料、精神慰藉等方面开展服务。年内，根据《平和县人民政府办公室关于印发平和县计划生育协会改革方案的通知》要求，于12月28日召开平和县计划生育协会第七次会员代表大会，会议选举产生县计生协会新一届理事会。

【计划生育家庭帮扶】

2021年，平和县开展计生家庭意外伤害保险，全县计生家庭意外伤害保险投保417.53万元，惠及计生家庭41753户，平均综合赔付率92.37%；发放幸福工程帮扶资金270.5万元，帮扶贫困母亲116户，惠及人口460人；实施安居工程补助2户（大溪镇和霞寨镇各1户）计生困难家庭新建房屋，每户补助6万元，共计12万元，其中省级资金4万元，市级资金4万元，县级资金4万元；慰问计生特殊家庭61人，慰问金额7.0074万元；在小溪镇东风社区建设“心理慰藉援助中心”，开展5场心理健康讲座和1场座谈会，对计生特殊家庭重点围绕心理疏导、生活照料、精神慰藉等方面开展服务。年内，开展金秋助学活动，共发放金秋助学金14.9万元资助25名学生，省计生协会资助困难学生4名，大学期间每学年每人发放助学金5000元，合计2万元；市计生协会资助困难学生6名，每人发放助学金4000元；县计生协会资助困难学生15名，每人发放助学金3000元。

【计划宣传服务】

2021年，县计生协会新建3个儿童早期发展教育项目点，项目点依托在平和县语堂幼儿园、安厚镇金贝儿幼儿园、大溪镇小灵通幼儿园，全年服务0—3岁婴幼儿家庭660人次。项目点建设3个“亲子小屋”，全面落实定期免费向0—3周岁婴幼儿开放，促进婴幼儿早期发展。建设2个省级“向日葵亲子小屋”，依托在平和县金太阳幼儿园和福建省智乐佳托育咨询有限公司，每周免费对0—3周岁婴幼儿开放2次，开展婴幼儿亲子辅导活动，服务婴幼儿家庭240户，印制各类儿童早期发展宣传材料3种900份分发到婴幼儿家庭。

2021年12月28日，平和县计划生育协会第七次会员代表大会召开

（县计生协 供图）

【“红五月”人口文化宣传】 2021年5月10日，县计生协会与大溪镇联合开展“红五月”人口文化宣传服务活动。邀请国家级生殖健康咨询师、“蝴蝶计划”中国行讲师郑剑钦女士和曾丽莲女士授课，各村居会长，女小组长，志愿者共计186人参加。全县共举办女小组长演讲比赛1场，参加人数94人，受教育人数94人；举办队伍培训12场次，参加人数963人；开展座谈纪念活动87场，参加人数1513人，表彰好会长19人，优秀女组长118人，优秀会员94人；开展健康咨询义诊活动12场次，1350人参与，发现病例6例；发放宣传品4177份、宣传资料3277份；入户开展紧急救助及慰问79户，送上慰问金4.18万元。

（供稿：县计划生育协会）

法治

政法委及综治

【概况】

2021年，平和县政法综治系统认真贯彻落实中央和省、市、县委政法工作会议精神，以深化改革创新为动力，以加强队伍建设为保障，全力推进更高水平的平安平和、法治平和建设。年内共发放各种宣传单册6万余份，出动宣传车350多辆次，悬挂张贴平安建设宣传标语3000多条，设置宣传栏420多个，制作大型户外广告38版，推送“平安平和”动态信息183条，发送平安宣传短信40万条，群众安全感率长期位居全市、全省前列，2021年排名全市第一、全省第八。2021年，全面加强法治宣传，举办“百名法学家百场办公会”平和专场；积极开展“法治文化基层行”活动，累计举办各类活动33场次，累计普法受众约1.9万人，发放各类普法材料2.3万份。

【扫黑除恶专项斗争】

2021年，制定出台《平和县常态化开展扫黑除恶斗争实施方案》，保持对黑恶势力严打高压态势，打掉以蔡某某为首的恶势力犯罪集团。紧盯“四大行业领域”，强化重点行业领域专项整治。全力推进“打伞破网”，推动惩腐打伞工作提质增效，共打掉恶势力犯罪集团1个，破获九类涉恶犯罪案件7起，采取刑事强制措施28人，查封涉案资产1403万元；办结省市下发举报线索11条，办结率100%。

【四大专项攻坚行动】

2021年，制定出台《平和县平安建设“4+1”专项攻坚行动方案》，全力开展专项攻坚。其中，国家信访局共交办平和县2019年以来重复信访积案89件已全部化解；严格落实信访工作“七项机

2021年9月16日，市委政法委调研组到平和县调研基层综合治理工作

（县政法委 供图）

制”和“六定五包”责任；重点打击整治“五类十项”交通违法行为，共现场查处各类交通违法行为70573起，全县没有发生重特大道路交通事故；健全对重点人群的分级分类管控机制；全力治理社会治安突出问题，共立电信网络诈骗案件221起，劝返滞留缅北人员31名，查获涉假（烟）案件13起。

【综治中心规范化建设】

2021年，平和县加强综治中心规范化建设，15个乡镇综治中心参照县综治中心标准已全部建设完毕。不断升级完善网格化服务管理平台，推进城乡社区网格治理“2+N”模式全覆盖。整合网格员、乡村“110”工作队员、平安志愿者等各方力量，在新冠疫情防控、反诈宣传、卷烟打假、“两违整治”等工作中发挥积极作用。

【智慧政法项目建设】

2021年，平和县加强政法信息化工程建设，制定《关于加快推进以景区和非景区景点为重点的公共安全视频监控建设联网的通知》，把景区和非景区、涉水临崖等重点区域公共安全视频监控建设联网工作与社会治安防控体系、社会治理、“雪亮工程”等工作统筹推进。

【服务体系建设】

2021年，平和县持续推进平和县青少年心理辅导站建设，新招聘2名社工专业职员。以辅导站为中心，依托教育局组建的17支心理咨询教师队伍，探索建立“一站多点”模式，开展思想品德教育和心理健康工作，将社会心理服务工作辐射至各中小学。与惟志社工联合启动“护航成长·情暖相伴”项目，关爱留守儿童和外来务工子女，对26名青少年跟踪帮扶并建立管理心理健康档案。

【社会治理现代化】

2021年，平和县精心打造芦溪镇芦丰村、小溪镇高南村、小溪镇城南社区3个市级示范点，进一步推动“乡村（社区）110”网格治理机制的升级。建设智慧街面警务站，优化巡特警“人、机、犬”一体作战机制，共出动警犬100余次，累计参与街路面巡逻200余千米，警航队共出动无人机200余次，参与打击农村赌博、烟草打假、“两违”拆迁、灾害救援、景区非景区巡查等各类任务，参与火灾救援、山林搜索等搜救任务5次，成功搜救出群众3名，查获嫌疑车辆2辆，生产假烟机器8台，涉案金额893万余元。出台《关于构建全域智慧诉非联动平台的实施意见》，构建以县法院线上诉非联动中心为依托，多层次、广领域、全覆盖的网络体系，建立完善人民调解、行政调解、司法调解线上线下有机衔接、联动联调机制。

【多元调解提升】

2021年，平和县完善提升“银行业调解中心”“金融纠纷诉调对接中心”等“一站式”金融纠纷综合预防调处项目，从源头防范和化解金融纠纷。全县共化解诉前快速金融纠纷501件3556.29万元，司法确认的451件，平均调解用时6.5天，为当事人节约诉讼费、交通费等用261.5万元；积极推进交通事故和矛盾纠纷线上调解。全年共线上调解交通事故66起，矛盾纠纷24起，调解成功率100%，调解履约率100%。精心打造“四个一”（印发一份通报、召开一场警示教育大会、组织一次专题民主生活会、发出一份纪检监察建议书）全域智慧型交通审判，形成交通事故纠纷联动调处机制、“互联网+交通事故”处理机制。探索开展“诉前调解+司法确认模式”，共调解交通事故纠纷455件，司法确认168件。4月中旬，省委政法委副书记马必钢到平和县调研，对该经验做法给予充分肯定。

【“八五”普法工作】

2021年，平和县结合文化科技卫生“三下乡”、全民国家安全教育日等活动，开展“法律六进”活动，加强法治宣传教育。组织《中华人民共和国民法典》等专题普法讲座7场次，开展“与法同行、护佑成长”法院开放日等活动4场次，到各中小学校园普及交通安全知识3场次，受教育师生 1500 人次，为各类职工组织讲座 4 场次，受众 2000 余人次。开展“法律进乡村（社区）”法治宣传，累计开展活动 25 场次。全县村（社区）法律顾问共为群众提供法律咨询 876 人次，开展法治宣传 205 次，提供法律建议意见 45 件，参与调解矛盾纠纷 110 起，成功化解信访案件 85 件。县法律援助中心接待法律咨询 1470 人次，办理各类法律援助案件 524 件，受援 524 人次。2021 年，霞寨镇高寨村被评为“全国民主法治示范村（社区）”。

【法治化营商环境营造】

2021 年，平和县充分运用“府院联动”机制，促进市场主体有效盘活和有序退出，靠前提供法律指导和司法服务，监督支持依法行政，协助县政府、相关行政部门沟通协调行政诉讼案件 26 件次。县检察院在文峰镇、工作园区成立检察官工作室，与南靖县检察院签订《关于九龙江西溪上游生态环境资源司法保护协作配合意见》，就跨区域案件范围、管辖和线索移送、日常工作等建立协作配合机制。县法院在平和工业园区设立法官工作室，4 名法官挂牌靠前提供法律指导和司法服务。县公安局聚焦重点项目建设，共走访重点项目 153 家次，召开座谈会 44 场次，排查化解涉企矛盾纠纷 6 起，消除安全隐患 18 个。司法局组织律师专班深入工业园区，为园区 6 家企业提供劳资纠纷、工伤赔偿等法律咨询服务，开展普法宣传。

【队伍教育整顿】

2021 年，平和县政法各单位组织 609 名政法干警参加政治轮训，撰写各类心得体会 1565 篇，参观红色教育基地 526 人次，召开廉政教育报告会 6 场次，举办专题讲座 12 场，警示教育大会 47 场次。召开政策宣讲会 47 场次，举办家属座谈会 21 场次，1162 名政法干警填报自查表，填报率 100%，187 人自查发现问题 262 条，接收违纪违法线索 78 件，办结 74 件，处理处分违纪违法政法干警 49 人。召开征求意见座谈会 53 场，梳理各方面意见建议 397 条。排查整治顽瘴痼疾 50 个，制定出台制度措施 46 项；细化整改任务 305 条，明确整改措施 305 条，已整改 264 条。开展为民办实事 434 件，建立健全长效机制 87 条。制定出台“三个规定”（包括中共中央办公厅、国务院办公厅下发的《领导干部干预司法活动、插手具体案件处理的记录、通报和责任追究规定》；中央政法委下发的《司法机关内部人员过问案件的记录和责任追究规定》；最高人民法院、最高人民检察院、公安部、国家安全部、司法部联合下发《关于进一步规范司法人员与当事人、律师、特殊关系人、中介组织接触交往行为的若干规定》）的配套制度，全县政法各单位共填报记录 54 条。持续开展防止干预司法“三个规定”宣传，共组织 36 个宣讲小组，深入县直机关宣讲 44 次，召开座谈会 12 场。开展涉法涉诉矛盾纠纷排查化解，共层报省直政法部门申请终结案件 6 件，最高人民检察院予以核准确认 5 件办结。开展司法救助工作，对全县重点案件交叉评查，开展减、假、暂案件排查整治，对存在瑕疵的案件及时抓好整改。

（供稿：县委政法委）

法治政府建设

【概况】

2021 年，平和县全年共召开 1 次县委全面依法治县工作会议和 3 次县委全面依法治县委员会会议，制定出台《关于为全方位推动高质量发展超越提供有力法治保障的实施方案》《平和县推进法治化营商环境建设实施方案》《平和县加强法治乡村建设工作方案》《2021 年依法治县工作要点》《法治平和建设规划（2021—2025 年）》《平和县行政复议体制改革实施方案》等工作方案，为法治政府建设提供有力制度保障。落实省委依法治省委员会关于《党政主要负责人落实第一责任人履职情况纳入年终述职工作实施方案》部署要求，把依法行政法治建设成效作为衡量领导班子和领导干部工作实绩的重要内容并纳入政府绩效考核指标体系，确定2021年依法行政绩效指标考评总分15分。开展县直部门权力清单和责任清单的衔接，全面推进各部门行政审批事项进入行政平台规范运行，进一步优化清理行政权力事项，推行行政权力事项清单制度。全县县级行政审批和公共服务事项1694项已经全部进入省网上办事大厅，所有事项均可在网上预审和办理，实现政务服务“线上、线下”两个平台同步运行。

【规范性文件管理】

2021年，平和县加强规范性文件监督管理，实行制定机关对规范性文件统一登记、统一编号、统一印发制度。依法报送备案县政府及县政府办规范性文件17件。实行行政规范性文件目录和文本动态化、信息化管理，建立规范性文件定期清理和专项清理相结合的长效清理机制，统一信息平台，及时公开各类清理结果，2021年共废止规范性文件6件。

【规范行政执法行为】

2021年，平和县开展行政执法主体资格和行政执法人员资格清理确认工作，实行行政执法人员持证上岗和资格管理制度，共组织207名行政执法人员报名参加2021年福建省行政执法资格综合法律知识考试，全县持有福建省行政执法证件总人数494人。开展执法案卷评查、案件质量跟踪评判，每年在全县范围内对36个行政执法部门的年度行政执法案卷进行抽查评查。组织召开全县行政执法三项制度和证明事项告知承诺制工作推进会，督促县直各单位按要求落实制度安排。各单位制定行政执法音像记录清单127项、重大执法决定法制审核目录清单418项、行政执法事项服务指南270项、证明事项告知承诺制目录清单33项。

【行政复议与应诉工作】

2021年，平和县推进行政复议体制改革，按照上级部署要求，制定出台平和县行政复议体制改革实施方案，依法履行行政复议与行政应诉职责，在办理案件中，推动信息互通、工作联动、矛盾联调、优势互补，形成化解争议纠纷合力，及时化解法律关系复杂、疑难争议众多、涉及群众根本利益的重大矛盾纠纷。主动配合、支持法院的行政审判活动，组织、协调政府及其部门出庭应诉、答辩，落实行政机关负责人出庭应诉报备通报制度，自觉执行法院生效判决和裁定，积极回应和落实有关司法建议。2021年度共收到行政复议申请26件，受理19件，办结15件；参与行政诉讼2起，做到无败诉、无上诉。

（供稿：县政府办公室）

公安

【概况】

2021年，平和县公安局聚焦主责主业，持续开展队伍教育整顿，围绕“一室两队”、“大法制”、“合战中台”和“110”警务提升等警务改革重点，全面深化警务机制改革工作，推进公安执法规范化建设，从严从实从细做好防风险、保安全、护稳定、促发展各项工作，完成庆祝中国共产党成立100周年、世界遗产大会等维稳安保工作，全县社会治安群众安全感率持续位居全市前列。年内，平和县公安局获得“2020年度县级公安机关综合考评优胜单位”称号，巡特警反恐大队被授予“全省先进基层党组织”和“全省优秀公安基层单位”称号，小溪派出所被授予“福建省五一先锋号”称号和全市“先进基层党组织”称号。

【打击各类违法犯罪】

2021年，平和县全年共破获刑事案件774起，破获侵财案件257起，抓获各类刑事犯罪作案成员1482人。共打掉恶势力犯罪集团1个，破获九类涉恶犯罪案件7起；电信网络诈骗案件同比下降18.6%；严厉打击各类经济违法犯罪，共立案35起，破案25起，抓获违法犯罪嫌疑人30人，起诉犯罪嫌疑人22人；抓获盗抢

2021年7月22日，平和县公安局警示教育大会召开（陈宗泽 摄）

骗销嫌疑人287人，赌博行政案件处罚91起，破获赌博刑事案件50起，查处涉黄行政案件2起，破获毒品刑事案件5起；情报输出外地市协助破获毒品刑事案件4起，抓获毒品犯罪嫌疑人20余人；立涉枪刑事案件9起，破10起；立卷烟制假案件13起，破12起；抓获涉嫌拐卖儿童、伪造国家机关证件的犯罪嫌疑人15名，解救婴儿2名；抓获各类逃犯174人，其中本地公安机关在互联网上通缉的逃犯89人、外地公安机关在互联网上通缉的逃犯85人。

【公共安全维护】

2021年，平和县公安局开展户口登记管理清理整顿，年内新登记采集流动人口13704人，全县共有出租房9204家，流动人口18705人。“一标三实”采集率达到90%。加快推进智能安防小区建设，共摸排小区113处，确定符合安装改造条件39处，向县政府争取经费130万元投入改造建设。严格管理旅馆54家、寄递行业52家、网吧8家、娱乐场所7家、按摩服务场所10家、机动车修理33家、汽车租赁企业9家、寄递业51家、加油站63家和民爆仓库1处，以及其他治安保卫重点单位228家。全县中小学幼儿园195家已全部落实校安配合、封闭式管理、一键报警安装和监控视频联网；组织开展校园法治宣传175场次。建立疫情常态化防控监所安全管理模式。完成平和大桥两侧信号灯及电警建设和全县2处临水临涯路段、19处事故多发点段隐患整治，现场查处各类交通违法行为73681起。

【法治环境创造】

2021年，平和县公安局建立“两队两室两中心”运行机制，全面建成执法办案管理中心并正式投入使用；推进执法办案积分评查，评出“法制之星”12名。加强对重大、疑难案件的法律审核工作，加大个案监督力度，认真落实执法巡查、执法过错责任追究等制度，2021年网上巡查监督共2270起，发现并纠正执法问题6682个。形成“6+N”的县局顽瘴痼疾整治方案，制定出台一系列规范性文件，不断强化内部执法监督，促进执法质量提升。组织开展2轮56人次警衔晋升测试，4轮次全警基本法律法规知识测试，3期法治部门跟班学习和2次参加诉讼庭审旁听活动。及时更新、完善县局网页“柚乡说法”专栏，加强与平和县检察院沟通交流，增强检法协作配合。

【服务中心工作】

2021年，平和县公安局全力做好涉疫各项工作，累计排查16—45周岁人员53654人，主动摸排高危人员458人，侦破组织他人偷越国（边）境案件39起，查处非法偷渡人员78名。落实重点项目公安机关班子成员挂钩联系制度，共走访重点项目349家次，召开座谈会138场次，排查化解涉企矛盾纠纷6起，消除安全隐患18个，主动为企业提供服务153次，走访宣传83次，协助消除各类隐患33个。推出“我为群众办实事”活动项目17项，完成县处级干部挂钩为民办实事项目4项，开展为民办实事458件；

共承办人大代表建议5件、政协委员提案11件。深入推进“放管服”改革，不断创新便民服务举措，共受理各类出入境证件申请325件次，办理各类户籍业务7943件次，便民服务环节实现“零投诉”。

【矛盾纠纷线上调解】

2021年，平和县公安局运用“互联网+矛盾纠纷调解”思维，联合集美大学信息工程学院开发“平和县矛盾纠纷线上调解系统”，搭建线上调解系统“微平台”，创新“线上线下联动，网上平台联调，调处全程留痕，省时省力省事，公开公平公正”的非接触式调解新模式，努力让人民群众有更好的调解体验感。全年全县累计通过线上调解各类矛盾纠纷185起，调解成功率、履约率均达100%，经验做法在全市公安机关“亮点工程”推进会上作典型介绍，被《八闽快讯》《漳政要讯》《福建日报》《福建法治报》等媒体报道。

【“一案七查”工作法】

2021年，平和县公安局针对电信网络新型违法犯罪高发，打击整治手段缺乏，效果不理想的实际困难，创新具有本地特色的“一案七查”工作法，集中警力、整合资源、全息作战、全向出击，在打击整治电信网络诈骗暨断卡行动中成效显著。共接报涉诈警情335起，同比下降16.5%；立电诈案件241起，同比下降18.6%，实现警情案件“双下降”。同时，主动汇报，争取县委支持，并进一步推动建立“党政主管、综治主导、行业主责、公安主打和社会参与”长效长治机制。

（供稿：县公安局）

检察

【概况】

2021年，平和县人民检察院依法严厉打击各类犯罪，共批捕各类犯罪144人，起诉607人，不捕115人，不诉121人。依法严惩故意伤害、强奸等影响群众安全感犯罪，起诉40人。惩治“黄赌毒、盗抢骗”、电信网络诈骗等犯罪，起诉191人，参与“断卡”专项行动，共追赃挽损280余万元。对涉黑恶犯罪案件提起公诉1件10人，出庭支持公诉1件10人。依法办理涉疫情犯罪，起诉5人。年内，平和县人民检察院先后获得“省级文明单位”“全省普法工作先进单位”“福建省巾帼维权岗”等7项市级以上集体荣誉，9名个人获得市级以上表彰。

【服务保障】

2021年，平和县人民检察院与公安、人民银行等单位在惩治洗钱上游犯罪方面建立案件会商协作机制，形成打击洗钱犯罪工作合力。制定服务保障“产业发展项目建设年”活动12条意见，深入工业园区等地开展座谈会，收集与会企业意见建议并抓好落实，成立平和工业园区检察官工作室，将法律监督和服务保障落实到园区和企业发展一线。对因

2021年5月28日，漳州市人民检察院联合平和县人民检察院开展“美好生活·民法典相伴”主题宣传活动　（县检察院 供图）

案致贫返贫的贫困户切实加大司法救助工作力度，共开展司法救助4件，发放救助金13万元。

【社会治理】

2021年，平和县人民检察院推动县委、县政府将检察建议落实情况纳入县绩效、综治考评体系，充分发挥检察建议助推社会治理作用，共发出检察建议71份，已到回复期的67份均采纳。开展专项核查，监督公安机关对19名罪犯补录监管执行台账和工作档案，规范被剥夺政治权利罪犯刑罚执行工作，保障村“两委”换届依法有序进行。

【未成年人司法保护】

2021年，平和县人民检察院严惩侵害未成年人犯罪，共批捕起诉性侵、伤害等犯罪27人，教育挽救未成年犯罪嫌疑人，不捕不诉33人。与团县委等部门联合开展“两法”进校园等普法宣传活动，在广兆中学设立“未成年人教育辅导基地”；联合县公安局等单位在县妇幼保健院设立未成年被害人“一站式”办案中心，实现对未成年被害人的一站式询问、检查取证、心理疏导、法律援助等。落实亲历性办案要求，共受理审查逮捕涉未成年人案件12件15人，批捕10件12人，不捕2件3人；受理审查起诉17件28人，起诉12件16人，不诉4件5人。及时介入1起校园欺凌事件，协调公安机关、教育机构及时处置，并在县政法委组织下做好调解、被害人心理救助和施害人双向保护工作。做好检察长担任“法治副校长”工作，推动校园法治教育切实开展。邀请人大、政协、妇联、共青团等多方主体参与落实“一号检察建议”联席会，共商预防校园性侵、加强未成年人保护等工作，推动形成合力。

【刑事检察】

2021年，平和县人民检察院践行少捕慎诉慎押刑事司法政策，不捕率44.4%，不诉率16.62%。依法准确对3起故意伤害案适用正当防卫制度，对3名犯罪嫌疑人作出无罪不捕、无罪不诉决定。提升刑事诉讼监督效果，监督立案率、监督撤案率均达100%，发出《纠正违法通知书》24件次，侦查活动违法监督率4.26%。认罪认罚从宽制度适用率93.99%，速裁程序适用率65.26%，确定刑量刑建议提出率100%，均排名全市第一。

【公益诉讼检察】

2021年，平和县人民检察院聚焦生态环保、食药安全、国有财产保护等民生领域，充分发挥诉前程序作用，监督行政机关依法履职。共发出督促履职检察建议15件，已被采纳13件。开展人防易地建设费专项监督，加强对已回复检察建议整改情况的跟踪监督，督促收回国有财产近65万元。积极开展刑事附带民事公益诉讼，维护社会公共利益。联合南靖县检察院签订《关于九龙江西溪上游生态环境资源司法保护协作配合机制》，实现跨区域案件办理司法协作和日常工作协作机制。

【生态检察】

2021年，平和县人民检察院依法批捕破坏生态资源犯罪8人，起诉7人。联合县法院、生态环境局等9个单位开展集中式饮用水水源地环境保护活动。联合县农业农村局、河长办、水利局等单位在九峰镇、长乐乡水域放流增殖鱼苗30万尾，设立环保警示牌6个。联合县法院、森林公安创建268亩生态司法示范片，作为教育基地。

（供稿：县人民检察院）

法院

【概况】

2021年，平和县人民法院共受理各类案件6049件，同比上升24.03%；办结5480件，同比上升27.21%。结案率90.59%，结收比92.09%，员额法官人均办结案件195.71件。2021年4月22日，平和法院设立“法官工作室”服务工业企业。2021年6月16日，平和法院“全域智慧诉非联动中心”成立。2021年10月13日，平和法院“诉前联合调解委员会”成立。年内，平和县人民法院被评为省级文明单位，立案庭和交通庭被上级评为先进集体，9人被上级评为先进个人。

【依法惩治刑事犯罪】

2021年，平和法院依法审结各类刑事犯罪363件443人。严厉打击涉枪涉毒、“两抢一盗”、强奸等危害群众安全感犯罪46件56人；依法从严从快审结涉电信网络诈骗犯罪82件126人；严惩职务犯罪，审结粮食系统腐败窝案3件3人；依法对413名被告人兑现从宽政策；对罪责较轻的269名被告人适用非监禁刑；贯彻教育感化方针，审结未成年人犯罪案件1件2人；依法严厉打击侵害未成年人权益犯罪4件5人。

【民生司法保障】

2021年，平和法院依法保护各类民事主体合法权益，审结民商事案件3401件标的2.51亿元。审理涉及人身、教育、医疗等涉民生案件28件；维护市场秩序，审结各类合同纠纷2319件2.05亿元，其中民间借贷案件813件4761.62万元，审结房屋买卖、物业服务等案件68件；推进家事审判改革，审结婚姻家庭、扶养继承案件532件；司法服务保障“三农”，依法审理涉及土地承包经营、权属纠纷等案件16件；保护劳动者合法权益，审结劳动争议案件31件。

【切实解决执行难】

2021年，平和法院紧盯“四个一”（理合格率不低于90%；有财产可供执行案件在法定期限内实际执结率不低于90%；执行信访的办结率不低于90%；近三年执行案件整体执结率超过80%）核心指标，严厉打击规避抗拒执行等行为，新收执行案件1808件，同比上升44.06%；执结1664件，同比上升41.38%。移送追究拒执犯罪线索4件5人，公布失信被执行人名单854条，滚动网络查控财产线索48.64万人次。开展专项执行行动，执结涉民生案件155件到位246.91万元，涉企案件422件到位4631.64万元，对2018年以来未结涉机动车交通事故责任纠纷案件开展专项清理，执行完毕16件到位237.61万元，共清理发放执行款2696笔6105.16万元。

【交通审判】

2021年，平和法院拓展“全域智慧型”交通审判，共办结涉交通事故民事纠纷180件、交通肇事犯罪5件5人、危险驾驶犯罪98件98人。成立“平和县交通事故调解委员会”，聘请5名专职调解员开展诉前调解，通过“诉前调解+司法确认”模式快速化解交通事故纠纷563件，其中司法确认247件。推行线上调处，运用微信、“道交数据一体化”系统、6个线上调解对接点，共线上调解311件次。省委政法委副书记、省扫黑办主任马必钢调研交通审判时，给予充分肯定，《人民法院报》给予大篇幅报道。

【金融纠纷预防调处】

2021年，平和法院深化“两中心一站式”金融纠纷预防调处，与“银行业调解中心”合署驻点办公，诉调对接中心受理各类金融纠纷870件，办结813件。推进“第三方调解+司法确认”纠纷快速解决模式，诉前快调金融纠纷602件标的5550.85万元，司法确认541件，平均调解用时6.5天，有效将44.6%的金融纠纷化解在源头，为当事人节约诉讼费、交通费等323.6万元。

【诉非联动平台构建】

2021年，平和法院构建全域智慧诉非联动平台，成立平和县全域智慧诉非联动中心、诉前联合调解委员会，依托线上调解平台，提供在线调解、在线诉讼、线上咨询、线上培训、线上委托协助送达等“一网通办”智慧服务，搭建覆盖平和县17个乡镇（场、区）、30个部门的诉非联动平台，对接全县240个村委会、22个居委会，会同政法委、司法局举办调解员培训班，提升基层调解能力水平。

（供稿：平和法院）

司法行政

【概况】

2021 年，平和县司法局累计开展教育帮扶解困难、法律援助暖人心、法治宣传进社区、人民调解化纠纷等为群众办实事 60 余件。共收到行政复议申请 28 件，受理 19 件，办结 15 件；共参与行政诉讼 2 起，做到无败诉、无上诉。共收集行政执法音像记录清单 127 项、重大执法决定法制审核目录清单 418 项、行政执法事项服务指南 270 项、证明事项告知承诺制目录清单 33 项。

【特殊人群管控】

2021 年，平和县大力推进社区矫正中心“智慧矫正”规范化建设，对全县在册社区矫正对象相关数据进行全面核查和数据比对，累计排查 865 人次。年内累计接收社区矫正对象 391 人，解矫 335 人；累计接收申请社会调查 344 起，已完成 341 起；受理居住地变更申请 20 人，迁出 10 人；开展经常性跨市县活动 3 人。在册社区矫正对象 491 人，其中缓刑 459 人，假释 23 人，暂予监外执行 9 人。

【人民调解】

2021 年，县司法局严守疫情防控政策，做好刑释解矫人员衔接工作，与福建中顺建筑工程有限公司签订《刑释解矫人员安置基地安置帮教工作协议书》，进一步为有需求的帮教人员提供就业的机会。成立平和县人民调解委员会协会，联合平和县人民法院、国网平和县供电公司成立联合人民调解委员会；联合平和县人民法院成立平和县诉前联合调解委员会；联合县妇联成立平和县婚姻家庭纠纷人民调解委员会。2021 年，全县 15 个司法所（包括调委会）共排查化解矛盾纠纷 3631 起，调解 3631 起，调解成功 3616 起，调解成功率达 99.59%，基本实现“小事不出村，大事不出镇，矛盾不上交”。

2021 年 12 月 4 日，平和县司法局在平和县文博中心举办“12 · 4”国家宪法日宣传活动

（司法局 供图）

【公共法律服务】

2021 年，县司法局统筹整合法律服务资源，加快推进实体、热线、网络三大平台业务融合和升级改造。法律援助中心共接待法律咨询 1950 人次，办理各类法律援助案件 657 件，其中民事案件 27 件（诉讼 27 件），刑事案件 76 件，认罪认罚 554 件，受援 657 人次。开展“法治进乡村”活动 25 场次，霞寨镇高寨村被评为“全国民主法治示范村（社区）”。推进“法律明白人”培养工程，已在 262 个村（社区）培养 786 名“法律明白人”。年内，平和县公证处共办理各类公证案件 527 件，其中，国内民事公证案件 400 件，国内经济 22 件，涉外公证案件 74 件，涉台公证案 18 件，涉港澳公证案 13 件，公证收费 36 万余元。自 2018 年下半年司法部征集公证案例开始，有 7 篇案例入选司法部公证案例库。

（供稿：县司法局）

军事

人民武装

【概况】

2021年，平和县人民武装部深入贯彻习近平强军思想，按照"一线强区"标准，突出动员备战主责主业，聚力备战打仗，强化改革创新，狠抓工作落实。年内，联合教育局举办"增强国防意识，赓续红色基因"主题系列活动，面向全县中小学师生征集作文76篇，制作红色故事解说视频18个。

【国防后备力量建设】

2021年，县人武部先后组织冲锋舟操作手集训暨军地联合防汛救灾演练（经验做法在央视军事频道刊播），民兵应急分队备勤训练，民兵"四会"教练员集训，新任职专武干部、民兵连长和情报信息员集训，对口保障空军医疗分队和伪装防护分队专业技能训练。在支前运输保障中心开展2021年度基干民兵集合点验大会，提高民兵队伍应急应战能力。通过潜力核查、体检政考、集合点验等"八个步骤"走实民兵整组工作，较好完成全县基干民兵编组任务。

【国防教育基地】

2021年7月7日，位于南胜镇的中共闽粤边特委机关旧址被列为第四批"福建省国防教育基地"。年内，在阳明公园增添一个国防教育主题公园。1月13日，组织开展军事日活动。

【征兵工作】

2021年，县人武部下发征兵宣传手册1.2万份，制作条幅600余幅、宣传标语1500余条，出动征兵宣传车30辆次，协调县教育局和融媒体中心开展大学生征兵宣传，先后25次实时开展征兵宣传动态报道，向《中国民兵》《东南前哨》《福建征兵》及时投稿，上稿13条，营造浓厚的征兵氛围。结合疫情防控实际，从严把好体检质量关、政治考核关，走实走访调查，规范组织役前教育训练，抓实廉洁征兵问题排查，圆满完成征集输送任务。

【双拥共建】

2021年，县人武部会同县退役军人事务局为立功受奖军人送喜报并做好媒体宣传工作；热心保障军人军属权益，协调解决官兵子女入学入托，帮助维护军人军属权益1起；开展奖学助教和"八一"助学兴教活动，累计为辖区家庭11名困难大学新生发放2.8万元慰问金，购买文体用品慰问辖区7所共建学校。3月12日，组织民兵队伍分批次、分区域开展义务植树活动。

（供稿：县人武部）

人民防空

【概况】

2021年，平和县人民防空办

公室加强人防工程管理，推进人防应急指挥平台建设；贯彻落实“长期准备，重点建设，平战结合”方针，开展人防国防动员潜力数据调查，完成人防指挥部编程、人防专业队“实名化”名单更新工作。定期与市人防办开展短波电台、视频通信系统联调联试工作。根据上级部署，组织“9·18”鸣放防空警报等。12 月 2 日，开展 2021 年平和县防空袭疏散演练活动，共有 40 余人参与演练。

【人防项目审批】

2021 年，县人防办主动对接税务部门，优化人防易地建设审批服务流程，确保人防易地建设费收缴工作顺利完成。

【人防工程建设】

2021 年，平和县人防办将人防监管工作与质安站合署办公，进一步加强人防工质量把控力量，全方位做好人防工程监督工作，保证工程质量，保证生产安全。年内，完成人防工程项目竣工验收手续办理。

（供稿：县人防办）

武装警察

【概况】

2021 年，武警平和中队全体官兵以习近平主席系列重要讲话精神为指导，以“听党指挥、能打胜仗、作风优良”为强军目标，把学习党的先进理论与积极投身于多样化军事任务实践紧密联合，牢记使命、苦练本领、忠于职守、勤奋工作，完成上级赋予的各项任务。

【警民共建】

2021 年，武警平和中队坚持任务牵引，及时完善各类战备预案，充实战备物资，落实战备制度，加强战备演练，组织开展抗洪抢险演练，进一步检验方案、明确分工、熟悉任务、磨合协同，增强中队执行多样化任务的能力。

【部队建设】

2021 年，武警平和中队把驻地当故乡，执行群众纪律，参与平和建设。中队官兵积极参与地方联合反恐演练，参加地方植树节活动，对武装部民兵冲锋舟操作进行教学，参与公祭日祭扫烈士陵园、敬献花篮活动，与县文体局开展共建“书法进警营”活动，与县法院开展共建“送法进警营”等活动。双拥共建、双拥宣传和国防教育深入有效，军地互相理解、互相支持，互办实事。

（供稿：武警平和中队）

外事 侨务 台港澳事务

外事

【概况】

2021年，平和县外事工作深入贯彻总体国家安全观，依法依规加强涉外管理，把统筹做好“外防输入”与服务平和经济发展紧密结合，贯彻落实上级关于防范境外疫情输入工作各项部署，有序有效开展数据核查，做好境外返乡人员、境外到平和公务人员、境外到平和旅游人员的健康台账统计与分析工作以及境外入闽人员健康信息平台新增录入工作，严格做好闭环管理。累计纳入健康管理512人次。11月，以2021年第四届“行走中国·海外华文媒体漳州行”参访团走进平和为契机，向参加的13个国家的19家海外华文媒体展示“语堂故里”的独特魅力，并通过新闻报道增进海外读者对平和的了解，讲好平和故事。

【助力招商引资】

2021年，平和县外事部门自觉把平和县的对外开放放到“双循环”的新发展格局中去谋划推动，助推重点产业对外招商，配合平和县开展的“产业发展项目建设年”“六比一看竞赛”活动，积极探索适应疫情防控形势的对外交流合作模式，积极助力重点产业国际合作，年内引进的2家大型外资企业建设顺利开展。

【“一带一路”沿线交流】

2021年，平和县外事部门推动与“一带一路”沿线国家各领域交流，围绕打造“海丝”重要节点，发挥克拉克瓷原产地文化效应，依托“漳州味世界行”、海峡茶会等重大经贸平台，拓展对外开放的广度和深度，充分利用琯溪蜜柚与欧盟互换十大地理标志产品、获得美国市场准入等有利条件，鼓励企业赴海外国家和地区参加展销活动，进行贸易对接；鼓励农业生产企业走出国门建设生产基地，服务企业拓展新兴市场。与工信（商务）部门联系合作开展“外事进百企”服务活动，面向重点企业、外向型企业，宣讲外交部关于促进国际循环的利好政策，协调“走出去”“请进来”相关涉外问题，对涉及外向型企业的邀请函办理、APEC（亚太经济合作组织）商务旅行卡办理事项优化升级，积极进行政策普及宣传。

【维护涉外环境】

2021年，平和县外事部门联合县公安局出入境强化涉外安保和反恐维稳工作，妥善处置县涉外突发事件，解决平和县在外感染新冠肺炎人员的领事沟通事宜以及在国外非法滞留人员的排查和跟踪。加强邀请外宾访平和、海外利益保护等涉外事项的统筹协调和归口管理，提升外事领域治理体系和治理能力现代化。

（供稿：县政府外事办）

侨务

【概况】

2021年，平和县侨务工作全面规范涉侨行政服务工作，大力宣传“两法一例”，强化对乡镇侨政人员的培训指导。对华侨、侨眷因出国（境）奔丧、治疗重病、探望危重病人、处理境外突发事件等紧急情况及时同公安出入境窗口沟通协调，实行优先办理服务，确保服务工作不断档、服务质量有提升，全县侨界民生稳定，全年实现零信访。

【“两法一例”宣传】

2021年，平和县围绕涉侨“两法一例”，举办“两法一例”宣传教育活动，在城区、在机关开展学习侨法活动，利用发放宣传单、干部会、“归侨侨眷座谈会”等形式，对“两法一例”进行学习宣传。开展“两法一例”进社区、进农村、进侨乡活动，在归侨侨眷相对集中的乡镇设立“侨法宣传角”，发放侨法资料100多份；依托林语堂文学馆、崎岭林广兆先生旧居宣传文化中心平台，开展对侨文化交流。

【华侨联络联谊】

2021年，平和县加强海内外侨界交流联系，拓展海内外联络联谊，发挥侨资侨力作用，为招商引资、引才引智牵线搭桥，积极为平和县经济发展出谋划策，拓宽崎岭乡白芽奇兰茶的海外销售渠道，助力乡村振兴，崎岭乡顶寨村获漳州市乡村振兴“345”示范工程示范村。2021年，利用中秋节、春节等节日慰问走访回乡海外乡亲和归侨侨眷，慰问走访50多人次，发放慰问金10人次。积极向海外侨胞发出“倡议书”，并通过视频连线、电子邮件、公众号等形式向海外侨胞推送中国政府和人民抗疫的有关情况；开通24小时咨询热线，全天候为海外同胞提供关于新冠疫情知识、防护、心理援助等方面知识。

（供稿：县政府侨务办）

台港澳事务

【概况】

2021年，中共平和县委台港澳工作办公室（简称县委台港澳办）认真学习贯彻习近平总书记对台工作重要论述，深入贯彻落实中央对台大政方针和省委、市委对台工作要求，秉持“两岸一家亲”理念，为台胞台企办实事、做好事、解难题，做好疫情防控社会宣传工作，积极协调相关部门，为台胞台商接种疫苗、核酸检测提供便捷服务。3月19日，为平和县重点台商投资企业福建大芹陆宜酒业有限公司的台青台干开通疫苗接种绿色通道。9月19日，协调医务人员上门服务，深入福建大芹陆宜酒业有限公司，为112名企业员工进行免费核酸采样检测，切实维护台胞台商生命健康安全，保障疫情常态化防控时期安全生产工作。

【平台文化交流】

2021年，县委台港澳办向市委台港澳办成功申报将芦溪镇绳武楼设立为“漳台交流基地”，同时充分挖掘五寨乡、坂仔镇等涉台宗亲、文化资源，服务协调好第十三届海峡论坛项目筹备工作。3月26日，举办“纪念世界文化大师林语堂先生逝世45周年活动”，现场与台北林语堂故居主任蔡佳芳进行线上互动。10月9日，举办纪念世界文化大师林语堂126周年诞辰“海峡两岸忆语堂”活动，邀请闽南师范大学文学院台籍副教授高显莹作文学讲座，并与台北林语堂故居主任蔡佳芳线上互动交流。

【两岸民间交流】

2021年3月3日，壶嗣吴氏文应公台湾联谊会第二届第一次会员大会在台湾嘉义水上乡吴文应公宗祠顺利召开，并完成换届选举工作，与平和县壶嗣吴氏宗亲会宗亲利用互联网开展线上交流。10月14日“九九”重阳节，坂仔镇心田赖氏十四甲五片区裔孙代表以及欧寮横石陈氏裔孙代表一行近百人，与同为心田赖氏裔孙的台湾台中五美堂宗亲通过网络视频连线同步祭祖。平和坂仔镇心田赖氏宗亲成立“平和心田叔颖文化两岸交流会”，加强两岸赖氏叔颖文史研究对接交流工作。6 月 11—13 日，福建省劳动模范台湾嘉义台胞林智远回祖地平和安厚龙峰头开展“寻根•圆梦”恳亲会活动，为台胞寻根谒祖提供协调帮助。

2021 年 6 月 12 日，福建省劳动模范台胞林智远（前排左四）回安厚镇寻根谒祖（县委台港澳办 供图）

【平台经贸合作交流】

2021 年，平和县持续深化平台经济领域融合发展，协调服务好平和县重点台资企业福建大芹陆宜酒业有限公司，该企业已累计投入资金近 7 亿元，完成 3 条威士忌蒸馏生产线建设，日生产能力 15 吨。积极牵头协调平和县 2021 年乡建乡创闽台合作项目申报工作，平和县安厚镇龙头村和美峰村、九峰镇黄田村和芦溪镇蕉路村获省财政厅 2021 年引进台湾建筑师团队开展乡建乡创陪伴式服务补助资金各 50 万元，总计 200 万元，该资金用于台湾建筑师团队规划设计咨询“陪伴式”服务。

【台湾人才就业创业】

2021 年，县委台港澳办推动平和县企事业单位面向台湾青年提供 10 个招聘岗位，引进 6 名台湾优秀青年到平和县就业。落实引进台湾人才优惠政策，向市台港澳办申请台湾青年大学生到平和县企业就业，为 1 名到平和县台资企业就业的台湾青年大学生争取补助经费 3 万元。

【香港同乡联谊会】

2021 年，平和县通过多渠道加强与香港同乡联谊会沟通联系，了解在港社团动态和开展社团工作的情况，不定期向在港乡贤林广兆先生通报家乡社会经济发展情况，感谢林广兆一直关注支持家乡发展变化。12 月 20 日，香港中国企业协会（中企协）成立 30 周年庆典在香港会展中心举行，行政长官林郑月娥见证协会成立 30 周年并向持续服务协会近 30 年的香港中银国际控股有限公司副董事长林广兆颁发“杰出贡献奖章”，12 月 30 日，中共平和县委、平和县人民政府代表全县人民，向乡贤林广兆先生发去贺信，表示诚挚祝贺。10 月 14 日，接待香港书法家陈文星一行 4 人，参观考察平和县广兆中学、坂仔镇林语堂故居和崎岭乡宣传文化中心（林广兆先生旧居），陈文星还为广兆中学赠送一幅珍贵的油画。

（供稿：县委台港澳办公室）

应急管理

综述

2021年，平和县应急管理局（简称“县应急局”）深入学习贯彻习近平总书记关于安全生产重要论述，牢固树立“人民至上、生命至上”理念，坚持以防范化解重大安全风险、坚决遏制重特大事故为重点，严格落实安全生产“一票否决”制度，深入开展重点领域行业专项整治，全面排查并消除安全隐患，安全生产控制指标全部下降，生产安全事故起数及死亡人数实现“双下降”，未发生较大及以上事故，全县安全生产形势保持平稳向好。2021年度全县安全生产工作在全市安全生产责任制考核中名列优秀等次。

2021年，县应急局新增平和县森林防灭火指挥办公室、平和县防汛抗旱指挥中心。根据县编制委员会办公室文件精神，2020年1月，原县林业局的森林防灭火指挥工作职责划归县应急管理局，平和县防火办公室及人员也由林业局部门移交县应急局；2020年4月，原县水利局的防汛抗旱指挥工作职责划归县应急管理局，平和县防汛抗旱指挥办公室及人员也由水利部门移交县应急局。

2021年6月16日，平和县开展全国安全生产月咨询日活动

（县应急局 供图）

安全生产管理

【概况】

2021年，县委常委会、县政府常务会7次讨论研究安全生产有关制度、文件和工作，专题研究制定平和县《全面开展安全生产隐患大排查大整治百日行动实施方案》等，推动隐患排查治理规范化、制度化、长期化；县应急局每季度筹备召开一次防范重

特大安全事故会议，针对不同阶段的工作重点和安全生产中存在的突出问题，分析安全形势，推进隐患排查治理机制，部署针对性工作措施，持续推进道路交通、消防安全、建筑施工、危险化学品等领域风险管控，督促企业落实主体责任，抓好事故隐患排查治理，逐步形成“党委统一领导、政府依法监管、企业全面负责、职工积极参与、社会支持监督”的安全生产工作格局。全年共出动执法人员114人次，共检查生产经营单位57家次，发现隐患10处，已责令其限期整改。

【隐患排查整治】

2021年，平和县深入开展安全生产专项整治三年行动，深入排查隐患，制定整改措施，落实整改责任，专人跟踪、台账管理、对账销号，共排查隐患数2225处，已整改2199处，整改率为98.8%；成立检查组391个，督导检查1079次，督导问题641个，行政处罚176家，约谈警示2家，责令停产整顿10家。组织开展“控事故、保安全、迎建党百年”安全生产集中攻坚专项行动和“严执法、强攻坚、促提升”专项行动，结合安全生产月活动，加强安全宣传教育；盯紧盯牢事故多发易发重点行业领域、重点企业隐患排查治理，抓好隐患排查整改，切实消除隐患，最大限度地预防和遏制各类安全生产事故的发生。

【重点领域整治】

2021年，平和县将非煤矿山安全风险分级管控大排查大整治有机结合，主抓“安全教育培训和隐患排查治理”两个重点，共出动检查人员151人次，检查非煤矿山企业36家次，形成场检查记录36份，下达整改指令书13份，发现隐患数24项，已全部完成整改。2021年3月，完成福建省平和鑫源选矿厂所属官峰尾矿库和钟腾尾矿库的销号工作。严厉打击违法违规生产储存经营危化品行为，制定对管辖范围的65家加油站、5家危险化学品经营企业的监管计划，按计划检查107家次企业，开出现场检查记录107份，责令限期整改指令书39份，整改复查意见书39份，发现隐患89条，已全部整改到位。突出“抓落实、强监管、提服务”工作主线，对有限空间、粉尘涉爆等重点工贸企业开展大检查，共检查27家，排查隐患116处，至年底已整改完成80处。狠抓工贸行业安全生产规范化提升工作，聘请在市应急管理局专家库备案的工贸行业专家，抽取40家企业，为其提供安全生产服务指导，共排查隐患342处，督促并指导企业进行整改。

【应急体系建设】

2021年，平和县推进应急指挥中心综合平台建设，项目总投资概算999.96万元，预算投资679.39万元，主要是在水利大楼七、八层建设应急信息化软硬件支撑平台，指挥中心基础设施装修部分已完成。应急视频系统及融合通信系统设备已建设完成，通过验收。

【防汛备汛】

2021年，平和县针对上半年持续干燥少雨，持续跟踪天气变化，抓住有利条件适时开展人工增雨。同时，着手加强防汛防台工作，修订完善预案，落实队伍物资，排查整治隐患，开展培训演练。共组建主要抢险队伍18支526人，下沉干部1958人次，转移群众713人次，举办汛期气象防灾减灾培训19次，培训人员达615人次；开展军地联合防汛救灾演练等34次演练，参加演练714人次。

【综合减灾和救灾管理】

2021年，县应急局组织开展灾情核查、损失评估等灾害救助工作，拟订应急物资储备规划和需求计划，建立应急物资共用共享和协调机制，协调重要应急物资的储备、调拨和紧急配送，加强救灾款物的管理、分配和监督使用工作，组织协调紧急转移安置受灾群众、因灾毁损房屋恢复重建补助和受灾群众生活救助。年内，及时下达2020年中央自然灾害救灾资金4.5万元（冬春救助资金）；组织并完成政策性农房保险62.9万元、城乡居民自然灾害公众责任险75万元的社会保障任务。

（供稿：县应急局）

森林灭火

【概况】

2021年，平和县按照确保发生森林火灾案例不超过省定指标和力争全年不出现大的事故目标，加大宣传力度，利用春节、清明节期间，加强森林防火宣传教育，扎实森林防火工作，加大巡查力度，全年没有发生重大森林火灾。

【机制保障】

2021年，县应急局联合县武装部购置配备应急连、乡镇应急分队的加强森林消防队伍建设，把森林消防队伍经费纳入县财政预算，每年预算资金79万元。全县有森林扑火队4支135人，每年开展1—2次的培训与实战演练，配备专业扑火、防护物资26万余元。专业森林消防队伍由县森林防火指挥部统一指挥调度，并建立县级财政投入为主的经费保障机制，作为专业队的正常工作经费。建立健全防火应急物资，共计80万元。森林消防队伍建立随时应对全县和跨区域救援的联动机制。元旦、春节、清明、“五一”国际劳动节、中秋、国庆节等重点时段，参加辖区防火巡查、预警，森林消防队员集中食宿、集中待命。年内参加多次的森林火情救援任务。

【森林防火宣传与巡查】

2021年3月17日，在九峰镇开展春季森林防火专项活动，利用各乡镇赶集日巡回到集镇街道、重点林区、村庄学校宣传《森林防火条例》，在重点林区积极推广防火码2.0扫码，强化进入林区人员信息登记。全县共出动宣传车793台次，人员1500多人次，微信、短信58万条，宣传材料4.5万多份，张贴宣传标语、悬挂横幅673条。认真抓好森林火灾风险隐患大排查大整治工作落实，共排查风险隐患57个，完成风险隐患整治57个，整改率100%。

【森林防火网格化管理】

2021年，平和县森林防火网格化管理试点县工作有序推进，应用森林防火网格化信息系统实施全方位防火网格化管理，依托全县15个林业站、3个国有林场，以村居为单位共划分302个村级网格，18个乡镇级网格，全体干部、护林员根据分工包保到各网格中，有效明确属地责任。在具体工作中，将宣传教育、野外火源管控、重点人员监管、重要林区管理、群防群治、就近扑火等重点工作任务，通过网格化管理及时准确地传达到各个网格，让责任真正落实落地，工作开展合理有序。

（供稿：县应急局、县林业局）

消防救援

【概况】

2021年，平和县消防救援大队推动辖区文体旅、卫健、教育、民宗、民政等重点行业部门完善行业系统消防安全管理，组织召开全县文物古建筑、医疗机构、宗教场所、教育系统消防安全标准化管理达标创建工作现场会，打造行业标杆示范单位；提请县委、县政府向各乡镇下发安全生产和消防工作目标责任书，细化任务清单，明确各乡镇党政领导责任，并实行半年一考核。全县15个乡镇均已建立消防工作站，实行乡镇消防人员派驻制度。全年大队共接警出动272起，出动车辆418辆，出动消防人员2467人次，抢救被困人员22人。年内，联合县总工会、县公安局举办平和县第一届“工会杯”多种形式技能比武竞赛。

【经费保障】

2021年，县消防救援大队财政预算全部拨付到位，较2020年增长17.7%，其中政府专职消防员专项经费同比增长28.9%。大队投入45万余元对四楼会议室及五楼贮藏间进行改造，先后投入30余万元用于小型站场库室建设，投入近10万元在营区门口建造消防主题公园。同时，拨付资金改善消防救援人员生活工作环境。建立完整规范的消防救援人员健康档案62份，落实全员体检。

【火灾隐患整治】

2021年，县消防救援大队开展“拉网式”隐患排查整治工作，共检查单位1624家，发现火灾隐患或违法行为843处，督促整改火灾隐患或违法行为843处，下发责令改正通知书536份，行政处罚59家，临时查封7家，责令“三停”9家，罚款306150元，督促整改重大火灾隐患单位1家。开展打通“生命通道”集中整治行动，持续严查严办占用、堵塞消防车通道违法行为，在辖区内平和县医院、三平大厦设置7处消防车通道智能监控点位。开展“三合一”场所整治工作，今年全县共排查出“三合一”场所331家，其中搬离127家，技术改造204家，整改率94%。

【消防宣传教育】

2021年，县消防救援大队协调宣传、组织，党校、司法、教育、人社等部门，将消防法律法规和消防知识纳入精神文明建设各级各类培训教育、普法宣传、职业培训内容。加强重点人群分级分类培训，对地方党政机关领导、行业部门负责人，乡镇（街道）、村居委负责人、分管负责人和社区民警重点培训消防法律法规；对社会单位消防安全责任人、管理人等“八类重点人员”，着重培训消防安全管理规定和消防知识。大队结合“3·15”国际消费者权益日、“5·12”全国防灾减灾日、“11·9”全国消防日等主题节日及重要节假日，定制宣传资料、宣传品，动员各种力量，落实消防宣传“五进”（进社区、进学校、进企业、进农村、进家庭）工作，年内共组织开展消防安全专题培训60余场次，利用县电视台、移动宣传车、重点单位LED显示屏、移动短信平台等播放消防安全公益广告、发送消防安全提示警示标语、信息超60万条次，发放消防安全宣传单、宣传品超2万份，悬挂防火宣传横幅近百条。

（供稿：县消防救援大队）

2021年3月15日，平和县消防救援大队监督执法人员在“3·15”国际消费者权益日活动现场为群众讲解消防产品辨别相关知识

（县消防救援大队 供图）

防震减灾

【概况】

2021年，平和县加强防震减灾信息、指挥系统的建设，提高地震的应急能力，新安装预警终端10台，终端总建设数达276台；录入新建工程102个，加固工程3个。全县各个宏观观测点全部安装视频监控设备，监控画面通过远程终端设备软件集中汇总至县地震办，实现全县地震宏观观测点24小时实时视频化观测和数字化传输。12月22日，召开全县防震减灾“三网一员”工作培训会，全县17个乡镇（场、区）、45个抗震救灾指挥部成员单位，明确防震减灾工作分管领导，成立“平和县防震减灾暨三网一员工作”微信群，进一步健全防震减灾工作机制建设。年内，在县委、县政府、县人大和县政协等机关办公场所以及高峰生态谷景区等新安装预警终端10台，终端总建设数达276台。12月底，平

2021 年 10 月 15 日，平和县开展防震减灾进校园活动，图为地震疏散应急演练 （丁毅芳 摄）

和一中通过审查被确定为福建省防震减灾科普示范学校。

【地震灾害风险防治】

2021 年，平和县地震办对接好全国房屋设施抗震设防信息采集和管理平台，及时采集录入相关数据，共录入新建工程 102 个，加固工程 3 个。参加平和县新建项目建设规划汇报会、评审会 41 场，加强对新建建设工程的抗震设防管理的前期指导。联合县住建局开展建设工程抗震设防双随机和互联网 + 监管检查，行政执法人员实地检查五寨乡侯门小学教学综合楼和平和龙湾城（英才尚层）三期工程 11—15 号楼工程项目，检查的 2 个工程项目全部符合抗震设防要求。

【地震应急疏散演练】

2021 年，县地震办联合县教育局，在防震减灾宣传月期间，以平和一中为主场，全县各学校因时因地制宜开展地震应急疏散演练。5 月 12 日，联合县应急局和小溪镇在小溪镇新东社区瑞思特幼儿园开展地震应急疏散演练活动，幼儿园的老师、幼儿及家长等 100 多人参加演练活动。10 月 15 日，平和县育英小学分校组织全校 1000 多名师生开展地震预警疏散演练，县地震办、教育局、应急局等部门现场观摩指导。

【防震减灾公共服务】

2021 年，县地震办印制《福建省防震减灾条例》（修订版）单行本 3000 册，用于宣传分发，通过预警信息发布平台向县领导、乡镇和县直部门负责人发送《福建省防震减灾条例》的宣传短信，依托“平和新闻”公众号和《柚都平和》期刊，发布和刊登《福建省防震减灾条例》实施和修订情况。多渠道、多形式宣传贯彻《福建省防震减灾条例》

【防震减灾宣传】

2021 年 5 月 11 日，在平和一中举行平和县 2021 年防灾减灾宣传周防震减灾宣传月启动仪式暨“防范化解灾害风险，筑牢安全发展基础”主题宣传活动。县地震办共开展集中宣传 11 场，科普讲座 7 场，发放宣传材料 1 万余份。依托平和电视台、“平和网”网站、《柚都平和》期刊，开设防震减灾宣传专栏或开机画面，累计开展全媒体宣传 45 次。编排录制《地震逃生自救歌》广场舞小视频在微信、平和电视台等各宣传媒介播放宣传。组织防震减灾广场舞活动的做法作为亮点在《中国应急管理报》《闽南日报》《漳州经济研究》等刊登报道。

供稿（平和县地震办公室）

经济管理和监督

发展和改革

【概况】

2021年，平和县发展和改革局紧紧围绕"十四五"开好局起好步的目标任务，以"产业发展项目建设年"为抓手，实施"六比一看"活动，相继成立项目活动办、前期办，强保障、优服务，提速项目建设，牵头起草《平和县2021年国民经济和社会发展计划执行情况及2022年计划报告》《平和县促进服务业发展暂行办法》《平和县开展比改革亮点促营商环境全面提升行动方案》，全方位推进高质量发展超越。

【项目储备】

2021年，县发改局做好专项债项目储备和申报工作，储备2022年专项债券项目8个，总投资88.8亿元，资金总需求17.7亿元。拟申请2022年中央预算内资金项目41个，计划总投资31.51亿元，申请中央预算内资金13.9亿元。积极对接专项债项目申报工作，2021年有4个项目获得专项债资金4.5188亿元，有3个项目获得中央预算内资金3099万元。计划申报2022年省级重点项目4个、市级重点项目50个、县级重点项目210个。2021年新增项目194个，扩容总投资393亿元。截至2021年底，累计储备项目345个，总投资903亿元。梳理2021年县城补短板项目，其中在建项目8个，总投资16.6亿元；谋划项目8个，总投资10.7亿元。促成央国企项目签约落地，9月，县人民政府与华能（福建）能源开发有限公司签订战略合作框架协议，建设华能平和县"一县一企"光伏开发项目，预计总投资18亿元，扩展新能源其他部分，可达到25亿元左右。推进闽粤联网换流站（福

2021年8月11日，县发改局和行政审批局举行平和县相对集中行政许可权改革划转事项交接仪式

建侧）500千伏送出线路工程、漳州核电500千伏送出线路工程能源项目建设，协助和支持西三线闽粤支干线与漳州LNG外输管道联通工程建设。新增1家规上营业性服务业企业，完成全年“六比一看”1家的竞赛目标，计划培育新增2家规上营业性服务业企业。建设项目全过程闭环管理工作平台，累计在库项目424个，总投资396.3亿元，其中已开工项目238个，竣工项目162个，策划阶段项目15个，办理前期手续项目2个，立项项目7个。2021年新增谋划项目236个，谋划投资额200.5亿元，达到市对县年度考核目标的策划164亿元，其中开工项目183个，竣工项目30个，策划阶段项目15个，办理前期手续项目2个，立项项目6个。梳理上报“十四五”规划102项重大工程项目，共49个项目，主要涉及乡村基础设施、农村人居环境整治提升、土壤污染防治与安全利用等重大工程项目，计划总投资403.36亿元。

【补助项目跟踪监管】

2021年，县发改局持续跟踪专项债补助项目，县医院迁建工程项目年底重新选址建设所需的前期工作基本完成；县城南山桥至污水处理厂污水管道工程于2021年6月开工，总投资2037万元，完成236万元；城镇生活污水治理项目（九龙江漳江流域片区）总投资13.02亿元；县自来水厂及管网改扩建工程（管网部分）总投资1.04亿元，工程于2021年10月开标，预计于2022年第一季度开工建设。持续跟踪中央预算内项目，九峰镇城区污水处理厂及配套管网工程一期完成工程建设任务，完成投资2860万元；大溪镇污水处理厂及配套污水管网一期完成工程建设任务，完成投资2100万元；二期到位中央预算内资金2325万元，进入招投标环节。2021年第二批中央财政以工代赈安排平和县资金120万元，实施芦溪镇连城村弄猴至坦坑道路硬化项目，基本完成建设；排水设施建设2021年第一批中央预算内投资654万元，实施平和县北环路配套——延寿山高排渠排水工程，通过初步验收，正在申请资金支付。持续跟踪报送服务攻坚的项目进度，平和县北环路延伸段道路工程（一期工程）计划投资3300万元，完成年度计划；中化现代农业项目计划投资9950万元，完成投资10326万元，已投产；平和县垃圾焚烧发电厂计划投资2亿元，完成年度计划。加大力度促项目扩投资，开展项目动员宣传、跟踪监测、奖励申报受理等工作，平和县生活垃圾焚烧发电厂项目一季度统计平台入库投资额10630万元，奖励金额50万元。

【易地扶贫搬迁后续扶持】

2021年，县发改局落实易地扶贫搬迁后续扶持工作，推进长乐乡农家村、秀峰乡坪东村白马石安置点配套基础设施建设，项目已完工。推进易地扶贫搬迁不动产登记工作，平和县共有易地扶贫搬迁户980户，其中应登记易地扶贫搬迁户965户，不符合登记要求申请核销15户，证书已全部发放到搬迁群众手中，应登尽登率达到100%。

【“放管服”改革】

2021年，平和县发改局落实信息公开制度，在政务公开网站主动公开政务信息186条。引导企业创新，征集第十八届“6·18”对接项目46个，技术需求12个，对接活动2场。46个对接项目完成投资72500万元，并建成投产。第十九届海创会完成科技成果对接项目12个，总投资51700万元，征集技术需求8个。通过专利转化项目生产，培育、壮大成长型的科技企业25家，高新技术企业4家。深化“证照分离”改革工作，开展涉企经营许可事项全覆盖清单管理，实现照后减证、简化审批，同时创新和加强事中事后监管。贯彻落实“放管服”改革，落实“一趟不用跑”和“最多跑一趟”改革，推进审批服务便民化，打造“宽进、快办、严管、便民、公开”的审批服务模式。

【营商环境优化】

2021年，平和县启动活动办、前期办、工业项目服务中心，服务项目建设。活动办以“产业发展项目建设年”为抓手，实施“六比一看”活动；前期为46个省市重点项目和155个总投资3000万元以上重大项目开展前期审批流程服务；工业项目服务中心以高效、快捷、便利的工作机制，帮助企业解决项目建设中遇到的困难和问题。印发《平和县2020年度营商环境第三方评估和2021市指标专班指导服务存在问题整改清单》，以营商环境考核、市场主体满意度为导向，对标对表全市最优标准减环节、减时间、减成本、减材料；印发《平和县开展比改革亮点促营商环境全面提升行动方案》，抓好落实改革重点任务清单340项举措。开展政务失信、“屡禁不止、屡罚不改”严重违法失信行为等3项专项治理工作，推进行政许可、行政处罚“双公示”工作。

【数字工作开展】

2021年，平和县做好疫情防控数据库建设和“八闽健康码”优化升级工作高效调度，县发改局、卫健局牵头组建县应对新冠肺炎疫情“八闽健康码”优化和疫情数据库建设工作专班。做好第四届数字中国建设峰会筹备工作，征集到“平和县电商物流共享体系”“车辆路面动态技术监控”“2021年5G基站建设项目”“区块链基础网络平台（BSN）”4个项目。“平和县电商物流共享体系”经省发改委审核通过，成为第四届数字中国峰会项目，并签约完成，落地开工。建设“互联网+蜜柚产业”平台。中国柚网作为国内领先的蜜柚类综合服务产业平台，已在全县推广注册人数达到11.64万人。推进“互联网+监管”工作，上级下放应认领主项数1347项，有29个单位认领监管主项1347项，事项认领关联率100%；监管事项目录清单应梳理1124条，录入检查实施清单1124条，检查实施清单梳理率达到100%，录入监管行为7781条，录入检查执法人员806名，各项指标均为全市前列，其中主项认领率和检查实施清单梳理率为全市第一。做好虚拟货币“挖矿”整治工作，县数字办于12月成立平和县虚拟货币“挖矿”整治工作协调小组，12月组织开展虚拟货币“挖矿”活动清理整治6起，并做好政策宣传，责令整改。

物价管理

【概况】

2021年，平和县发改局持续强化物价管理，印发《平和县发展和改革局关于做好2020年度行政事业性收费报告的通知》《关于平和汽车站至九峰镇公交线路区间试行票价的通知》《平和县发展和改革局关于请协助开展幼儿园收费调研情况的函》《关于清理规范城镇供水供电供气行业收费的通知》；下发《平和县发展和改革局关于调整管道天然气销售价格（临时价格）的通知》；开展公办学生课后延时收费情况调查摸底，为下一步制定延时服务收费奠定基础。

【价格监测】

2021年，县发改局密切关注粮、油、肉、蛋、禽、菜等21种食品，执行周报制度，在平和网发布货比三家；做好平和县药品民生价格监测，共采集上报11期；开展生猪价格应急采集，每周采集生猪、仔猪、玉米、豆粕、麦麸的市场价格，共采集上报44期；做好国家级农资价格监测点工作，通过“福建价格监测信息系统”上报33期价格监测情况；做好省级景区门票价格监测数据采集和报送工作，采集上报20期价格监测情况。

【价费管理】

2021年，县发改局做好2021年行政事业性收费单位名单及涉企收费公布工作，强化收费目录清单和收费公示制度。依据定价目录制定平和汽车站至九峰镇公交线路区间试行票价，调整管道天然气销售价格（临时价格）。对三平风景区、灵通山风景区服务收费项目开展自查；对政府定价管理的停车场进行梳理。公示司法局公证处的涉企收费和收费、对县安然燃气公司和平和县自来水公司收费情况进行检查，要求按照相关文件进行自查和整改。落实2021年度平和县农业水价综合改革工作。

【农产品成本调查和监审】

2021年，县发改局开展农产品调查工作，走访平和县各农本调查户，核实当年实际种植面积，并指导农产品成本资料数据调查台账。管道燃气输配气价格定价委托第三方具备资质的会计师事务所进行成本监审。启动平价超市，设立农副产品平价销售区。

【“三涉一调解”工作】

2021年，县发改局扎实开展“三涉一调解”工作，全年完成涉案财物价格认定112件，涉案金额2371.59万元，其中刑事案件68件2364.55万元，其他行政案件44件7.04万元。涉税财物个案价格认定24件，标的金额738.77万元。完成1件涉黑强迫交易案的价格调查。2021年价格认定工作收到市里的表扬信。

（供稿：县发改局）

统计工作

【概况】

2021年，平和县统计局紧紧围绕县委、县政府的中心工作，以提高统计数据质量为重点，以提升统计服务水平为中心，围绕全方位推动高质量发展超越和市委“六比一看”工作部署，结合开展新冠肺炎疫情防控，建立月主要经济指标数据预警预测分析制度，及时发现经济运行中存在问题撰写运行分析报告、调研文章9篇，其中1篇经济运行分析，3篇呈阅件得到县委、县政府主要领导的批示肯定。

【企业入库申报业务指导】

2021年，县统计局抓好“五上新增”企业入库申报业务指导工作，月度新增5000万元以上固投项目41家，房地产业3家，资质建筑业7家，规模工业10家，年度新增规模工业8家、限上贸易企业16家、规模服务业及5000万元以上固投项目2家。

【统计工作业务】

2021年5月，省统计局赴平和县举办全县“四上”企业统计人员业务能力提升培训班，全县400名企业统计人员参加培训班学习；11月市局业务骨干到平和县开展统计业务专项培训，培训人数达85人。根据统计监督计划，对全县42家涉及规模工业、限额以上贸易业、餐饮住宿业、劳动工资、规模以上服务业、房地产业、资质建筑业等单位开展统计执法监督检查；对全县一套表调查单位基本情况进行核查以及对“四上”企业开展“每月一检查”活动，确保统计数据质量。

【依法统计宣传】

2021年，县统计局开展统计法制宣传工作，邀请市统计局专家在县委理论学习中心组学习（扩大）会议上作《做好统计工作的几点建议》专题讲座，学习传达习近平总书记关于统计工作

2021年11月，县统计局举办全县统计业务专项培训

（县统计局 供图）

的重要指示批示精神和中央有关统计工作重要文件精神方面内容。在县委党校组织开展2次《中华人民共和国统计法》讲座。利用“12·4”全国法制宣传日，开展《中华人民共和国统计法》等统计法律法规宣传。

【住户调查工作】

2021年，县统计局做好农民居民人均可支配收入及城镇居民人均可支配收入2个收入的调查。平和县统计局会同农业农村局、人社局每月下乡对全县150户调查户开展住户业务指导及回访工作。

【劳动力调查工作】

2021年，平和县从3月开始启动劳动力调查工作，全县有6个乡镇9个村居被抽中，每村配有1名调查员，县级业务指导人员2名。

（供稿：县统计局）

审计工作

【概况】

2021年，平和县审计局紧紧围绕中央、省委、市委、县委审计委员会工作部署和上级审计机关工作要求，立足新发展阶段、贯彻新发展理念、构建新发展格局，聚焦主责主业，依法全面履行审计监督职责，做好常态化“经济体检”，以高质量审计工作助推经济社会高质量发展。共完成审计单位（项目）34个，审计查出主要问题金额14903万元，其中违规金额4181万元，管理不规范金额10722万元，应上缴财政4084万元，已上缴财政3795万元，应归还原渠道资金139万元，已归还原渠道资金59万元，应调账处理金额244万元，已调账处理金额244万元；审计期间整改金额333万元。审计发现非金额计量问题123个，损益（收支）不实287万元，向有关部门移送案件线索5起，出具审计和专项审计调查报告54篇，提出审计建议86条，被采纳审计建议86条。2021年4月平和县审计局被中共福建省委、福建省人民政府授予“第十四届省级文明单位”称号；被中共平和县委评为“2019—2020党建工作先进单位”。平和县自然资源局2018年度预算执行、决算草案及其他财务收支情况审计项目获得漳州市审计局表彰。

【政策措施落实情况跟踪审计】

2021年，县审计局完成平和县乡村振兴相关政策和资金审计，重点关注乡村振兴政策落实情况与巩固脱贫攻坚有效衔接情况，揭示高标准农田建设目标任务未完成、涉农资金滞留闲置等问题，提出规范管理的意见建议。组织开展公办幼儿园建设项目落实情况跟踪审计，揭示部分目标任务未实现、部分项目未按要求完成建设和部分项目未取得施工许可证擅自施工等问题，并督促业主单位抓好整改落实。

【预算执行情况及决算草案审计】

2021年，县审计局完成县财政局、水利局、卫健局、自然资源局、住建局、农业农村局及坂

2021年7月26日，平和县审计局2021年中工作推进会召开

（县审计局 供图）

仔镇人民政府等7个部门预算执行和决算草案审计，嵌入式开展财政事权和支出责任划分改革专项审计、防范化解政府债务风险专项审计以及省厅下发疑点数据的核查工作，揭示县本级在预算执行和决算草案编制、预算绩效、财政支出结构、落实过“紧日子”要求等方面存在的问题，强化对公共财政资金的审计监督。组织开展文峰镇龙山村龙虎至三坪村上镜段公路拓宽工程项目预算执行和决算审计，揭示勘察设计应招标未招标、提前支付工程款和未办理施工许可即开工建设等问题，提出加强项目建设管理等建议。2020年度财政预算执行、决算草案和其他财政收支情况的审计工作报告及其发现问题的整改落实情况报告得到县委、县人大常委会的充分肯定。

【经济责任审计】

2021年，县审计局加强对领导干部权力运行与责任落实的监督和制约，重点关注党和国家经济方针政策贯彻落实情况、经济社会发展中各类风险防范化解情况、重点民生资金使用和项目建设情况，完成县房管局、城市管理局、应急局、行政审批局、民政局、信访局、自然资源局、住建局、卫健局、农业农村局、水利局、林业局共12个县直部门12名领导干部以及山格镇、坂仔镇、大溪镇、芦溪镇、崎岭乡、安厚农场等6个乡镇（场）14名党政主要领导干部经济责任审计，着力发挥经济责任审计的建设性作用。

【自然资源资产离任审计】

2021年，县统计局坚持统筹兼顾，构建“1+N”审计模式，将自然资源资产离任审计与经济责任审计相结合，聚焦领导干部在自然资源资产管理和生态环境保护工作中的履职尽责情况，加强对自然资源资产管理和生态环境保护领域重大事项、重点工作审计力度，完成山格镇、大溪镇2个乡镇4名党政主要领导干部自然资源资产离任审计。

【民生资金（项目）审计】

2021年，县审计局完成2017—2018年度电子商务进农村综合示范财政存量资金收支结余情况专项审计，揭示电子商务资金在促进推动农村电子商务服务站点建设、电子商务培训体系建立、农特产品供应链管理体系提升等方面使用进度滞后等问题，督促责任部门加快资金使用拨付进度，推进电子商务体系建设。

【其他工作】

2021年，县审计局抽调1人次参与审计署广州特派办以审代训，4人次参与市委、县委巡察，6人次参与纪委交办案件核查，其中在社保基金核查中收回多领取养老金73.13万元，挽回社保基金损失。3人次配合市委涉粮工作专项整治工作专题了解、县公安局案件调查以及组织部公务员津补贴审核。开展落实中央八项规定精神及扶贫领域“1+X”专项督查，全年向县纪委党风室报送问题线索8条。做好审计厅对平和县原党政主要领导经济责任及自然资源资产离任审计的服务保障工作。加强对内部审计工作的指导和监督，完成平和县内部审计统计调查工作。

（供稿：县审计局）

市场监督管理

【概况】

2021年，平和县市场监督管理局在县委、县政府的正确领导下，坚持以“强监管、优服务、提质量、保安全”为基本目标，全力做好疫情防控和市场监管各项工作，食品安全监管、药品安全监管工作均位列全市第三名。2021年6月，局党总支被中共平和县委授予“2019—2020年度县直机关党建工作先进单位”称号。

【商事登记制度改革】

2021年，县市场监督管理局深化商事登记制度改革，持续推进“先照后证”改革，分类实施“证照分离”改革。其中，直接取消审批16项，审批改为备案8项，实行告知承诺20项，优化准入服务119项。

2021 年 6 月，县市管局开展超市食品安全专项检查

（县市管局 供图）

【市场主体注册管理】

2021 年，平和县新增市场主体 5818 户，其中，内资企业 1120 户，注册资本合计 33708 万元；外资企业 1 户，注册资本合计折人民币 13500 万元；个体工商户 4697 户，资金数额合计 89349.41 万元。全县存量市场主体 52547 户，其中：内资企业 9036 户，注册资本合计 3423523.55 万元；外资企业 64 户，注册资本合计折人民币 246686.1 万元；个体工商户 43447 户，资金数额合计 579176.75 万元。

【企业信用监管】

2021 年，县市场监督管理局规范企业信息公开及年报行为，内资企业年报公示 5430 户，年报率 96.26%；外资企业年报 57 户，年报率 93.44%；农专年报 1211 户，年报率 93.37%；个体工商户年报 18408 户，年报率 47.65%。

【质量提升】

2021 年，县市场监督管理局强化产品质量监督抽查；指导帮扶企业提升产品质量；强化工许获证产品证后监管；配合开展塑料污染治理；推动产品质量社会共治；精准服务实体经济；加强民生计量监管；提升计量执法效能；实施企业标准自我声明公开和监督制度，持续推进团体标准，企业标准“双随机、一公开”监督检查。2021 年，检定全县医疗机构在用的血压计（表）1175 台；检定工业用电子秤、台案秤及电子计价秤共计 2089 台（件）；检定加油站加油机、加油枪 1074 台（枪）；强检压力表 184 个、电子秤 81 台、电子天平 9 台；协助市计量所完成民生工程地磅检定 320 家；配合市药检所完成药品抽样 40 批次；完成医疗器械抽样 4 批次；完成汽车用油抽样任务 58 批次。

【食品安全监管】

2021 年，县市场监督管理局加强食品生产经营环节监管，推进“一品一码”追溯管理平台建设。共有 650 家食用农产品及渔业生产主体、食品经营生产企业上传食品安全追溯信息共 51 万余条。完成省市级“明厨亮灶”、阳光小作坊示范点创建工作。全县 113 家学校幼儿园食堂 100% 完成“明厨亮灶”建设。各乡镇新办小餐饮登记证 142 张。指导食品经营户落实索证索票等制度。2021 年，组织食品生产经营企业培训 12 场 250 人次，约谈食品生产经营企业 10 家；抽检各类食品 2411 批次，不合格食品 33 批次。

【药品安全监管】

2021 年，县市场监督管理局打造“一物一码、物码同追”的药品全过程信息化追溯链条。共有 85 家药品零售企业入驻码上放心平台，换发药品经营许可证 22 家，核发药品经营许可证 9 家。开展儿童化妆品专项整治行动，检查化妆品经营使用单位 144 家次，立案查处 4 起违法经营化妆品案件，案值金额 0.54 万元，罚没款 41680 元。上报药品不良反应 386 例，医疗器械不良反应 73 例，化妆品不良反应 45 例。

【特种设备安全】

2021年，平和县辖区内注册登记使用状态为在用的特种设备总数量1430台（套）。县市场监督管理局开展特种设备安全隐患排查治理专项行动，出动特种设备安全监察人员440多人次，检查特种设备使用单位107家次，检查特种设备130台（套），发现特种设备安全隐患27起，处理检验机构报告的重要问题87件，现场下达《特种设备安全监察指令书》15份，全部完成整改。使用登记率100%，定期检验率100%，日常专项检查率100%，整改率100%。没有发生特种设备安全事故。

【消费者权益保护】

2021年，县市场监督管理局受理消费者投诉、举报1650件，其中：受理投诉817件，受理群众举报833件，咨询126件，为消费者挽回经济损失55万元，办理“诉转案”案件2起，接受消费者锦旗2面。“12315”平台办理的《购金饰遭忽悠 交涉未果——“3•15”助力维权 得偿所愿》消费维权案例被选为省、市进行宣传刊登；九峰所办理的《遇违法面包岔难平——“3•15”维权逐开颜》消费维权案例，被漳州市市场监督管理局评为“漳州市十大维权案例”。

【商标品牌建设】

2021年，县政府已向国家知识产权局商标局发出“平和县人民政府关于注册平和葡萄柚地理标志商标的函”和“平和县人民政府关于注册平和红美人柑橘地理标志商标的函”，为平和水果升级换代提供品牌支撑。现已报国家知识产权局商标局并受理，向国家知识产权局申请使用地理标志专用标志12件。开展打击商标侵权行为和平和琯溪蜜柚品牌保护专项整治工作，立案32起，案值4.84万元，罚没款2.09万元。

【行政执法】

2021年，县市场监督管理局共立案查处违法违规案件270件，案值88.53万元，罚没款入库193.02万元。其中，立案查处价格违法违章案件13件，案值5.69万元，罚没款入库14.84万元；查处假冒伪劣商品案件112件，案值34.5万元，罚没款68.15万元。推进农资打假，印发《2021年农资打假护农专项整治行动的方案》，结合春耕、重要农时季节，组织开展农资市场专项执法行动，严查坑农害农行为。全年抽样送检肥料个别重金属含量检测256批次，送检肥料主要元素315批次。共出动执法人员356人次，检查农资经营户1025余个次，查办农资案件22起，案值15.98万元，罚没款38.6万元。开展打击网络传销及以直销名义和股权激励、资金盘、投资分红等形式实施传销违法行为专项行动。2021年度，平和县打击传销工作被市局评为第一名。开展打击假冒伪劣食品行动，检查重点食品生产、流通企业、餐饮服务经营户共920户，发出23份《责令整改通知书》；立案查处食品违法案件106件，罚没入库48.89万元。

2021年平和县受理消费者投诉情况表

表5

投诉（件）	投诉结案（件）	办结率（%）	调解成功（件）	调解成功率（%）	挽回经济损失（万元）
817	817	100%	817	100%	55

2021年平和县特种设备在用情况表

表6

名称	数量
锅炉（台）	12

续表 6

名称	数量
压力容器（台）	39
压力管道（千米）	113
电梯（台）	105
起重机器（台）	9
大型游乐设施（台）	0
场（厂）内机动车辆（台）	72
气瓶（瓶）	38517

2021 年平和县计量检定工作情况表

表 7

项目	数量
强检计量器具（台 / 件）	3287
强检计量器具周期受检率（%）	100
计量授权检定（家）	0
专项计量监督情况	医用计量器具：血压计 1175 台，市场电子秤、台秤共计 2089 台，安全防护：压力表 184 块

2021 年市场监督管理局打击制售假冒伪劣产商品情况表

表 8

项目	数量
查获假冒伪劣商品标值（万元）	34.5
罚没款（万元）	68.15
立案数（个）	112

（供稿：县市场监督管理局）

农业农村

综 述

2021年，平和县按照中央、省、市关于“三农”工作的部署要求，深入实施乡村振兴战略，有力有效应对疫情和极端天气影响，农业农村总体保持稳定，持续向好。全年农林牧渔业总产值101.0557亿元，同比增长7.1%，增幅位居全市第七；全县农村居民人均可支配收入达23005元，同比增长10.8%。2021年，省下达平和县新型职业农民培育培训任务1962人次，完成培训3538人次，超额完成1576人。同时，现代农业提质增效，特色产业集聚发展，小溪镇入选全国乡村特色产业十亿元强镇（全省仅有8个入选）。2月，平和县扶贫开发领导小组办公室被党中央、国务院评为“全国脱贫攻坚先进集体”。

2021年1月9日，农业农村部新认定38个现代农业产业园区为第三批国家级现代农业产业园区，福建省平和县现代农业产业园区位列其中 （县农业农村局　供图）

【蜜柚价格指数保险】

2021年，平和县在产业扶贫保险的基础上拓展蜜柚价格指数保险，为2272户有种植蜜柚的脱贫户购买蜜柚价格指数保险，投保亩数9818.32亩，保障脱贫户种植的蜜柚不亏本、有微利。年内，全县共有约975户建档立卡贫困户向平安保险公司报损，预估理赔金额576万元。已理赔到位共317户，金额182.9万元。

【水果生产】

2021年，平和县水果种植面积74.08万亩，总产211.55万吨，产值53.41亿元，其中：蜜柚面积69.22万亩，产量200.98万吨，产值49.30亿元；柑面积1.69万亩，产量3.31万吨，产值1.32亿元；香蕉面积954亩，产量0.3969万吨，产值892.28万元；青枣面积3868亩，产量1.5953万吨，产值7976.50万元；番石榴面积2707亩，产量0.9853万吨，产值5123.56万元。琯溪蜜柚高位嫁接葡萄柚、泰国青柚、橘柚及沃柑、红美人、御橙等优新柑橘品种约1.5万亩，多年来通过高位嫁接三红蜜柚、红肉蜜柚、葡萄柚、泰国青柚、橘柚及沃柑、红美人、御橙等优新柑橘属品种换种规模累计约47.4万亩，调整优化平和县柚类为主的柑橘品种结构。全县果园继续推广生草覆盖栽培、病虫绿色防控、增施优质商品有机肥等生态栽培技术措施，推广面积达60多万亩。在花山溪饮用水水源地上游乡镇果园推广实施商品有机肥替代化肥和化肥、农药减量化。继续举办平和蜜柚节及蜜柚品质奖评选活动，自2005年以来已连续举办17届。

2021年金秋时节，平和县各地柚农喜摘致富果　（林泽霖 摄）

【茶业生产】

2021年，平和县茶叶种植面积5.85万亩，产量1.30万吨。西半县高海拔地区实施“退果还茶”项目，“退果还茶”农户共576户，面积3861.15亩，拟补助资金772.23万元。5月，在平和县举办“第七届海峡（漳州）茶会暨第十四届平和白芽奇兰茶王赛和国家地理标志农产品制茶技能赛”，评选出茶王1名、金奖8名、优质茶奖12名、优质茶提名奖12名，并授予相应的“制茶技能”称号，于6月18日在平和县委会议厅举行颁奖大会。11月，在平和县举办“2021年平和白芽奇兰茶（秋季）品鉴会”，评选出“金典秋香”12名、“珍品秋香”18名，并在县委会议厅举行颁奖大会。平和白芽奇兰品牌价值评估29.63亿元。创建2个省级优质农产品（茶叶）标准化示范基地，示范基地面积达749亩。建设“国强乡大芹山野生清明茶”和“崎岭乡彭溪村白芽奇兰”2个茶树种质资源保护区。11月，由市海峡两岸茶业交流协会、市农业农村局主办，市茶叶协会承办，漳

2021年11月，漳州市2021年秋季制茶能手竞赛在平和县举办
（县农业农村局 供图）

州九龙江阳明投资有限公司协办的“漳州市2021年秋季制茶能手竞赛”在平和县霞寨镇高峰谷举行。

【标准化生产基地】

2021年，平和县采取有效措施做大做强蜜柚产业，在稳定种植面积的同时，重点提升产品质量、保证产品安全，打造蜜柚优质品牌，基地管理工作取得了一定成效，使蜜柚产业朝着持续、稳定、健康方向发展，基地产品符合绿色食品要求。品牌农业不断创新发展，新增3个“三品一标”产品，平和三绿蜜柚获“2021年度福建名牌农产品”称号。

【特色产业转型升级】

2021年，平和县着力推动特色产业转型升级，分别出台政策推动柚、茶产业高质量发展，做大做优做强水果、茶叶等2个优势特色产业；推动第一第二第三产业融合，持续发力，抓新型农业建设，大力发展精深加工产品，提升生态柚园、休闲农业与乡村旅游，加快乡村产业“接二连三”发展；打造“串点连线成片”示范特色，以“党建引领，红色崛起，绿色发展”为主线，以人居环境整治和红色旅游产业发展为切入点，研究确定了四条各具特色的“串点连线成片”示范线：联胜黄田线、西坑寨河线、蕉路高寨线、前埔欧寮线，完成年度总投资额7637万元。

【特色乡镇和试点村创建】

2021年，平和县以创建乡村振兴特色乡镇和试点村为抓手，整合各级财政资金、集中投入、重点打造坂仔镇。打造1个实绩突出村前岭村，15个省级乡村振兴试点示范镇村：文峰镇前埔村、山格镇隆庆村、小溪镇宝善村、南胜镇欧寮村、五寨乡寨河村、坂仔镇西坑村、国强乡新建村、安厚镇美峰村、大溪镇大松村、霞寨镇高寨村、芦溪镇蕉路村、崎岭乡顶寨村、九峰镇黄田村、长乐乡建南村、秀峰乡福塘村。15个省级试点示范村和实绩突出村前岭村共实施41个项目，完成投资额6108万元。

【农村人居环境整治】

2021年，平和县完成75个乡村振兴试点村规划编制，整治裸房1710栋；新建改造3座公厕并已投入使用，完成1736户户厕改造；建设“四好农村路”43.691千米；清理农村生活垃圾82917吨，清理村内沟渠346千米、水塘188口，清理农村畜禽养殖粪污等生产废弃物577吨，参与群众42836人次，全县畜禽粪污综合利用率已达到98%以上，15个乡镇256家规模养殖场粪污处理设施装备配套率已达到100%，全县农膜回收利用率已达到90.6%，废弃农药包装物回收累计217吨。不断完善乡镇生活污水处理设施配套管网建设，完成投资830万元，新建乡镇污水配套管网3.2千米。完成4个村的农村生活污水治理项目，扎实推进“绿盈乡村”建设，提升乡村生态振兴工作；全县新增申报创建省级卫生乡镇1个（五寨乡），省级卫生村9个。完成村庄绿化项目30亩，项目地坂仔镇，总投资15.098万元，申报创建6个省级森林村庄。寻找评选出县级“美丽庭院”578户，推荐上报市级“美丽庭院”213户、省级75户。推动农村饮水“三个责任”[地方人民政府：农村饮水安全的责任主体（主体责任）。水行政主管部门：指导、监管农村饮水工程建设和运行管理等工作（监管责任）。供水单位：向用水户提供符合水质、水量要求的供水服务（运行管理责任）]的落实，新改建管道41.818千米，自来水厂改扩建一期工程建安费总投资3758.77万元。

【植物病虫防治】

2021年，县农业农村局做好以琯溪蜜柚、水稻为主的各种农作物病虫害预测预报，全年共发布病虫情报12期。全县各种农作物病虫害防治面积411.6万亩次；完成市下达绿色防控任务82万亩，推广绿色防控综合技术160万亩次；组织安全使用农药知识、病虫害综合防治等技术培训10期，计1400人次；全县柚果套袋50万亩以上，果园留草栽培应用微生物、植物源、矿物源农药进行生物防治，推荐高效低毒、低残留农药，有效减少农药使用量。

【动物疫病防控】

2021年，平和县共免疫高致病性禽流感142.97万羽，其中鸡74.81万羽、鸭67.18万羽、鹅0.98万羽，应免率100%；口蹄疫51.02万头，其中猪48.83万头、牛0.92万头、羊1.27万头，应免率100%。高致病性猪蓝耳病35.4万头，应免率100%；猪瘟36.83万头，应免率100%；小反刍兽疫1.27万头，应免率100%。4月，协助完成农业农村部非洲猪瘟采样工作。5月，完成实验室复评考核及整改，具备承担动物疫病诊断、监测和检测等任务的资格。

【种子工作】

2021年，平和县引进推广杂交水稻"中浙优8号""盛泰优018""甬优4550""恒丰优华占""晶两优1377"等组合，推广面积5.3万亩，良种覆盖率达98.5%。引进新品种推广"白玉苦瓜""翠绿苦瓜""春晖丝瓜""毛豆48"等新品种面积0.963万亩。种质资源普查补采工作已全部完成，全县共收集22个种质资源。救灾备荒种子储备项目应储备杂交水稻已完成。

【测土配方施肥】

2021年，平和县推广测土配方施肥技术面积70万亩次，共采集土壤样品70个，分析化验448项次。建立测土配方施肥示范区，培训基层技术人员500人次以上。开展土壤化验分析，进行合理施肥。为粮油高产创建和果菜茶标准园创建示范区、种植大户、科技示范户和农民专业合作组织提供全程测土配方施肥技术指导服务。

【农业执法】

2021年，县农业农村局在全力抗击新冠肺炎疫情的新形势下，努力保供给、保春耕、秋、冬季农资打假，护航疫情防控期间的农业生产稳定，穿插举办2场放心农资下乡宣传周活动。全年累计受理并基本调解成功群众上门和电话投诉农资纠纷案件18起。年内共出动执法人员365多人次，检查农资经营单位226家，共抽取农药、肥料、兽药样品合计93批次，公开曝光假、劣农资产品经营企业8家，全年立案查处农资案件4起，渔政案件5起，农产品5起，饲料1起，农机案件1起，宅基地案件37起，罚款83682元，全部已结案。积极督促县域内各农资经营单位，做好购、销台账录入，做好农药废弃物的回收处置工作。2021年，累计回收处置农药废弃物约235吨。

【检验中心】

2021年，县农业农村局强化监测工作，落实"检打联动"机制。全年共完成水果蔬菜例行监测样品1914个，每季度配合上级农业部门监督抽查。积极配合农安中心的监管工作，部署开展县、乡两级农产品质量安全监测工作，严厉打击农业生产违规使用农药行为。完成2020—2021年度花山溪流域100个水样监测点氮、磷、铜、镉、铊共5个指标的测试及分析。做好CATL（农产品质量安全检测机构考核）、CMA（中国计量认证）资质认定的准备工作。

【畜牧业】

2021年，平和县生猪存栏223958头，肉类产量37860.21吨；能繁母猪出栏440235头，存栏14904头，同比增长0.77%。牛存栏10412头，同比增长0.42%；出栏8035，同比增长0.11%；肉类产量964.2吨。羊存栏9362头，同比增长0.13%；出栏6443头，同比增长0.12%；肉类产量90.202吨。家禽存栏3529350羽，同比减少17%；出栏3690158羽，同比增长0.45%；肉类产量4423.646吨。

（供稿：县农业农村局）

扶贫开发

【遏制返贫致贫】

2021年，县农业农村局开展"一键报贫"动态监测，共受理农户申报信息639条。动态监测开始以来，已推动纳入低保22户34人，临时救助10户10人。组织镇村干部每月开展常态化摸排，走访监测3207户15975人次，挂钩帮扶干部每季度走访脱贫户，及时帮助解决生产生活困难。实行部门筛查机制，每月开展专项筛查。

【落实“四个不摘”】

2021年，平和县严格落实“四个不摘”（不摘监管、不摘帮扶，不摘责任、不摘政策）要求，保持现有教育、医疗健康、住房安全及饮用水安全扶贫政策总体稳定，保持对脱贫户和脱贫村政策支持稳定。2021年，各类教育优惠政策共补助105872人次，合计发放补助金888.92万元，做到应补尽补；开展“雨露计划”补助，2021年补助381人113.85万元，确保不让一个贫困生因贫困而辍学。保障对象就医5183人，医疗总费用3274.87万元，报销总费用3018.46万元；全县组成166支家庭医生签约团队，对建档立卡农村脱贫人口应签尽签，切实做到“签约一人，履约一人，做实做细一人”。全县共完成3207户建档立卡脱贫户的住房安全鉴定工作，全部达到B级以上。对全县用水应缴水费的建档立卡脱贫户用水给予每户100元补助。截至2021年底，全县农村自来水普及率达到83.6%；农村集中供水率89.34%，高于85%的标准要求。

【加强挂钩帮扶】

2021年，平和县对已脱贫但不够稳定的131户及82户受疫情影响户帮扶对象配强挂钩干部，即至少安排1名科级以上干部挂钩；强化帮扶措施，制订“一户一方案”进行帮扶，做到逐户建档造册、逐户制订帮扶方案。

【壮大扶贫产业】

2021年，平和县加强脱贫村产业发展基础设施建设，提高公共服务水平。拓展销售渠道，创新流通方式，做大做强蜜柚及白芽奇兰茶两大扶贫支柱产业，促进稳定销售，持续开展村集体土地流转、村集体闲置房屋租赁等工作，促进稳定增收。

【保障稳定脱贫】

2021年，平和县推行医疗兜底保险。用“养鸡生蛋”工程收益金为脱贫户购买意外、重疾综合保险和医药费兜底保险，确保脱贫户医得起、不返贫。创新推出蜜柚价格指数保险，为种植蜜柚的脱贫户购买价格指数保险，投标价格0.7元保障脱贫户不亏本、有微利，筑牢稳定增收底线。

【提升居住环境】

2021年，平和县完成秀峰乡坪东村白马石安置点配套基础设施提升工程建设，完成投资280万元，建设完成易地扶贫搬迁基础配套设施2个项目。

农业机械

【概况】

2021年，平和县以创建“平安农机”活动和实施农机购置补贴政策为抓手，推进农业机械化向全程全面高质高效发展取得明显成效。全县农机保有量持续增长达到21万台（套），农机总动力37.8万千瓦。农机社会化服务组织、专业户达到6200个（户），“机械化队伍”不断壮大，作业量和服务收入持续增长。南胜镇完成创建“平安农机”示范镇任务，全县持续实现农机事故零死亡目标任务。

【农机购置补贴政策】

2021年，平和县进一步加大农机购置补贴政策实施力度，完成农机购置补贴资金505.3万元。其中：中央资金207.8万元，省级资金225.6万元，县级资金71.9万元。补贴购置农机具2225台（套），受益农户1617户。对2019年度第七批至2020年第七批购置割草机符合条件的购机者申请材料进行汇总，共5673台。补贴机具包括电子质量式柚果分级机、柚果输送机、微喷灌、滴灌、山地果园轨道搬运机、微耕机、背负式电动割草机、茶叶色选机、采茶机、修剪机、茶叶综合做青机、动力喷雾机、油锯、离心泵等，有力带动新机具新技

2021年10月，农机站工作人员在现场核验果园轨道运输机

（县农机站 供图）

术应用普及。

【新机具推广应用】

2021年，平和县持续推广应用电子质量式柚果分级机、山地果园轨道搬运机、微耕机、背负式电动割草机、果树电动修剪机、植保无人机等各类新机具7000多台（套），推广应用高挂式微喷（滴）灌面积2万多亩。大力推广应用机动、电动割草机，推进果园生草覆盖栽培复绿与化肥、农药减量，保护水资源等生态安全，规避化肥、农药面源污染，沃土沃园。在奇岭乡，举办2场白芽奇兰茶生产机械化示范推广现场会，1场茶叶深加工培训会，共100多名茶农参会，取得良好成效。

【农机化作业】

2021年，平和县农作物病虫害防治、茶叶初加工、蜜柚清洗、输送与精准分选分级实现机械化；果茶园割草、茶叶采摘、果（茶）树修剪基本实现机械化；蜜柚园挖沟穴、果茶园轨道运输、茶叶色选等机械化水平和水肥一体化技术应用水平进一步提升，蜜柚无损糖酸度检测技术得到推广应用。

（供稿：县农业机械站）

林业

【概况】

2021年，平和县创建4个省级森林村庄，完成植树造林26667.5亩，占任务21980亩的121.3%（其中乡镇及县属林场合计完成20917.5亩，占任务16730亩的125.03%），森林抚育56346.5亩，占任务53100亩的106.1%（乡镇及县属林场合计完成37286.5亩，占任务34200亩的109%），封山育林完成21055亩，占任务15000亩的140.4%。开展义务植树活动，全县各乡镇共1000多人次参加义务植树，共植树1万多株。2021年，平和县森林覆盖率达73.02%，森林蓄积量为1184.8万立方米。县林业局入围“全国绿化先进集体”评选名单，是全市唯一入围的单位。

【林长制工作】

2021年，县林业局全面构建县、乡（镇）、村三级林长体系，制定出台《平和县全面推行林长制实施方案》《平和县林长制县级会议制度（试行）》等5项林长制配套制度和《2021年平和县林长制工作考核实施细则》，全县林长制工作制度体系已建立。2021年度，在市对县林长制考核中，列全市第一。

【森林资源保护】

2021年，县林业执法大队积极开展各种专项行动，严厉打击破坏森林资源违法犯罪行为，共受理森林“三类案件”57起，其中移送刑事案件5起，行政案件52起，罚没款71.28万元。

【森林病虫害防治】

2021年，县林业局组织各乡镇场对全县50万多亩松林开展松材线虫病春秋季普查。共清理松枯死木266株，枯死木清理率和除害处理率100%。通过实施林业、生物、物理、化学等措施，完成防治面积5506亩、无公害防治作业面积5506亩，无公害防治率100%。挂设松墨天牛专化诱捕器264套，诱捕松墨天牛4923头，以菌治虫4923亩，以虫治虫2500亩。全县没有发生重大林业有害生物灾害。

【林业管理和服务】

2021年，县林业局按照国家林业和草原局以及省、市林业局的统一部署，统筹做好全县打击毁林专项行动和2021年森林督查暨森林资源管理"一张图"年度更新工作，严厉打击毁林违法犯罪行为，已完成核实工作并依法查处。完成商品林采伐审核审批，办理林木采伐许可证730宗，采伐蓄积量170857.6立方米。

【松林改造提升】

2021年，县林业局共完成皆伐改造提升1728亩，带状采伐改造提升2555亩，择（间）伐改造提升3149亩，共7432亩，超额完成市林业局下达平和县6900亩年度任务。完成森林资源档案与现状不符的部分小班地块"二类"补充调查内外业工作。

（供稿：县林业局）

水利建设

【概况】

2021年，平和县水利工作按照"节水优先、空间均衡、系统治理、两手发力"的重要治水思路，认真做好水利项目建设、水旱灾害、河湖长制工作、水土保持综合治理、移民后期扶持、新冠肺炎疫情防控等工作。年内，用水总量控制在1.94亿立方米，距离控制指标3.33亿立方米差1.39亿立方米，目标值达到控制指标范围内；农田灌溉水有效利用系数达0.569。平和县饮用水源水质达标率达到100%，国控断面洪濑口汤坑桥监测点水质达标率100%，跨省长乐葵山监测点水质达标率100%，省内考核9条小流域水质达标率88.9%。2021年，平和县官峰水库项目建设顺利推进。6月1日，福建省水利厅组织相关单位和专家召开"官峰水库项目可研和技术"审查会，省水利厅已明确同意将平和县官峰水库纳入国家"十四五"发展规划。

【城乡供水一体化项目】

2021年，平和县城乡供水一体化工程建设估算投资12.58亿元，工程规划建设内容包括取水、输水、净水、配水、辅助工程、工程信息化建设及偏远独立村庄供水工程等，还包括村庄供水工程等。新建取水坝3座，新建输水线路51.716千米。增设小型加压泵站及村级泵站共25座，新建水厂3座（规模有水厂8座，规模约7.5万吨／天），利用现有水厂8座（规模约7.5万吨／天）。新建配水管533.302千米，用于偏远农村地区实施小型农村供水工程（大于100人以上）91处。新建数字水务信息化系统1套（含只能水表80948个）。《福建省漳州市平和县城乡供水一体化规划报告》已通过福建省水利厅评审。4月12日，一期工程可行性研究报告已获得平和县发改局批复。一期工程监理单位招标公告于5月14日发布；一期工程项目设计、采购、施工和运营总承包模式（"EPC+O"模式）招标文件编制已完成，正上报审核后发布招标公告。

【中小河流治理】

2021年，平和县实施大溪镇后时片区防洪工程，项目总投资2990万元，年底已完成投资额1157万元，治理河道长5千米，已完成年度投资的47.67%；小型水库维修和养护工程项目投资148万元，年底已完成总投资额的43.9%。

【水土流失综合治理】

2021年，平和县水土流失综合治理项目共有两类。其中，国家级水土保持重点建设工程平和县下坪、苏洋、南湖小流域水土流失综合治理项目，涉及九峰、崎岭2个乡镇，项目总投资583.68万元（中央财政资金350万元、地方配套233.68万元）；省级水土流失治理面积610公顷，涉及小溪、坂仔、山格3个乡镇，

2021 年 5 月 12 日，县水利局开展防灾减灾日暨山洪灾害防御宣传活动（县水利局 供图）

做到农村生活污水应收尽收。建设安厚镇和大溪镇 2 个乡镇污水处理厂，做好文峰黄井溪西蝉作业区生活污水的收集并网工程，已完成征地、污水管道铺设等工作。投资 1034.55 万元，实施宝善公园片区污水管网建设，已完成管网铺设 3 千米；投资 1000 万元，完成福环路污水提升泵站及福环路—阳光路—河滨路污水连接干管项目。实施南山桥至污水厂干管工程，项目总投资 1810 万元。实施好花山溪饮用水源地上游主干流、支流、渠两侧蜜柚生态果园建设工程，项目计划投资 800 万元。

项目投资 375.01 万元，省级财政补助 300 万元，地方配套 75.01 万元，年底已完成项目实施方案批复和预算，有序推进审核、招投标工作。

【农村饮水安全】

2021 年，平和县农村饮水安全巩固提升工程省级补助资金 188.2 万元，涉及 9 个村，受益人口 7195 人。年底已完工 5 个村，其余 4 个村处于施工阶段。农村饮水安全维修养护工程中央补助资金288.9万元，涉及乡镇30个村，受益人口 11585 人，有 10 个村已完工。

【河湖长制落实】

2021 年，平和县全面贯彻落实河湖长制，积极推行河长制“4321”工作法，召开现场协调会 11 场次，镇级河长巡河 2152 人次，受理群众举报件 6 件，发出督办函 8 次。清理河道 5.5 千米，清理垃圾 21.3 吨，打捞河漂垃圾 59.6 吨。年内，饮用水源水质达标率达到 100%，国控断面洪濑口汤坑桥监测点水质达标率 100%，跨省长乐葵山监测点水质达标率 100%；省考核 9 条小流域水质达标率 88.9%；6 个小流域省考断面水质达标率 100%，水质持续向好。

【生活污水污染整治】

2021 年，平和县实施山格镇三美村生态湿地项目，年度计划投资 390 万元，年底已完成项目报批。实施第二批畜禽粪污资源化利用项目，年度计划投资 700 万元，其中购置沼液车 2 辆，铺设浇灌管道 5.3 万米，铺设高挂微喷管道 4.2 万米。建设储液池 3250 立方米，沼气池 350 立方米，

【农业面源污染整治】

2021 年，平和县在花山溪流域开展耕地土壤酸性治理 3.7 万亩，对规模养殖环保设施运营情况进行全过程监管，配合相关部门做好沼液处理中心，铺设高挂微喷管道 119841 米、沼液池 487 立方米，购置沼液车辆 4 辆。

【水政执法与灾害防御】

2021 年，平和县水政执法大队查处非法采砂、洗砂案 1 起，关闭非法采洗砂场（点）1 处。县水利局成立 6 个检查组，分别到各乡镇对水库进行安全生产大检查，确定小、中型水库水库度汛责任人，做到水库安全度汛有责任人、有防洪应急和调度预案。

（供稿：平和县水利局）

库区移民

2021年后期扶持项目实施效果　　（县移民中心 供图）

【概况】

2021年，平和县移民工作紧紧围绕促进水库移民在持续增收上、库区和移民安置区经济社会可持续发展等，扎实推进移民各项工作有序开展，巩固提升移民稳定情绪，保持社会治安大局稳定。

【后期扶持“十四五”规划】

2021年，平和县根据漳州市大中型水库移民后期扶持“十四五”规划报告评审专家组意见，及时修订《平和县大中型水库移民后期扶持“十四五”规划报告（2021—2025年）》，规划总投资16000万元，其中，规划直补资金1384.2万元；规划美丽家园项目23个，安排后期扶持资金5752.8万元；规划产业转型升级项目17个，安排后期扶持资金8472万元；规划创业就业能力建设项目2个，安排后期扶持资金66万元；规划散居移民基础设施完善项目3个，安排后期扶持资金200万元；规划监测评估项目5个，安排后期扶持资金125万元。

【后扶项目建设】

2021年，平和县加强移民工业创业园的监管，严格执行福建省新出台的项目和资金管理办法，做好后扶项目的储备，做好省、市单位沟通，对接下达中央资金项目12个，资金1840.88万元；三峡后续工作资金项目4个，资金36万元；库区基金项目7个，资金333万元。上报2022年中央资金5个，资金1685.88万元；三峡后续工作资金项目4个，资金40万元。

（供稿：县移民服务中心）

工 业

工业和信息化

【概况】

2021年，平和县工业和信息化局（简称“县工信局”）以开展“产业发展项目建设年”活动为契机，以发展壮大工业经济为着力点，紧紧围绕全县工业经济目标，全方位推进全县工业经济提质增效。全年规模工业总产值完成247.02亿元，同比增长9.8%。工业增加值增长9.5%，工业投资完成38.39亿元，技改投资完成11.07亿元。社零累计完成104.59亿元，同比增长5.5%。实际利用外资到资0.328亿元，进出口完成2.81亿元。限额以上商贸企业19家。年内，依托“全闽乐购·漳州跨年购”平台，开展“全闽乐购节暨漳州市首届汽车消费节（平和专场）活动”。

【疫情常态化防控】

2021年，县工信局坚持疫情防控和经济发展“两手抓、两不误”，深入工贸企业开展疫情防控督导工作，督促工业企业落实疫情防控措施，确保企业安全有序运行，全力构建稳固的疫情防控工业防线；做好疫情期间企业防控物资储备及保障生产资料类供应运输车辆通行证核发等协调工作，配合疫情防控医疗物资保障组完成333万元的疫情防控医疗物资采购工作。

【政策扶持】

2021年，平和县全面贯彻落实市县新增规模以上工业、限额以上商贸企业培育扶持政策，增强企业新增新上规模以上工业企业、限额以上商贸企业的动力。加强与统计、税务等部门联动，深入各行业挖掘潜力企业，建立培育库，重点做好潜力企业跟踪服务，全年新增规模以上工业企

2021年5月24日至6月6日，融合农旅发展，助力乡村振兴暨平和高峰谷首届直播带货节销量赛活动在高峰生态谷举行

（县工信局 供图）

业21家、限额以上商贸企业19家。

【重点项目推进】

2021年，平和县全力落实重点项目调度和挂点联系机制，加强项目的实时跟踪服务，确保项目按计划推进。指导美艺陶（福建）高新建材有限公司新型多级孔微晶环保保温装饰板扩建项目和福建省华城陶瓷发展有限公司年产250万平方米新型环保地铺石陶瓷扩建项目成功申报2021年省重点技术改造项目。

【招商引资】

2021年，平和县进一步完善项目跟踪落地机制，对重大招商线索实施专班跟踪制度，组织开展招商引资项目现场会勘会审活动，精简项目审批过程中所需要的时间，促进项目早日开工落地。组织参加漳州市政府举办的“大开放、大工业、大漳州”创业招商大会云签约活动、厦门平和商会开展招商推介会及第二十一届厦门国际投资洽谈会。全年完成新签约产业项目71个，总投资额84亿元。其中，10亿元以上项目1个，新开工项目61个，竣工项目85个。

【社消零发展】

2021年，县工信局积极贯彻落实县委、县政府要求，培育壮大限额以上贸易企业，全面提升批发、零售、住宿、餐饮4个行业的发展水平，依托“全闽乐购•漳州跨年购”平台开展“全闽乐购节暨漳州市首届汽车消费节（平和专场）活动”。大力推进大珩广场在捷特姆超市的基础上，引进音乐酒吧、酒店、影院等相关商旅配套项目，促进文商旅融合发展。推动大珩广场商圈申请漳州市夜间经济聚集示范区。

【外贸工作】

2021年，县工信局利用外贸企业微信群平台和下企业调研做好有关疫情国家国别风险的提示，深入走访企业，及时宣传解读并兑现省、市、县支持外贸企业发展的各项政策。兑现漳州奕天食品有限公司建设蜜柚海外仓（荷兰鹿特丹）和福建双宇农业开发有限公司、福建至诚农业发展有限公司2020年蜜柚首次出口美国奖励、平和久泰惠农现代农业有限公司2020年第二批省级中小开GAP（良好农业规范）产品认证项目给予补助。

【电商推广】

2021年，平和县开展白芽奇兰春茶开茶直播活动、融合农旅发展•助力乡村振兴暨平和高峰谷首届直播带货节销量赛活动，助推农特产品上行持续健康发展，引导更多企业参加跨境电商工作，进一步促进跨境电商健康、有序、快速发展。6月，平和县新注册成立首家“9710”跨境电商企业（漳州万耀贸易有限公司）。

2021年度平和县规模工业一览表

表9

序号	企业名称
1	福建省宝利新型材料有限公司
2	平和县笃达工贸有限公司
3	漳州市正贤工贸有限公司
4	漳州超优陶瓷有限公司
5	福建省百得利实业有限公司
6	漳州市万宝达建材有限公司
7	福建齐鲁武峰塑料制品有限公司
8	福建省群益陶瓷原料有限公司
9	漳州市红兴新型材料有限公司
10	平和福和木制品有限公司
11	漳州市东辉木业有限公司
12	福建彩联陶瓷有限公司

续表 9

序号	企业名称
13	福建优诺包装有限公司
14	漳州市裕拓机械有限公司
15	漳州市澳利陶瓷发展有限公司
16	福建侨丰陶瓷有限公司
17	美艺陶（福建）高新建材有限公司
18	福建省集友陶瓷材料有限公司
19	福建省国荣建筑材料有限公司
20	平和中晟燃气有限公司
21	漳州实达新型建材有限公司
22	漳州市金泰纸业有限公司
23	漳州市程盛再生资源有限公司
24	凤竹（漳州）纸业有限公司
25	漳州市丰鸿机械有限公司
26	福建省鸿星陶瓷发展有限公司
27	漳州市特好佳塑料制品有限公司
28	福建霹雳陶瓷有限公司
29	漳州众鑫橡胶有限公司
30	平和县泰兴汽车配件厂
31	漳州三泉石材有限公司
32	漳州福和应用材料科技有限公司
33	漳州市益达纸业有限公司
34	漳州友玲工贸有限公司
35	漳州时时进工贸有限公司
36	漳州瑞庆木业有限公司
37	平和毅宏木制品有限公司
38	漳州市福珑木材有限公司
39	平和坚毅木业有限公司
40	福建省华诚陶瓷发展有限公司
41	漳州市昆沅工贸有限公司
42	福建两顺市政工程有限公司
43	漳州华能工贸有限公司
44	漳州市聚福木业有限公司
45	环盛（福建）新型建材科技有限公司
46	福建西蝉木业有限公司
47	福建柏木林木业有限公司
48	漳州市闽喆木业有限公司
49	漳州市福泰再生资源股份有限公司
50	福建双龙混凝土有限公司
51	漳州市伟达工贸有限公司
52	漳州市泉都机械制造有限公司
53	漳州海伦得工贸有限公司
54	漳州市天凯塑胶有限公司
55	福建双龙木业有限公司
56	福建省华铭建筑材料有限公司

续表 9

序号	企业名称
57	福建荣辉铝业有限公司
58	福建宝寨木业有限公司
59	平和龙舟坑木材加工有限公司
60	平和宝桥木制品有限公司
61	平和双益木制品有限公司
62	漳州市亿昌工贸有限公司
63	平和县奇良木制品有限公司
64	漳州市平和杰祥木制品有限公司
65	平和县永盛木业有限公司
66	漳州市俊诚木业有限公司
67	平和县广宇木业有限公司
68	福建壹工软包装科技有限公司
69	福建鹭博道路工程有限公司
70	漳州市聪敏木业有限公司
71	漳州市鑫宸木业有限公司
72	漳州隆顺木业有限公司
73	漳州市合创木业有限公司
74	福建兴发机械有限公司
75	福建省平和汇盛工业有限公司
76	福建领峰食品有限公司
77	漳州市同兴木业有限公司
78	漳州福兴汽车配件有限公司
79	漳州市财源纸品股份有限公司
80	平和县丰隆木业有限公司
81	平和县旺发木业加工厂
82	平和县鑫鑫木业有限公司
83	平和县隆鑫木业有限公司
84	平和县永恒金属制造有限公司
85	平和县林兴木材加工厂
86	平和县亿佳木业有限公司
87	漳州市润鑫木业有限公司
88	平和县塔牌混凝土有限公司
89	漳州市华利新型建材有限公司
90	福建省旺发新能源科技有限公司
91	平和县和瑞工贸有限公司
92	平和县力洲汽车配件有限公司
93	福建平和宝峰罐头食品有限公司
94	漳州玉露食品科技股份有限公司
95	福建竑锦实业有限公司
96	漳州市天湖纸业股份有限公司
97	中宝（福建）食品科技有限公司
98	福建省平和葫芦山纸品有限公司
99	福建同益食品有限公司
100	福建宏绿食品有限公司

续表 9

序号	企业名称
101	福建省平和隆溪工业有限公司
102	漳州市恒达发电有限公司
103	福建省天醇茶业有限公司
104	平和县顺发木材加工场
105	福建乐其家俬有限公司
106	福建广和堂生物科技有限公司
107	漳州柚多宝套袋有限公司
108	漳州荣香食品有限公司
109	平和县骏达混凝土有限公司
110	漳州市建新包装制品有限公司
111	福建福环专用汽车制造有限公司
112	平和县裕辉食品有限公司
113	平和县金龙食品厂
114	漳州市汉泰包袋有限公司
115	漳州市上层工贸有限公司
116	福建实鑫木业有限公司
117	欧联德环保科技（漳州）有限公司
118	平和县麦博包装有限公司
119	福建琯溪源食品工业有限公司
120	福建省国农农业发展有限公司
121	福建越海沙石有限公司
122	平和盛茂肥业有限公司
123	平和县隆荣茶业有限公司
124	平和县裕华新型建材有限公司
125	福建冠众建材有限公司
126	平和县大自然新型建材有限公司
127	平和县恒远鞋业有限责任公司
128	福建平和华宇机械有限公司
129	福建平和弘裕包装有限公司
130	福建省双鑫机械有限公司
131	平和县阳山茶厂
132	福建省祥兰茶业有限公司
133	福建海山茶业有限公司
134	漳州震元纸品有限公司
135	漳州市宏顺纸业有限公司
136	漳州市辰达板业有限公司
137	平和县绿辉茶叶有限公司
138	平和春鑫混凝土工程有限公司
139	福建省林丰肥料有限公司
140	平和县鑫泰德远矿业有限公司
141	漳州霖和良坝水电有限公司

（供稿：平和县工业和信息化局）

二轻工业

【概况】

2021年，平和县二轻集体工业联社依照常态化、制度化、规范化要求开展信访工作，依法解决职工诉求，对群众反映的问题，认真细致给予答复，做实做细群众的思想工作。年内，接待来访群众10批，，信访答复率达到100%。落实安全生产主体责任，对所属企业进行日常安全检查，发现问题及时解决。3月，对综合厂门市例行检查时，发现该门市屋顶损害、墙壁倾斜，平和县二轻集体工业联社及时采取措施，保护集体资产不受损失。

【破产及改制企业职工安抚工作】

2021年，平和县二轻集体工业联社抓好破产企业和改制后企业职工的稳定，做好破产企业和改制后企业职工的解释安抚工作，为他们办理养老、医保、经济适用房申请、廉租房申请等事宜。认真倾听改制企业被安置职工的呼声，请示汇报、反映有关情况，做好职工的思想疏导工作，从源头上调处和化解了矛盾，把事后解决转到事前排查化解上。年内，二轻系统无治安案件发生。

（供稿：平和县二轻联社）

平和县二轻集体工业联社干部职工参与高速路口疫情防控值班

（县二轻联社 供图）

供电

【概况】

2021年，国网平和县供电公司紧扣新时代“双满意”（客户满意、党和政府满意）工程，紧密服务地方经济社会发展大局，为更好服务平和县全方位推进绿色高质量发展超越贡献最大力量。2021年，售电量13.45亿千瓦时，同比增长3.06%。营业收入6.81亿元，同比增长10.79%。资产总额5.94亿元，同比减少1.17%。固定资产投资1.06亿元（含110千伏0.106亿元），同比增长4%。截至2021年12月31日，公司电网连续安全稳定运行7669天。公司保持省级文明单位殊荣。

【项目建设】

2021年，电网建设新时代“双满意”工程纳入平和县委县政府为民办实事项目清单首位，完成2021年为民办实事项目投资6431万元。建成乡村电气化惠农富民项目4个，消费帮扶1.7万元。助推乡村基础设施升级，完成16条单放射型线路、1条供电半径超15千米线路整治，改造单电源大中型小区3座，农网供电可靠率99.888%、电压合格率99.922%，均完成年度目标。完成300户光伏清洁能源并网，助力推进西蝉片区垃圾焚烧电厂开工建设，确保清洁能源100%消纳。建成1个全电校园、1个全电食堂，完成电能替代7158万千瓦时。落实属地配合，仅用2个月提前完成闽粤联网线路工程辖区全部108基塔基交地，完成漳州核电送出线路工程2个乡镇及1个国有林场青赔协议签订。投产安厚变闽粤联网间隔扩建工程，有序推进35千伏国强变等重点项目。

配改工程、技改大修竣工率、结算率、关闭率均达100%，获省优工程、省优项目部各1项。

2021年9月21日，国网平和县供电公司特战队举办疫情防控保电应急演练，进一步提升疫情防控保电能力（国网平和县供电公司 供图）

【供电服务】

2021年，国网平和县供电公司深化“阳光业扩”，拓展竣工“云检验”等9项服务，线上办电率100%；“三零”服务覆盖283个小微企业，节省办电成本2830万元，小微企业“一站式”办电平均时长压减12%。“百千万”大走访解决诉求6项，完成高压项目送电68个，平均办电时长比降15%。主动与平和工业园区党工委结成党建“三级联创”帮带对子，打通优质服务“最后一公里”。全市首个联服中心（平安靖）落地，远程服务集群化初有成效，用户平均停电时间9.83个小时、同比下降33.39%，投诉同比下降85.18%，百万客户投诉量位列公司第6。

【企业管理】

2021年，国网平和县供电公司累计创利金额486万元、全市排名第4。营销稽查、反窃查违挽回损失196.1万元。深化“三清理、两提高”（清理在建工程、工程物资、工程往来款，提高暂估转资效率、竣工决算效率专项行动），超期、潜在超期工程治理完成率100%，工程物资、工程应付款余额分别压降19.33%、22.28%。超三年账龄物资利库113.72万元，废旧物资拍卖成交197.2万元，同比增长64.33%。加强线损管理，综合线损率3.96%，同比下降0.04个百分点。入围国网百强所12次，入围次数全市第二。拓展“供电+能效”服务，“电e金服”推广金额1754.10万元，完成年度目标的113.90%，全市第三。综合能源营收757.8万元，完成年度目标的124%。累计签约市场化售电用户20户，签约电量4亿千瓦时，列全市第二。与县法院、司法局联合成立电力人民调解机制，靠前化解矛盾纠纷。针对乡村振兴扶贫工程建设项目开展审计监督，整改问题12个。落实电价市场化改革政策，顺利实施首次代购电，市场化电价机制平稳起步。8个供电所全面开展模拟合伙人制。积极参与青创赛，获市公司第六届“青创赛”银奖1个、铜奖1个、优秀奖2个。

（供稿：国网平和县供电公司）

商贸流通

供销合作

【概况】

2021年，平和县供销合作社联合社以服务“三农”为宗旨，全面深化综合改革，着力构建为农服务体系、发展农产品流通、壮大社有企业、夯实基层基础，努力推动全县供销系统高质量发展。全年商品供应各种化肥221848吨，商品销售总额370561万元。全年全系统商品购进总额 347251万元，比上年同期增长14.3%，其中，农产品购进192552万元，比上年同期增长15.1%。商品销售总额370516万元，比上年同期增长13.8%，其中消费品零售额108760万元，比上年同期下降6.1%。农业生产资料销售103203万元，比上年同期增长22.2%。肥料销售量比上年同期下降5.22%。年内，崎岭供销社、果品、供销农资、土产等公司2021年通过新一轮公开招租，累计增收13万元。全系统累计发展专业合作社15家。

【农资经营管理】

2021年，县供销社认真做好城关、文峰、山格、坂仔、南胜、五寨、国强、霞寨8家基层社的化肥经营店化肥销售监督管理，配合市场监督管理局开展肥料经营主体“双随机、一公开”抽查工作，最大限度地减少农业面源污染。全县供销系统有19家庄稼医院、8名庄稼医生，“庄稼医生”们通过巡诊、坐诊、咨询、培训等多种方式服务于农民，共为农民开出处方800多次，为6750多人次提供咨询。

【农资科技下乡】

2021年，县供销社联合省、市供销社在花山溪流域乡镇举办农资科技下乡活动，发放农技实

2021年12月25日，供销系统组织名特优产农产品参加福建省供销合作社举办的“一县一周”活动　　（县供销社　供图）

用知识、科学施肥知识等宣传材料，邀请专家现场接受咨询，推介环保绿色的新肥，推广有机肥替代化肥技术，开展化肥农药使用新技术培训。开展“战胜疫情，保春耕，助扶贫”农资科技下乡活动，为安厚镇下新楼村等提供优质有机肥20吨。先后在坂仔、安厚、国强累计发放各种宣传材料3625份，接受群众咨询552人次。

【项目谋划建设】

2021年，县供销社向省、市社争取资金建设“保供促销”工程项目，到位23万元，用于平和县供销社茶叶交易中心项目，该项目已建设完成，并通过县级验收。

【历史债务解决】

2021年，县供销社下属的县土产公司有笔1991年与茶叶公司兼并、向平和建行贷款234万元后无力还贷形成的历史债务，2014年平和建行把债权转移给信达公司。截至2021年8月30日，债务总额835万元，其中本金194万元。2021年，在县政府和市社的支持下，县供销社与信达公司多次洽谈协商，以108万元达成转让协议、签订转让合同，终结债务，退还抵押物。这一宗债务解决以后，平和县供销社历史债务全部解决，没有任何外债。

（供稿：县供销社）

粮食和物资储备

【概况】

2021年，平和县粮食和物资储备局以贯彻落实粮食安全省长责任制工作为核心，以确保全县粮食安全为己任，推进依法管粮、依法行政。在疫情防控期间，定期对25个粮食供应网点采集、汇总、上报粮油的销售量、库存量、销售价格，确保全县粮油市场货源充足、价格稳定。年内，积极推进东坑储备粮库绿色充氮气调储粮项目及储粮信息化联网建设，年底已完成氮气气调项目的初步设计，储粮信息已跟省、市对接联网。

【储备粮轮换】

2021年，平和县县级储备粮规模26600吨。2021年县级储备粮轮换任务5643.134吨稻谷，于3月10日至4月7日轮出稻谷1699.454吨、4月16日至6月27日轮出稻谷3943.689吨，共计轮出稻谷5643.134吨。于8月25日至9月30日轮入稻谷5643.134吨。加强储备粮入库质量监管，对运粮车辆逐车检验，对初检不合格的予以退货处理，共计退货18车约580吨。入库完成后通过三方按规范联合扦样送检，经福建省粮油中心检验站检测，各项指标均符合地方储备粮的质量标准，按时、按质、按量完成2021年度县级储备粮轮换任务。

【应急保障】

2021年，平和县全县共建有25个粮食应急供应网点、3个粮食应急配送中心和1个粮食应急代加工企业，并签订应急加工

2021年9月24日，县粮储局组织相关人员开展2021年度粮食入库质量把关

（县粮食局 供图）

保供协议书。全县应急物资储备棉被、帐篷等39个品类，共计11195件。

（供稿：县粮食和物资储备局）

烟草专卖

【概况】

2021年，平和县烟草专卖局（分公司）实现卷烟销量22869箱，条均价为142.6元，同比增长4.08%；实现税利2.12亿元，同比增长0.22%。全年共查获涉假案件13起（未查获烟机案件），查获假冒卷烟1535万支、烟丝22.7吨、卷烟商标标识698万张及大量原辅材料，推动刑拘16人，逮捕5人，判刑7人，全年涉假总案值达2160万元。查处市场案件66起，其中一般案件57起，5万元以上大要案9起，查获涉案卷烟6265.9条，同比增长23%，总案值约98.7万元，全年平均市场净化率约为95%。

【企业管理】

2021年，县烟草专卖局开展“一千个员工，一千个安全员”活动和每月驾驶员安全培训，围绕安全生产月、消防安全宣传月及交通安全宣传日开展多形式普法宣传。开展为期5个多月的单位公房腾退劝导工作，稳定解决遗留的退休员工占用公房问题。贯彻落实省局“1234”工作思路具体措施，以员工监督、定期跟踪确保工作落实质量和效率。抓好“3·15”国际消费者权益日、“6·29”全国科普行动日、“12·4”全国法制宣传日重要普法节点，开展对内、对外普法，落实“谁执法、谁普法”。共撰写论文4篇，其中1篇获省、市级学会优秀奖，1篇获国家局三等奖。

（供稿：县烟草专卖局）

2021年11月18日，漳州市烟草公司平和分公司与平和县秀峰中心小学乡村学校举行“少年宫结对共建”签约仪式（县烟草专卖局 供图）

财政·税务

财 政

【概况】

2021 年，平和县财政局坚持以收定支、收支平衡原则，牢固树立过“紧日子”思想，坚持保重点、压一般、促统筹、提绩效，持续强化和规范“三公”经费管理，严格控制一般性支出。依托财政国库支付动态监控系统，对预算单位财政资金支付清算进行全过程监控，规范财政资金支付管理，提高财政资金管理使用的安全性、规范性、有效性。推进国库电子化管理改革，将全县预算单位全部纳入国库电子化管理改革动态监控范围，加强财政资金安全管理，提高财政资金支付效率。全县一般公共预算总收入 8.94 亿元，比上年增长 0.2%。其中，地方一般公共预算收入 6.38 亿元，比上年增长 0.6%。一般公共预算支出 24.62 亿元，比上年下降 26.5%。

【财政政策】

2021 年，平和县以更大的落实宏观政策力度对冲疫情影响，切实减轻企业尤其是中小企业负担。年内，追加预算 284 万元用于补助企业疫情期间损失、88 万元用于兑现 2021 年省外户籍员工留平和过年节日补贴，稳就业、保产业，确保平和县产业链和供应链的稳定。

【财政民生支出】

2021 年，平和县教育支出 5.46 亿元，主要用于义务教育公用经费、职业教育助学金、特殊教育和教育扶贫专款、校安建设、改薄经费、学校建设、职业教育经费、成人教育、特殊教育、进修及培训、教育费附加、高中生均公用经费和教育扶贫等。科学技术支出 3986 万元，主要用于高技术研究专款、企业创新奖励、

2021 年 12 月 29 日，平和县财政局举行新年“奋进平和·共读党史”演讲比赛　　（县财政局 供图）

债券用于科技馆建设等。社会保障和就业支出 5.99 亿元，主要用于农村基层政权建设、抚恤对象临时价格补贴、临时救助、财政对养老保险基金补助和退役军人管理、社会保险机构经费、春节慰问经费及人员工资奖金，基层政权建设、机关事业单位养老保险缴费、就业补助，退役士兵老年生活补助和退伍军人补助等抚恤、退役士兵安置，养老补短板和殡葬管理等社会福利项目、残疾人补助，最低生活保障、临时救助和特困人员救助、财政对城乡居民养老保险补助、退役军人管理等。文化体育与传媒支出 3860 万元，主要用于文物保护专款和宣传文化发展；债券用于西坑、长乐红色小镇和坂仔北斗七星土楼群修缮，文博中心陈列布展和旅游建设、文物保护，平和网等级保护和数据库建设等。医疗卫生支出 2.45 亿元，主要用于基本公共卫生服务、突发卫生事件应急处理、疫情防控、行政事业单位医疗、基本养老保险、医疗救助、优抚对象医疗等。节能环保支出 6108 万元，主要用于水土污染防治、农村环境保护、天然林停伐、流域生态补偿、环境监测、农村环境保护、新能源公交车推广等。城乡社区事务支出 1.16 亿元，主要用于供水管网建设、裸房整治示范村奖补、公共停车场建设、县城路灯费用、绿化费等城乡社区管理事务等。农林水事务支出 2.76 亿元，主要用于标准农田建设补助、森林生态效益、水利工程建设、水利保持、农村道路、防汛、水库治理等。交通运输支出 3468 万元。主要用于公路养护、人员奖励和农村公路养护、城市公交补助等。住房保障支出 6236 万元，主要用于农村危房改造及行政事业单位住房公积金等。

（供稿：县财政局）

税务

【概况】

2021 年，平和县税务局各项税费收入累计完成 144084 万元，同比增收 21159 万元，增长 17.21%。其中，组织税收收入 65158 万元，同比增收 3061 万元，增长 4.93%；组织非税收入 78926 万元，同比增收 18098 万元，增长 29.75%。其中，社会保险费收入 71985 万元，同比增收 17787 万元，增长 32.82%。完成县政府年度收入预期目标 100.2%，同比增收 2380 万元，增长 3.85%。办理直接出口退税 963 万元，同比减少 145 万元。

【税费优惠】

2021 年，平和县全年落实税费减免 22242.28 万元，同比增长 14%，其中，税收减免 21096.53 万元，同比增长 13.4%；非税收入减免 1145.75 万元，同比增长 26.2%。累计新增减税降费（不含社保）3789.87 万元。

【优化营商环境】

2021 年，平和县税务局持续

2021 年 12 月 28 日，平和县税务局召开特约监督员座谈会，邀请特约监督员结合自身行业对税收工作提出意见建议

（孙瑾 摄）

推进“非接触式”办税缴费和“智能化”服务，加大电子税务局推广力度，做好增值税专用发票电子化推广，促进市场交易便利，推动数据治税发展；突出“优化执法服务·办好惠民实事”主题，深入开展2021年度“便民办税春风行动”，进一步优化流程、简并资料、压缩时限，不断优化纳税人办税体验；设立税务体验师制度，聘请省人大代表作为我局税收服务“特约监督员”，纳税人满意度持续提升。

（供稿：县税务局）

金融与保险

中国人民银行平和县支行

【概况】

2021年，中国人民银行平和县支行（简称“县人行”）开通信贷审批绿色通道，实行优先办结，提高办贷效率。辖区普惠小微企业贷款余额25.57亿元，户数7722户；金融机构累计为普惠小微企业贷款办理续贷15.8943亿元，新增普惠小微企业贷款25.57亿元。年内，创建全省首家普惠金融乡村教育基地，与法院等部门建立金融纠纷多元化解合作机制，经验做法被漳州市人民银行推介。试点创建农村普惠金融“助老适老”服务示范点，实现辖区15个乡镇农村普惠金融“助老适老”服务示范点全覆盖。2021年，辖区不良贷款余额1.52亿元，占比1.17%，总体风险可控。辖内自助查询平稳运行，辖内未发生投诉、诉讼情况。

2021年12月20日，平和县金融知识普及基地揭牌仪式暨集中宣传活动举行　　（县人行 供图）

【支持经济发展】

2021年，县人行支农再贷款（含扶贫再贷款）1.6966亿元，累计发放支农再贷款（不含扶贫再贷款）1400万元，办理扶贫再贷款展期15566万元。为符合激励条件的621户企业办理629笔2.05亿元贷款办理延期，实现稳岗1938人。为符合支持条件的431户企业发放信用贷款8241万元，实现稳岗1085人。引导金融机构加大对平和县“五个一批”108个重点项目的信贷支持，开展普惠小微企业“首贷培植”和“服务小生意 贷动大民生”行动。推出“银税通”“云税贷”“小微宝”“账户云贷”“小微快贷”等产品。推行“无还本续贷”，降低普惠小微企业融资成本。

【加强外汇管理】

2021年，县人行推进外汇管理改革，促进跨境贸易投资便利化，防范跨境资本流动风险。指导辖区24家直投企业100%如期完成2019年直投存量登记工作。截至12月底，辖区涉外企业收汇率114.62%，结汇率90.18%。加强投资收益汇兑核查，对辖区1家外商投资企业利润汇出业务进行核实核对，对2家外汇指定银行国际收支统计申报、银行结售汇业务进行现场核查，及时督促银行对存在问题进行纠正。

【提升金融服务】

2021年，县人行联合农业局、农信社等部门，通过“党支部联学共建、党小组定向帮扶、党员结对联系和金融机构挂职助创”四级联动，持续推进金融服务乡村振兴“样板村”创建工作。联合茶叶协会组织开展8场金融助力乡村振兴宣传会，金融支持白芽奇兰茶产业贷款余额0.77亿元，254户贷款。指导辖区金融机构积极开展“一行一特色”信贷产品创新活动，主动融入乡村振兴战略。提升跨境人民币结算水平，全力支持外经贸企业在国际经贸往来中扩大跨境人民币结算的比重，切实促进贸易结算便利化。持续推进“全口径宏观审慎跨境融资”，拓宽企业境外融资渠道。进一步提升跨境人民币结算监测分析工作质量，加强对跨境资金流动的监测、分析、预警。选择黄井工业园区商业街作为移动支付示范街，稳步推进移动支付广泛应用，推动移动支付便民工程继续向纵深发展。

【打击治理电信网络违法犯罪】

2021年，县人行与联合县公安局印发《平和县公安局 人民银行平和县支行 外汇局平和县支局开展扫黑除恶和打击治理电信网络诈骗、非法金融放贷、跨境赌博、洗钱、假币等违法犯罪协作配合机制》，建立线索通报机制、立案调查机制、情报会商机制、督导督办机制等四项具体机制及相关工作纪律。

【推动国库高质量发展】

2021年，县人行完善个人所得税退税、税库交换系统等业务操作规程，牢牢守住国库“资金安全”和“系统运行安全”两条底线。创建坂仔镇国库普惠金融服务示范乡镇，实现坂仔镇国库普惠金融业务全覆盖，建立坂仔镇国库普惠金融学校和辖区第一家“国库知识小屋”。完成国库“助老适老”服务及财政惠民惠农资金服务示范点建设，在普惠金融服务点搭建辖区第一家“国债知识小屋”。采取与公安、检察情报会商和反洗钱差异化监管措施“双向推动”，提高可疑交易线索排查效率和成案率。继续推动与人民法院等部门建立金融纠纷多元化解合作机制，线上线下调解并举，维护辖区金融稳定。截至12月末，受理各类金融纠纷595起，涉及标的金额6170万元，现场调解366件，成功调解372起，涉及标的金额3081万元。

（供稿：中国人民银行平和县支行）

中国银行保险监督管理委员会漳州监管分局平和监管组

【概况】

2021年，中国银行保险监督管理委员会漳州监管分局平和监管组（简称“平和监管组”）结合平和辖内金融经济形势，认真落实“四个着力”（着力防范化解金融风险，着力加强实体经济金融服务，着力推动银行业保险业改革发展，着力提升监管工作质效），持续强化监管，推动辖内银行保险机构进一步加大实体经济支持力度，服务经济高质量发展，金融风险得到有效稳控。全县银行机构8家，52个营业网点，全辖银行业金融机构本外币各项存款余额194.11亿元，比年初增加8.28亿元，增长4.5%；各项贷款余额131.59亿元，比年初增加18.8亿元，增长17%；不良贷款余额1.55亿元，比年初增加0.31亿元，不良贷款率为1.18%，比年初上升0.08个百分点。

【保险机构】

2021年，平和县有保险机构15家、28个营业网点。全年全县保险机构原保费收入4.03亿元，比上年减少0.08亿元，其中，财产险原保费收入1.26亿元，人身险原保费收入2.77亿元。

【辖内银行存贷比】

2021年，平和县辖内银行机构存贷比为67.8%，比年初提升7个百分点，高于漳州分局年初提升要求5个百分点，信贷支持力度取得较大提高。

【金融支持小微企业】

2021年，平和县辖内银行机构小微企业贷款比年初增加10.12亿元，占辖区贷款增量的53.8%，比年初增长26.9%，高于各项贷款增速10.2个百分点。

【金融多元纠纷调解】

2021年，平和县银行业调解中心不断提升金融纠纷调解效率，成功办理金融纠纷389件、涉及金额3369.88万元，为困难群众免除诉讼费用约80万元，较好地服务辖区银行贷款资产保全工作。

【金融服务疫情防控】

2021年，平和县农村信用合作联社创新推出“稻田蛙”“福茶贷”支持“一镇一业”“退柚还茶”政策。人保财险创新推出为全县原建档立卡贫困户及相对贫困人口11096人办理“防贫综合保险”，提供综合保障10.32亿元。

【金融风险稳控】

2021年，平和县全辖新发生不良贷款1.56亿元，处置不良贷款1.25亿元，不良贷款增加0.31亿元，信用风险总体平稳可控。2家法人机构流动性指标均符合监管要求，流动性安全得到进一步改善，辖区银行保险机构未发生案件风险，辖区金融机构运行平稳。

（供稿：平和监管组）

中国农业发展银行平和县支行

【概况】

2021年，中国农业发展银行平和县支行（简称“农发行平和支行”）紧盯目标、狠抓落实，全力支持“三农”事业发展。年内，各项贷款日均余额11.34亿元，同比增加4.52亿元，增幅66.27%。2021年，荣获省分行先进基层党组织、省分行业务经营十佳县级支行、省分行宣传工作先进集体等称号。

【支农成效】

2021年，农发行平和支行配合落实平和、南靖两县县级储备粮轮换制度，做好地方粮油储备贷款的轮换与展期工作。支持基础设施建设。坚持“早谋划、早落实、早见效”理念，抓牢客户项目工程，做好项目营销和储备。2021年共获批项目4.5亿元，累计投放中长期贷款3.71亿元。扶持民营小微企业。认真领会上级对支持小微企业发展和服务生猪全产业链的要求，累计投放生猪全产业链生产企业贷款0.45亿元，支持小微企业贷款0.085

2021年12月20日，农发行平和支行入驻平和县金融知识普及基地并开展金融知识普及活动　　（农发行平和县支行 供图）

亿元。

（供稿：农发行平和支行）

中国农业银行股份有限公司平和县支行

【概况】

2021年，中国农业银行股份有限公司平和县支行（简称“平和农行”）各项存款余额361645万元，占四行一社的50.52%，排名第一，各项存款比年初增加5228万元。各项贷款余额282571万元，比年初增加47858万元，占四行一社的44.74%，排名第一。不良贷款余额767.78万元，不良率0.27%，比年初降低0.02%。

【普惠工作】

2021年，平和农行围绕琯溪蜜柚、白芽奇兰茶等特色产业，持续推进“惠农e贷”的覆盖面，加大对蜜柚种植户、收购户及农资经销商等全产业链客户群体的信贷支持，通过加快信用村及综合经营模式的准入，扩大“惠农e贷”发展客群。年内，成功导入白名单8928户，授信7014户，授信金额86437万元。全口径“惠农e贷”余额69490万元。比年初增加11166万元，其中，人工审批“惠农e贷”12747万元，比年初增加6136万元。加大普惠小微企业信贷支持力度，全行普惠金融小微企业贷款户数比年初增加18户，金额比年初增加2424万元，小微企业法人贷款新增成效显著。

2021年3月15日，平和农行组织员工深入村委会等地宣传反洗钱、反诈骗等金融知识

（平和农行　供图）

【优化服务】

2021年，平和农行主动加强与地方金融办等部门的沟通，对接平和县的纾困企业和受疫情影响的农户，支持企业复工复产，纾困企业比年初增加10户，金额增加3626万元；为农户办理纾困贷款155户，金额1465万元。

（供稿：平和农行）

平和县农村信用合作联社

【概况】

2021年，平和县农村信用合作联社（简称“平和农信联社”）各项存款余额82.35亿元，比年初增加2.39亿元，增长2.99%，其中储蓄存款余额63.68亿元，比年初增加4.08亿元，对公存款余额18.67亿元，比年初减少1.69亿元。存款市场份额占比42.46%，比年初下降0.62个百分点。各项贷款余额43.93亿元，比年初增加5.69亿元，增长14.75%，扣除当年新增票据转贴现8565万元后贷款增长12.51%，各项贷款日均余额40.63亿元，比上年同期增加5.01亿元，增长14.09%。涉农贷款余额38.91亿元，比年初增加3.96亿元。普惠小微贷款余额14.51亿元，比年初增加2.99亿元，贷款市场份额占比33.76%，比年初下降0.66个百分点。电子交易占比97.51%；手机银行客户16.31万户。比年初增加0.71万户，月活客户3.95万户。月动户2.74万户，授信客户签约率89.3%；移动支付有效客户覆盖率21.91%。收单商户9740户，高质量商户3546户。新增普通贷记卡4388卡，完成省联社下达任务数的140.48%。贷款拨备覆盖率234.53%，比年初减少43.50个百分点。拨贷比4.51%，比年初增加0.02个百分点。贷款损失准备充足率173.47%，比年初减少10.53个百分点，各项指标均达到监管标准。

2021年12月31日，福建平和农村商业银行股份有限公司创立大会暨第一次股东大会召开 （平和农信联社 供图）

【体制改革发展】

2021年，平和农信联社以2020年6月30日为清产核资的时点启动农商银行改制组建工作，启动改制工作以来得到县委、县政府及各界人士的大力支持；2021年8月19日获得福建银保监局同意筹建的批复，12月31日成功召开平和农商银行创立大会，平和农商银行改制组建工作有序推进。

【政银企合作】

2021年，平和农信联社以漳州办事处和平和县政府签订乡村振兴合作协议为契机，先后与15个乡镇、县农业农村局、林业局、工信局、财政局、自然资源局、教育局、供销联社、农资协会、漳州市融资担保公司、福建省农业融资担保公司签署合作协议，进一步深化政银企合作。

【多社融合发展】

2021年，平和农信联社对接县林业局、农业农村局，工信局、商务局等部门，深入挖掘发展资源。运用“金服云”平台，拓宽民营企业申贷渠道，满足小微企业融资需求。有存量小微企业授信4884户用信余额14.57亿元，充分发挥“党建+金融助理+多社融合”优势，对3.75万户小微企业逐户对接，同时加大农民专业合作社、家庭农场、青年创业者信贷投放，已对接11351户，其中有新增贷款需求226户，已发放168户3192万元。与农业局对接，累计向28户家庭农场授信1089万元，向5户农业产业化龙头企业授信1434万元，与供销社对接发放农民专业合作社相关贷款219户8943万元，与县农资行业协会对接发放农资企业贷款15户389万元，与工信局对接关注企业信贷需求90家，授信金额12639万元，累计发放企业纾困46户5595万元，助力受疫情影响企业的复工复产，与人社局对接发放创业担保贷款7户135万元。

【产品扩容提质】

2021年，平和农信联社整合出19款对应产品，其中面向支持县域经济发展的村集体经济组织管理人员、村干部、乡村致富带头人、能工巧匠等乡村能人创新推出“福农”特色产品“乡村振兴能人贷”，支持“一镇一业”推出面向生态立体循环水稻种植的“福稻贷”，响应县政府“退柚还茶”号召推出“福茶贷”，发放“乡村振兴能人贷”1507户3.64亿元，“福稻贷”15户300万元，“福茶贷”授信97户2304.82万元，五福系列信贷产品余额13.89亿元，比年初增加2.84亿元，比年初增长220.53%。2021年，增加新客户268户授信4235万元，备用信贷3356万元。

【助力脱贫攻坚】

2021年，平和农信联社新发放生源地助学贷款5583笔4046万元，新增生源地助学贷款学生2137户。年内，存量脱贫人口小额贷款户数174户，金额469.25万元。

【普惠金融便民服务】

2021年，平和农信联社对普惠金融服务点对辖内180个普惠金融服务点进行受理移动支付改造，确保群众在普惠金融服务点可使用云闪付扫码消费；择优选取122个普惠金融服务点，升级为“惠民惠农资金便民取款点”，植入财政惠民惠农资金服务等一系列业务。在全县各乡镇择优选择15个业务配合度高、所在村委会和群众认可度高、服务老年人群体多、小额交易笔数多的普惠金融综合服务点升级为普惠金融“助老适老”示范服务点。12月20日，在平和县金融知识普及基地建设平和县首家普惠金融“福农驿站”和普惠金融乡村教育基地。

（供稿：平和农村信用社）

中国银行股份有限公司平和支行

【概况】

2021年，中国银行股份有限公司平和支行（简称“中行平和支行”）紧紧围绕服务于平和县经济建设和社会发展的中心任务，强化风险内控和案件防范，提升服务水平和经营效益，推进各项业务快速发展。2021年，主营业务收入8009万元，上缴各项税费129.95万元，税后利润3130.57万元。人民币核心存款余额14.99亿元，比年初增长9100万元，其中，公司存款48688万元，储蓄存款101208万元。外币存款168万美元，比年初减少169万元。各项人民币贷款10.21亿元，比年初增长24075万元，其中，公司贷款余额41630万元，零售贷款余额60518元（含信用卡透支7567万元）。

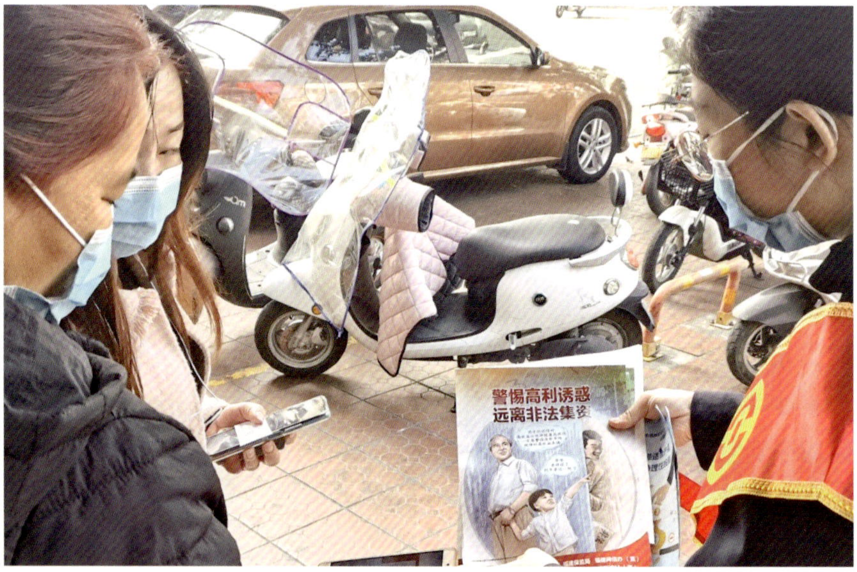

2021年1—2月，中行平和支行为提升老年人服务便利化程度，开展“老年人宣教”活动（平和中行 供图）

【服务实体经济】

2021年，中行平和支行普惠贷款户数1470户，普惠贷款余额17047万元较上年新增5959万元，完成上级下达计划指标的107.7%。推出中银企E贷——信用贷、银税贷、抵押贷等一系列线上贷款产品，随借随还按日计息，推动“商贸贷、外贸贷、科技贷”与线上贷款产品的深度融合。至年末，公司贷款余额41630万元，授信客户34户，重点支持落户平和工业园区的工业企业和本地民营企业，主要有福建宝寨木业有限公司、漳州市澳利陶瓷发展有限公司、福建省百得利实业有限公司、环盛（福建）新型建材科技有限公司、中宝（福建）食品科技有限公司、漳州超优陶瓷有限公司、漳州市友全发果蔬有限公司、平和县泰兴汽车配件厂、福建省平和裕民果蔬有限公司、漳州市福泰再生资源股份有限公司、福建齐鲁武峰塑料制品有限公司、福建彩联陶瓷有限公司、漳州市金泰纸业有限公司、福建贵益宝包装有限公司、平和县信源电力安装有限公司、福建省华诚陶瓷发展有限公司以及民营学校平和正兴学校。至2021年末个人贷款余额52951万元，主要支持小微企业、个体工商户、水果种植户，以及购置“皇家滨城”、“御龙湾”、“碧桂园”、“长宏国际城”及二手房交易等住房的按揭贷款需求。

【社会保障卡系统民生工程】

2021年，中行平和支行在各乡镇设立农村普惠金融服务点148户，覆盖平和县所有乡镇。2021年服务点取款42830笔，金额2638万元；转账汇款1693笔，金额781万元；余额查询63139笔。社保卡发卡总量641155张，新增9395张，补换卡10006张，挂失6420张，写卡25821张。社保卡服务中心平均每周收集未满16周岁以下小孩办卡及应急开卡数约180张，各乡镇服务中心收集未满16周岁以下小孩开卡合计数约130张。2021年，累计代发各种业务46.58万笔，总金额38726万元。

（供稿：中行平和支行）

2021年1月15日，建行平和支行在文峰镇前埔村开展“传递温情·爱您如一”专项金融知识宣传 （建行平和支行 供图）

中国建设银行平和支行

【概况】

2021年，中国建设银行平和支行（简称“建行平和支行”）紧紧围绕“三个能力”建设和“三大战略”推进，结合县域特色，支持乡村振兴工作，各项业务稳健发展。2021年，一般性存款余额15.03亿元，其中对公存款余额4.94亿元，个人存款余额10.09亿元。一般性存款日均余额14.45亿元，其中对公存款日均4.95亿元、个人存款日均余额9.5亿元。各项贷款余额14.38亿元，日均贷款余额12.02亿元。中间业务净收入1567万元，实现账面利润4370万元。

【普惠金融服务】

2021年，建行平和支行积极推进小微企业“抵押快贷”、闽叶云贷、云税贷、账户云贷、商户云贷等产品，全年新增普惠贷款240笔，金额1.18亿元。重点围绕公租房代扣实质性应用推进住房租赁板块业务发展，进行公租房数据收集、系统装束、租金批量代扣。加快绿色信贷投放，支持地方基础设施的建设，新增发放瀚蓝（平和）固废处理有限公司贷款0.93亿元，贷款余额1.28亿元。进社区下乡镇现场办卡、开卡，年内，累计发卡2242张，个人存款日均新增5639万元。推进农民工代工业务，2021年，新增代工单位24个，新增代工人数559人，累计代发40207万元。全年信用卡客户净新增累计数822户，分期全年总交易额3218.56万元。

（供稿：建行平和支行）

中国邮政储蓄银行平和县支行

【概况】

2021年，中国邮政储蓄银行

2021年6月，邮政储蓄银行平和支行组织开展金融知识普及进校园活动 （邮储银行平和支行 供图）

平和县支行（简称“邮政银行平和县支行”）紧紧围绕“三农”工作大局，突出支持实体经济，立足平和区域发展特色，履行金融支持地方经济建设职责。2021年，个人自营存款年日均余额3.85亿元，公司存款年日均余额1.16亿元，各项贷款余额7.4亿元，比年初增长1.21亿元（年净增创历史新高），辖区不良余额760万元，不良率1.03%，资产质量五项指标均控制在目标值内。年内，持续开展“阳光服务”品牌建设活动。

【助推乡村振兴】

2021年，邮政银行平和县支行根据已建信用村的贷款规模及资产质量情况，对信用村进行金牌、铜牌、银牌评定，并针对不同类别信用村实施差异化利率优惠政策，进一步推进农村信用体系建设。同时以信用村建设为抓手，持续跟进“邮储银行小康贷，助力乡村振兴”驻村模式宣传，通过集中受理，提升客户授信覆盖面。加快邮银惠农合作项目，走访对接县级以上农民合作社示范社（联合社），示范家庭农场，国家级、省级的农业产业化龙头企业和合作社开展，拓展信贷业务。结合优势特色产业，重点推广“邮农速贷”“村委贷”“亲情贷”等特色信贷产品，助力现代农业发展。截至2021年12月，建设信用镇4个（小溪镇、文峰镇、山格镇、坂仔镇），信用村累计创建88个，累计评定信用户2300多户，贷款余额金额12543万元。惠农经营贷新增466.08万元。

【拓宽营销平台】

2021年，邮政银行平和县支行对接全县一手房楼盘，准入2个楼盘，在途审批3个楼盘。全年新增消费贷款5630万元，其中非房消贷年增3938万元，完成预算目标的244%。

【践行企业担当】

2021年，中国邮政储蓄银行平和县支行响应国家生源地助学贷款政策，联合县助学中心，重点针对应届高中毕业生进行实地走访宣传，为学生提供一站式金融服务。截至2021年12月，生源地助学贷款2021年新增资格认定426户，累计正式申请人数1108户；新增发放生源地助学贷款415笔，新增放款金额365.82万元；个人精准扶贫贷款结余38户，金额133.67万元。

（供稿：邮储银行平和县支行）

中国工商银行股份有限公司平和支行

【概况】

2021年，中国工商银行股份有限公司平和支行（简称“工行平和支行”）各项存款余额5.35亿元，比年初增加0.67亿元，增长14.42%；各项贷款余额10.34亿元，比年初增加1.09亿元，增长11.75%。全部贷款增量四大行同业占比12.36%。2021年，新增普惠贷款金额7421万元，

2021 年 12 月 20 日，工行平和支行在平和县金融知识普及基地开展金融知识宣传活动　　（平和工行 供图）

涉农贷款余额 4.15 亿元，增长 23.5%；普惠贷款余额 1.83 亿元，增长 61.08%。工行平和支行荣获“2021 年漳州分行机构金融资产托管与养老金业务先进集体”称号。

【信贷投入】

2021 年，工行平和支行积极响应金融支持复工复产的工作要求，加大对小微企业、制造业、民营企业的贷款投放力度。2021 年，公司贷款余额 2.36 亿元，比年初增加 0.94 亿元，增长 66.38%。

【助力乡村振兴】

2021 年，工行平和支行高度重视普惠业务的持续发展，有“周转贷”“网贷通”“经营快贷”“e 抵快贷”“结算贷”等产品，全方位解决小微企业的融资需求，助力小微、惠及民生。按照“一户一方案”助力小微企业发展，为小微企业一站式配备结算账户、企业手机银行、到账伴侣、代发工资等功能。

（供稿：工行平和支行）

中国人民财产保险股份有限公司平和支公司

【概况】

2021 年，中国人民财产保险股份有限公司平和支公司（简称“人保财险平和支公司”）积极贯彻地方党委、政府的工作要求，深化扶贫保险等特色做法，助推乡村振兴发挥保险功能作用。支公司累计保费收入 7070 万元，缴税 662 万元。

【服务乡村振兴】

2021 年，人保财险平和支公司建档立卡，贫困人员精准扶贫保险和低收入困难群众防贫保险保障的是贫困户遭受人身意外伤害造成死亡、伤残、疾病身故、医疗费兜底，该保险每年惠及全县上万户贫困户，开办至 2021 年底，已为 5000 多户家庭送去理赔款，有效防止贫困户因病返贫。全县建档立卡贫困户产业扶贫保险，2021 年为 500 多户赔款 100 多万元；蜜柚价格指数保险为 600 多户贫困户累计赔款 300 多万元。

【服务经济发展大局】

2021 年，人保财险平和支公司与银行合作，开办小微企业贷款保证保险，为小微企业贷款信用担保，助力小微企业资金融通。开办农民工工资履约保证保险、投标保证金保险等各类信用保险，以保函的形式替代现金，减轻施工企业的资金负担，为施工企业资金融通提供便利。通过保险经济补偿、风险转嫁功能，提高农户的信用等级，为茶叶、林农等顺利获得贷款提供信用。

【发挥“警保联动”】

2021 年 8 月，人保财险平和支公司利用警保联动优势，协助交警，为群众提供电动两轮摩托车验车、上牌、投保“一站式”服务，实现群众。“就近能办、

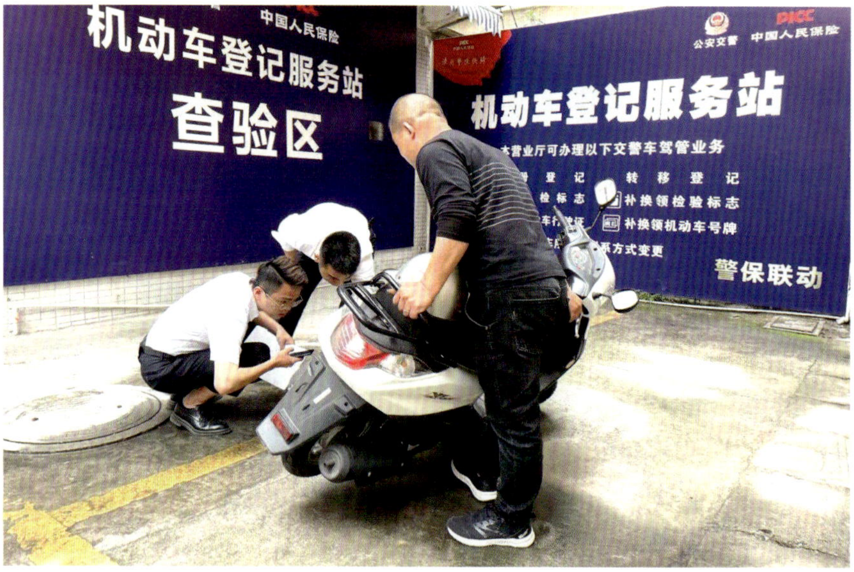

2021 年 8 月开始，人保财险充分发挥“警保联动”平台，为群众提供电动两轮摩托车验车、上牌、投保一站式服务

（人保财险平和支公司 供图）

少跑快办”，进一步方便当地群众。2021 年机动车合计上牌 500 多辆，机动车代年检（6 年免检）900 多辆。

（供稿：人保财险平和支公司）

中国人寿保险股份有限公司平和县支公司

【概况】

2021 年，中国人寿保险股份有限公司平和县支公司（简称“人寿保险平和县支公司”）实现保费 1.67 亿元。2020 年增长 -4%，其中，主要项目保费收入情况：首年保费 3880.09 万元，续期保费 12852.34 万元。全年接待临柜客户 11860 人次。满期给付 457.70 万元，理赔给付 1894.22 万元。

【个险渠道】

2021 年，人寿保险平和县支公司个险首年期交达成 1548 万元，十年期及以上期交保费达成 913 万元。

【银保渠道】

2021 年，人寿保险平和县支公司期交预算 360 万元，完成 287.19 万元，完成率 79.78%；5 年期期交预算 162 万元，完成 166.9 万元，完成率 103.02%；标保目标 34 万元，完成 33.23 万元，完成率 97.74%。总量位列全市综合性公司第一，完成率排名全市第二。

【大短险】

2021 年，人寿保险平和县支公司预算保费 2000 万元，完成 1903.18 万元，完成率 95.16%，2021 年荣获漳州分公司学平险业务发展银奖。

2021 年 6 月 25 日，人寿保险平和县支公司参加中国人民银行平和县支行等部门组织开展的“6·26”国际禁毒日反洗钱宣传活动

（人寿保险平和支公司 供图）

【团险保险渠道】

2021年，人寿保险平和县支公司团险保险渠道年度总得分88.04分，渠道全市排名第二名。计生险平台保费仍继续巩固在400万元以上，2021年人寿保险平和县支公司团险保险渠道职能指标得分，全市排名第二，荣获漳州分公司计生险规模一等奖、入户成效二等奖。

【优化服务】

2021年，人寿保险平和县支公司积极开展国寿线上业务推介活动，通过客户活动会、产品推介会、客户临柜服务等契机，向客户推广“国寿智能”App、“国寿e家”等平台应用，让客户办理普通保险业务。大力推广健康扶贫“一站通”结算服务，打造免报案、免申请、免资料、免临柜、免等待等“五免”服务，有效减轻贫困群众就医费用负担。着重加强对老年人、残疾人等特殊群体的人工服务、远程服务、上门服务，提高保险服务便利性，助力打通保险服务“最后一公里”。

（供稿：人寿保险平和县支公司）

交通·邮政·通信

交通运输

【概况】

2021年，平和县交通运输系统扎实开展日常安全检查和“专项整治三年行动”“全县道路交通安全大整治工作”，加大对客运、货运（危货）企业的监管力度。全年共举办安全专题会议学习8场，累计检查企业53家次，隐患排查46个，约谈重点监管企业9家，安全主体责任落实不到位市场主体9家，下发检查情况通报8份，针对排查出的安全隐患逐条逐项进行复查验收，已全部整改到位。抓好工程建设安全生产，组织人员前往在建工地检查，发现安全隐患9处，已全部整改到位。

【疫情防控】

2021年9月18日至9月29日，由交通局负责牵头，公安局、县直机关干部、所属乡镇干部组成查验工作人员，在全县8个高速出口成立查验点，每个查验点由局领导干部作为组长带队指挥防控，形成领导一线指挥，党员干部冲在前，全局人员投入一线防疫工作机制。其间，共出动一线工作人员3500人次检查车辆13385辆，检查总人数18572人，排查异常人数109人，劝返人数106人。境外转运专班人员全年无休假，接送来自漳州7个动车站、厦门动车站，福州、厦门、晋江机场，漳州5个隔离点和厦门3个隔离酒店的境外返平和人员，1月1日至12月20日，转运专班共出动360人次，点对点接送境外入平和人员共260名。

【水上交通安全整治】

2021年，县交通运输局对全

2021年9月，交通运输局及县直机关工作人员在九峰高速查验点，不漏一车一人，认真细致查验过往车辆司乘人员的健康码、行程码

（县交通运输局　供图）

县境内的15个乡镇1个开发区的11条河流（内河水域）及1处较大型水库进行全面摸底排查，全年共开展专项行动11次，出动检查人员56人次，累计集中拆除“三无”的采、运砂船7艘。

【交通运输行业管理】

2021年，平和县新增货运车辆64辆（4.5吨以上），新增新能源公交客运车辆7辆，运输车辆总数776辆（货车718辆、客车53辆、危货5辆），重型普通载货汽车520辆，专用载货汽车88辆。拥有旅客运输班线9条（其中省际班线1条、市际班线3条、县际班线2条、县内班线3条），通达240个村，通车率100%。拥有1个二级客运站、3个五级客运站。公路客运量11.52万人，旅客周转量1095万人千米；货运量287万吨，货物周转量29178万吨千米。受理交通行政许可审批105件，办结率为100%。全县有23家维修企业，建立二级维护网络管理系统的有6家。全县有3家机动车驾驶员培训机构，开展机动车驾驶员培训学校专项治理活动和2021年驾校质量信誉考核工作，培训机动车驾驶员4365人。

【交通基础设施建设】

2021年，平和县乡道长东（Y856）芦溪东槐至霞寨坑内段公路路面重铺工程路线长12.074千米，路面宽6米，混凝土路面，项目总投资3619.1287万元，年底已完成投资3619.1287万元。生态示范路、路面挖补工程计划实施县乡道路面挖补、生态示范路共9个项目，计划投资926.6万元，年底已完成投资1064万元。危桥改造任务2座（鸽溪桥、半日桥），项目总投资442.32万元，年底已全部完工。

【交通综合行政执法】

2021年，县交通运输局交通行政执法大队加强与公安交警、治超办、市容、水利、安监、教育、农机、环保、公路等部门的沟通协调及联合执法工作，共出动执法人员4863人次，出动执法车辆831辆次，检查道路运输车辆合计94982辆。共处罚违章运输车辆660辆，处罚金额331.09万元，其中处罚未取得经营许可非法营运出租汽车30辆。改装车辆394辆，超限车辆188辆。其他污染公路9辆和各类违章车辆19辆。

（供稿：县交通运输局）

公路养护

【概况】

2021年，漳州市公路事业发展中心平和分中心（简称“平和公路分中心”）担负平和县境内221.128千米公路的管养任务，路面结构全部为水泥路面，其中专养国道158.991千米、乡道7.587千米、代养县道54.55千米。共有桥梁56座，其中大桥7座，中桥25座，小桥24座。隧道5座，分别为西蝉隧道、大协关隧道、柏松关隧道、南草坪隧道、岭尾隧道。

【预防性养护工作】

2021年，平和公路分中心完成对黄井路段（G355 K398—K404）的路域环境整治工程。重点对G357线K96+495—K111+628路段和K115+000—K144+300路段破损严重的边沟进行统一修复，累计修复边沟约1607.5延米，计950立方米。完成路面预防性养护里程26平方千米，沥青封闭水泥混凝土路面裂缝约70千延米，沥青修补水泥混凝土路面坑槽、碎板14400平方米，水泥混凝土路面清灌缝约150千延米，累计使用乳化沥青约306吨，累计投入资金162.7万元。完成平和县西蝉至平寨道路附属工程（绿化），施工中标金额2766441元（含暂列金138115元）。完成G357线K89+542南草坪公路站工程，核准造价为359.2457万元。完成平和县寨科山中桥（G357线）桥面系病害整治工程，批复总造价17.3063万元，其中建安费14.7457万元。完成Y842龙头中桥护栏修复及病害处置工程，批复总造价6.9558万元，其中建安费4.248万元。完成G357线（K114+300—K154+306）黄庄至联峰段破碎板置换工程，施工中标价1423983.6元。累计破碎板置换4483.75平方米。完成G357线（K114—154+306）霞

2021年10月9日，平和公路分中心工作人员开展日常养护作业
（平和公路分中心 供图）

寨至芦溪段沥青砼罩面工程，施工中标价1439575.96元。采用多锤头破碎后加铺5厘米AC-16C改性乳化沥青罩面对9765平方米的破损严重路段进行修复。

【路政执法】

2021年，平和公路分中心办理路产损坏赔偿案件7起，办理协议式管理案件4起，共收取赔（补）偿费79367.5元；上路巡查185天次、185车次、520人次，纠正、制止违章66起，发放通知书15份；开展联合整治行动7次，清理堆积物1处/100平方米，清理路肩农作物300余棵，制止路面污染1起，制止填埋涵洞出水口1起，占用水沟1起，公路用地内设置电线杆1起；制止占道加水2起，与班站养护人员一同拆除违法设置在桥栏上的广告牌24面，约20平方米。

【公路整治】

2021年，平和公路分中心及时整治公路用地内违法建造蓄水池约10平方米，与班站养护人员一同制止私自搭设路口3起，约18平方米，一同制止占道作业1起、涵洞进水口接涵管1起，有效处理路面污染5起、联合县公路事业诉非联动调处中心共同整治路面污染约2000平方米，破坏绿化约30平方米，整治临时私设路口约5米，取缔加水点6处，劝离占道贸易摊点30处，共同将设置在公路排水系统的污水管道迁出。

（供稿：平和公路分中心）

道路交通安全管理

【概况】

2021年，平和县公安局交通警察大队以预防道路交通事故为抓手，狠抓重点车辆源头管控，重拳整治重点区域秩序隐患，突出重点人群宣教，全面做好疫情防控工作、道路安全综合整治工作。全县机动车保有量135899辆，其中汽车71451辆，摩托车64448辆。2021年，发生交通事故警情数4643起，死亡33人，交通事故警情同比增加779起，增长20.16%，死亡人数同比持平。

【交通秩序整治】

2021年，县交警大队在创城期间大队联合城管、县团委、文明办等多部门以劝导、查处、宣传“三合一”手段，在创城示范街东大路路段和城区主次干道，推进以占道经营、车辆违停为主题的专项整治行动。同时，利用科技手段，提高对电动车闯红灯、不按道、逆向、非法加装遮阳伞等交通违法行为的发现查处能力。结合“一盔一带”“减量控大”“百日会战”综合整治等统一行动，围绕“两客一危一货”重点车辆，查处超员超载、酒驾醉驾、疲劳驾驶等各类严重违法行为。大队联合派出所开展国道联勤巡逻，定期开展专项行动；联合交通综合执法大队、市容管理局等相关部门通力协助、密切配合，在城区重点道路、重点部位，开展“治超”统一行动；联合应急局、农机站等部门对辖区的货运运输企业进行摸排，做好车辆出车安全检查及驾驶员资

2021年6月16日，县交警大队联合交通运输局开展货车专项整治行动　（县交警大队 供图）

质审核，建立源头监管长效机制；联合教育、交通、应急等部门加强对校车的管理，定期对在校用车的安全情况进行检查，落实校车日常维护。2021年度，全县共现场查处各类交通违法行为71266起，其中酒醉毒驾401起，摩托车超员902起，其他车辆超员516起，货车超载297起，涉牌2254起，涉证2229起，未戴头盔11155起，其他53512起，在全县保持严管严查严处氛围。

【道路隐患整改】

2021年，县交警大队积极推进平和大桥两侧信号灯及电警建设为民办实事项目，项目投资200万元，于11月底前完成项目建设，年底已投入使用。对县城区的4座老旧信号灯重新升级和改造，设计绿波带，最大限度保障交通秩序畅通需要。在2020年已完成整治的6处临水临崖的基础上，2021年通过道安平台再次摸排出位于文峰镇2处临水路段，由乡镇出资投资11万元，并于8月底完成整治。结合交通事故警情排查并完成县城区及周边事故多发点段13处隐患进行整治，投资20余万元。加强三平、高寨等景区和非景区周边安全隐患的排查整改6处，完成文平线三平沿线长下坡安全防护措施及标志标线建设，增设各种警示标志30余个，对高寨村“平和布达拉宫”的1处临水桥的导向标志进行改造和提升，确保车辆在夜间通行安全，项目投资3万余元。结合点题整治及需求，新增停车泊位250余个。对县城区的交通事故多发点段、易堵路段进行全面排查，完善道路交通标志156面，重新施画交通标线1600余平方米。在组织多部门开展隔离栏排查工作的前提下，完成北环路、东大路路段4747米隔离栏建设。封闭国道、县道沿线11处不合理开口。对小溪镇阳光路的道路交通设施进行改造，重新施画道路标线，规划机非车道，设置机非隔离设施，项目投资4万余元。投资2万余元，对G355线平和县小溪镇旧楼路口和长林路口的交通设施、照明不完善的问题进行整治。

【交通安全宣传】

2021年，县交警大队在全县240个行政村、62所学校、交通违法处理窗口、行政服务中心、文峰驾考考试场，及各乡镇劝导站等宣传阵地，通过张贴挂图、设立宣传栏、发放宣传资料、播放警示录像、面对面等形式进行宣传。在蜜柚采收期，联合福建广电公司在有线数字电视开机画面第二帧平和区域和广电网络互动平台“漳州”专区右侧海报位，专题播放交通安全警示提示，同时与县法院、乡镇道安办深入国道沿线蜜柚大棚、中转站等蜜柚从业人员聚集场所，面对面开展交通安全宣传，为蜜柚运输车辆粘贴反光条，并赠送反光背心、指挥棒、安全头盔等宣传品。坚持正面宣传与反面曝光相结合，在全县114台电梯淘屏滚动播放酒醉驾事故案例。邀请媒体记者随警作战、开展警示曝光等形式宣传报道，在漳州新闻《交警在线》节目播放4期节目。在县融媒体中心设立交通违法曝光台专栏，每周固定推送2次。开展“美丽乡村行”“一盔一带”“固本强基”等专项行动，利用县文博中心户外全彩LED显示屏、移动宣传车等，到老年人群体聚集的公园、社区等有针对性地开展交通安全宣传。

【创新便民举措】

2021年，县交警大队利用科技手段打造数字警务室，发挥联网数字警务室的卡口、球机及电子警察等监控设施的作用，制订及时的疏堵保畅方案和应急处置措施，第一时间就近派警，实时跟踪处置进展。2021年，排查消除隐患问题50余个、处置交通警情70多起。线上预约助推电动车上牌，开通微信线上预约排号小程序，通过“警保”联动机制，线上预约取号等方式，共办理电动车注册登记业务7798件。

（供稿：县交警大队）

邮政经营

【概况】

2021年，中国邮政平和分公司累计实现邮政总收入7049万元，完成全年考核指标的100.1%，同比增加6.7%，其中，金融发展再创新高，储蓄余额增长2.97亿元，同比增加1.72亿元。金融余额市占率18.86%，同比提升0.76百分点，年度累计新增市占率29.6%，是存量市占率的1.6倍，新增五大行市占率50.5%，均列全市邮政第一位，年新增余额和年新增市占率均创近十年新高。寄递业务实现转型，全年收入1588.2万元，其中特快专递收入191.9万元，完成全年指标106.6%，同比增长61.3%，创历史新高。2021年，中国邮政平和分公司被福建省总工会授予“工人先锋号”荣誉称号；被福建省邮政管理局、福建省快递行业协会授予“最美快递员”团体荣誉称号；被漳州市邮政分公司党委授予“先进基层党组织”荣誉称号。

【履行社会责任】

2021年，中国邮政平和分公司统筹做好疫情防控和经营生产工作，持续为琯溪蜜柚、白芽奇兰等线上线下企业提供不停歇的发件服务和优质的运递服务；发挥邮政专业特色，提供警医邮、车牌寄递等无接触式服务，助力抗疫战疫。组织开展“捐一日收入，献一份爱心”的慈善活动，筹得善款3200元。积极开展“无偿献血 献礼建党百年”主题党日活动，组织22名党员干部参与献血活动。

【助力乡村振兴】

2021年，中国邮政平和分公司启动“白芽奇兰”惠农项目，因地制宜推出助力乡村振兴的金融、寄递、渠道销售等邮政特色服务。全年通过邮政线上线下平台共助农销售白芽奇兰茶240.4万元，协同寄递收入10万元，促进63名茶农的增收。协同金融余额新增1000余万元，发展简易险168份。为合作社及理事长发放

2021年7月30日，平和县举行“邮政农品白芽奇兰茶走进海南发车仪式”

（中国邮政平和分公司 供图）

贷款298万元，为茶农、茶商发放惠农贷35笔，贷款金额764.7万元。

【普服持续深入】

2021年，中国邮政平和分公司多渠道对全县营业员、投递员开展“一巩固四提升”“窗口服务提升”“扫黄打非”“投递规范”等专项培训65次。快递网运时效通过前置打单分拣邮件，采用够量直发，减少等待时间。全年共计直发干线车辆592辆，其中一干邮路20辆，二干邮路572辆。新开通11个易邮自提点，新增11185名专职客服。

（供稿：中国邮政平和分公司）

2021年，中国电信平和分公司秉持“能快则快、能开尽开、一个都不能少”的建设思路，在全市率先完成2021年5G基站建设任务

（中国电信平和分公司 供图）

中国电信

【概况】

2021年，中国电信股份有限公司平和分公司（简称“中国电信平和分公司”）企业有固定资产达3.5亿多元，全口径员工136人，下设5个部室、6个乡镇中心分局。提供固定电话、移动通信、数据通信、号百传媒、ICT（信息与通信技术）等多种业务，各项业务用户数达26万多户。2021年度在第三方服务满意度测评中，县电信公司获行业第一。

【网络建设运营】

2021年，中国电信平和分公司完成5G三期基站建设开通工作，北环、黄井、三坪机房5G配套电源改造。全年5G基站建设开通53个，全县电信5G基站数达到76个，5G信号已覆盖县城及大部分乡镇镇区（山格、文峰、黄井、三坪、坂仔、安厚、大溪、霞寨、九峰）。全县各乡镇光宽带网络已全覆盖，累计建设光网端口220416个，其中10G千兆端口66560个。完成城关、北环局华为ONU V5，城关局华为NE40-X8，坂仔85拨号，九峰6502，霞寨85拨号等设备下电退网，年节省功耗约8407瓦。低效设备退网215个，完成率151%，年可节省功耗19242瓦。

【服务地方工作】

2021年，中国电信平和分公司开展“HW-2021”网络安全攻防专项行动、“闽盾2021”活动，对公网全球眼设备进行清查。加强日常网络安全监测，强化落实网络安全防护主体责任。强化落实“长春2021”行动要求，从严加强入网管理，严格执行对涉诈网点、高危网点的考核处罚。通过技术手段提升监测处置效率，配合公安部门破获一起涉诈案件，抓获诈骗分子3名。全力配合县政法委、县公安局做好平安家园监控点位的安装开通及平安监控的收编工作。为882户办理专属致富包，为243户办理IPTV扶贫优惠包，为245户办理20M宽带扶贫优惠包，为588户办理扶贫专属4折优惠包。向741户推出乡村振兴优惠政策。配合县民政局、禾康公司深入基层乡村为符合条件的老人提供SOS（紧急呼救信号）一键求助呼叫、防走失定位功能定制手机开卡服务。

（供稿：中国电信平和分公司）

中国移动

【概况】

2021年，中国移动通信集团福建有限公司平和分公司（简称“中国移动平和分公司”）全年通服收入近2亿元，通信客户规模达27万户，移动宽带客户数超8万。2021年累计开通5G基站73个，5G用户达11.2万户，5G网络流量占比大幅度提升，实现城关重点区域及各乡镇镇区5G覆盖以及全县2G/4G信号全面覆盖和无缝融合，全年移动手机用户人均流量达到11.4G。年内，获评“2018—2020年度福建省省级文明单位”、福建省“安康杯”先进集体等。

【服务经济建设】

2021年，中国移动平和分公司助力全民疫情防控，为党政卫生行业集团6500多户提供体验疫情防控宣传视频彩铃，发送宣传短信140余万条，提供疫情防控产品闽政通扫码枪、体感热成像。移动云产品助力全县近百家企事业单位上云，推动企事业单位加快信息化、数字化、智能化转型。为原贫困户续办惠农宽带，助力平安乡村、乡村振兴信息化建设。接入云广播近200套。协助投放政府扫黑除恶及平安三率调查等宣传类短信200多万条，进村入户开展断卡、反诈知识宣传和业务优惠推广。

2021年5月30日，科技工作者日平和移动网络通信保障人员到柚园开展助农保障

（中国移动平和分公司 供图）

【履行社会责任】

2021年，中国移动平和分公司在重要节日与政府联合开展各类主题宣传活动，宣传网信安全、护线、断卡、反诈等常识。针对不同人群开展关爱山区留守儿童、为残疾儿童送教入户、老年人智能手机培训、开展无偿献血活动、暖心助力高考学子、为革命老区村搭建连接外界的信息高速路等活动。全年共开展各类志愿服务活动20场次，累计262人次参与，志愿服务时长达1620.4小时。

（供稿：中国移动平和分公司）

中国联通

【概况】

2021年，中国联合网络通信有限公司平和县分公司（简称“中国联通平和县分公司”）实现收入3730万元，4G/5G基站总数达到550个，5G实现县城室外连续覆盖和乡镇热点覆盖，5G覆盖率达到69%；4G覆盖率达到98.78%；宽带总端口数达到2.8万个，FTTH（光纤到户）端口占91%；千兆端口占比20%。

【网络建设】

2021年，中国联通平和县分公司在新增建设、带宽扩容及网络深度覆盖等方面，总投资805万元，全面提升4G覆盖面，加快5G网络覆盖面，推进千兆光网建

2021 年 5 月 21 日，平和联通党支部到平和秀峰中心小学开展党建共建活动，为边远山区学生送去学生用品（中国联通平和县分公司 供图）

设应用和升级，推动广大家庭基本具备固定和移动“千兆到户”能力，为数字化建设打牢基础。年内，创新实时监控处置手段，应用省公司自主研发的“净网”系统，通过技术手段实时监控异常号码，对检出的高风险号码及时给予关停，与县公安局密切配合，有效管控本地电话号码，降低信安风险。

【提速降费】

2021 年，中国联通平和县分公司强化 5G 网络建设工作，打造 5G 关键能力，实现 5G 用户感知行业领先；加强 4G 共建共享攻坚，降低产品使用资费。移动网流量单价比上年下降 63%，家庭宽带比上年下降 7%。企业专线方面，全面向广大中小企业和双创企业，大幅下调专线资费，企业宽带和专线使用费同比去年下降 10%。

【助力发展】

2021 年，中国联通平和县分公司主要承建有医院、公安局、法院、档案局、智慧园区、教育系统、智慧工地、数字乡村等智能化项目，全力服务支撑地方政府数字城市建设和发展。全力做好定点医院、隔离点的网络保障，提供疫产品，为核酸检测点迅速接入网络和 Wi-Fi 热点，为核酸检测数据顺畅传输保驾护航。

（供稿：中国联通平和县分公司）

广电网络

【概况】

2021 年，福建广电网络集团平和分公司网络覆盖各乡镇（场、区），承担中央电视台、各省卫视、福建省省市县电视台以及付费频道节目信号传输。经营高清互动电视、广电宽带、电子商务、视频点播、阳光政务、远程教育等增值业务。为党委政府企业提

2021 年 4 月 23 日，平和广电网络分公司组织开展宾馆酒店外拓活动

（平和广电网络分公司 供图）

供专线传输，参与数字福建、智慧城市和美丽乡村建设，负责全省“村村通”、应急会商系统、政府视频会议平台建设等。年内，聚焦整村整转，采用“村企共建”合作模式，全方位提高广播电视宣传覆盖率。

【安全播出】

2021年，福建广电网络集团平和分公司加强节假日及国家会议期间有线电视安全播出管理。技术维护部加强干线线路和机房设备巡检巡查力度，轮流派技术人员24小时驻点机房，顺利完成2021年所有安全播出任务，保障全县范围的技术支撑和应急处理，全年安全播出“零事故”。

【履行社会责任】

2021年，福建广电网络集团平和分公司发挥农村应急广播“村村响”覆盖广、到达率高的优势，主动与县文化体育和旅游局对接，全力以赴做好全县各乡镇“村村响”维修和技术服务支撑工作。加强“村村响”技术培训，提前备齐做好“村村响”维修设备与零部件，抽调技术骨干和技术维护部人员组成“村村响”保障小组，深入各村镇进行“村村响”设备、播控平台和线路进行巡检，发现问题快速响应，及时解决，打通农村广播服务“最后一公里”。

（供稿：福建广电网络集团平和分公司）

城乡规划建设

【概况】

2021年，平和县住房和城乡建设局（简称“县住建局”）积极推进城乡基础设施建设，不断深化环境整治，着力推动房地产供给侧结构性改革，加强推进建筑业产业现代化发展。全县完成市政基础设施项目260个，完成投资额为122亿元。其中市政道路新建改造完成55千米，新建改造供水管网32千米，城乡污水处理设施新增3.24万吨/日的处理量，新建改造污水管网56千米，园林绿化面积新增226.95亩；绿道建设长20.5千米，新增公共停车泊位900个。年内，筹划建设延寿山公园，占地面积533336平方米，绿地率增加至10%。2021年新增4家建筑企业资质，4家建筑企业资质迁入平和县。商品房买卖合同备案实施“全市通办”“全程网办”“一趟不用跑”全程不见面审批的做法，得到省住建厅肯定推广。2021年，办结群众来信来访23件，办结行政处罚案件6件，处罚金17.6万元。

【道路网格优化】

2021年，平和县实施县城新南大桥项目建设（全长386.187米）等14个重点项目，项目计划总投资3.805亿元，年度完成投资2.995亿元。完成文博停车场、南山桥头停车场智慧停车系统工程、山格溪江滨慢道等公共停车设施项目。

【供水安全保障】

2021年，平和县对供水水质进行跟踪检测升级，每日对原水11项常规指标检测1次，每半月对管网水7项常规指标检测1次；每日对出厂水水质11项常规指标检测1次。县疾病预防控制中心每月抽检出厂水1次，检测15个指标；每月送厦门水质监测中心检测出厂水及管网水，检测42项指标+重金属指标；每季度送厦门水质监测中心检测出厂水及管网水，检测106项全指标检测，2021年以来检测结果均符合国家饮用水卫生标准要求。完成《平和县城市供水系统突发事件应急预案》编制工作，强化城市供水系统突发事件处置能力；完成县水务有限公司安全应急预案编制。完成省级水质在线监测系统，监测系统共布置4个在线监测点，实现同步联网监控，已正常运行。完成祥丰佳苑一期及二期楼盘二次供水建设，持续推进住宅小区二次供水“建管合一”，保障县区供水安全。

【排水防涝升级】

2021年，平和县污水处理厂平均日处理量达3.3万吨，荣获漳州市运行评估优秀。改造县城南环路蜜柚市场片区长约1.2千米排水管，有效解决该片区的排水问题。新建平和县阳光路至河滨路污水工程、福环路至阳光路污水工程、城宝善公园片区污水管网工程等重要排水项目8.5千米。加大项目投资，延寿高排渠项目完成投资约 600 万元，县城南山桥至污水处理厂污水管道工程项目总投资 1600 万元。

【水环境整治】

2021 年，平和县持续深入推进黑臭水体治理，新建平和一中新、旧校区污水截污纳管工程及排洪渠截污纳管工程，实现该片区污水全收集目标。同时建立日常维护机制，定期组织人员排查，发现问题及时整治，通过截污纳管、清淤改造、雨污分流等措施，该片区的水体黑臭现象得到有效治理。

【建筑业发展】

2021 年，平和县建筑业产值完成 5.79 亿元，与上年相比增长 6.3%。年内，开展在建工程建筑市场及质量安全检查，检查在建项目 30 个，对存在问题的 14 个项目下达整改通知书，查处 2 起重大危险源项目，处罚 3 家企业。从源头防治欠薪，联合县人社局对 30 个在建项目进行实地核查，对 26 个在建项目的 191 个问题发出整改通知。工程款支付担保保函 30 个，全部落实到位。维权告示牌 100% 落实，建立农民工工资专用账户 30 个，缴交及免交工资保证金 29 家，通过专户代发农民工工资 28 家。通过点题整治自查自纠建设单位 29 份，施工单位 29 份，排查 29 个在建项目，跟踪督促 1 个未按时拨付工程款项目，偿还工程款 38.6187 万元。4 个项目工程款支付担保未上传问题，全部落实到位。工程款支付担保覆盖率 100%。2021 年，收取城市基础设施配套费 471.69 万元，其中联合审批 14 件，联合验收 50 件。

【房地产市场】

2021 年，平和县房地产完成投资 55694 万元，比上年有所回调。商品房销售面积 9.49 万平方米，与上年相比增长 -6.41%；销售金额 5.69 亿元，与上年相比增长率 9.42%。商品房价格基本平稳，总体在合理区间平稳运行。完成房屋征迁面积 10.86 万平方米，占年度目标的 217.2%。二手房交易面积 7.88 万平方米，与上年同比增长 -16.08%；金额 3.24 亿元，与上年相比增长 -17.35%。2021 年，实施《平和县预售资金监管实施方案》，签订预售资金监管三方协议 21 家，共对 58 个账户进行监管，联合 8 个部门启动整治房地产市场三年行动。建立健全联合整治的工作机制，重点整治房地产开发、房屋买卖、住房租赁 3 个方面。持续开展中介机构备案和从业人员实名登记，全县备案房地产中介机构 23 家。

【保障房管理】

2021 年，平和县强化保障房规范管理和分配制度，协助县委组织部完成人才住房分配任务。提升保障房小区配套设施建设，根据《进一步加强公租房管理六条措施》加强对年度公租房 1193 套租金收缴和部分拖欠租金的追讨。开展公租房年度登记受理 181 户，实物分配 136 户。全覆盖入户巡查，加强对闲置、改变用途、转租、转借等各类违法行为的管理。与建行开展公租房全国贯标系统运行上线对接工作和

2021 年 3 月，县住建局开展消防安全检查　（县住建局 供图）

公租房租金代扣工作开展。科学分析并处理住房保障群众信访问题。受理经济适用住房上市交易36套，收缴土地收益价款130万元。完成审计、财政和上级下达住房保障任务。协调兴和集团移交保障性住房店面，解决资产空置问题。

【农村人居环境提升】

2021年，平和县完成房屋安全专项治理，开展县域范围内的所有房屋（184926栋）的复查，已完成复查191235栋，复查完成率103.41%。推进农村“厕所革命”，乡镇农村公厕完工1座。镇区新建改造污水管网5.2千米，投资820万元。投资30万元开展长乐乡垃圾分类整乡推进试点工作。强化农房整治，长乐乡葵山村、坂仔镇西坑村、小溪镇溪州村、大溪镇宜盆村、五寨乡侯门村为2021年裸房整治“示范村”，按试点先行、分类处置的整治办法，逐步推进裸房整治，完成既有裸房整治1678栋，完成1500栋裸房整治任务的118.67%。县政府发布《实施平和县农房建筑里面图集的通知》，要求各部门做好新建农房按图审批、管控工作。引进台湾规划设计团队，打造闽台乡建乡创，2021年共有4个台湾团队参与乡村规划建设。

【安全生产监管】

2021年，平和县综合运用网格监管、“双随机”工作机制对全县31个受监项目进行全覆盖评价，并结合日常监管、专项检查和防疫工作要求，发动473人次，发出整改通知书151份，局部停工整改通知书3份，全面停工整改通知书11份，排查治理隐患551条，对项目经理和施工单位共记726.4分，对总监和监理单位共记597.6分。对“平和县工人文化宫、青少年宫及科技馆工程”“林语堂故居文化核心区工程”“平和县城南山桥至污水处理厂污水管道工程”进行立案查处。通过购买服务委托第三方专家对全县4家商品混凝土生产企业动态抽查12次，共抽查混凝土搅拌用砂12批次、水泥12批次、粉煤灰8批次、外加剂8批次。强化建设工程消防审验，办结消防设计审查项目5个，办结消防验收项目22个，办结消防验收备案项目17个。

（供稿：县住建局）

住房公积金管理

【概况】

2021年，漳州市住房公积金中心平和管理部紧紧围绕“强化归集扩面、规范信贷管理、提升服务水平、落实效能建设、加强廉政建设”为工作核心，积极推动住房公积金各项工作持续健康发展。全年共审批公积金支取4559笔，总金额1.63万亿元。

【归集支取管理】

2021年，漳州市住房公积金中心平和管理部严格执行漳州市住房公积金中心关于住房公积金归集、提取有关规定，加强公积金

2021年8月2日，漳州市住房公积金中心平和管理部窗口工作人员为客户办理公积金提取业务（漳州市住房公积金中心平和管理部　供图）

归集管理，加强公积金缴存基数调整的管理。全面推行“网上办、掌上办”不见面审批服务。全年共审批公积金支取4559笔，总金额1.63万亿元。

【个贷管理】

2021年，漳州市住房公积金中心平和管理部全年审批发放个人公积金贷款136笔，贷款总金额5607.6万元，其中建行129笔，贷款总金额5349.2万元；中行7笔，贷款总金额258.4万元。截至12月底，住房公积金贷款余额47742.27万元（不包括工行）。

（供稿：住房公积金平和管理部）

城市管理

【概况】

2021年，平和县城市管理局深入开展“两违”综合治理工作，积极探索城市管理新模式，不断完善监督管理长效机制，促进县城市容市貌、环境卫生提升和全县“两违”综合治理顺利开展。2021年，“两违”综合治理处置任务60万平方米，全县共完成67.88万平方米，完成率113.13%。2021年，持续加强公园、行道树木“间绿透绿”修剪工作，加强公共绿地乔灌木、草坪等日常修剪、整形、除草、浇水、施肥等养护工作，认真开展园林绿化领域安全隐患排查整治工作。年内，县城市管理局完成县城新一轮路灯维护公开招投标工作，顺利启动县城新一轮路灯管理维护工作。平和县数字化城市管理信息系统项目完成投资325.85万元，于2021年11月10日投入试运行。

【“两违”综合治理】

2021年，平和县开展“百路千村”“两违”综合治理环境全域提升行动，向社会公开“两违”举报专线电话和电子邮箱，共收到暗访件1031件，核查并处置完成1031件，完成率100%。县级举报共有11件，8件已办结。项目申报基本实现国道、省道、乡镇到县城途径主干道、旅游线路整治全覆盖，共申报道路12条，总里程278.09千米，途径村居127个，申报项目里程数全市第一。共整治问题1261个，“四清”整治1209个，面积11.05万平方米；中心城区微“两违”整治21个，面积983平方米；“四化”整改53处。7月16日，召开全县“百路千村”“两违”环境全域提升行动推进会，“两违”整治行动再掀热潮，县领导、乡镇主官等带队开展治违1500多人次，强力拆除“两违”431宗，面积47.8万平方米。

【市容市貌整治】

2021年，县城市管理局持续推进“门前三包”示范街全覆盖，大力整治违反市容管理规定行为，累计查处占道经营7647起，清理违规设置落地招牌613个，拆除乱搭遮阳雨棚459起。在中山公园周边设置17个便民疏导点，在宝善公园设置6个便民疏导点，解决流动摊贩乱摆摊设点难题。加强规范停车管理，累计劝导纠正非机动车占机动车停车位和人行道13200多起，清理路

洒水抑尘多面手——雾炮车　　（县城市管理局 供图）

障石、圆锥、废弃占道物32车。拆除地桩、地锁、隔离墩、限行栏（杆）等侵占公共道路、停车位等障碍设施420余个。拆除门前乱搭乱建的违规构筑物280余处，面积2万多平方米。发现并拆除门前灶台50多个、洗菜水槽130多个、移动折叠式帐篷35个。严厉打击建筑垃圾乱倾倒行为，累计查处44起建筑垃圾乱堆放行为。联合交警大队、交通运输局组织联合执法行动62次，日常巡查执法45次，共出动执法人员1100余人次，累计查处渣土车违规行为64起，当场处罚17起，立案处罚7起，共罚款8500元。

【卫生保洁】

2021年，县城市管理局筹备新一轮城区环卫清扫保洁及生活垃圾转运无害化处置市场化运作服务项目。开展垃圾分类宣传活动，共发放有关垃圾分类的宣传资料300余份、现场解答群众咨询110余人次。对县城区各社区、主次干道、背街小巷、公共场所、闲置地块等卫生死角的陈年垃圾、大件杂物、杂草等进行整治清理，累计开展集中清理整治161起，全方位提升城区环境卫生。

【农贸市场管理】

2021年，县城市管理局持续开展农贸市场整治，规范经营秩序，优化市场环境卫生。督促经营户落实“门前三包”，监督保洁公司加强保洁工作，定期组织人员清理堆积杂物、水沟淤泥、清洗摊位及场地。配合有关部门加强对市场经营的农副产品、水产品农残的检测工作。积极落实疫情防控措施，通过发放传单、标语上墙、液晶屏宣传等形式将疫情防控宣传工作落实落细，督促进场人员佩戴口罩，做好市场环境卫生和消杀工作。组织从业人员开展新冠肺炎病毒核酸检测，配合疾控中心加强对市场海产品和进口冷冻冷藏食品进行核酸采样和消毒工作，防止疫情传播。

【物业小区管理】

2021年，县城市管理局通过开展宣传活动、利用物业企业微信群、发动物业企业参与宣传等方式，发放各类宣传材料7000多份。开展住宅小区公共收益专项整治，经第三方审计认定，已转入专户存储592815.25元。积极开展物业小区安全排查整治、房屋结构安全隐患、防汛防涝排查整治、二次供水卫生安全整治，共发现各类安全隐患41项，已全部整改到位。

【城镇燃气管理】

2021年，县城市管理局对管道燃气企业、瓶装燃气企业（储配站）、瓶装燃气供应站点、物业小区、餐饮场所使用城镇燃气的安全生产大排查大整治，检查燃气企业5家。检查瓶装燃气供应站点60处，发出瓶装燃气供应站点日常检查表55份，要求立即进行整改到位。检查餐饮场所35家，发出餐饮场所燃气安全检查情况表10份，要求立即进行整改。发出《责令停止违法行为通知书》9份、《证据先行登记保存通知书》13份，没收超期未检钢瓶、达到报废使用年限钢瓶、不合格钢瓶共234个。办理燃气行政处罚案件4起，罚款5万元。

（供稿：县城市管理局）

自来水供应

【概况】

2021年，平和县自来水公司厂区占地面积约40亩，配套有取水泵站、制水车间、超低压纳滤膜深度处理车间，直径75毫米以上输配水管网总长80多千米。公司担负着县城区企、事业单位及近8万名市民的用水重任，注册用户约2.9万户。供水范围从中心城区拓展至县城周边城乡接合部，水厂日供水能力可达4.4万吨，现实际日供水量约3万吨。年内，配合县城建设，加快新区管网铺设步伐和加大旧区老化给水管道的改造力度，进一步完善供水管网及消防配套设施建设。

【水质检测情况】

2021年，平和县自来水公司每日对原水11项常规指标检测1次，根据水源特性适时增加检测频率。每日对管网水7项常规指标检测1次。坚持每日对出厂水

2021 年 11 月 12 日，县自来水公司开展平和县县城饮用水水源地保护区突发环境事件应急演练（县自来水公司 供图）

11 项常规指标检测 1 次。县疾病预防控制中心每月抽检 1 次，检测 15 项指标。公司每月送国家城市（厦门）供水水质监测站。每季度送出厂水水样到国家城市（厦门）供水水质监测站做 1 次 106 项的水质全分析，水质完全符合《中华人民共和国生活饮用水卫生标准》（GB 5749—2006）的要求。坚持水质公开制度，每月送检漳州水质监测中心及送检厦门水质监测中心的水质检测报告，通过县有线电视台、县政府网及公司微信服务平台公布。2021 年 11 月，县政府采购石墨炉原子吸收光谱仪用于检测重金属铊，公司每周不少于 2 次对原水和出厂水的重金属铊项目进行检测。

【内部管理】

2021 年，平和县自来水公司进一步加强和规范安全生产管理工作，强化安全风险管理和过程控制，积极开展安全生产风险评估及各类专项应急演练，杜绝各类安全生产事故的发生。加大水质监测设施设备的投入力度，加强水质检测频率，确保全年水质合格率达 99% 以上。加大宣传力度，确保网上（微信及手机银行）缴费平台顺利实施，全面实行自助缴费服务。

（供稿：县自来水公司）

国有资产投资与发展

福建兴和投资发展集团有限公司

【概况】

2021年，福建兴和投资发展集团有限公司（简称“兴和集团”）实现利润总额1106.4万元，上缴纳税利757.8万元，公司资产总额为238369万元。公司完成平和县自来水厂及管网改造工程（管网部分）一期工程，加快推进亚行贷款——平和县农地资源可持续利用示范项目、平和县医院迁建工程、平和县官峰水库工程、九龙江流域（平和段）山水林田湖草沙一体化保护和修复工程、“园改耕”项目等。

【项目建设】

2021年，平和县自来水厂及管网改造工程（管网部分）一期工程于2021年6月3日竣工验收并投入使用。平和县医院迁建工程（平和县第二医院）项目已完成相关前期工作，将于2022年元旦进行开工建设。平和县官峰水库工程、进库道路工程，初拟本工程施工总工期为48个月，工程总投资109553.45万元。项目的前期各项改造正全力有序开展。平和县农地资源可持续利用示范项目（亚行贷款），一期拟改造柚园12691亩，油茶园6328亩，茶园10079亩（其中有机茶园6651亩、绿色茶园3428亩）；二期拟改造柚园14060亩。一期项目共有12个合同包，9个已完成招标，包含2个采购合同包和7个土建合同包；另有1个土建合同包招标中。已招标完成的合同包中，已有1个采购合同包和4个土建合同包已完工，剩余合同包仍在实施中。九龙江流域（平和段）山水林田湖草沙一体化保护和修复工程，平和县花山溪流域山水林田湖草——流域水、土

2021年1月19日，专家组调研平和县花山溪流域山水林田湖草生态保护修复项目

（兴和集团 供图）

环境质量调查及类别划分与土壤生态支持系统构建，总投资700万元，截至2021年底已完成招标准备工作。平和县花山溪流域种植区土壤污染风险管控与治理修复工程，总投资16123.04万元，截至2021年底已完成可研报批。平和县花山溪流域重点区域污染防控与综合施策修复工程，总投资48080万元，截至2021年底已完成可研报批，因项目追加投资，截至2021年底重新编制可行性研究报告。土壤修复剂生产中心与生态研究院建设项目，总投资2253.27万元，截至2021年底完善项目建设方案。“园改耕”项目，一期建设287.76亩，预计工程投资619.9万元，2021年已完成投资 267.25万元，预计可创收120万元。

【资产经营与管理】

2021年，兴和集团对全县国有45.5万亩林地开展确权工作（预估资产可以达到910000万元），把产权划入兴和公司全资子公司——“平和县万木兴林业收储有限公司”。截至2021年底完成上峰国有林场和崎岭乡镇林地共42200亩的测绘和制图，完成上峰国有林场的确权。2021年1月，由兴和公司出资以1899万元购买皇家滨城D101和D201房产，作为行政服务中心办公场所。2021年，全县128宗国有资产通过该公司在平和县产权交易中心进行挂牌竞租，出租面积18984.64平方米，合同期内租金共计1640.17万元，2021年租金290.32万元。盘活金蓝湾、宝隆店面收益23.4万元。

【拓展业务经营】

2021年，兴和集团发挥扶贫资金使用效益，把平和农联社增资扩股524万元收益和盘活金蓝湾、宝隆等店面收益共640万元全部用于壮大乡村集体经济。筹措资金50万元，实施“闽宁协作”社会帮扶，助力宁夏乡村振兴。兴和下属子公司平和绿盈农业科技有限公司与漳州信产电子商务有限公司合资成立“平和数字乡村农业科技有限公司”。推进平和县城乡供水一体化项目，该项目预计总投资12.58亿元，该项工作主要是由平和县水务有限公司负责实施，该项目一期工程招投标已于10月8日完成。年底，该项目正在申请2022年度2亿元额度的专项债，同时筹备设立子公司佳和融资担保公司，已完成融资担保公司设立申请的初审工作。

（供稿：兴和集团）

福建平和城市建设投资开发有限公司

【概况】

2021年，福建平和城市建设投资开发有限公司（简称“城投公司”）主要从事房地产开发、城市基础设施建设、公共事业管理活动、市政工程设计服务、市政道路工程服务、商品房销售与出租、物业管理服务、建筑材料销售等。年内，实施平和县生活垃圾焚烧发电厂、新南大桥、平

建设中的平和县工人文化宫、青少年宫及科技馆

（城投公司　供图）

和县青少年宫及科技馆工程、校安工程等 37 个项目。

【市政工程项目前期工作】

2021 年，平和县实施项目前期工作的有北区市政路网一期工程—北环路道路工程，道路全长为 1.4 千米，设计标准为城市主干路设计速度 60 千米 / 时，道路红线宽 45 米。主要建设内容包括道路工程、交通工程、雨污水工程、照明工程、绿化工程等，计划投资 5915.29 万元。旧县路道路工程（北环路至正兴大道），全长 340 米，宽 26 米，设计标准为城市次干路，计划投资 2400 万元。平和县生活垃圾焚烧发电厂配套道路工程，平和县工业园区南北走向的城市支路，规划道路红线宽 25 米，计划投资 1500 万元。平和县东环路一期（续建）工程，建设道路工程全长约 1.1 千米，道路红线宽度为 40 米，配套建设交通、绿化、路灯、市政管网等工程，计划投资 6000 万元。平和县阳明大道道路工程，建设道路全长约 4328 米，宽 40 米，建设内容包括路基、路面、给水、排水、电力、通信、绿化、交通、照明等配套工程，计划投资 3 亿元。

【市政工程在建项目】

2021 年，平和县市政工程在建项目有平和县生活垃圾焚烧发电厂，占地 146667.4 平方米，建设一座日处理 1100 吨的垃圾焚烧发电厂，设计处理能力 1100 吨 / 日，项目采用 PPP（政府和社会资本合作）模式运营，分两期建设：一期投资约 4.5 亿元，安装 1 条 550 吨 / 日的焚烧线、配置 1 台 12 兆瓦汽机、配套渗沥液处理规模 350 吨 / 日及飞灰填埋场 1 座；二期增加 1 条 550 吨 / 日的焚烧线和 1 台 12 兆瓦汽机，计划总投 56800 万元。平和县城南山桥至污水处理厂污水管道工程，新建污水管道从南山桥至污水处理厂，管道长约 3000 米，计划投资 1600 万元。九龙江支流（平和段）生态环境综合治理工程，分 3 期实施，此次实施一期南岸项目，计划投资 2000 万元。平和县城文昌路及三宝路通信管道工程，对平和县城文昌路及三宝路进行完善，主要包括跨路、管道，引上管道及部分支管等敷设，计划投资 1210 万元。平和县北环路配套—延寿山高排渠工程，对延寿山附近水系进行收集及有序排放，计划投资 700 万元。平和县城和平路（北大路至英才路）道路工程，长 230 米，红线宽度 26 米，配套建设交通、绿化、路灯、市政管网等，计划投资 360 万元。坑坂路道路工程（坑里路—新南路），全长 340 米，宽 20 米，设计标准为城市支路，计划投资 900 万元。平和县生活垃圾焚烧发电厂配套排水渠工程，设计总长度为 412.17 米，渠道底宽度为 5 米（含两侧挡土墙顶面宽度），计划投资 453 万元。

【市政工程竣工交付使用项目】

2021 年，平和县竣工交付使用的项目有新南大桥（阳明大桥），全长 386.187 米，其中桥梁全长约 302 米，南引道路基段长 48 米，北引道路基段长 36 米，投资 7000 万元；平和县城宝善公园片区二期污水管网工程，对龙溪路（三宝路至奇兰路）、吉祥路（正兴大道至迎宾路）、阳明路（正兴大道至迎宾路）新建污水管道，计划投资 1100 万元。

【基础设施建设项目前期工作】

2021 年，平和县校安及民生基础设施建设实施项目前期工作的有平和县育才中学扩建工程（一期），总建筑面积为 22900 平方米，拟在原操场位置及扩建范围内新建高中部教学楼 3 幢、教学综合楼 1 幢、室内运动场 1 幢及消防水池、配电室等相关配套设施，计划投资 1 亿元；平和县前岭小学工程，建筑面积约 2500 平方米，拟建设一幢四层综合教学楼及其配套工程，计划投资 1000 万元；平和县金华小学教学综合楼，总建筑面积约为 3500 平方米，拟建设一幢四层综合教学楼，计划投资 1800 万元；平和县新星幼儿园第二分园，建筑面积约 2550 平方米，一共 4 栋，2 栋二层，2 栋三层，计划投资 1800 万元。

【基础设施在建项目】

2021 年，平和县校安及民生基础设施在建项目有平和县豪林小学教学楼建设项目，项目建筑占地面积2249.9平方米，总建筑面积1860.5平方米，建设1栋四层教学楼和水泵房，计划投资1040.74万元；平和县侯门小学教学楼总建筑面积1050平方米，新建1栋三层教学综合楼及相关配套设施，计划投资346.99万元；平和县青少年宫及科技馆工程位于平和县小溪镇文博中心东侧，总用地面积为4661.7平方米，总建筑面积11120.9平方米，其中地上计容面积约10210.22平方米，不计容地下室面积1114.48平方米，主要建设一幢五层框架结构的工人文化宫、青少年宫、科技馆，以及装饰工程（不含二次装修）、给排水工程、电气工程、室外工程等配套设施，计划投资5727.37万元。

【基础设施竣工交付使用项目】

2021年，平和县校安及民生基础设施竣工交付使用的项目有社会福利中心爱心护理楼，项目建筑占地面积1300平方米，建筑面积4728.2平方米，122个床位，计划投资3500万元；南湖幼儿园园舍，总建筑面积2750.9平方米，计划投资750万元；郑亚玲希望小学教学楼，总建筑面积1200平方米，计划投资360万元；平和县华美小学教学综合楼，主要建设一栋建筑面积347平方米的综合教学楼及其配套工程，计划投资155万元；平和县大松小学教学楼，项目建筑面积1200平方米，建设1栋三层教学楼，计划投资400万元；平和县东风小学教学楼，建筑面积1450平方米，建设1栋四层教学楼，计划投资509万元；福建省平和第五中学学生宿舍楼，建筑面积1926平方米，建设1栋五层宿舍楼，计划投资800万元；平和县大溪中心小学教学楼，建筑面积2550平方米，建设1栋四层教学楼，计划投资884万元；平和县黄田幼儿园，建筑面积2552平方米，建设1栋四层幼儿园综合楼，计划投资750万元；平和县秀峰幼儿园园舍二期，建筑面积976平方米，建设1栋三层幼儿园综合楼，计划投资470万元；平和县廖安小学教学楼，建筑面积1000平方米，建设1栋三层教学楼，计划投资300万元；福建省平和第六中学3号教学楼，建筑面积4690平方米，主要建设1栋教学楼及其配套设施，计划投资1755万元。

（供稿：城投公司）

平和县交通发展有限公司

【概况】

2021年，平和县交通发展有限公司完成交通基础设施建设投资926.6万元，已完成实施农村公路生态示范路、路面挖补工程投资建设工作，同时开展国道G357安厚溪尾（云霄界）至白石段公路项目等8个项目前期工作。承担平和县13条174.03千米县道及高速出口连接线养护管理工作，年度产值210万元。承担5条22.519千米的PPP项目运营期管理工作，年度产值518万元。承接监理业务1100万元，监理费约30万元。

【完工项目】

2021年，县交投公司建设完工的项目有实施农村公路生态示范路、路面挖补工程，共实施9个项目，投资926.6万元。

【开展前期工作项目】

2021年，县交投公司开展前期工作的项目有国道G357安厚溪尾（云霄界）至白石段公路项目，路线长约6.8千米，按二级路双车道技术标准建设，设计时速60千米/时，路基宽度10米，水泥砼路面，估算投资约1.6亿元，已完成工程可行性研究、初步设计外业验收；安厚农场至安厚互通连接线工程，路线长约0.5千米，按三级公路四车道标准建设，设计时速30千米，路基宽度7.5米，水泥砼路面，工程造价约673万元，该项目已完成施工图批复，土地报批手续中。三平景区上镜—楼脚公路，路线长约3.5千米，拟按三级路四车道标准建设，路基宽16米，水泥砼路面，项目投资约0.76亿元，已完成施工图初稿，施工图修编中。芦大线云平高速长乐互通至长乐乡段公路改造工程，路线长5.344千米，按二、三级公路标准设计，估算总投资约1.9亿元，已完成工可编制。云平高速安厚、九峰连接线景观带工程。安厚连接线景观带路线全长1100米，总投资399.8591万元；九峰连接线景观带路线本项目路线全长350米，总投资112.778万元。道路沿线两侧施作绿化景观带及配套路灯照明、给水浇灌等。已完成施工图设计。闽粤边特委机关旧址红色旅游公路（Y817南胜欧寮至三坪浦口段）工程，路线长8.917千米，按四级路标准设计，路基宽7.5米，双向两车道，水泥砼路面，设计时速20千米/时。总投资约10669万元（含用地报批投资），其中建安费约6049万元。已完成工程可行性研究编制并通过了行业及专家审查、已完成工程可行性研究修编、勘察设计招标工作，勘察设计工作已基本完成。红军三坪会师纪念馆红色旅游公路（X584三坪浦口至楼脚段）工程。该项目路线长3.23千米，路面拼宽至7.5米，双向两车道，水泥砼路面，设计时速20千米/时。项目估算总投资约3120万元，其中建安费约1906万元。已完成工程可行性研究编制并通过了行业及专家审查、已完成修编、勘察设计招标工作，勘察设计工作已基本完成。大溪镇大松村上陂至风洞里段公路工程。路线长3.2千米，局部进行拓宽改造及增设错车道、防护设施等。项目估算投资约521.6万元，其中建安费约386.6万元。已完成施工图设计、项目招投标工作。

（供稿 平和县交通发展有限公司）

福建平和旅游投资开发有限公司

【概况】

2021年以来，福建平和旅游投资开发有限公司（简称“平和县旅投公司”）在县委、县政府的正确领导下和上级部门指导下，紧紧围绕公司重点工作要求，积极推进项目建设，有序推进旅游基础工程、景观工程建设，公司管理正规有序，各项工作有序推进。

【市政建设项目】

2021年，平和县旅投公司扎实做好坂仔镇林语堂文化特色小镇——北斗七星土楼群景观工程前期实施工作，该工程主要建筑面积1237平方米，改造连接土楼群乡间道路1332米，人行游步道1801米。主要建设观景平台、休闲亭廊、生态停车场、土楼群室外配套环境整治、服务设施用房、夜景工程及公厕等配套设施。项目计划总投资6756.38万元。

【在建项目】

2021年，平和县旅投公司在建项目为林语堂故居文化核心区工程，总建筑面积3942.75平方米，主要建设林语堂生平展览馆、作品展览馆、多功能会议厅、国学馆、茶座等功能建筑，概算总投资4278.82万元。2021年，持续推进林语堂故居文化核心区工程建设，已完成综合楼、茶座、纪念品商店、配电房发电机房主体及装修工程，已完成约98%的工程量，完成投资约1500万元。

（供稿：平和旅投公司）

2021年1月，县旅投公司组织人员在林语堂故居文化核心区工程开展现场检查

（县旅投公司 供图）

自然资源管理

【概况】

2021年，平和县自然资源局执行基本农田“五个不准”、耕地“六严禁”以及先补后占规定，确保耕地保有量和基本农田保护区面积不减少、质量不降低；设立基本农田保护牌，把基本农田保护工作落在实处。全面细化和完善全县土地利用基础数据，掌握翔实准确的土地利用现状和自然资源变化情况，共处置批而未供土地34宗1356.96亩，闲置土地14宗967.01亩，顺利完成全年任务。2021年，平和县自然资源局因连续15年实现地质灾害零伤亡受漳州市自然资源局表彰。

【用地保障】

2021年，平和县共出让土地167宗，出让总面积980.89亩，总出让价款3.34亿元。编制土地成片开发方案4个，面积5646.78亩，均以工业开发用途为主，新增可用工业用地2661.91亩。2021年，共获省政府批准农转和土地征收4个批次，面积12.213公顷。

【矿山生态环境】

2021年，平和县芦溪镇东槐村两个叶蜡石矿种植约2万棵枫香、夹竹桃等树种，喷撒草籽约750公斤，新增复绿面积约13亩，新建排水沟约100米，重新修复排水沟约200米，修建排洪沟5个台阶，矿山边开采边治理工作有序开展。过期矿山平和县霞寨镇露湖山碎石场于2021年7月22日和8月22日，通过专家两轮验收，完成矿山恢复治理工作。平和县芦溪镇双峰碎石场英头山矿区建筑用花岗岩矿和平和县安厚镇石壁头山碎石场等过期矿山恢复治理工作持续推进，通过专家初步验收。

【矿产资源管理】

2021年，平和县完成芦溪镇东槐村2个叶蜡石矿和平和县锦恒铜矿有限公司锦溪铜矿的延续变更工作，完成福建省平和县下汤矿区地热资源可行性勘查探转采工作。持续推进第四轮矿产资源总体规划编制工作，已征求各相关单位意见，并召开听证论证会，形成规划预审稿报送漳州市自然资源局评审。加强乡镇、自然资源所巡查密度，建立健全“早发现、早制止、早报告、严查处”的日常监管长效机制，利用遥感监测、无人机航拍、手机移动执法等技术手段，加强对露天开采矿山的开发利用和生态环境恢复治理动态监管。

【规划管理】

2021年，平和县立足资源禀赋，着力优化空间布局，持续推进县级国土空间总体规划编制工作，初步完成中心城区空间形态研究，形成规划路网调整方案；完成59个村庄规划编制及报批，完成31个地块控制性详细规划编制及报批，完成钟腾国家历史

2021 年 5 月 17 日，平和县自然资源局对国家地质检测环境监测设备进行验收（县自然资源局 供图）

文化名村保护规划编制及技术审查。

【土地整治】

2021 年，平和县积极推进农村土地整治，实施旧村复垦项目 10 个，规模 345.92 亩；完成复垦并通过市级验收项目 6 个，面积 194.88 亩；施工建设项目 4 个，面积 151.04 亩，已完成拆旧面积 143.6 亩，复垦 131 亩。

【不动产登记】

2021 年，平和县进一步推进不动产登记“一趟不用跑”便民服务；继县农村信用合作联社之后，与县建设银行、邮政储蓄银行、润丰村镇银行、中国银行、农业银行、工商银行签署《金融信贷与不动产抵押登记系统直连战略合作协议》，分别设立不动产登记便民服务点，实现不动产抵押登记全类型的线上服务模式。落实不动产登记“减事项、减环节、减材料、减时间、减费用”的要求，整合不动产转移登记中涉及税务、房产交易、不动产登记三部门，由不动产登记窗口“一窗受理”。至 2021 年底，共受理各类不动产登记申请 12839 件，其中，不动产权登记证书 4205 件，不动产抵押登记证明 3336 件，不动产查询证明 2018 件，不动产查封登记 1153 件，不动产注销登记 2127 件。

【地质灾害防治】

2021 年，平和县编制年度地灾防治方案，及时更新地质灾害点基础信息。开展汛前巡查排查工作，发放地质灾害防灾工作明白卡和地质灾害防灾避险明白卡各 1000 余份。做好地质灾害知识宣传培训，发放宣传资料 6000 余份。做好台风和强降雨期间地灾值班工作，各乡镇自然所配合乡镇对辖区内地灾隐患点进行隐患排查。认真做好自然资源部群专结合监测预警试点项目，提前完成 70 套地质灾害监测设备布设工作。

【土地执法】

2021 年，平和县立案查处土地违法行为 165 宗，处罚款总额 82.40 万元。坚决遏制耕地“非农化”，防止“非粮化”，大力开展“月监测”违法占用耕地图斑整改工作，全年共处置违法图斑 818 宗，整改率 97.96%。通过巡查与卫片航拍手段，全县共确认 2020 年 7 月 3 日以来顶风违占耕地建房 51 宗，已全部处置到位。

（供稿：平和县自然资源局）

生态环境保护

【概况】

2021 年，平和县城饮用水源水质Ⅲ类水达标率 100%；国控断面洪濑口汤坑桥监测点水质Ⅲ类水均值达标率 100%，跨省长乐葵山监测点水质Ⅲ类水均值达标率 100%；9 个省考断面全部完成省市下达考核任务；国控断面洪濑口水质与上年同期比较改善明显，个别月份达到Ⅱ类水。平和县环境空气质量优良天数为 362 天，比例为 99.2%。六项监测指标平均浓度均能达到《环境空气质量标准》中的Ⅱ类标准，环境空气质量综合指数为2.75，空气质量保持稳定。全县推行的化肥投入定额制及化肥减量增效做法与成效得到上级的充分肯定，在全国范围内推广宣传。农药包装废弃物集中回收处置模式被列为全省第二批农业绿色发展典型模式。全县未发生《国家突发环境事件应急预案》规定的较大以上级别突发环境事件或较大以上核与辐射安全事件。

【工业企业大气污染综合治理】

2021年，平和县持续开展“散乱污”企业整治，所有涉气“散乱污”企业均已于2021年1月前整顿清理完毕；按照《平和县工业炉窑大气污染综合治理方案》，继续推进黄井工业园区陶瓷行业“煤改气”工作，辖区8家建陶企业已全部完成生产设施改造，并于12月初逐步替代使用天然气。按照《漳州市平和生态环境局关于大气严控区内实施高架源企业安装废气治理设施实时监控系统的通知》《关于进一步推进大气严控区内高架源企业废气治理设施实时监控系统建设工作的通知》等文件要求，平和县大气严控区文美工业区及黄井工业园区内18家重点涉气企业的30个高架源均已安装废气在线监控。

【联防联控污染治理】

2021年，平和县严格按照《平和县轻微污染天气应对处置措施（第二版）》《平和县污染天气企业差别化管控实施方案》等应对污染天气管控文件，进一步完善污染天气应对机制，全县54家涉气企业纳入差别管控名录，实行“一厂一策”，涉及VOCs（挥发性有机物）排放、锅炉排放、工业炉窑等重点行业企业，结合30个已建大气污染热点网格监测点位，更准确有效进行污染源分析及空气质量预警预报。

【主要流域项目化管理】

2021年，平和县重点对国控断面花山溪（洪濑口）上游和长乐葵山断面以及黄井溪、三合溪、东溪、鹿溪小流域实施综合整治，对全县124个入河排污口实施精准溯源，有针对性地实施精准减排项目，已全部完成整治；新增投资2000多万元，建设1个县城污水管网工程，加快推进县城老城区雨污分离、污水管网改造和截污纳管建设，平和大桥至污水厂段已完成，铺设管道约1000米，宝善片区污水管网二期工程已完工；投资4000多万元，建设大溪镇污水处理厂二期和九峰镇、山格镇污水处理厂管网建设，投资3000多万元建设6个村和12个入河排污口整治；洪濑汤坑桥国控断面及长乐葵山国控断面上游11个乡镇水质稳定，2个国控断面水质均值达到Ⅲ类水考核标准，达标率100%，与上年相比有明显提升；9个省考断面全部完成省市下达考核任务；6个小流域省考断面均值均达到Ⅲ类水标准。

【水源地保护工作】

2021年，平和县县级集中式饮用水水源地被省“三合一”督

2021年11月16日，平和县召开环境空气质量巩固提升行动工作部署会
（漳州市平和生态环境局　供图）

察发现的9个环境问题已全部整治完成，完成率100%，完成坂仔、南胜、五寨、安厚4个乡镇“千吨万人”饮用水水源地保护区划定工作；完成50个农村“千人以上”饮用水水源地保护范围划定；编制县级和54个千人以上农村饮用水水源地突发环境事件应急预案。

【土壤治理】

2021年，平和县开展受污染耕地安全利用约2467公顷；在花山溪流域核心区开展耕地土壤酸化治理约1667公顷，完成两遍治理任务；优化种植结构严格管控类用地50公顷；加快推进霞寨镇、坂仔镇、小溪镇200多公顷土壤治理示范片工作，探索总结化肥减量化和酸化治理成功经验。

【农药包装废弃物回收】

2021年，平和县在全省率先建成“县农业农村局统筹、乡镇具体负责、农药经营者和农户配合”为特征的回收体系，按照“农户—农药经营者—乡镇回收点—转运中心—第三方处置”流程。全县已建立10个乡镇收集点，开展日常回收管理，定期由有资质第三方转运处理，并且建立健全废弃农药包装物回收入库、转运出库和库存等台账。全县回收废弃农药包装物223吨。

【执法监管】

2021年，平和县共出动执法人员930人次，检查企业425家次，发出整改通知书24份，立案查处环境违法行为11起，罚款70多万元，拟移送公安机关行政拘留2起；审批环境影响评价文件62件，其中，环境影响评价报告书8件，环境影响评价报告表54件；督促18家企业进一步完善水污染防治措施，共投入环保资金800万元，建设厌氧池、好氧池等设施8000立方米；清理整治牛蛙养殖场4处121口养殖池，开展2次生态修复活动，督促2个排污者投入环保资金2.5万元，清理河道300米，增殖放流鱼苗2万尾。

【问题整改】

2021年，第二轮中央环保督察期间，平和县共接收到环保督察信访交办件32批61件，已全部完成整改并验收销号。市级生态环境保护督查期间，平和县共收到12批26件交办信访件，其中2件不属实，已完成整改26件，完成销号10件。第二轮中央环保督察反馈问题涉及平和县的有2项个性问题和6项共性问题，根据省市整改要求，平和县认真研究制订整改方案，尤其是2项个性问题，制订“一问题一方案”，实行县领导包案制度，明确牵头单位、责任单位、整改时限、整改措施。2020年，市级督察组共反馈平和县50个问题，已整改完成43个，占整改任务86%。2021年，平和县辖区的8家建陶企业已全部生产设施改造，并逐步替代使用天然气。在完成设施改造升级的基础上，新增建设完成废气在线监控并已联网省生态云大数据平台，新增建设脱硫浆池在线pH监测仪。

（供稿：漳州市平和生态环境局）

教育·科技

教育工作

【概况】

2021年，平和县有普通高中6所，中职学校1所，在校生9391人（普高7983人，职校1408人），教师775人（普高666人，职校109人）；义务教育阶段学校97所（小学83所，初级中学11所，九年一贯制学校3所），义务教育阶段在校生49649人（小学35175人，初中14474人），公办教师3480人；特殊教育学校1所，教师15人，学生126人；全县幼儿园153所（班），其中，公办实验幼儿园2所，乡镇公办幼儿园21所，民办幼儿园67所，小学内附设幼儿班63所，在园幼儿16699人（公办9444人，民办7255人）；全县幼儿教师1003人（公办211人，民办792人）。1月，文峰中学和文峰中心小学合并为文峰学校（九年一贯制学校）；12月，育英小学分校、金华小学分校分别更名为第四实验小学、第五实验小学；成立8个名师工作室，带动64名成员、64名学员专业成长；城区中小学、幼儿园、达标高中与乡村中小学、幼儿园建立对口帮扶关系；创建2所县级示范园，6所小学、3所初中通过“义务教育管理标准化学校”省级评估验收。县教育局被教育部评为2021年国家义务教育质量监测“优秀组织单位”。

【学校设施建设】

2021年，平和县新星幼儿园宝善校区、秀峰中心幼儿园、霞寨小坪幼儿园、崎岭南湖幼儿园、九峰黄田幼儿园等新校区建成投用。规划“十四五”教育发展项目，规划新建、扩建幼儿园14所，新增学位4200个；规划扩建育才中学高中部36班，新增学位1800个。

【体制机制改革】

2021年，平和县落实公民办中小学同步招生制度改革和高考综合改革，探索推进教育督导体制机制改革，出台《平和县教育局关于支持经济高质量发展超越七项措施的通知（试行）》，制定《平和县教育系统学校中层管理人员管理办法》试行学校中层干部学校聘任制，落实“放管服”，全县新聘任437名学校中层干部兼职教学管理人员，优化学校管理团队，提高工作效率。

【落实落细“双减”】

2021年，平和县教育局联合相关部门开展校外培训机构整治，注销1所、责令停止办学7所、学科类“营转非”1所、转非学科类4所；开展课后延时服务，全县可以开展课后延时服务的19所中学和19所小学（以中心小学为单位统计）全部开展课后延时服务，开展占比达100%，县城区育英小学、金华小学、第三实验小学、育英小学分校、金华小学分校、小溪中心小学等学校开展午餐配送服务。国家“双减”监测指标均排在全市前列。

2021 年 12 月 25 日，福建省平和第一中学举办 2021 年体育科技艺术节　　　　（卢达鹏　摄）

【疫情防控】

2021 年，县教育局组织各学校依规做好各项疫情防控工作，全力推进教职员工、3—18 周岁学生及 60 周岁以上离退休教职员工新冠疫苗接种工作，落实应接尽接，11 月起有序开展核酸实时轮检制度。建立健康副校长派驻制度，联合县卫健局，在全县卫生系统中选聘 44 名政治素质好、业务精的卫生工作者，担任全县各类学校的兼职健康副校长，提高学校健康管理和突发公共卫生事件应急处置能力。

【教师队伍建设】

2021 年，县教育局完善教师专业技术职务聘任，根据有关文件精神，对县城工作满 30 年及以上的已取得相应任职资格尚未聘任的且仍在一线担任教学工作、完成规定教育教学工作量的教师，可不受学校岗位职数限制，给予聘任相应任职资格职务；在现行标准基础上增加中小学高级、中级教师岗位比例 5%；从新增 5% 的中、高级岗位职数中划出 2% 的比例建立专户，专门用于特级教师、省杰出人民教师、省名师名校长、省学科带头人、省级及以上优秀教师、市名师名校长、市级优秀教师和县级（优秀）特殊人才、引进的高学历（硕士研究生及以上）教育人才等对象的岗位聘任和晋升。做好除县城以外的 3042 名农村教师生活补助发放工作；发放教育系统追加奖励性绩效工资 5360 万元，人均 1.194 万元，确保教师平均工资收入不低于当地公务员平均工资收入水平；开智学校教师绩效工资总量按普通学校 20% 的比例核增。

（供稿：县教育局）

科 技

【概况】

2021 年，县科技局在县委、县政府的正确领导和上级主管部门的指导下，紧紧围绕全县的经济社会发展，坚持以开展科技服务、科技指导、科技创新为着力点，以组织实施重点科技计划项目为抓手，以引进、推广和开发工农业新技术、新产品，加速科技成果向现实生产力转化为重点，深入扎实开展各项工作，取得较好的成绩。

【科技创新发展】

2021 年，平和县与集美大学、深圳大学、闽南师范大学、漳州职业技术学院福建省热带作物研究所等高校开展县校合作。2 家企业与高校合作共计获得 130 万元省级项目资金支持，3 家企业与高校合作申报省科技计划项目。其中集美大学与平和县宝罐等公司合作的柚类水果采后高值化加工关键技术及产业化荣获二〇二〇年度福建省科技进步奖一等奖。

气象服务

【概况】

2021 年，平和县气象局开展

生态保护型人工影响天气业务，加快人工影响天气基地布局和建设，完成平和县大溪镇赤坑村人影固定作业点和南胜镇糠厝村草山、九峰镇大芹山地面烟炉作业点建设。完成9个CAWS-600RT型2G通信自动站换型升级成DZZ4型4G通信自动站，地面气象自动站全县各乡镇全覆盖，站网密度达到9千米，综合气象监测系统自动化程度高、运行稳定可靠。2021年，获全市气象部门综合考评“优秀单位”、全市预报业务竞赛团体二等奖等。

2021年10月20日，气象局组织人员开展大芹山国家天气站设备检定工作
（县气象局 供图）

【气象防灾减灾】

2021年，平和县气象局建立健全多部门联合的“三个提前”气象防灾减灾救灾工作机制，完善平和县突发事件预警信息发布系统，全县共计39个单位接入系统，初步实现全媒体多手段广覆盖的预警信息传播“一张网”，预警信息10分钟内覆盖预警服务对象，有效解决预警信息传播“最后一公里”问题。灾害性天气预警落区精细到乡镇，气象预警信息公众覆盖率提高到95%以上。发布各类决策气象服务产品311期，气象灾害预警信号280条，通过手机短信发布气象服务信息38万余条，在1月12—13日强降温过程、5月9日冰雹过程和8月4—6日第9号台风“卢碧”过程及时开展预警服务和农业气象灾害监测预警评估，为灾害性天气政府决策提供有力保障。全年共组织人影作业35场次，燃烧增雨烟条73根，有效缓解平和县的旱情。

【气象专题服务】

2021年，平和县气象局开展蜜柚农业气象服务指标研究，制订《平和县蜜柚农业气象服务方案》，每周一制作发布《蜜柚农用天气专题预报》，为蜜柚农事生产管理提出建议；联合市气象局组建科技特派员团队开展气象科技服务，通过微信公众号、微信群、平和蜜柚大数据云平台，结合科技特派员、农业气象技术人员下乡调研等方式及时将气象服务信息发送给广大种植户。为春节、端午、国庆等重要节假日及春运、高考、蜜柚节等重大活动期间制作专题气象服务产品，向各有关部门、气象服务对象发布。

【乡村振兴服务】

2021年，平和县气象局在省级乡村振兴气象服务示范点（九龙江高峰生态谷）针对茶叶生产及生态景观需求，建设多要素自动气象观测站和高清作物实景观测站，搭建基于物联网技术+云平台控制的自动喷灌系统，部署智慧农业气象管理系统，为茶园生产提供茶叶农用天气专题预报服务，建立影响茶叶生育期的关键气象要素指标，助力茶叶生产提质增效。在预报预警多媒体制作发布平台增加高峰谷定制服务，通过电视天气预报节目开展舒适度指数、紫外线强度等预报，部署预警信息发布终端，以“气候福地品牌”提升气候资源在乡村振兴中的附加值。

（供稿：平和县气象局）

文化

【概况】

2021年，平和县文体旅局以庆祝中国共产党成立100周年为契机，结合党史学习教育，在文博中心开设“红色平和展厅”，参观人数达3万多人。4月，举办“4·23”世界读书日机关党员干部“庆百年·颂党恩”经典诗词朗诵会。5月，举办庆祝中国共产党成立100周年“永远跟党走，助力乡村振兴——福建省首届连环画（平和县站）巡展”。6月，参与举办“党旗红·苏区兴——平和县庆祝中国共产党成立100周年”文艺晚会；发动各乡镇拍摄庆祝中国共产党成立100周年快闪视频；举办“传承红色基因，讲好平和故事”微视频竞赛活动；举办“学党史、感党恩”革命传统教育进校园活动；潮剧传承保护中心创新形式搭建“云戏台”，创排红色题材剧目《红色三平》《朝霞映在阳澄湖上》，累计观看人数达2.5万多人次。平和县长乐乡秀山村秀岭新村书屋被确定为福建省老区“红色书屋”。编辑出版《平和乡村文化记忆》《平和县首届书法临帖作品集》。

【设施建设】

2021年，平和林语堂故居核心区进一步拓展，将原平和县坂仔中心小学整体进行搬迁，旧教学楼全部拆除，故居核心区总用地面积从原先2700平方米，扩大到9471.4平方米。工程项目概算总投资4278.82万元，新建成的林语堂故居文化核心区建筑面积3942.75平方米，增设林语堂生平展览馆、作品展览馆、多功能会议室、国学馆，茶座及配电房发电机房主体结构等设施。2021年，持续推进林语堂故居文化核心区工程建设，已完成综合楼、茶座、纪念品商店、配电房发电机房主体及装修工程，已经完成约98%的工程量，完成投资约1500万元。年内，推进县文博中心陈列布展设计与施工工程收尾及验收工作。建设平和县文化体育和旅游局“百姓大舞台”和13个“百姓大舞台”。

【群众文化】

2021年，平和县文体旅局在文化馆举办“平和县非物质文化遗产摄影展”、“红色情客家亲非遗缘·闽粤赣客家山歌展演”、“润和杯”平和土楼摄影作品展、百姓大舞台“迎新年·百姓乐”文艺展演；在博物馆举办“中国书法碑拓精品展”“平和县老电影记忆展”；在图书馆举办“读中华经典颂时代华章诵读比赛”“书香入警营翰墨润兵心活动”“幼儿走进图书馆亲子阅读体验活动”；在周碧初艺术馆举办“吴七章师生书画展”；在林语堂文学馆举办“书香语堂曾庆濂·曾梅林手指画展”、“纪念林语堂逝世45周年”讲座、书画、表演系列活动。平和县电影公司放映农村公益电影2880场、县城文化广场公益电影216场。

2021 年 5 月 18 日世界博物馆日，县文体旅局举行平和县老电影记忆展开幕（县文体旅局 供图）

潮剧传承保护中心开展潮剧公益性演出 52 场。潮剧传承保护中心时隔 15 年再赴省城参赛，荣获第十五届福建省戏剧水仙花奖组织奖，朱忠信荣获专业组表演奖三等奖，叶耀宗荣获专业组演奏奖三等奖。

【文物保护】

2021 年，平和县文体旅局组织完成第 44 届世遗大会“一城七线”平和南胜窑址—洞口陂沟窑主体保护、展示馆、标识标牌等考察展示路线项目工作；完成全县 492 处各级文物保护范围和建控地带定线落图工作，纳入自然资源部门的空间规划管理平台；完成县级文物保护单位以上建筑类 46 处保护标志碑树立；完成五寨埔坪林氏宗祠建筑群保护修缮工作和芦溪镇小芦溪点编旧址秀芦陈氏家庙、五寨绥丰宗祠电气线路改造工程；完成 81 座“非世遗”土楼调查工作。实施庄上大楼和南胜窑址安防工程，组织南胜窑址申报第二批省级考古遗址公园工作。12 月 24 日开展庄上大楼修缮保护工程招投标工作。

【非遗传承保护】

2021 年 2 月，平和县文体旅局举办平和县非物质文化遗产摄影展。4 月，在漳州市艺术馆举办平和县民俗类非物质文化遗产代表性项目摄影展，展播平和非遗专题片。6 月，联合上杭县、永定区、平和县、南靖县文化馆举办“红色情 客家亲 非遗缘”客家山歌展演；组织“长乐客家山歌感党恩”到永定区参加闽赣湘蜀客家山歌交流展演。9 月，组织长乐客家山歌传习所传承人创作排练抗疫山歌视频《平和奇兰茶》《抗疫战歌》《众志成城战疫情》《送郎歌》。10 月，漳州市第七批非物质文化遗产代表性传承人名单公布，韦镇辉为潮剧（平和）代表性传承人，曾美莉为漳州白皮饼制作技艺代表性传承人，李炎平为小溪枕头饼制作技艺代表性传承人。

2021 年 11 月 3 日，平和县潮剧传承保护中心“潮剧进校园”金华小学展演活动开展（林丹丹 摄）

【文化综合执法】

2021年，平和县文体旅局开展娱乐场所执法检查、互联网上网服务营业场所执法检查、文物及出版物市场执法检查等各类行业综合治理执法检查675家次，出动执法人员1654人次，发现并整改安全隐患65处，办理违法案件1起，整治“小铁锅”等卫星地面接收设施进行，共查获及拆除卫星电视地面接收设15套。推进平和县“扫黄打非”有关工作，开展专项行动“正道”“清源2021”“固边2021”“新风”“秋风2021”等系列专项行动，共检查报刊亭、书店等15家次，取缔游商地摊2个，巡查网站及信息200余个次。

平和县各级别非物质文化遗产代表性项目一览表

表10

级别	项目类别	项目名称	批次及批准时间	保护或申报单位
国家级	民　俗	三平祖师信俗	第四批，2014年11月11日	平和县三平风景区管委会
省级	民　俗	闽台乞龟民俗	第三批，2009年6月1日	平和县慈惠宫管委会
	传统技艺	平和龙艺扎制技艺	第六批，2019年2月25日	平和县侯山宫管委会
市级	传统技艺	平和白牙奇兰茶制作工艺	第四批，2010年11月29日	平和白芽奇兰茶研究会
	传统技艺	漳州瓷（平和青花瓷）烧制技艺	第四批，2010年11月29日	福建克拉克瓷有限公司
	传统技艺	南胜麻枣制作技艺	第五批，2013年2月25日	平和县南胜裕辉食品有限公司
	民　俗	闽台走水尪习俗	第六批，2015年9月18日	平和县侯卿庵管委会
	民　俗	保生大帝信俗（平和）	第六批，2015年9月18日	平和县天湖堂管委会
	民间音乐	漳州长乐客家山歌	第七批，2018年7月19日	平和县文化馆
	传统技艺	平和大溪豆干制作技艺	第七批，2018年7月19日	平和县大溪镇人民政府
	传统技艺	芦溪咸菜腌制技艺	第七批，2018年7月19日	福建绳武楼旅游投资有限公司
	传统技艺	小溪枕头饼制作技艺	第八批，2020年11月24日	平和县西山侯山宫管委会
县级	传统技艺	天湖堂桌子艺	第二批，2008年8月12日	平和县天湖堂管委会
	传统技艺	山格生仁糖制作技艺	第二批，2008年8月12日	平和县山格新锦泰食品厂
	种　植	琯溪蜜柚栽培技术	第二批，2008年8月12日	平和县小溪镇西林村
	民　俗	龙井宫保生大帝信俗	第五批，2013年8月19日	平和县龙井宫管委会
	传统技艺	福塘椿臼面制作技艺	第六批，2014年12月25日	平和县秀峰乡福塘村委会
	传统技艺	芦溪红酒酿制技艺	第六批，2014年12月25日	福建绳武楼旅游投资有限公司
	民　俗	博济宫石万岁信俗	第六批，2014年12月25日	平和县霞寨镇钟腾村委会
	民　俗	普济堂王公信俗	第六批，2014年12月25日	平和县普济堂管委会
	民　俗	芦溪婚俗	第六批，2014年12月25日	福建绳武楼旅游投资有限公司
	民　俗	石晶宫观音信俗	第七批，2020年5月8日	平和县石晶宫管委会
	民　俗	送王船信俗	第七批，2020年5月8日	霞寨镇长汀村
	传统戏剧	潮剧南湖	第七批，2020年5月8日	平和县艺新潮剧团

社会科学

【概况】

2021年，平和县社科积极发挥“桥梁纽带、组织协调、咨询服务、宣传普及”的职能作用，与县委宣传部、县委党校联合组成宣讲团，分赴全县各机关单位、乡镇、村（社区），深入开展党史学习教育、习近平总书记“七一”重要讲话精神、市第十二次党代会精神专题宣讲活动；为庆祝中国共产党成立100周年，深入开展党史学习教育，与党史学习教育办公室、县委宣传部、县委组织部、县委党史方志室联合开展党史学习教育有奖竞答活动。2021年，社科课题“明中后期漳州阳明学发展考”在市哲学社会科学研究规划课题成功立项。

【社科讲堂】

2021年，县社科联发挥“阳明传习堂”社科讲堂传习作用，举办新思想、阳明文化、语堂文化等平和特色文化、廉政文化、移风易俗、国学教育、实用技术各类讲座300多场。利用阳明传习堂微信公众号，推送党史学习教育、建党百年、市县党代会、防疫宣传等专题文章上千篇，受众超过5万人次。

【社科普及宣传】

2021年12月1—7日，围绕“永远跟党走•谱写新篇章”主题，由县社科联与县委宣传部、县农业农村局联合主办，小溪镇党委、政府协办，与省市同步举行，面向基层，面向大众，开展2021年社会科学普及宣传周活动，10多个单位通过现场咨询、展板展出、发放宣传资料、发放生态农业宣传品、有机肥、义诊等形式，宣传普及哲学社会科学、生态环保知识，县社科联还精心制作了“理想照耀中国——中国共产党精神谱系”主题图片以及党的十九届六中全会精神、省市县党代会精神宣传折页，在现场展出、发放。

（供稿：县社科联）

2021年12月1日，主题为“永远跟党走·谱写新篇章”的2021年平和县社会科学普及宣传周暨生态农业宣传活动启动仪式在全民健身中心举行

（县社科联 供图）

旅 游

【概况】

2021年，平和县文体旅局牵头制定《全县景区和非景区景点安全管理专项整治工作方案》开展景区、旅行社等的安全检查指导工作，发现问题及时整改。开展安全隐患大排查大整治、全县文体旅领域房屋结构安全隐患大排查大整治百日攻坚等专项行动，全面排查化解风险。开展文化和旅游行业领域突出问题专项整治行动，规范旅游市场秩序。持续开展疫情防控工作。根据疫情防控需要，及时开展旅游景区（点）、星级饭店和旅行社的疫情防控工作。2021年，平和县高峰谷景区创建成国家AAA级旅游景区，新建村创建成福建省金牌旅游村。完成A级旅游景区——三平景区、省级养生旅游休闲基地——平和高峰生态谷景区复核工作。

2021 年 5 月 24 日，平和县在高峰生态谷举办以“富氧福地醉美茶园·绿色发展美好生活”为主题的庆祝“5·19”中国旅游日暨农旅融合助力乡村振兴系列活动 （县文体旅局 供图）

【旅游项目建设】

2021 年，平和县文体旅局推进奇兰茶王谷生态园区、名峰山旅游开发等项目建设。认真开展文化旅游招商引资工作，配合做好福建省文化旅游投融资优选项目、漳州市文旅招商项目等征集工作，策划推荐“八闽第一枪”红色生态旅游综合开发项目申报福建省、市重点文旅招商项目。完成三平景区示范性厕所、坂仔游客中心等项目建设。

【旅游宣传营销】

2021 年，平和县文体旅局开展“季季有活动 一年都精彩”乐游平和主题节庆活动，其中“柚见花开 心归平和”主题活动期间接待赏花团队 4 万人，省市多家媒体进行报道。推进微信、抖音、直播等新媒体平台的宣传，其中林语堂故居、印象半径、高峰谷等 4 场直播，累计有 2000 多万人次的点击播放量；拍摄的高峰谷、陆宜酒业《闽南通》专题片在厦门卫视播出，播放量占《闽南通》心之所乡专题的一半；制作发布抖音号视频 44 条，发送微信公众号 61 条；完成平和全域旅游地图及智慧旅游地图制作；更新文峰、三平、大溪主要路口广告牌 6 面。组织涉旅企业参与省、市文旅部门组织的国内各种旅游展会推介活动。精心编制的多条红色精品游线路相继入选全国百条红色茶乡旅游精品线路、福建省百条红色旅游线路和花样漳州红色旅游精品线路。

体育事业

【概况】

2021 年，平和县文体旅局结合元旦、春节、元宵、全民健身日、“8·8”全民健身日等重要节日开展福建省全民健身运动

2021 年 12 月，平和县举办“快意奔跑 足够精彩”足球锦标赛暨小学生阳光足球联赛 （第五实验小学 供图）

会平和县赛区比赛活动，组织指导县域内的篮球、足球、游泳、气排球、太极拳、乒乓球、羽毛球、象棋等16个体育单项协会开展“福建省全民健身运动会平和县赛区”比赛活动，赛事活动年度计划投资30万元，已完成36.8万元，完成年计划投资的122.67%。举办福建省前全民健身运动会暨漳州市第四届闽西南气排球邀请赛。

【竞技体育】

2021年，平和县文化体育和旅游局组织田径、篮球、游泳、乒乓球等13个项目运动队参加漳州市第十四届运动会，获得金牌21枚、银牌14枚、铜牌16枚。组织运动员参加漳州市中小学生联赛。举办2021年平和县足球锦标赛暨小学生足球联赛。制定出台《2021—2024年度平和县竞技体育奖励办法》。

【人才队伍】

2021年，平和县文化体育和旅游局推进运动员选材工作，少体校从各乡镇中小学选拔竞技体育后备人才苗子100多名，进行集训50多名，选材12人。配合上级体校到平和县选材，输送6人到上级体校训练。组织平和籍运动员进行省运动员的注册，共11个项目147人完成注册。

漳州市第十四届运动会平和县单项成绩前三名一览表

表11

项目	名次	姓名	教练	领队
举重	第一名	江钦坤	张镇蕊	林玉溪
		赖煜豪		
游泳	第三名	张馨语	张杰峰 张忠明	林玉溪
		李宇铮		
乒乓球	第一名	李承瀚	郑少艺 赖际鹏 张小玲	林玉溪
		刘美汐		
	第二名	朱喆伟		
	第三名	张卓翔		
		林子芯		
篮球	第二名	卢锦茹、李思甜、赖炎华、赖佳栎、赖洋洁、张佳倪、张亦晴、陈馨煜、林宇彬、赖欣兰、黄皓徽、黄茏娜	黄国文 张红光	林玉溪
三人篮球	第二名	卢锦茹、卢佳贝、赖炎华、赖佳栎	黄国文	林玉溪
田径	第一名	林炳宏（800米）	张景山	张杰峰
		林炳宏（1500米）		
		林炳宏（5000米）		
		黄佳妮（1500米）	叶瑞香	
	第二名	黄佳妮（400米）	叶瑞香	
		黄佳妮（800米）		
		黄佳娜（跳高）		
		欧弘毅（跳高）	张少俊	
	第三名	林旖堃（400米栏）	叶瑞香	
		林佳敏（200米）	张景山	
		赖怡欣（铅球）		
		石佳加　曾秋荣 林佳敏　黄佳妮	陈能贤	
		刘沫妍（跳高）	张少俊	

续表 11

项目	名次	姓名	教练	领队
武术散打	第一名	卢铭洪	赖坤明、陈钇航	张镇蕊
		黄诗杰		
		曾鸿达		
摔跤	第一名	卢琨贤	黄炯青	张镇蕊
		汪欣川		
		黄文涛		
		李钰琪		
		林伟培		
		卢灵斌		
	第二名	李曾伊忱		
		钟涵琪		
		周泽文		
	第三名	林锦阳		
		李伟辉		
拳击	第一名	黄邵琪	赖坤明	张镇蕊
		林琨勇		
	第二名	黄伟川		
	第三名	张锦荣		
		陈　旭		
		赖冠霖		
		叶灵姗		
跆拳道	第三名	张家炜	郑昌继	张镇蕊

（供稿：县文体旅局）

老年体育

【概况】

2021 年，平和县老体协严格按照上级有关部门关于新冠肺炎疫情防控精神要求，有序开展各项老年人体育健身活动。2021 年，全县有 232 年单位创建“老年人健身康乐家园”，其中：省级单位 6 个、市级单位 226 个，创建率达 90% 以上。

【文化活动】

2021 年，县老体协组织红歌演唱队 80 多人到坂仔古林厝参加“庆祝心田宫保生大帝传统文化节”文艺演出活动、50 多人到小溪镇内林村“内林民俗节”演出活动、100 多人在县全民健身中心举办庆祝中国共产党成立 100 周年文艺演出活动。

【项目交流比赛】

2021 年，县老体协组织选派 9 个项目参加漳州市第十一届老年人体育健身大会。柔力球套路项目荣获集体“优秀奖”，柔力球竞技项目荣获女子单打“优胜奖”、男子单打“优秀奖”、男女混合双打“优胜奖”，太极拳（剑）项目荣获团体“优胜奖”，健身秧歌项目荣获集体“优秀奖”，棋牌扑克 80 分升级项目荣获“优秀奖”，象棋项目 2 人荣获“优胜奖”、1人荣获“优秀奖”，健身气项项目荣获“优胜奖”，气排球项目男队荣获“优秀奖”、女队荣获“优秀奖”，门球项目荣获“优秀奖”，乒乓球项目荣获“优秀奖”，健身球操项目荣获“优秀奖”。

（供稿：县老年体育协会）

2021年12月1日，平和县社会科学普及宣传周暨生态农业宣传启动仪式现场拍摄

新闻报道

【概况】

2021年，平和县融媒体中心自觉承担“举旗帜，聚民心，育新人，兴文化，展形象”的职责使命，依托平和电视台、平和广播电台、平和网、手机平和网、《柚都平和》、“看平和”App、“平和新闻”微信公众号、“平和新闻”官方抖音号、平和知透透今日头条号、平和融媒看点直播间、平和知透透西瓜视频直播间等传媒矩阵，全面反映“奋进平和、奋发平和、奋斗平和”建设的新思路、新举措、新经验和新成效，全力营造浓厚的舆论氛围。

【本级媒体宣传报道】

2021年，平和县融媒体中心围绕全县工作大局，在平和电视台、平和广播电台、平和网、手机平和网、《柚都平和》、“看平和”App、“平和新闻”微信公众号、“平和新闻”官方抖音号、平和知透透今日头条号、平和融媒看点直播间、平和知透透西瓜视频直播间等11个本级媒体开设“奋斗百年路 启航新征程”“中国共产党成立100周年”“学党史 悟思想 办实事 开新局”“再学习、再调研、再落实”“政法队伍教育整顿”“党史学习教育在平和”“我为群众办实事”“六比一看”“电商农特产品宣传”“聚焦食品安全”“维护国家安全、构建和谐社会”“推动闽台漳台融合”“2021全国两会”“学习贯彻习近平总书记‘七一’重要讲话精神”“学习贯彻党的十九届六中全会精神”“文明平和”“省生态环境保护例行督察进行时”等专题专栏；打造“平和蜜柚节”“白芽奇兰茶茶王赛”等品牌活动；开设“交通违法曝光台”“货比三家”等新闻舆论监督平台。2021年共制作播出“平和新闻”1986条。《柚乡视界》栏目长期坚持推出“三农时光”系列报道。《柚都平和》坚持每周一期正常出版，开辟《党史学习教育》《学党史、悟思想、办实事、开新局》专栏；平和新闻、平和新闻微信公众号等开辟“党史学习教育”“我为群众办实事”专栏；平和网开辟“党史学习教育在平和”“学党史、悟思想、办实事、开新局”“我为群众办实事”专栏；专题部拍摄制作“平和红”系列微视频作品；平和新闻微视频、平和新闻抖音号同步播发平和县党史学习教育微视频。平和融媒体中心各媒体平台共刊播党史学习教育的新闻宣传报道344篇（条）；平和新闻微视频《学党史、祭英烈》浏览达18.3万人次，点赞人数4454人，116名观众参与观后讨论。

【上级媒体宣传报道】

2021年，平和县融媒体中心采访拍摄的新闻累计被国家级媒体采用59条，省级媒体采用235条，市级媒体采用2218条。3月26日，平和县文化体育和旅游局、平和县融媒体中心携手厦门卫视推出“美丽乡村走透透——云游平和”文旅直播，带领网友探访林语堂故居，畅游澄溪村，感受乡村产业振兴、文化振兴、生态振兴的美丽蜕变。截至当天18时，在“看厦门”App、央视频移动网、Bilibili（哔哩哔哩）、抖音、微博、一直播、今日头条等网络平台在线观看的人数达650.7万人。

【助力疫情防控】

2021年，平和县融媒体中心组建近100人的乡镇、部门新闻通讯员队伍，及时互动投稿。通过平和电视台、平和网、柚都平和、平和新闻微信公众号、平和新闻官方抖音号、平和新闻视频号、平和知透透今日头条官方号，及时宣传、权威发布各类通告和科普知识，共刊播356条次。开辟“同心抗疫”“坚决打赢疫情防控阻击战 平和在行动”等专栏，推出3期专题报道。平和网单篇稿件最高阅读量4.1万人次。平和新闻官方抖音号、平和新闻视频号发布“如何防疫、日常卫生健康”等14个微视频。平和新闻微信公众号在原来一天推送3次的基础上，申请到一天推送8次的临时权限，共发布信息342条，点击率超过5000人次的108条，点击率最多的近15万条。录制不同版本的宣传音频，供乡镇宣传车和村村响广播使用。

【事业建设】

2021年，平和县融媒体中心做好县级融媒体中心指挥调度中心与福建省级技术平台的对接；与平和县广电网络公司对接，推出“看平和”App；投资31万元完成平和网三级等保建设，获得信息系统安全等级保护备案证明；获得信息网络传播视听节目许可证、互联网新闻信息服务许可证；利用专项补助资金40万元添置一批新型采编设备；投资19.8万元建成平和县融媒体中心直播间。

（供稿：平和县融媒体中心）

图书发行

【概况】

2021年，福建新华发行（集团）有限责任公司平和分公司认真贯彻落实集团“十四五”经营发展目标责任书的6项指标，努力做好图书发行工作，坚守主阵地，力求做到社会效益最大化，经济效益最优化，不断推动分公司各项工作取得新突破。全年实现营业总收入2644.92万元，其中主营业务收入2631.3万元，其他业务收入13.62万元。

【图书发行】

2021年，福建新华发行（集团）有限责任公司平和分公司努力践行“课前到书，人手一册”的发行工作原则，确保学校一年

福建新华集团平和分公司书店一角

（福建新华集团平和分公司 供图）

两季教学工作的顺利开展。全年发行《习近平在福建》《中国共产党党内法规汇编》《中华人民共和国简史》《改革开放简史》《社会主义发展简史》等政治书籍约1.14万册，党史学习教育指定用书1.06万套。

【助力全民阅读】

2021年，福建新华发行（集团）有限责任公司平和分公司开展以“书香飘万家，阅读进乡村”“倡导全民阅读，共建书香平和”为主题出版物图书流动供应等活动，进校园、进农村、进社区共14场次，实现尚不具备实体网点建设条件的乡镇年流动售书覆盖率达到100%。开展“新华亲子阅读家园”活动，推出“新华亲子阅读家园”绘本入园项目，有近千名家长和孩子参与阅读。

〔供稿：福建新华发行（集团）有限制责任公司平和分公司〕

三平风景区

【概况】

2021年，平和县三平风景区管理委员会共接待游客76万余人次，同比增长35%；旅游直接收入7300多万元，同比增长30%。年内，员工主动上交的结缘款4.49万元，结缘礼品6.34万元。获“福建省第十四届（2018—2020年度）文明风景旅游区”荣誉称号，连续4次获得省级文明风景旅游区荣誉称号。

2021年12月9日，以“云聚三平 广济天下”为主题的三平祖师文化（非遗传承）活动举行，超368万人次通过直播平台云端相聚

（三平风景区管委会 供图）

【景区建设】

2021年，三平风景区管委会投入470万余元，对基础设施、文物保护、安全防护、生态保护等136个大小项目进行改造提升，主要是三平风景区取水井供水改造二期工程、三平风景区广济园素菜馆修缮项目配套工程、三平风景区生活垃圾转运及无害化处理项目、景区总公司职工宿舍新建独立卫生间项目、三平寺庙区石栏杆安装项目、三平风景区山门停车场旅游厕所改造项目、三平风景区虔门消防通道扩建项目、三平风景区道路两侧部分绿化改造提升项目、三平风景区迎客园至院口桥道路两侧夜景提升项目等。开发景区临时用工库，面向三坪村民，为当地农民提供就业机会，增加农民收入。三平风景区停车场临时摊位地面改造工程，设置摆摊点20个，年底已建设完毕并投入使用。

【景区管理】

2021年，三平风景区管委会推进消防安全管理标准化建设，义务消防队员总人数48人，骨干队员26人，开展消防灭火和人员密集场所应急疏散演练等各类应急演练。管委会保安部联合三坪村护林员定期开展辖区内森林防火安全巡查和隐患排查工作，及时制止村民野外用火和开山破土等破坏生态植被行为；充分利用景区LED显示屏和景区公众号推送有关安全生产知识与安全提示，在景区出入口、寺庙区等主要场所发放宣传单宣传品

3000 余份；加强景区涉水危险区域安全管理，开展全覆盖拉网式排查，全年共抢修 8 处共 86 米，抢修自然灾害塌方 8 处，清理土方累计 158 立方米，及时补充安全警示标识 130 多个，在临水临潭处配备救生圈 30 个；规范设置安全标示牌、指引牌等共 150 多个；设置电动车集中充电装置，彻底解决电动车随意充电带来的安全问题。

【文明创建】

2021 年，三平风景区管委会开展文明志愿服务活动，针对不同游客采用多层次的讲解服务；与育英小学、文峰中学等单位开展文明共建活动，共捐赠免洗洗手液 2 万多瓶；在文峰镇前埔村红三团红九团庆祝会师大会旧址展示布置项目、文峰镇前埔村幸福院建设工程、南庭村南山组饮用水建设工程，投入补助资金、支持资金共计 40 万元；员工拾到钱包、机动车钥匙、学生证、车牌、手机等及时归还失主，帮助走失儿童、走失老人找到家属。

【疫情防控】

2021 年，三平风景区管委会严格执行疫情防控相关要求，坚持分区分级分时段网上预约购票原则，优化网上购票流程，进入景区前做好核验健康码、测量体温等工作，通过现场温馨提示牌、语音播报、人工引导等方式提醒游客全程佩戴口罩、保持一米距离，避免扎堆聚集现象的发生；健全疫情防控应急机制，加强游客管理和员工健康监测，组织景区全体工作人员每半个月或每周进行一次核酸检测，做好景区公共卫生和场馆消杀防控工作。通过景区官方网站、微信公众号等渠道推送相关宣传，提升公众疫情防控意识；按照县应对新冠肺炎疫情工作指挥部工作安排，确定三平仰圣山庄作为集中医学观察点，景区管委会有 7 名中共党员、3 名工作人员主动请战，积极参与到仰圣山庄集中医学观察点组建并投入防疫第一线，充分发挥党员先锋模范作用，为平和县疫情防控筑牢“安全网”。

【宣传促销】

2021 年，三平风景区管委会强化史料征集，深入挖掘祖师文化，对于实物史料收集，景区严格执行登记、收入、保管流程。至 2021 年底，景区实物史料收集已达 126 项；完成微电影《破晓时分》的招标和制作工作；筹备建立“三平祖师文化馆”，已完成前期准备工作，计划 7 个月内完成布展。受疫情影响，管委会采取线上线下互动的形式于农历十一月初六在三平祖师文化园成功举办“云聚三平 广济天下”2021 三平祖师文化（非遗传承）活动，超 368 万人次通过直播平台云端相聚。厦门海洋职业技术学院与平和县三平红军会师纪念馆开展共建思想政治理论课实践教学基地。

（供稿：平和县三平风景区管理委员会）

灵通风景区

【概况】

2021 年，平和县灵通风景区管理委员会景区全年接待游客 24.94 万人次，同比增长 33.73%；旅游总收入 1539 万元，同比增长 38.46%，实现景区旅游收入的稳步增长。

【品牌创建】

2021 年，灵通风景区管委会成立《平和县灵通风景区创建国家 AAA 级旅游景区工作领导小组》，制定《平和县灵通风景区创建国家 AAA 级景区工作实施方案》，有序推进创建工作开展。推动《平和县灵通山国家级风景名胜区概念规划》和《新荣湖及周边景区控制性详细规划》编制工作。1 月 27 日，由县委组织召开的专题会议上审定通过《平和县灵通山国家级风景名胜区概念规划》。3 月，完成《新荣湖及周边景区控制性详细规划》编制，已申报审批。

【重点项目建设】

2021 年，灵通风景区青云寺至灵通岩步游道修缮二期工程

灵通全景图（吴寿华 摄）

于1月竣工投入使用，该项目总投资约150万元，总长度约333米，衔接一期工程，利用原有1.2米宽的石头步行道及台阶通道进行拓宽改造，改造后宽度3米，路面采用彩色透水混凝土材料铺装。完善基础设施等旅游配套设施，原青云寺至灵通岩步游道修缮二期停车场至画眉跳架、画眉跳架至擎天石刻路口、清霄亭至明亮廊路段步游道为泥土路面，累计投入约32万元，完成对步行游览通道的修缮改造，并在高、陡处设置水泥仿木栏杆。平和县灵通风景区电气改建工程，对景区电路系统进行改建，该项目招标价1603325.48元，主要改建供电线路3000米、变压器设备2台，新建直线二盖工井、800千伏安箱式变压器基础1座、智能化运维系统1套及检修井相关配套设施，工程有序推进，已基本达到竣工条件。

【安全生产工作】

2021年，灵通风景区管委会加大防护设施投入，完善景区内各类警示标识、安全提示和安全防护设施。在临崖及容易落石、森林防火已发的危险区域设置安全警示标识3块，警示或提示30块；对新荣水库至管委会道路全长9千米的道路损坏部位修复、沿道路两边加装地面反光标识，对沿路广角镜重新修复以及调试，确保游客上下山安全。在临崖沿路增设30个监控，扩大监控覆盖范围。

【宣传推广工作】

2021年，灵通风景区管委会调整充实灵通山文化研究小组成员，加大力度对收集的灵通山文化资源、客家文化资源进行整理、汇总，印发《灵通山传说》宣传册。利用新兴媒体宣传灵通山文化内涵与景点景观，拍摄《大美灵通》宣传片，进一步丰富景区的文化内涵。

【疫情防控】

2021年，灵通风景区管委会严格按照“限量、预约、错峰”要求，合理调节管控景区的人流密度，景区实行24小时对外开放，全天接待游客接待量不超过6000人次。游客可通过“平和县灵通风景区管理委员会”微信公众号线上购票系统进行预约购票，实行总量控制、分时分流等限流措施，督促游客进入景区时，应全程佩戴口罩，不得携带宠物，保持1米线间隔，测体温，查验健康码、行程卡，引导游客遵守景区有关规定，主动配合防疫管理等工作。加强游客管理和员工健康监测，组织景区全体工作人员定期进行核酸检测，做好景区公共卫生和办公场所消杀工作；通过景区官方网站、微信公众号等渠道主动做好公众宣传引导，提升公众疫情防控意识。9月，按照县应对新冠肺炎疫情工作指挥部工作安排，青云宾馆确定为集中医学观察点，管委会积极配合指挥部各项工作，为观察对象和工作人员提供物资和生活保障。

（供稿：灵通风景区管委会）

医疗卫生

综 述

2021年，平和县有医疗卫生机构292家，其中，综合医院2家（公立1家、民营1家），中医医院1家（民营）、县疾控中心、县卫生监督所、县妇幼保健院各1家，精神防治专科医院1家（民营），血液透析中心1家（民营），乡镇卫生院15家（含城关社区卫生服务中心），公办村卫生所240家，护理站、门诊部、诊所、医务室29家。有医务人员1912人（含公办村乡医402人），其中卫技人员1510人（医生数515人，护士603人，其他卫技人员392人）。全县总人口648137人，15—49周岁育龄妇女153838人，已婚育龄妇女109727人。2021年出生4689人，出生率为7.24‰。死亡人口3207人，死亡率为4.95‰。人口自然增长率为2.29‰，人口信息统计准确率为97.78%。

卫生健康

【爱国卫生】

2021年，平和县卫生健康局（简称“县卫健局”）组织开展春、夏、秋、冬季4次村庄清洁行动，组织开展除“四害”病媒生物防治工作，分别于春秋两季组织“四害”专业消杀队伍对县城区农贸市场、食品餐饮行业、公园绿地、垃圾中转站、车站等重点部位进行全面消杀。以“爱国卫生月”活动为契机，通过举办志愿者服务活动、健康讲座、张贴宣传海报、LED屏滚动播放字幕等多种形式，普及健康知识，开展控烟行动；开展卫生村镇创建活动，2021年12月份省爱卫办公示2018—2020年度福建省卫生村、卫生社区名单，平和县

2021年9月，平和县派出疾控中心流调人员支援台投区开展流行病学调查 （县卫健局 供图）

80个村，2个社区获得命名。

【公立医院综合改革】

2021年，平和县积极推动公立医院运行机制改革，组织公立医院绩效评价，落实院长年薪，核定医院工资总额，推动县医院实行“工分制”管理。按照《乡镇卫生院激励机制实施方案》，落实2021年基本公卫和技术劳务性收入绩效，推动基本公共卫生服务和基本医疗同步发展。县卫健局在平和县总医院框架下，依托紧密型医共体，充分发挥县医院龙头作用，组织开展抗菌药物合理使用、麻精药品合理使用、胸痛业务等培训，定期下派专家团队到卫生院进行医疗与基本公共卫生业务及常态化疫情防控工作指导，提升基层医疗和公共卫生服务能力，做好疫苗接种医疗保障工作。

【医疗卫生资源补短板】

2021年，县卫健局组织县医院与县外三甲医院建立协作关系，建立名医工作室，通过邀请专家来平和坐诊、远程会诊、业务指导等方式，充实县域优质医疗资源；平和县医院胸痛中心顺利通过国家级认证，在国家呼吸与危重症医学科规范化建设项目认定中平和县医院荣获“优秀单位”，防治卒中中心顺利通过省级验收，妇产科入选市级临床重点专科，外科获评市外科ERAS（加速康复外科）标准病房，综合服务能力达到国家卫健委推荐标准。推进全民健康信息化建设，做好漳州市医疗急救协同等项目建设的对接工作，救护车上硬件设备已安装完毕，调度系统已调试完毕。持续做好世行信息化分级诊疗信息系统的使用，截至12月底，累计上线使用双向转诊372人次、远程影像7670人次、远程心电3221人次、实验室检验5946人次。

【为民办实事】

2021年，平和县将国家基本公共卫生服务项目和提升卫生应急救援处置能力项目纳入本年度县委县政府为民办实事项目，公共卫生人均经费补助标准再提高5元；投资690万元用于县级卫生应急队伍能力提升建设，保证设备、仪器、试剂、器械和材料等的日常维护更新，确保全县卫生应急队伍的快速反应和卫生应急处置能力。

【疾病防控】

2021年，县卫健局全面落实国家免疫规划政策，推进计划免疫规划工作，有效巩固实施卡介苗、乙肝、百白破、乙脑、A群流脑、甲肝、含麻疫苗、流脑A+C等儿童基础免疫的接种率。加强疫苗和预防接种规范管理，各预防接种点严格按照预防接种规范要求进行预防接种；继续抓好结核病防治、艾滋病防治、地幔病防治和职业、食品等卫生监测工作。

【卫生应急】

2021年，县卫健局加强健康教育宣传和疫情监测，及时处置食物中毒、学校传染病等应急突发公共卫生事件；强化食源性疾病监测，乡镇以上公立医疗机构

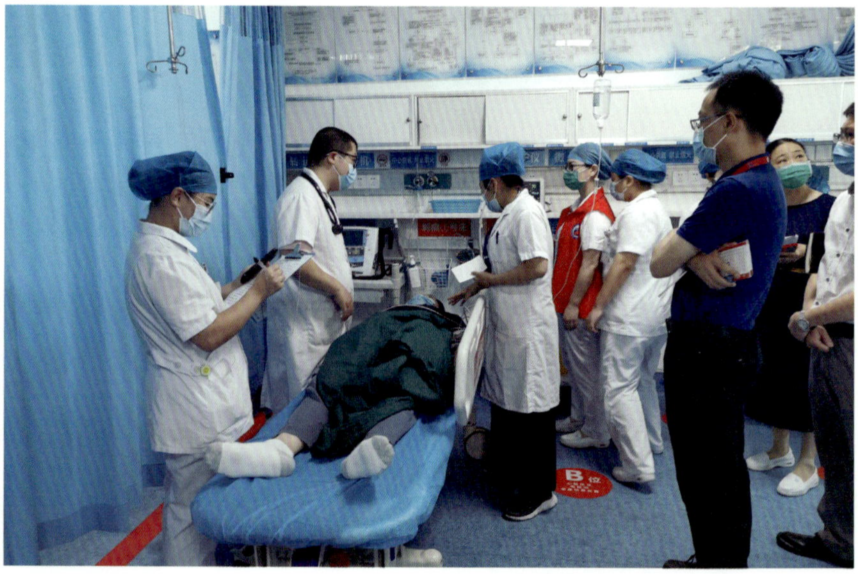

2021年8月26日，国家专家组到平和县医院对医院胸痛中心进行现场认证

（县卫健局 供图）

哨点覆盖率达到100%。11月举办漳州市急救走基层培训班（平和站），进一步提升基层卫生应急处置能力。12月开展全县5支县级流调队伍业务培训班暨举行队伍授旗仪式，建立人员名册，加强对疫情防控、流行病学调查、专业消杀等队伍培训，进一步提升县级流调队伍的工作水平。

【医政管理】

2021年，县卫健局加快医院核酸实验室建设，提升核酸检测能力，实现应检尽检；加强医疗机构院感管理，建立院感巡查机制。开展疫苗接种医疗救治培训，确保疫苗接种安全有序进行。平和县医院加强薄弱学科建设，先后签订国家级黄宁皮肤科名医工作室、省级陈春美神经外科名医工作室。8月，平和县医院通过顺利通过中国胸痛中心基层版的认证。9月通过国家呼吸与危重症医学科规范化建设第十四轮认证，优秀等级。

【公共卫生服务】

2021年，平和县向城乡居民提供14个大类55项基本公共卫生服务，逐步促进基本公共卫生服务均等化。全县建立电子健康档案率为94.26%，高血压规范管理率为90.93%，糖尿病规范管理率为89.21%，65岁以上老年人管理率为78.81%，重性精神疾病规范管理率为96.38%，65岁及以上老年人中医药健康管理率为75.26%，0—36个月儿童接受中医药健康管理服务率为78.96%。

【家庭医生签约服务】

2021年，全县共建立169支服务团队，与辖区居民建立契约服务关系，实行分片包干、团队合作的农村卫生工作新机制。全县签约服务已覆盖全县各个村，完成签约人数23.47万人，签约率为51.59%，其中为65岁以上老人、慢性病病人、0—6岁儿童、孕产妇等重点人群签约12.94万人，签约率73.74%。

【乡村振兴】

2021年，县卫健局成立乡村振兴工作领导小组，制定印发《2021年乡村振兴战略乡村公共服务实施方案》《关于巩固拓展健康扶贫成果同乡村振兴有效衔接实施方案的通知》，切实巩固基本医疗有保障成果，做好防止因病返贫动态监测和帮扶工作，推进脱贫人口家庭医生签约，截至12月31日，为脱贫人口开展家庭医生服务签约17742人，做到应签尽签。继续落实脱贫人口定点医疗机构住院“绿色通道”“一站式”结算和“先诊疗、后付费”机制，推动健康扶贫大病救治落实到人、措施精准到病。配合县扶贫办和档案局做好脱贫攻坚档案整理归档工作。

【乡村医生保障服务】

2021年，县卫健修改完善《平和县乡村医生养老保障的实施方案》，出台《关于进一步完善乡村医生养老保障的实施方案》。全县共投入343.4043万元，为240家公办村卫生所办理医疗责任险及412名乡医购买个人意外险，兑现644名乡村医生的养老生活补助和养老保险补助。

【中医药工作】

2021年，县卫健局推进乡镇卫生院中医科、中药房建设；加强公办村卫生所中医建设，规范中医诊疗设备的配备，提升公办村卫生所提供中医药服务能力；推进中医药传承创新发展，大力弘扬中医药文化，积极开展基层中医药知识和技能培训，开展县级中医特色专科创建活动，提高中医药服务能力。3名多年实践中医技能人员通过福建省中医医师专长考试。

【综合监督】

2021年，县卫健局开展公共场所卫生、职业健康、放射卫生、生活饮用水卫生、学校卫生、医疗卫生监督和传染病防治监督等各项卫生监督执法工作，共出动卫生监督执法人员368人次，监督检查939户次，监督覆盖率100%，立案查处各类行政处罚案件13件，承接国家卫健委“双随机、一公开”监督执法任务77件，监督完成率100%。定期组织开展医疗机构的医疗废物处置和登记情况进行专项检查，进一步规范医疗废物处置。对全县生活饮用水供水单位进行巡回检查、水质的检测。

【老龄健康】

2021年，平和县共有1家县社会福利中心，14家乡镇敬老院，3家养老服务照料中心与医疗机构签订医养结合协议。东方医院在山格镇敬老院成立平和康乐养护中心（护理站），为养老服务机构内设医疗机构的医养结合试点单位，设有床位50张，共收住60周岁以上老年人38人。组织全县医疗卫生单位参加全省失能老年人评估服务应用子系统培训，有15家医疗卫生机构开展失能老年人健康评估与服务工作。

【人口监测与家庭发展】

2021年，平和县全年共受理一孩登记1071人次、二孩登记1058人次、三孩登记163人次。全面实行免费婚前保健和孕前优生健康检查“一站式”服务。围绕卫生健康重要节日、宣传日开展各种主题宣传服务活动。全县共发放部分计划生育家庭奖励扶助、农村独女贡献奖、计划生育特别扶助资金、失独家庭一次性紧急救助金、新农合补助、农村二女夫妇奖励、独生子女法定奖励等奖励扶助资金1245.324万元，惠及24479人次。落实流动人口计生服务均等化，2021年，全县流出人口106720人，已婚育妇28302人；流入人口2989人，流入已婚育龄妇女976人。

（供稿：县卫健局）

疾病防控

【概况】

2021年，平和县疾控中心紧紧围绕“预防为主、防治结合”的方针，保护人民健康，扎实有效落实各项综合防控措施，抓好突发公共卫生事件的应急处置、免疫规划和重点传染病、慢性非传染性疾病、地方病的防治等工作。2021年2月8日，平和县疾病预防控制中心整体搬迁至平和县小溪镇阳光路14号新址，占地面积3698平方米，建筑面积3200平方米。4月25日，在第35个全国预防接种宣传日开展主题为“接种疫苗　防控疾病　守卫健康　守护一生”的现场咨询活动。4月，开展平和县预防接种岗位资质暨入托入学儿童查验预防接种证培训班。

【疫情防控】

2021年，平和县疾控中心开展应对新冠肺炎突发疫情防控工作，坚持24小时疫情值班制度，做到早发现，早报告，早处置，开展个案流行病学调查200余次。统筹全县新冠疫苗配送，累计配送约80万剂次。处置涉疫进口冻带鱼、涉疫奶枣、涉疫帝王蟹事件共6起，终末消毒13次。共检测社会福利养老机构、特定服务行业人员、县直学校教职工和托幼机构等应检尽检人群及其他人员样本共112535份，检测结果均为阴性；共检测经营场所外环境样本1794份，检出1份疑似阳性，其余均为阴性；检测食品1232份，

2021年9月，平和县疾控中心核酸实验室核酸实验工作现场

（县疾控中心　供图）

检测结果均为阴性。开展预防性消杀，累计面积122万平方米。落实手足口病各项防控措施，加强疫情监测报告工作，共采集28份标本，送市疾控中心检测28份，27份为阳性，1份为阴性。

【结核病防治】

2021年，县疾控中心落实《全国结核病防治规划》，共接诊初诊病人389人，检测率达100%，发现活动性肺结核病人194人，完成年度任务的100%，其中，病原学阳性患者89例，完成年度任务。开展“3·24”世界防治结核病日的宣传活动，因新冠疫情防控需要，采用网络方式宣传，通过腾讯微信平台发送10万人次“3·24”结核病日宣传图片、宣传口号。重视学校结核病工作，及时对新发现学生结核病密切接触者开展疑似症状、PPD（纯蛋白衍化物）实验、X胸片筛查。

【艾滋病防治】

2021年，县疾控中心对新报告的病例全部及时进行流行病学调查，对所有现存活病例进行随访，进行抗病毒治疗的有93人；组织干预队成员96人次，对娱乐场所开展防治艾滋病干预活动，发放防艾宣传材料3170份、安全套3170支；通过线上微信朋友圈转发防治宣传动画10万条；开展自愿咨询检测385人；对平和县监管场所在押人员HIV（人类免疫缺陷病毒）抗体监测服务12次，检测265人，全部阴性。

【免疫规划】

2021年，平和县卡介苗应种3028人，实种3028人，接种率100%；乙肝应种3595人，实种3595人，接种率100%；脊灰应种3314人，实种3314人，接种率100%；百白破应种3236人，实种3236人，接种率100%；乙脑应种3795人，实种3795人，接种率100%；A群流脑应种4638人，实种4638人，接种率100%；甲肝应种4454人，实种4454人，接种率100%；含麻疫苗应种4722人，实种4722人，接种率100%；流脑A+C应种5338人，实种5338人，接种率100%；白破应种4976人，实种4975人，接种率99.98%，有效地巩固儿童免疫基础。

【疾病监测】

2021年，县疾控中心按照计划免疫疾病监测相关实施方案要求，进行主动监测及相关报告制度，共报告疑似麻疹风疹病例8例，排除8例。加强各预防接种点的规范管理，严格按照预防接种规范要求进行预防接种，共报告疑似预防接种异常反应16例，其中一般反应16例。全县死因监测上报的死亡卡数有3239例，报告死亡率7.34‰，按照死亡原因进行分类，死亡原因数量最多的是循环系统疾病类有1279例，第二是肿瘤类有876例，第三是损伤和中毒类有413例。

【鼠疫监测】

2021年4—9月，县疾控中心对家栖鼠（夹笼法）布放有效鼠笼1785笼次，捕获鼠类78只，捕获率4.37%；家栖鼠（逐日捕鼠法）布放有效鼠笼2967笼次，捕获鼠类137只，捕获率4.62%。室外布放有效鼠笼892笼次，捕获野栖鼠类25只，捕获率2.8%。对捕获鼠类进行分类鉴定，其中以黄胸鼠为优势鼠种。在捕获的240只鼠类中，经全部检蚤，共检出染蚤鼠48只，总染蚤率为20%，共检集鼠体寄生蚤284匹，总蚤指数1.18，其中褐家鼠共检集寄生蚤187匹，蚤指数为2.88，黄胸鼠共检集寄生蚤97匹，蚤指数为0.8，显示褐家鼠蚤指数较高。对所检集蚤类经鉴定，以印鼠客蚤为绝对优势蚤种，其指数1.17。全年共采集鼠血清标本239份，以间接血凝试验检测F1抗体，结果均为阴性；共采集鼠类肝、脾标本148份，以反向间接血凝试验检测F1抗原，结果均为阴性。

【碘制缺乏病监测】

2021年，平和县孕妇尿碘、盐碘含量结果分析：采集孕妇家中食盐样品100份，定量检测盐碘含量，碘盐中位数23.6毫克/千克，碘盐覆盖率、碘盐合格率与合格碘盐食用率保持在较高的水平。按照孕妇尿碘在150—249微克/升为适宜水平，按照孕妇尿碘在150—249微克/升适宜水平，调查的100名孕妇，调查结果显示平和县孕妇尿碘中位数为92.9微克／升，比适宜水平明显偏低，大部分孕妇存在碘摄入量不足情况。

【地氟病监测】

2021年，平和县15个病区自然村已全部改水，累计完成改水工程的自然村数为15个，累计改水率为100%，累计受益人口为3221人。2021年度调查15个病区村降氟改水工程，调查改水工程运行情况，覆盖自然村15个，覆盖人口3221人，水氟含量监测结果均小于1.2毫克／升，均符合国家卫生标准，合格率为100%。2021年度15个改水村开展儿童氟斑牙的病情监测，共检查8—12岁儿童134人，检出疑似氟斑牙病例为零。

【麻风病防治】

2021年，县疾控中心根据麻风病防治工作要求，对麻风病人定期开展随访工作，累计随访8人次、愈后病人每年跟踪随访，并对随访和密切接触者进行麻风病筛查，未筛查出密切接触者，未发现可疑的麻风病例，完成麻风病症状监测10例。组织乡村医生进行麻风病防治知识培训。2021年，平和县无新增麻风病人。

【慢性病防治】

2021年，平和县严重精神障碍性疾病累计建档人数2793人，在册患者数2446人，报告患病率4.67‰，管理率95.42%，规范管理率88.47%，面访率94.97%，服药率82.38%，规律服药率58.79%。精神分裂症服药率84.68%，体检率34.51%。

【卫生监测】

2021年，平和县疾控中心开展食品污染物及有害因素监测工作，共完成12批次采样，共采集24份食品样本送市疾控检测。全县17个哨点医院共上报食源性疾病738例，完成总任务的100%。开展工作场所职业危害因素调查工作，完成全年20家工作场所职业危害因素监测工作，未发现职业禁忌。按照国家公共场所健康危害因素监测工作方案规定的检验检测方法进行采样和检测，对1家宾馆、1家美容和1家理发店的健康危害因素两轮检测，共监测样品15份，合格15份。对15个乡镇36个农村饮用水监测点和城区市政供水开展水质监测，其中农村饮用水监测140份，市政供水和水龙头水监测111份，合计监测251份。

【病媒生物防治】

2021年，平和县疾控中心按照《平和县病媒生物监测实施方案》要求，并组织专业技术人员会同专业生物防治公司，按照病媒生物监测方案的要求选择合适的监测点，分别采用粉块法、诱蚊灯法、布雷图指数法、笼诱法、粘捕法等选择不同的生境开展了鼠密度、蚊密度、蝇密度和蟑螂密度的监测工作。每月1次选择市尾市场、蜜柚市场、县医院食堂等10个点开展蝇密度监测；每月2次选择16个点，每次布放16只灯诱蚊数开展成蚊监测，5—10月每月2次，每次进入居民户100户开展布雷图指数监测；每月1次布放蟑螂屋120张开展蟑螂密度监测，每2个月1次布放粉块200块开展鼠密度监测。完成学校卫生双随机检测，共抽查12个乡镇28所学校，实际开展26所，其中山格镇平和县白楼小学和芦溪镇平和县连丰小学无正常上课未开展检测。检测结果中，教室人均面积检测结果均合格，合格率100%；黑板面照度检测结果中有13所不合格，合格率50%；学校供水色度、臭和味和肉眼可见物均正常，合格率100%；浑浊度1所不合格，合格率96.15%；pH酸碱度7所不合格，合格率73.08%。

【健康教育宣传】

2021年，平和县疾控中心开展各种健康知识和传染病防治法科普活动，运用多种方式组织线上和线下宣传，共计发送短信14.7万条，朋友圈转发10万人次，举办一次全县范围内“环境与卫生”主题绘画征文比赛，由省级评审，获奖2人；开展7场学校健康科普讲座，4场大众健康知识讲座，现场咨询活动9场，入户宣传2次，印发各类宣传材料

4000余份、宣传品4000余份。

（供稿：县疾控中心）

妇幼保健

【概况】

2021年，平和县妇幼保健院认真开展孕产妇死亡监测、5岁以下儿童死亡监测、出生缺陷监测、危重孕产妇医院监测、儿童营养与健康监测等国家级妇幼健康“五网”监测。11月，县妇幼保健院整体搬迁至小溪镇阳光路16号，总占地面积7844.04平方米，建筑面积5682.76平方米，总投入建设资金2100多万元。

【优生优育】

2021年，县妇幼保健院持续做好出生缺陷的第一道防线工作，对拟办理结婚的对象及孕前准备生育人员提供免费婚检及孕前优检服务。全年提供婚前医学检查316人次，孕前优生优育检查1107人次。免费发放叶酸3529人，叶酸服用率94.03%，叶酸依从率97.74%，叶酸知晓率99.87%。

【孕产妇系统管理】

2021年，平和县实现基层（镇、村）孕产妇系统管理全覆盖。全县孕产妇建卡率为93.93%，系统管理率92.6%，产后访视率为94.98%，孕产妇死亡率为0。免费产前筛查686人，免费地中海贫血筛查529对。

【儿童系统管理】

2021年，平和县7岁以下儿童保健管理率94.94%，3岁以下儿童系统管理率91.03%，新生儿访视率95.19%。5岁以下儿童死亡率3.7‰，婴儿死亡率3.01‰。

【妇幼公共卫生服务】

2021年，平和县免费为农村妇女提供宫颈癌、乳腺癌检查，完成非干部职工医保35—64岁妇女宫颈HPV（人乳头瘤病毒）检测4202人，乳腺癌彩超免费检查1931人。完成全县母婴传播服务工作，其中孕产妇艾滋病病毒检测人数1641人，检测率100%；孕产妇梅毒检测人数1641人，检测率100%；孕产妇乙肝表面抗原检测人数1641人，检测率100%。2021年，加强对托幼园所的卫生保健指导工作，托幼机构工作人员健康体检931人，发放健康证931人。在园儿童检查人数1745人。

【计划生育服务】

2021年，县妇幼保健院开展药具发放及政策知识的宣传倡导工作，为全县育龄群众提供安全有效的避孕保障。

【疫情防控】

2021年，县妇幼保健院组织医务人员为省外返乡人员核酸采样，定期为县城区中小学、幼儿园师生核酸抽检采样，承担县委县政府及有关部门重要工作会议参会人员核酸采样工作，全年共采集核酸样本累计达16000多人份。4月，县妇幼保健院设置新冠肺炎疫苗接种点，全员参与疫苗接种工作，共接种新冠疫苗33047人45959剂次。按要求规范落实院内工作场所消毒和院区环境定期消杀工作，严格按规范流程处置医疗废弃物；严格落实预检分诊和首诊责任制，在院区

2021年11月，平和县妇幼保健院迁至小溪镇阳光路16号新院址综合大楼

（县妇幼保健院　供图）

入口处设置预检分诊处，对所有进入院区的人员进行体温监测、查验“健康码”“行程卡”“密接码”和开展流行病学史调查；完善新冠疫情防控工作应急预案，强化医务人员学习培训，组织开展应急实战演练，提升应急处置能力。9月12日，按照市县疫情防控指挥部的紧急部署安排，抽调16名医务人员驰援莆田抗疫一线开展大规模全员核酸检测采样工作，共驰援6个县（城区）、63个采集点，完成约10万人次的核酸样本采集工作。

（供稿：县妇幼保健院）

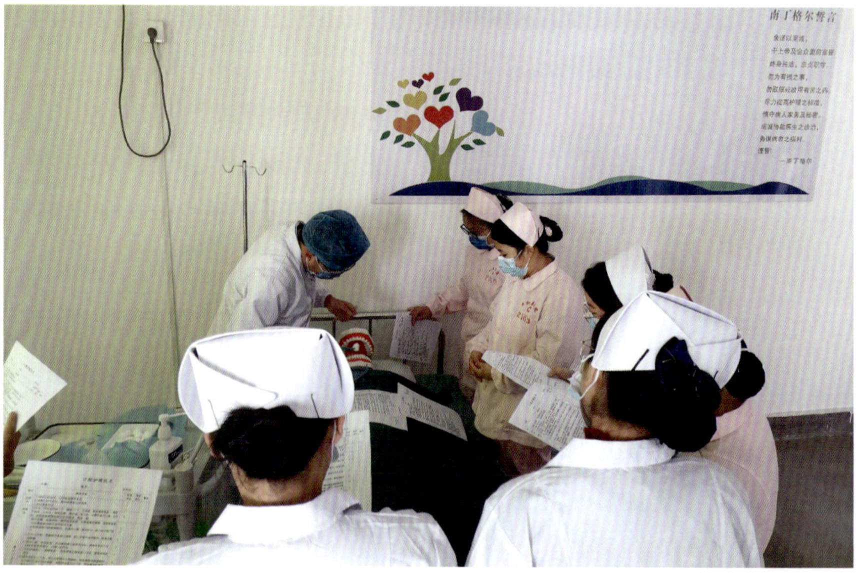

2021年12月30日，县医院开展新入职护理人员岗前实践技能操作培训

（县医院 供图）

医院工作

【概况】

2021年，平和县医院全院诊疗总人次380462人次，与上年同期基本持平，其中门急诊量357524人次，收治住院病人数为22938人次。完成住院病人手术7792人次、血液透析20276人次。

【医疗服务】

2021年8月，平和县医院胸痛中心顺利通过中国胸痛中心基层版的认证，为率先开展胸痛中心建设的二级甲等综合医院。9月，通过国家呼吸与危重症医学科规范化建设第十四轮认证，等级优秀。外二科获评为福建省漳州市加速康复外科（ERAS）标准病房，减少患者手术应激反应和术后并发症，缩短病人的住院时间、减少住院费用。由漳州市卫健委牵头，漳州市脑卒中质量控制中心、福建省漳州市医院高级卒中中心发布“漳州市卒中急救地图”，平和县医院为拥有溶栓治疗能力的7家卒中地图网点医院之一，在地图上串联起来成为漳州市脑卒中急救黄金圈，缩短院前延误的时间，为卒中急救赢得时间。成功开展显微镜下精索静脉结扎手术。成功完成平和县首例绿色电生理室上性心动过速射频消融术，该手术的成功开展填补了平和县在射频消融介入治疗方面的空白。口腔科新引进牙科CBCT（锥状射束电脑断层扫描）等设备并投入使用，拓展口腔科服务范围和能力，提高牙科患者确诊率和手术安全性。充分发挥院内多学科协作救治危重症患者，建立完善院前救治、院内急诊和严重创伤救治无缝衔接，成功救治腹部贯通伤患者、车祸危重症患者等。

【协作发展】

2021年，县医院继续推进名医工作室创建工作，增加创建国家级黄宁皮肤科名医工作室、省级陈春美神经外科名医工作室，旨在推进医院薄弱专科建设。加强与漳州市医院、厦门大学附属第一医院及厦门大学附属心血管病医院的专科协作，邀请漳州市医院内分泌科、泌尿外科、骨科专家定期到县医院坐诊、手术指导、讲座培训。厦门大学附属第一医院有6名专家到县医院帮扶，进行手术指导、急诊创伤治疗、血液科、耳鼻喉科新技术运用及10余次的讲座培训。与厦门大学附属心血管病医院专家建立介入微信群，进行远程诊疗，专家定期到县医院手术指导和技术讲座。

【疫情防控】

2021 年，县医院贯彻落实国家、省、市、县新冠肺炎疫情常态化防控工作指导意见、实施意见精神，强化医疗机构防控工作。做好预检分诊管理，对所有入院人员进行查验健康码、体温监测、流行病学史排查，做到有记录，设置发热人员专用通道，发热门诊设置 1 台专用发热 CT（电子计算机断层扫描），落实挂号、检验、检查、取药、治疗、留观“六不出门”，做到所有发热人员闭环管理；加强医院感染管理，成立院感督导队，制定院感巡查制度，落实科室自查医院感染管理、医院感染督导队周巡查，并对重点场所不定期督查，每半个月院分管领导带队督查，院长每个月召开专项院感例会，加强医院感染培训，全院工作人员进行健康监测，有专人记录、跟踪；加强医院核酸实验室建设，采购 1 台全自动医用 PCR（聚合酶链反应）分析系统、1 台核酸提取仪、1 台快速实时荧光定量 PCR 仪，提升医院核酸检测能力，日最大检测量可达 4000 份，全年该院核酸检测 436091 人份。积极做好本院新冠疫苗接种点及其他新冠疫苗接种点的接种医疗保障工作，制定新冠疫苗接种医疗保障方案，接种点按六大片区划分，由对应分管副院长及各科室安排人员进驻接种点进行医疗保障，确保平和新冠疫苗接种工作安全进行。全年本院接种新冠疫苗 95676 剂次。

（供稿：平和县医院）

医疗保障

【概况】

2021 年，平和医保局在医保基金监督方面立足创新、先行先试，成立全市首个医疗保障基金监督队伍的做法，得到漳州市医保局和县领导的充分肯定，由漳州市政府办及漳州市医保局下发文件在全市推广，并汇编成册。2021 年，平和县城镇职工基本医疗保险参保 38518 人，比上年度增加 1746 人；城乡居民医疗保险参保 497092 人，参保率 97.48%。全年书面稽核单位 598 家缴费总额 9470.82 万元，比稽核前增加缴费 239.30 万元；实地稽核单位 41 家缴费 2986.37 万元，比实地稽核前增加缴费 103.61 万元，确保“应收尽收”“应保尽保”。

【基金监管】

2021 年 4 月，平和县开展“打击欺诈骗保　维护基金安全”集中宣传月活动，运用电视、广播、宣传车、印发宣传材料、集中宣传等形式，公布举报电话，营造人人维护基金安全的良好氛围。2021 年，组织开展“假病人、假病情、假票据”等欺诈骗保行为专项整治工作，共现场检查定点医疗机构 25 家，各项稽核扣款 331.41 万元；定点零售药店实现全覆盖检查，暂停医保刷卡结算 1 家，拟暂停 4 家；约谈 7 家，限期整改 19 家，通报批评 8 家，追回违规金额 2224 元；查处涉嫌“三假”案件 3 起，追回医保基金 6.09 万元，处以罚款 30.44 万元。

【巩固医保扶贫】

2021 年，平和县重点对建档立卡贫困户、边缘户加强监测，每月做好一、二类医疗救助人员的动态调整，及时导入三保系统，让保障对象应保尽保，消除致贫返贫风险。截至 2021 年 9 月 30 日（之后数据因第四季度全省系统改造升级无法提供），全县共计实现“一站式”即时结报建档立卡贫困人口 6108 人，医疗总费用 5043.35 万元，范围内费用 4473.84 万元，医保基本段补偿金额 3180.99 万元，大病保险补偿金额 308.75 万元，医疗救助金额 434.06 万元。截至 12 月 31 日，第一道精准扶贫救助金额 181.84 万元，第二道精准扶贫救助金额 70.44 万元，风险金补偿金额 450.75 万元。对于各种原因无法享受“一站式”结算费用的参保患者及时予以手工报销，第一、二类救助对象 293 人次，救助总金额 22.2 万元；医疗救助第三类一次性定额救助 119 人，救助金额 30.9 万元；重大疾病救助 8 人次，救助金额 3.3 万元。保证保障对象“应报尽报”。

【医保电子凭证实施】

2021 年，平和医保局利用各乡镇卫生医疗机构新冠肺炎疫苗接种时机，下基层到乡镇疫苗接种点开展推广医保电子凭证使用，向广大群众详细讲解医保电子凭证的使用，切实做好医保电子凭证推广与应用工作，方便群众看病、购药、就医。截至 12 月，平和县医保电子凭证职工激活率 75.14%，居民激活率 59.61%，总激活率 60.72%，初步完成市医保局下达的目标任务。

（供稿：漳州市平和医疗保障局）

2021 年 12 月，平和医保局组织业务人员到各乡镇开展推广医保电子凭证使用，图为业务人员向群众讲解医保电子凭证的使用方法

（平和医保局 供图）

人力资源和社会保障

【概况】

2021年，平和县人力资源和社会保障局（简称“县人社局”）深入立足民生保障，坚持党建引领，结合人社领域新形势、新任务、新挑战，狠抓工作落实，切实提升公共服务能力和群众满意度。2021年，平和县新增城镇就业1561人，失业人员实现再就业285人，就业困难人员实现再就业116人，城镇登记失业率3%；县人才交流服务中心现有档案寄存21112份，2021年共收到2021届毕业生档案2820份，调出到全国各地档案721份。年内，县人社局开展“4050”灵活就业困难人员的社保补贴及企业吸纳就业困难人员的社保补贴工作，审核符合社保补贴条件731人，发放补贴308.32万元。

【社会保障】

2021年，平和县城镇职工基本养老保险参保职工54378人，离退休人员13372人；城乡居民社会养老保险参保人数28.71万人，待遇发放人数9.15万人；机关事业单位养老保险单位308个，参保职工8586人，离退休人员4669人；工伤保险参保职工35190人，共有220人享受工伤保险待遇，工伤保险基金支出1271.64万元；失业保险参保人数13875人，失业保险基金支出212.59万元，其中发放失业金142.3万元、惠及1974人次，发放失业补助金629人67.64万元；丧葬补助金领取人数3560人，总金额865.74万元；被征地农民养老金发放人数927人，发放金额478.18万元；社保扶贫代缴7421人，发放金额148.42万元。代发全县3028人次无力参保老年生活保障金204.05万元，代发全县83人次高龄职工老年生活保障金

2021年12月30日，县人社局组织人员深入基层看望慰问“三支一扶”高校毕业生 （县人社局 供图）

5.54万元。

【就业创业】

2021年，县人社局落实就业创业担保贷款政策，审核通过16人创业担保贷款265万元，其中审核通过2名大学生创业担保贷款40万元。扩大高校毕业生就业见习基地数量，平和县8个见习基地已吸纳23名大中专毕业生就业见习，落实“见习补贴”31.25万元。落实“两节”期间一次性稳就业奖补企业1家3.1万元，落实失业保险稳岗返还两批次101家次62.73万元。开展“稳岗暖人心送培训”活动，组织1家企业200人开展简易岗前技能培训、3家企业共352人开展岗位技能提升（互联网+）培训，发放培训补贴52.88万元；鼓励民办培训机构开展实用技能培训，落实取得技能等级证书的334人的“见证补贴”33.75万元。2021年完成职业技能提升行动三年培训任务，培训3553人，其中脱贫人员培训1070人，失业再就业人员培训31人，残疾人培训61人，拨付项目资金350万元。

【村级便民信息化服务点】

2021年，县人社局开展全县107个村级协理员培训工作，进行村级平台运行推广使用，目前平和县村级平台系统共创建经办账号114个，正常使用114个，114个完成实名认证，实现参保、缴费、续保无纸化办公。

【劳动维权】

2021年，县人社局劳动保障监察大队共受理各个渠道投诉举报166件，涉及劳动者391人，涉及金额408.41万元，追讨劳动报酬344.6万元；受理全国欠薪线索核处平台案件72件，涉及劳动者376人，涉及金额982.6万元，追讨劳动报酬19.21万元；受理小程序“福建人社”平台案件16件，涉及劳动者35人，涉及金额33.34万元，追讨劳动报酬9.28万元。收到仲裁申请56件，立案受理劳动争议案件47件，不予受理9件。立案受理的案件已结案47件，结案率100%。全面启用福建省智慧仲裁系统，使收件、立案、审理程序实现线上线下同步进行。

【人事人才管理】

2021年，县人社局公开招聘64名教师，其中包含2名免费师范男生，并设置3个专门职位面向2021年期满“支教”高校毕业生招聘；一般事业单位46个，医卫技岗位73个，其中设置3个专门面向在招聘范围内期满服务的大学生村官、“三支一扶”、服务社区等基层项目毕业生及退役大学生士兵招聘岗位。参加漳州市赴天津、济南、福州专项公开招聘急需紧缺教育、医卫技人才活动和“漳州人才月”招聘，11月前完成聘用1名研究生学历教育专业和8名临床医学、医学影像学、药学等专业本科毕业生签约，已完成聘用工作。落实援鄂一线医务人员关心关爱措施，通过面试、体检、考核，招聘3人为医疗卫生机构工作人员，已安排到医院就业。持续做好全县各事业单位岗位设置、工作人员的职务晋升聘任及聘后管理工作，评审初级专业技术职务资格135人，审核推荐评审中级专业技术职务资格67人。审核推荐评审高级专业技术职务资格36人，组织评审通过教育系列中级专业技术职务资格58人。审核推荐卫生系列参加职称考试，初级职务66人、中级职务32人、高级职务12人。鼓励全县符合条件机关事业单位技术工人参加技术等级考试，审核报送中级工74人、高级工23人、技师12人、高级技师4人。做好2021年度全县事业单位7054名工作人员的德、能、勤、绩、廉等情况进行全面考核，考核结果作为工作人员职务升降、职称评聘、工资级别晋升的重要依据。全县事业单位工作人员辞职34人。完成2020年度县委县政府表彰审核工作，共评选25个先进单位，60个先进个人。

【人才创新】

2021年，平和县青创人才驿站被授予“漳州市第一批市级人才驿站示范站”称号，自主认定省级高层次B类现有人才4名，推荐上报市级高层次人才15名，推荐上报漳州市主导产业技术人才1名，推荐上报紧缺急需人才5人、高素质医疗卫生人才4人，引进和考录高校毕业生320人。平和县茶叶产业指导站黄满荣技能大师工作室、漳州正尖山茶业有限公司林延忠技能大师工作室、漳州市三合美发有限公司陈永生技能大师工作室，经专家评审、公示，入选漳州市2021年度市级技能大师工作室。充分发挥“庄顺凯技能大师工作室”、漳州市精英职业培训学校功能，开展高技能人才培训、研修、攻关、交流等技能传承提升，共培养鉴定高技能人才7人。积极开发青年见习岗位，帮助青年通过岗位实践锻炼、提升就业能力，全县共认定12个青年见习单位，115个见习岗位。

【就业精准扶贫】

2021年，县人社局组织开展春风行动、就业援助月等专项行动，鼓励辖区中小微企业、专业合作社和就业扶贫基地积极吸纳贫困劳动力就业，核实12家企业共吸纳81名跨省脱贫人口就业，落实吸纳贫困劳动力就业的企业补贴8.95万元。共有易地搬迁安置户980户，劳动力1501人，实现外出就业547人，本地就业954人，其中公益性岗位安置24人。全县开发17个基层公共管理和社会服务岗位，重点安置2021年毕业年度离校未就业建档立卡贫困家庭（含建档立卡贫困残疾人家庭）、城乡低保家庭、零就业家庭高校毕业生、特困人员未就业高校毕业生和退役大学毕业生士兵；在全县村级聘用142名保洁保绿员，优先安置不稳定脱贫人员、临时困难脱贫人员、突发困难的脱贫人员，2021年发放公益性岗位补贴225.06万元。

【工资福利】

2021年，县人社局完成2021年度“1+X”全县津贴补贴发放自查自纠工作和重点抽查工作。完成全县普通事业单位2496人的2020年度和教育系统4503人2020—2021学年奖励性绩效工资审批工作。全县事业单位新办理退休117人。办理机关事业单位人员死亡抚恤手续96人（其中教育系统64人），新办遗属生活困难补助43人。

【技工教育】

2021年，县人社局强化学生的技能训练，培养合格技能型人才，2018级46名毕业生与企业完成对接安排就业；2019级69名学生逐步安排到企业跟岗实习；2020级45人在校学习；2021年秋季招生69人，其中机械装配专业40人，计算机应用与维修专业29人。全年开展2次鉴定，共鉴定通过钳工中级33人，专项能力计算机29人。8月，省人社厅通过平和县技工学校钳工、电工2个工种职业技能等级认定机构的申请。

（供稿：县人社局）

民政

【概况】

2021年，平和县民政局统筹疫情防控、发展和安全，加快补齐短板弱项，巩固拓展脱贫攻坚兜底保障成果。年内，平和县康乐养护中心（山格镇敬老院）为漳州市民政局、漳州市卫生健康委员会确定的第一批市级医养结合试点单位。组织参加2021年漳州市首届养老护理员职业技能竞赛，平和县禾康智慧养老服务中心荣获个人优胜奖、平和县民政局荣获优秀组织奖。

【疫情防控】

2021年，县民政局落实疫情防控措施，制定发布殡仪馆及全县殡仪活动防控措施（公告），县殡仪馆暂停举行遗体告别仪式，殡仪馆火化业务正常进行；倡议殡仪馆外遗体告别仪式不办、简办，不聚餐，公共场合戴口罩；严格控制到县殡仪馆办理业务人员规模（一般是丧属直系亲属参加），业务窗口仅限3人进入办理业务，并采取佩戴口罩、进门登记、测量体温、扫码等防控措施。各乡镇严格落实福寿堂建设管理责任，清明期间形成相对规范的祭拜流程，采取错时、错峰、限流等措施，每例祭扫人员不超5人，散葬坟墓的祭扫，不扎堆、不聚集。做好全县所有养老服务机构疫情管控，全面加强养老机构内部管控，组织协调做好各养老机构展核酸检测，实现全员覆盖，共检测老人99人、工作人员63人、志愿者5人，做到应检尽检。

2021年8月，平和县民政局社会救助股到芦溪镇进行低保特困入户核查
（县民政局 供图）

【养老服务设施建设】

2021年，平和县新增备案养老机构3家，分别是平和康乐养护中心、九龙江高峰谷养老服务中心和名峰山养老服务中心。全县204个农村的养老服务设施覆盖率达100%，其中农村幸福院201家，覆盖率达83.75%，其余39个没有建设农村幸福院的农村，分别建设农村老年活动中心39个；社区居家养老服务站17家、社区居家养老服务照料中心3家、社区老年活动中心5个；养老服务设施已全部和卫健部门签订医养结合协议书，合计养老床位4020张，其中护理型床位3569张，占比达88.78%，每千名老年人拥有养老床位数达到41.67张，完成“十三五”规划目标任务。

【医养结合服务】

2021年，平和县深入推进医养结合，山格镇敬老院与平和东方医院签订战略合作协议，公建敬老院与民办医疗机构相结合，平和东方医院成立平和县康乐养护中心，提供养老及医疗服务，推进医养结合型养老服务机构建设，提高医养一体化服务水平，在养老机构中增设医疗机构，成立平和县康乐养护中心护理站；开展政府购买居家养老服务2021年第二轮招投标工作，由江苏禾康信息技术有限公司中标，合同已签订，为全县60周岁以上特困供养人员、重度残疾人、城乡低保对象、重点优抚对象、计生特殊家庭成员即失独老人、建档立卡的贫困人员等老人购买基础信息服务，提供线上紧急救援、定位监测、健康咨询等服务，累计线上服务发放手机5389人，紧急救援7起，线下实体服务5883人次。做好无工资性收入高龄老人补贴发放和两类特殊困难完全失能老人关爱工作，及时发放两类特殊困难完全失能老人护理补贴，并对乡镇（街道）申报的享受护理补贴的人员身体状况，按照不低于20%比例入户抽查。开展重阳节送温暖活动，慰问百岁老人和生活困难老人，共发放慰问金23.4万元。

【社会救助】

2021年，平和县按时发放全县2021年1—12月城乡低保、特困（五保）供养金，全县农村低保对象共9015户11814人，发放低保资金共计5362.0311万元（包含副食品补贴、高龄补贴）；全县城市低保对象共590户792人，发放低保资金447.944万元（包含副食品补贴、高龄补贴）；全县城乡特困（五保）供养对象2610人，发放供养金3456.8138万元（包含副食品补贴）。大力推进临时救助工作力度，1—12月份受助人员2949人，发放救助资金618.79万元。失能半失能特困人员集中供养共189人，其中集中供养175人，供养率92.59%。困难群众“漏保”“漏救”问题点题整治工作成效明显，实际排查人数4704人，纳入低保960人，特困31人，临时救助1636人。

【儿童福利工作】

2021年，平和县构建县乡村三级工作机制，全县15个乡镇均设立“儿童督导员”，由乡镇民政办主任担任；240村、22个居委会均设立“儿童主任”，由村（居）民委员会成员担任。推进儿童关爱服务工作，在小溪镇“搭建智慧网络 敞开心灵话语”成立“家庭教育指导服务站点”，组建一支家庭教育指导服务志愿者队伍，采取“线上+线下”的形式进行服务。截至12月，全县共有社会散居孤儿59人，每人每月补助1400元，发放补助金129.08万元。全县符合事实无人抚养儿童条件的儿童共有204人，发放补贴257.79万元。县民政局联合检察院、县妇联、县文明办开展春节慰问活动，慰问福利院孤儿，发放慰问金和慰问品；联合县慈善总会开展慈善阳光·扶贫助学活动，共为57名特困大学生和14名孤儿发放助学金35.284万元。开展“福彩圆梦·孤儿助学工程”项目，为年满18周岁后在普通全日制本科学校、普通全日制专科学校、高等职业学校、职业高中学校等高等院校及中等职业学校就读的中专、大专、本科学生和硕博士研究生每人每学年资助1万元助学金，资助时限为孤儿入学就读期间，2021年共为27名就读中等学校以上的孤儿发放助学金24万元。

【残疾人保障工作】

2021年，平和县享受困难残疾人生活补贴4368人，发放补贴625.912万元；享受重度残疾人护理补贴5706人（其中一级残疾1779人、二级残疾3927人），发放补贴782.19万元。完成全国残疾人两项补贴信息系统录入工作。在针对肢体残疾设立康复中心基础上，建设精神障碍社区康复服务试点即“平和县康乐家园”，依托“平和县康乐家园”开展残疾人社工项目政府购买服务。开展“福康工程”项目，经过专家面对面检查，为有建档立卡贫困户、低保对象、特困人员中的重度肢体障碍残疾人配置智能多功能辅具车等康复辅具，筛查出2名重度肢体障碍残疾人并免费配备对应的假肢。联合县助残志愿者协会，在春节、重阳节开展关爱残疾人等活动。

【殡葬管理】

2021年，平和县共火化遗体3363具，骨化169具，遗体火化率100%，当年度实际节地生态安葬率100.56%。大力倡导撒散、海葬、深埋等不留骨灰不占土地葬法，对不留骨灰不占土地葬法每具给予补助1000元。全境没有建设经营性公墓或公益性公墓，群众需保留骨灰的，除部分外迁外，其余安放在各自乡镇福寿堂（公益性骨灰楼堂）。群众自主自愿从旧墓捡骨火化并安放到福寿堂，平和实际节地生态安葬率为100.9%。15个乡镇福寿堂（骨灰楼堂）分别于4月1—5日完成统一祭扫工作，全部采用敬献花圈、花篮、鲜花等文明低碳的祭扫方式，整个清明期间祭扫文明、祥和、低碳、和谐、安全。

【婚姻（收养）登记工作】

2021年，平和县共完成婚姻登记3775件，其中结婚登记2504件，离婚登记689件，补发结婚登记证524件，补发离婚登记证58件；完成涉外及涉及港澳台、华侨人员婚姻登记8件，其中结婚登记4件，补发结婚登记证2件，补发离婚登记证2件。无收养登记。

【福利慈善工作】

2021年，县民政局积极响应省民政厅“慈善手拉手迎新春送温暖，关爱农村留守老人儿童”活动，参与“慈善手拉手”活动的社工、志愿者、爱心人数共79人，帮扶资金1.368万元，帮扶物资1227件，受益人数230人；县慈善总会帮扶资金83.684万元，受益人数37408人次。

【社工人才队伍建设】

2021年，县民政局进一步推进社工人才队伍建设，推动社会各界人士参与社工考试，全县报名参考人员近800人，创历史最高。新成立社会组织登记共15家（社会团体6家、民办非企业单位9家），注销10家；社会团体共90家，民办非企业单位共90家，合计180家，其中有132家社会组织进行填报，125家已通过审查，有7家填报不完整，33家未填报。设立1个县级社会工作服务总站、3个片区社会工作服务中心（示范点）、15个乡镇社会工作服务站，并完成挂牌，购买服务项目完成招标，46名社工全部配置到位。年内，县民政局扶植成立3家社工机构及原有健安社工机构，2021年台商投资区发生新冠疫情，平和县社工机构与全市其他社会工作服务机构等单位，共同对漳州台商投资区2800余户民政服务对象进行电话回访，为民政服务对象提供精准心理支持，为民政部门后续帮扶工作提供依据。

【基层政权和社区建设工作】

2021年，县民政局努力打造共建共治共享的新型村（社区）治理体系，构建“无事常联系、有事共商量、邻里一家亲”的“近邻”社区治理模式。在各村（社区）设立“民主议事厅”，对居民在线上线下提出的需求建议进行汇总、分类梳理，研判村（社区）关切的热点、难点问题。“新东社区”作为标杆社区示范点试点社区，打造出“智慧新东”互联网+微信，推出的手机+触摸屏同步上网上线上墙的服务模式，智慧化管理运作畅通“打造十五分钟近邻服务圈”服务渠道，“线上+线下”双管齐下，构建“近邻”网络。

（供稿：县民政局）

老区建设

【概况】

2021年，平和县开展评选革命遗址挖掘、保护、开发、应用示范项目活动，参选23个，评为示范项目13个。修订上报、确认革命遗址329个，列入省政府项目数据库，占全市603个革命遗址的54.56%，为全市最多。编写老区“十四五”项目规划，编写出版《平和县革命遗址概览》一书。年内，加强扶贫资金在线监管系统工作，及时处置预警信息。建立健全全县老区扶建项目储备库，全县老区扶建项目总投入为290万元，其中维护修缮革命遗址7个，绝大部分项目已经完工并完成布展。2021年，平和县按时足额发放“五老”及遗属定补款。老年节、春节开展慰问活动。每月比对“五老”及遗属减员情况，确保人数准确。

【扶建工作】

2021年，平和县衔接中央推进老区村乡村振兴建设项目，投入资金50万元，分别为安厚镇龙门村白光组别盘人饮工程5万元、三马村三斗坑后坡桥7万元、国强乡梅子村大芹茶场路段拓宽工程11万元、国强乡乾岭村蔡田组河堤冲毁修复维护5万元、霞寨镇群英村环境整治项目11万元、长乐乡联胜村佳蕉尾路灯亮化建设项目11万元。省级扶建资金老区革命遗址维护修缮项目投入资金120万元，分别为赵国强烈士纪念亭20万元、双芦溪交通站旧址30万元、红三团与红九团会师庆祝大会旧址25万元、半月楼交通站旧址维修45万元。市级扶建资金老区革命遗址维护修缮和特色产业发展项目，投入资金120万元，分别为峨嵋山中心县委机关旧址修缮30万元、红军窝革命旧址修缮25万元、朱德陈毅率领南昌起义部队进入平和第一站旧址修缮20万元、国强乡梅子漳州天意茶叶有限公司大芹山茶果种植生产发展20万元、山格镇双坑村振润家庭农场牛大力种植15万元、坂仔镇西坑村贵妃湖农牧投资有限公司畜牧养殖10万元。

【老区建设】

2021年，平和县积极开展阳光“1+1”牵手行动，已协调完成29个社团组织与30个老区村对接牵手帮扶，签约双方基本完成阳光“1+1”牵手行动方案的制定，因村施策，产业、项目、教育、卫生、慈善帮扶活动逐步开展。

（供稿：县民政局）

促进老区发展

【概况】

2021年，平和县老区建设促进会（简称“县老促会”）主动

2021年9月，县老促会深入相关乡镇开展“平和县老区教育工作的现状与改进提升的探讨”专题调研与座谈　（县老促会　供图）

配合漳州市老区建设促进会和漳州市党史方志室领导两次深入国强乡开展大芹山革命根据地史志调研，为筹建“平和县大芹山革命根据地纪念馆”协调解决用地等问题；对接协助北京中科华世文化传媒有限公司与县教育部门受赠5000册图书事宜；积极参与“阳光+1+1（老区村+社会组织）”牵手计划的活动。开展题为“平和县老区教育工作的现状与改进提升的探讨”的专项调研，协调对接广东梅州市老促会就厦昆铁路漳州至梅州段项目列入“十四五”规划开展座谈会事宜，助力两地老区发展。县老促会、老区办荣获2021年度老区宣传工作三等奖。

【老区助学】

县老促会担负黄仲咸教育奖学金、科华老区育才奖学金的颁发工作。2021年发放黄仲咸教育奖学金127人，共计12.7万元；发放科华老区育才奖学金60人，共计12万元。8月20日，组织2021年度考上大学的获奖学生39人参加市老促会在漳州举行的“2021年漳州科华、陈建平老区育才奖学金视频颁奖仪式”，平和获奖学生奖学金共19.5万元。

【老区宣传】

2021年，县老促会组织“喜迎建党百年·福建老区故事”征文活动，共选送上报10个篇目；撰写36篇文稿，其中《中国老区网—老区聚焦》采用4篇，《红土地》采用2篇。与有关部门合作开展平和县革命遗址普查工作，并主持编纂《平和县革命遗址概览》。

（供稿：县老促会）

平和县慈善总会

【概况】

2021年，平和县慈善总会共接受社会各界捐赠2258.833万元，用于社会救助、奖学奖教560.84232万元，支持公益事业建设项目152个1721.83772万元，行政经费所占比例为2.40%，救助群众40569人次。

【疫情募捐】

2021年，县慈善总会开通接受社会捐赠渠道，依法合规接受社会各界的物资捐赠，共接收疫情防控款物总额9.12万元，所有款物已经全部支出。

【慈善基金】

2021年，县慈善总会积极引导鼓励企业家和爱心人士在总会设立基金，拓展募款渠道，总会有10名企业家和1名爱心人士先后在总会设立11个慈善基金；小溪、山格等乡镇设立7个奖学奖教基金。

【基层网络建设】

2021年，县慈善总会共有19个慈善分会，其中乡镇级慈善分会16个，异地慈善分会2个（厦门市平和商会慈善分会和石狮市慈善分会）和教育系统慈善分会，1个民政慈善超市、1支扶老助老志愿者服务队和245个慈善联络站。

2021年9月2日，平和县慈善总会举办庆祝第六个中华慈善日、福建慈善宣传周主题活动暨“阳光助学”“吴琼玫助孤基金”助学金发放仪式
（县慈善总会 供图）

【依法规范运作】

2021年，县慈善总会坚持每年向理事会作一次财务报告，管好用好善款善物，自觉接受社会监督。主动联系相应资质的厦门诚联兴审计师事务所或文舜信（厦门）会计师事务所对总会财务进行年度财务审计；2021年总会获得“福建省公益性捐赠税前扣除资格的公益性社会团体”。5月，总会通过第三方评估检查，取得“AAAA级慈善组织”称号。

【慈善项目】

2021年春节前夕，县慈善总会深入全县16个乡镇（场）开展春节慰问活动，共走访慰问平和县低保对象、特困人员、残疾人员、困境儿童、优抚对象等困难群众800户，发放慰问金和慰问品31万元；为低保特困大学生（研究生）提供学费直至毕业，为71名特困大学生（研究生、博士生）发放助学金25.7万元，实现全县贫困大学生助学全覆盖；为考取大学（专科）以上的孤儿提供大学期间全额学费，为8名孤儿发放助学金9.574万元。为患有白血病、尿毒症、癌症等重特大疾病的特困家庭患者一次性发放5000—20000元，让这些特困患者感受到社会大家庭的温暖，共为132名重特大疾病患者发放救助金102.438万元。积极引导企业、个人参与奖学奖教，奖励一大批教绩突出的教师和品学兼优的学生，共发放奖学奖教金30.92万元。

【慈善惠民活动】

2021年，县慈善总会与霞寨镇钟腾村结成对子，携手平和县人民医院董事长邱家伟到霞寨镇钟腾村开展慰问活动；携手漳州市佳苑房地产开发有限公司图书捐赠仪，向县图书馆捐赠2445册，价值5.9万元图书，用于县图书馆读者借阅；携手爱心企业驰援河南，平和县CC音乐吧向受灾严重河南省的新乡市和卫辉市捐赠2100多箱自热米饭，价值45万元。在平和县慈善日举行以“汇聚慈善力量，助力共同富裕”为主题的“慈善一日捐”活动。

（供稿：县慈善总会）

退役军人事务

【概况】

2021年，平和县退役军人事务局（简称县退役军人事务局）启动县烈士陵园改造提升项目，计划投资870万元。全县364处烈士纪念设施已完成建档立卡、一墓一表、管理保护协议书签订、设立保护标识牌等工作。投入66万余元建设烈士集中安葬点，在大溪镇烈士陵园新建墓穴7座，在县烈士陵园新建54座烈士墓穴。2021年，散葬烈士墓迁移安葬到县革命烈士陵园18座、大溪烈士陵园5座。设立县烈士纪念设施保护中心，核编2个事业编制。年内，接收退役士兵除继续上大学读书外，就业率达98%以上。推进镇村退役军人服务站建设，文峰镇等乡镇实现“枫桥式”村级退役军人服务站标准化建设全覆盖。

【拥军优属】

2021年，县退役军人事务局与邮政储蓄银行平和县支行签订拥军优属合作协议。协调广和堂生物科技有限公司、邮政储蓄银行平和县支行等到民兵训练场慰问民兵，活动被《福建国防》登载报道。协调县教育局军人教师家属调动到县城附近中小学和幼儿园以及台商投资区任教；对退役军人子女秋季就学优先派位。确定县医院为医疗优待定点服务机构，对重点优抚对象实行挂号、就诊、化验、取药“四优先”待遇，床位费护理费按照50%收费等。

【就业创业】

2021年，县退役军人事务局先后组织退役军人参加职业教育和技能培训、省市主办的退役军人及随军家属金秋网络专场招聘会、高职考试和参与电商等职业技能培训，参加中宝公司等“订单式”“定向式”“定岗式”培训。引导退役军人参加蜜柚产业的种植营销，鼓励有技能、有文化的退役军人到厦漳泉就业。11月，在县乡村振兴党建学院举办退役军人就业创业和思政教育培训班。9月，平和县退役军人杨武汉被省退役军人事务厅聘用为全省退役军人就业创业指导团队成员。10月，退役军人杨武汉的《华地旅规，智造乡村》荣获福建省“建行杯”第二届退役军人创业创新大赛优胜奖。福建省小猎人体能拓展训练有限公司被授予首批“漳州市退役军人就业创业基地”称号。

【优待抚恤】

2021年，县退役军人事务局在春节、“八一”建军节期间，走访慰问现役军人家属并发放慰问金，发放重点优抚对象春节、“八一”慰问金，发放“三属”优待慰问金；下达帮扶援助“解三难”补助经费，下拨乡镇退役军人和其他优抚对象座谈会经费。“七一”建党节活动期间，走访慰问烈士遗属，为每人发放慰问金800元。

（供稿：县退役军人事务局）

文峰镇

【概况】

2021年，文峰镇规模以上工业产值完成33.9亿元，全社会固定资产投资累计完成7.69亿元。有规模以上工业企业22家，成功培育新增规上工业企业6家、资质等级建筑企业1家、限额以上商贸企业2家，提前完成全年目标任务。新增固定资产投资项目19个，完成全年计划入库项目数的237.5%。进出口总额完成784万元。财税收入完成7136.93万元，超额完成任务目标。2021年度荣获省委、省政府颁发“第十四届（2018—2022年度）文明乡镇”奖牌，被福建省爱国运动卫生委员会命名为“福建省卫生乡镇”。

【招商引资】

2021年，文峰镇坚持“一把手”招商，采用以商引商、产业链招商等方式，先后引进4个项目，计划投资达5.36亿元，分别为计划投资3.46亿元的好又多项目、计划投资0.7亿元的板顺长木制品项目、计划投资0.6亿元的瑞美达智能家居生产项目、计划投资0.6亿元的鑫呈木制品生产项目。

【营商环境】

2021年，文峰镇加快批而未供和闲置土地处置，建立问题台账，逐一销号整改，推进土地综合利用，完成房屋征收面积1.21万平方米，完成土地征收115亩，完成处置批而未供土地223.23亩，完成清理闲置厂房1.66万平方米。通过为企业提供“妈妈式”服务，增强服务企业的主动性、积极性，力促重点项目落地见效，推动板顺长项目实现当年签约当年投产，月产值达2000多万元。

2021年6月18日，文峰镇开展“发扬红色传统、传承红色基因”主题党日活动

（文峰镇 供图）

完成开工建设重点项目2个，建成及在建项目6个，新建厂房8.58万平方米。

【疫情防控与复工复产】

2021年，文峰镇通过电话排查、流调反馈、“乡村110”网格管理，共排查信息2487条，上报中高风险地区入（返）文峰人员、境外返回人员。针对文峰镇蜜柚大棚多、外来采柚工多、外来大货车多的特点，与相关负责人签订责任书，落实防控主体责任。强化督导企业落实落细防控措施，共检查人员密集场所77处，发现并纠正问题65个。分时段、分地点有序开展全员核酸检测采样演练，共检测8919人。持续推进新冠疫苗接种，截至12月底，全镇第一针接种22076剂次、第二针接种接种20926剂次，接种率均超任务完成。

【现代农业】

2021年，文峰镇春夏两季粮食播种面积3746亩，产量1468吨，全镇水稻良种覆盖率保持在98%以上，落实耕地地力保护补贴130.3万元。大力推动旧村复垦项目，积极挖掘耕地资源，有效增加耕地面积1.23公顷。投入320万元，在三坪、文洋、柴船、龙东推进高标准农田项目建设，增强农业综合生产能力。积极培育新增市级示范合作社1家和示范家庭农场2家。引导农民调整产业结构，通过嫁接葡萄柚、红美人、脐橙、柑橘等高经济效益品种约1500亩。

【乡村旅游】

2021年，文峰镇依托三平风景区独特的资源优势，弘扬“三平祖师药签文化”，拓展乡村旅游，投入资金385万元，采用“基地+公司+农户”的模式，在前埔村打造“祖师药膳园”，建设药膳种植基地、网红餐厅、药膳文化展示馆及亮化美化工程。投入80万元，修缮红三团、红九团胜利会师庆祝大会旧址，与周边景区景点串点成线，打造精品红色旅游路线。

【扶贫工作】

2021年，文峰镇坚持“四个不摘”，健全防止返贫监测和帮扶机制，强化低保动态管理，做到“应保尽保，应退尽退”。截至12月，新增低保24户35人，特困2户2人，清退低保13户16人，特困1户1人。加大对建档立卡脱贫户的救助力度，共救助78户206人，发放救助金13.1万元。强化产业扶持，共计扶持建档立卡脱贫户51户，发放补助资金14.3万元。积极探索建档立卡脱贫户蜜柚产品价格指数保险，筑牢返贫防线。

【民生设施】

2021年，文峰镇投入598万元建成农村生产道路、饮水安全、亮化工程等24个为民办实事项目。投入近2700万元，新建镇区防洪堤2463.43米、生态缓冲带4135平方米，亲水广场280平方米，建成文峰首个滨水公园。

【生态环境】

2021年，文峰镇严格落实花山溪饮用水源地风险突出问题整治和全县化肥减量增效工作，对涉及的8个村（社区）1186户共5297亩的柚园管理进行指导，落实化肥减量、土壤改良、果园留草、有机肥替代、畜禽粪污资源化再利用、绿色防控减药等关键措施，有序推进农用地土壤污染防治。

【镇容村貌】

2021年，文峰镇推行村庄建设、规划先行，做好全镇国土空间总体规划多规合一工作，对前埔、南霞、龙山进行村庄分类规划，为乡村振兴“把脉开方”。以高压态势持续做好“两违”整治工作，建立宅基地审批管理长效机制，加强事中事后监管机制。拆除“两违”建筑和办理手续面积共计5.2万平方米，增加可利用土地6.4万平方米，有效遏制乱占耕地建房行为。

【平安建设】

2021年，文峰镇联合县检察院设立“检察官工作室”，结合“矛盾纠纷多元调解中心”，落实矛盾纠纷多元调解机制，完善覆盖全域的人民调解、行政调解、司法调解网络，调解矛盾纠纷193起，其中重大协调案件3起，处置群体性事件1起，矛盾纠纷调处成功率保持在98%以上；组织镇村干部群众通过微信平台推送宣传消息36条，转发达6万多人次，组织观看防骗知识宣传片20余次，入户发放宣传资料6000余份，悬挂张贴宣传标语50余条，不断提高广大群众防诈防骗意识；通过多渠道、多形式开展宣传，为扫黑除恶专项斗争营造良好舆论氛围，文峰派出所共办理行政案件75起，破获刑事案件55起；全镇设立12个综合网格巡查管控点，共排查出安全隐患10个，已全部完成整改。充实景区、村居网格安全工作专兼职队伍50人，各村（社区）实行24小时值班制度。

（供稿：文峰镇党政办）

山格镇

【概况】

2021年，山格镇完成税收7078.47万元，完成全年任务的103.23%，比上年同期增长12.91%，向上争取资金1069.27万元。完成规模工业产值34.13亿元，新增规模工业企业4家。全年新增入库固定资产投资项目数18个，完成任务的180%。完成固定资产投资12.78亿元，完成总任务的106.5%。完成批发业销售额4.16亿元，零售业销售额1.80亿元，餐饮业营业额477.6万元，新增限额以上商贸企业3家。

【农业发展】

2021年，山格镇推广“五新”技术1.6万亩，完成12.43亩退果还茶任务，发放种粮农民一次性中央补贴资金210.43万元；积极组织农技员、种植大户、科技特派员等参训11期。高质量完成农产品质量安全抽样检测任务，做好农资废弃物回收转运处理；推荐上报参加县级家庭农场示范场、示范合作社评选9家。完成高标准农田建设2000亩。积极实施全域土地综合整治，推进白楼、铜中、隆庆、宝丰等村的县级土地开发项目。组织参与第十七届平和蜜柚节蜜柚品质奖评选，获一等奖1名、二等奖1名。

【重点项目】

2021年，山格镇共有县级以上重点项目11个（其中市级重点项目8个），年度总投资14.32亿元，完成总投资15.73亿元，占比109.85%。完成固定资产投资9.7亿元，新增入库固投项目15个，其中“五上”项目9个，“五下”项目6个。新增“五个一批”项目10个，健全完善项目全过程闭环管理工作平台。

【招商引资】

2021年，山格镇深化一把手抓招商制度，主动出击，精准招商，新引进康怡医疗器械、裕华琳食品、东瓴智慧供应链、鑫富创木业、沃立康陶瓷等5个项目，总投资23亿元，其中10亿元以上项目1个。深化“放管服”改革，全面优化营商环境，为入驻企业提供全方位的“妈妈式”服务，对已供地的8个项目，落实全程

山格镇隆庆村蔡家堡古村落一角　　（蔡延林 摄）

代办制，服务企业促早日开工建设，竣工投产。

【民生设施】

2021年，山格镇建设土田村后湖至新村、内林至宝丰等农村公路2.45千米，投入190万元完成双田村至双坑村的半日桥危桥改造，亮化、硬化隆庆、三美等村的农村道路，补齐基础设施短板。完成35千伏宝达线路改造、鑫鑫地块排水沟、横七路及工业路延伸硬化等项目建设，提升科技产业园园区基础设施水平。

【平安建设】

2021年，山格镇持续推进“雪亮工程”建设。成立新陂商贸城综治维稳中心，实行综治办、司法所、信访办、法院联合办公。提升“乡村（社区）110”网格治理机制，刑事案件发案率、“两抢”案件、盗窃案件发案率大幅下降。积极推行“公调对接”模式，成功调处3起意外死亡事件，攻坚克难化解信访积案2起，稳控1起，排查社会矛盾纠纷47件，调处47件，调解成功率100%。

【社会事业】

2021年，山格镇持续推进新冠疫苗接种，3—17周岁儿童新冠疫苗第一针累计接种5932人，第二针5747人，18周岁以上新冠疫苗第一针累计接种27200人，第二针22530人，第三针4552人。引进社会资金100余万元，改造提升山格镇敬老院，与平和东方医院签订以山格镇敬老院为载体的战略合作协议，先试先行探索“公建民营”与“医养结合”养老模式。依托王阳明事迹陈列馆，打造王阳明廉政文化教育中心。蔡家堡蔡氏家风家训馆、山格村吴氏家风家训馆获评平和县“十大家风家训馆”。

【城乡建设】

2021年，山格镇开展农村在建房屋安全清查整治专项行动，共清查并整改完成3户。整治耕地“非农化”完成率100%，处置整改违法图斑152宗，完成率100%，农村“两违”治理完成5.9324万平方米。巩固拓展脱贫攻坚成果同乡村振兴有效衔接，健全防止返贫动态监测和帮扶机制，协助79户建档立卡贫困户申请中央财政推进衔接乡村振兴资金15.6万元。创建美丽庭院25户，100%完成裸房101栋整治任务。投入129万元，新建土田村畲族文化广场及配套工程项目、实施黄土岭—新村道路硬化工程。

（供稿：山格镇党政办）

小溪镇

【概况】

2021年，小溪镇在库规模以上工业企业13家，规模工业总产值实现25.19亿元，同比增长9.4%；财税收入1.43亿元，同比增长9.6%；完成1个县级重点项目，投资1.5亿元；固投项目在库15家，完成固投7.9亿元。蝉联两届省级文明村镇，荣获“2021年全国乡村特色产业十亿元镇”称号。

【经济建设】

2021年，小溪镇大力推进现代农业示范园区建设，推广生态果园示范片562户960亩。利用“互联网+”平台，建设蜜柚质量安全可溯源体系。与蜜柚科技小院合作，在联光村开展长期定位试验示范工作，共建“双减”示范基地200亩。充分挖掘观音山、塘内湖、锦溪名人柚园、南山古城等旅游资源，带动镇域经济发展。完成社会消费品零售总额4.7亿元，社零企业18家。限额以上批零住餐企业新入库6家，超额完成任务，新增1家规模服务业银之河娱乐会所。

【项目建设】

2021年，小溪镇全面加强交通基础设施建设，完成金光、湖田、南寨等6个村农村公路扩面延伸工程，县城自来水管网扩建一期工程、新南大桥、延寿山高排渠项目。外滩壹号、神羿环保科技、正盟泡沫包装、好势包装4个大项目好项目成功签约落地，其中，超亿元项目2个，总投资9.5亿元。

【民生建设】

2021年，小溪镇投资485.3万元重点建设小溪镇琯溪蜜柚母树园展示馆。建设延安楼党史学习教育陈列馆，打造本土特色红色文化振兴品牌。枫埔村2000亩高标准农田建设如期完工，豆坪等6个村5200亩高标准农田建设有序推进中。完成实事项目25件，村级办实事项目完成35件，实事项目累计投资3800多万元。落实"双减"工作，课后延时服务实现全覆盖。西林小学恢复招生，坑里小学通过市级义务教育管理标准化学校核查。开展奖教奖学活动，营造尊师重教氛围。修复高南、联光村等一批美丽乡村乡土文化景观。协调解决阳光路3间房屋、三林路道路等11件历史遗留征迁问题。加快推进第六实验小学、育才中学新区、新北环一期、县医院新区、延寿庙地块、高南万商汇105亩地块的房屋土地征收工作。

2021年9月16日，小溪镇开展大规模人群核酸采样检测实战演练

（小溪镇 供图）

【生态建设】

2021年，小溪镇投资1164.2万元建设联光、产坑、旧县污水处理站、湖田氧化塘，宝善、金光村污水管道等项目；强力推进饮用水源地保护工作，建设饮用水源地一级保护区绿岸护岸工程，对周边村庄进行农村户厕改造，流域断面水质明显改善，县城饮用水源地Ⅲ类水达标率100%。完成造林绿化2193亩，封山育林550亩，森林覆盖率68.5%。持续开展化肥农药减量行动，最大限度减少农业面源污染；全面禁止露天焚烧垃圾，环境空气质量保持稳定。

【城乡建设】

2021年，小溪镇开展"五城同创""限炮"工作，推动主干道"白改黑"，配合打造"一街一景、一路一品"绿化景观。完成裸房整治159栋，授牌"美丽庭院"示范户41户。实施村庄环境卫生保洁常态化运作，开展"清四堆"专项行动，清理农村生活垃圾3万多吨，拆除"两违"49宗7.6万平方米。

【平安建设】

2021年，小溪镇常态化开展扫黑除恶专项斗争，打击治理电信网络诈骗、非法出入境从事跨境违法犯罪活动，平安小溪建设扎实推进。信访调解中心受理矛盾纠纷30宗，化解29宗，顺利息访58件，解决老信访案5件。全力服务大局、守牢安全底线，安全生产形势持续稳定。

【疫情防控】

2021年，小溪镇严格落实各项防控要求，抓实抓细常态化疫情防控工作，建立联动核查机制，开展"滚动式""地毯式"排查；组建镇级流调队伍，实时掌握重点人员动态；联合县直有关单位组织开展玉溪网格全员核酸实战演练，累计采集核酸样本1.2万人次；筑牢群体免疫屏障，3—17周岁第一针累计接种20839人，接种率96.35%，18周岁以上第一针累计接种69550人，接种率89.90%，全镇累计完成两针剂80514人。

（供稿：小溪镇党政办）

南胜镇

【概况】

2021年，南胜镇固定资产投资累计完成4.4亿元，完成全年计划总投资146.67%，新增固定资产投资项目12个（房地产项目1个），完成全年计划入库项目数200%，总计划投资3.63亿元，完成全年谋划新增计划总投资额103.7%，5个重点项目实现开竣工“两个100%”目标。规模工业产值累计完成6.21亿元，同比增长5939.3%。限额以上贸易额累计完成5.39亿元，同比增长40.5%，其中社会消费品零售总额累计完成3.43亿元，同比增长116.8%。新增限额以上商贸企业4家，完成全年计划任务数200%，规模工业企业新增完成1家，实现零的突破。财税收入累计完成765.52万元，完成全年计划任务62.85%。

【项目建设】

2021年，南胜镇全力推进2万亩果园应用留草覆盖栽培技术，1.4万亩应用高挂微喷水肥一体化技术。围绕“一村一品”定位，建成2500亩青枣、2000亩番石榴、1800亩红桃等特色水果种植基地，2300亩枳壳等中药材种植基地。完成总投资1000多万元的生态水系建设项目，进一步提升南胜溪流域生态环境质量；完成总投资300多万元的高标准农田建设项目，对龙心村等3个村2000多亩农田进行田间道路硬化、护岸修建、蓄水池等生产设施进行提升改造。党政主要领导先后外出招商12次，邀请外地客商实地考察洽谈8次，成功引进总投资1亿元的川中新材料生产项目，达成投资意向项目8个，其中计划总投资亿元以上项目5个，投资领域包含住宿餐饮、陶瓷加工、旅游开发等领域；围绕乡村振兴战略，不断推进乡村振兴示范村建设，打造“红色欧寮”“海丝文化瓷韵南胜”等特色精品村。2021年，欧寮乡村游漂流人数达2.5万多人，位列漳州全域旅游卡合作的30多个景区夏季人气第一名、国庆节人气前五名，累计创造近300万元的旅游产值。

2021年12月10日，全市便民服务现场会在南胜镇南胜村便民服务代办点举行（南胜镇 供图）

【生态环境】

2021年，南胜镇总投资400多万元的镇区污水管网项目已开工建设，预计2022年1月建成使用，对南胜溪东北侧600多米污水主干管进行提升改造，实现对镇区污水统一收集处理。开展河道专项整治工作，共整治河道围垦7宗、违法采砂2宗。对全镇17家规模养殖场进行不定时督查检查，确保养殖废水不偷排漏排。狠抓农业面源污染治理，实施化肥农药“双减”行动，推广留草覆盖技术2万亩。加强全镇2个“千人以上”农村饮用水水源地保护工作，保护区安装视频监控设备，加强日常巡查监管力度，确保群众饮水安全。通过购买第三方公司技术服务方式，投资250万元，实施花山溪（南胜段）水质提升项目，投建“生态滤床”“生态滤坝”等设施，通过滤床过滤和吸附总磷和游离态的重金属，确保各项水质指标达标。

【民生保障】

2021年，南胜镇投资130多万元的法华桥危桥改造项目已完工通车，建成投用后大大便利群众出行和农产品外运销售；启动乡道糠厝桥危桥改造项目，预计总投资150万元，完成前期勘探、设计等前期工作，2022年初可开工建设。优化办学条件，投入160万元改造中心小学运动操场、篮球场、南胜中学远程多媒体功能教室，提升学校办学硬件条件。营造尊师重教工作氛围，投入6万元开展奖学奖教表彰活动。

【疫情防控】

2021年，南胜镇扎实开展重点管控人员摸排工作，强化重点领域联防联控，紧盯“找准人、管好人、盯住人”目标，实施重点地区入平和人员“边查边管”“先管后筛”，确保不留死角、不掉一户、不漏一人，牢牢守住“外防输入”关口。充分动员镇、村两级力量，扎实推进疫苗接种工作，力求做到应接尽接，共筑全民免疫屏障。截至12月底，全镇18周岁以上人员累计接种第一针14507剂，12—17周岁人员累计接种第一针1327剂，3—11周岁人员累计接种第一针2245剂。

【平安建设】

2021年，南胜镇持续开展扫黑除恶专项斗争常态化工作、矛盾纠纷排查化解、打击防范电信诈骗及非法出入境人员劝返等综治维稳工作。建立健全多元化纠纷解决机制。加强镇村便民服务中心和代办点建设工作，进一步完善镇村政务服务体系，主要做法受到上级肯定，被列为全市现场会参观学习实地考察点。

（供稿：南胜镇党政办）

五寨乡

【概况】

2021年，五寨乡完成财政总收入785.29万元，规模以上工业产值21992.27万元，社会消费品零售总额83581万元。培育实鑫木业新增为规模工业，为平和县当年第一家新增规模工业企业。农业总产值完成2.21亿元，增长4.5%。完成固定资产投资21197万元。办理人大代表建议2件，满意率100%。五寨乡获得“福建省卫生乡镇”“2021年度乡村振兴先进集体”“省级乡村治理示范乡镇”等荣誉称号。

【农业发展】

2021年，五寨乡深化农业供给侧结构性改革，做优做强农业，发放耕地地力保护、农机购置等补贴121.8万元。建设前岭千亩蜜柚示范片，推广果园留草、化肥减量、增施有机肥等措施，提升蜜柚品质；高位嫁接葡萄柚、红美人柑橘等优新品种约0.53万亩，持续扩大百香果、青枣、番石榴等种植面积，促进产业结构调整。

【经济建设】

2021年，五寨乡充分利用融媒体和电商平台，培育一批“互联网+蜜柚产业”“互联网+百香果产业”，拓宽农产品销路；孵化互联网创业企业2家，扶持培育果甄甜农业开发公司新增为限上商贸企业，农村电商年销售额近6000万元。

【项目建设】

2021年，五寨乡加快推进天煜木业、前岭村乡村振兴、前岭小学等重点项目建设进度；做好专项债项目储备和申报，初步谋划项目8个，预计投资5500万元。对接洽谈招商引资项目4个，达成投资意向4个，完成县下达任务指标。优化“妈妈式”服务，实鑫木业实现当年签约、当年开工、当年竣工投产。建设农村公路5.23千米，联盟村至云霄交界道路硬化工程建成通车，实施前岭村北坑埔至岭头路段、寨河村环水库道路白改黑，实施新美村后巷公园等5个“一事一议”项目。

【生态建设】

2021年，五寨乡大力建设乡村振兴试点示范村，推进串点连线成片，促进全域发展，完成前

2021 年 3 月，五寨乡团委开展学雷锋月青年志愿服务活动

（五寨乡　供图）

岭、新美 2 个村庄规划，实施侯门村裸房整治 36 栋，授牌市级“美丽庭院”示范户 25 户。对埔坪村雾峰林氏进行保护修缮，对前岭村新时代文化实践中心、寨河村廉政教育基地进行改造提升，对严内海左干渠进行清理整治。对新塘污水处理设施和优美、寨河、新美 3 个人工湿地进行维护、整修，提升污水处理能力。完成严内海“千吨万人”和新美村、侯门村“千人以上”等 3 个水源地整治，实行水源地标准化管理，确保群众饮水安全；推广果园生草覆盖面积 3 万亩，增加使用有机肥 1.1 万吨，减少使用化肥 0.38 万吨，减少使用农药 10.2 吨，共回收农药废弃物 0.925 万公斤；实施新塘村园地改耕地项目，新增耕地面积 40 亩。完成侯门、寨河、高峰等 3 个村高标准农田建设 2000 亩。

【疫情防控】

2021 年，五寨乡严格落实常态化疫情防控措施，全力以赴打好疫情防控阻击战，全面开展大数据和网格化排查，共开展信息排查 6219 人次，核酸检测 13562 人次。全面推进新冠病毒疫苗接种工作，截至 12 月底，全乡接种疫苗 24860 剂次，接种率近 90.2%。

【社会保障】

2021 年，五寨乡巩固脱贫攻坚成果，发放产业专项扶贫资金 22.15 万元，协助 14 户贫困户获得产业保险理赔 3.95 万元；助推农村就业创业，提供公益性岗位 7 人次，开展农村电商培训、新农人培训 3 场，249 人次。全乡城乡居民医保参保人数 16579 人，参保率 87.46%；城乡居民养老保险参保人数 7321 人，参保率 90.18%。受理核实审批低保申请 18 户、临时救助 42 户。

【平安建设】

2021 年，五寨乡搭建“平安乡村”监控平台，安装监控设备 532 套，接入乡综治中心管理平台，实现各村居治安环境集中监控；共排查矛盾纠纷 80 起，并及时处置、回复“12345”政务服务平台以及市、县信访局、人大等有关部门交办的信访件，共计 61 件；强力打击治理电信网络诈骗、非法出入境从事跨境违法犯罪活动，持续开展巡山打假活动，常态化开展安全生产大检查，未发生较大以上安全事故。

（供稿：五寨乡党政办公室）

坂仔镇

【概况】

2021 年，坂仔镇规模工业总产值完成 4.59 亿元，县重点特大项目、总投资 23.6 亿元的华能集团“一县一企光伏发电”开工建设。蜜柚原产地官方监管仓、三级物流快递中心正式运营；新增 1 家社零商贸企业，限额以上批发营业额 3.7 亿元，社会消费品零售总额 1.1 亿元。全年财政收入完成 860 万元。坂仔镇是第五届全国文明乡镇、全国重点镇、全国环境优美镇、中国绿色名镇、连续 4 届福建省文明乡镇、福建省绿色乡镇、省级人口和计划生育依法行政示范乡镇、省级旅游休闲集镇、省三星级乡村旅游休闲集镇、省级宣传思想文化工作示范乡镇、漳州市小城镇综合改革建设试点镇，先后被评为省、市、县先进基层党组织。

2021 年 7 月 2 日，闽南师范大学继续教育学院党支部与坂仔镇西坑村党总支部结对共建签约仪式举行（坂仔镇 供图）

【构建振兴品牌】

2021 年，坂仔镇有序推进项目建设，社会固定资产投资完成 7.2 亿元，增长 3.1%，有“五个一批”项目 17 个，其中谋划 5 个，签约 5 个，开工 5 个，投产 2 个。土壤治理拦截沟、宝和线生态示范路工程、西坑小流域水土流失综合治理等建成投用，梨洋村防洪堤工程、安全生态水系等正准备验收，西坑康养文化园、高速出口拓宽、高速出口至山国线道路工程等有序开展前期工作。

【推进乡村振兴】

2021 年，坂仔镇建设西坑党校新校区，综合投资 1250 万余元，成为平和乡村振兴党建学院主要教学点，宣传红色历史文化，打造西坑示范样板，树立多元特色的乡村品牌。新校区投用 4 个月，营业额就达 42.6 万元，成功探索出“红色教育基地 + 乡村旅游运营企业 + 村委会 + 合作农户”的乡村产业振兴“西坑模式”。

【生态环境建设】

2021 年，坂仔镇开展花山溪饮用水源地风险突出问题整治工作，加大宣传力度，开展“党旗耀田间”、党员“一带十”活动，组织引导广大群众观看科技小院“平和蜜柚减肥故事”，普及推广“减肥压酸补镁”绿色提质增效技术，以及有机肥替代化肥、果园生草覆盖、果园绿色防控等技术。实施区域规模化高效节水灌溉工程，在仁山村、山边村各建 1 个高挂式蜜柚微喷水肥一体化示范片，占地面积 66.67 万平方米，示范带动全镇高效特色作物微喷水肥一体化技术的应用。农户果园施肥建档立卡到户，推动化肥减量工作做细做实。

【补齐设施短板】

2021 年，坂仔镇着力补齐设施短板，投资 30 万元完成峨嵋山中心县委机关旧址修缮，加强红色遗址保护。峨嵋村下尾烧组道路拓宽硬化美化工程、东坑村村庄环境整治、宝南村梧桐厝组至顶楼组机耕路面拓宽和路灯亮化工程、民主村宝山组文化广场等建成投用，东坑主干道及高速出口沿街店面改造全部完成。

【改善人居环境】

2021 年，坂仔镇稳抓人居环境整治，“百路千村”“两违”综合治理环境全域提升行动暗访问题清单 58 宗，累计完成 58 宗；“两违”图斑共计 80 宗，已介入调查或整治完成 80 宗。年初摸排“百路千村”“四清四化”11 宗任务数全部整改完成；“两违”综合治理度工作计划为 4.6 万平方米，年底已处置 4.74921 万平方米，完成进度 100%。坂仔镇推进落实“扫干净、摆整齐、好秩序”，完善镇村垃圾处理转运系统，投入资金 835 万元，垃圾转运量 11913.31 吨。推进废果集中处理、农业废弃物回收等工作，改善农村人居环境。

【疫情防控】

2021年，坂仔镇切实落实“四方责任”，健全镇、村、村民小组三级网格化管理责任体系，严格落实佩戴口罩、测量体温、扫健康码等各项措施。仁山、东风试点开展全民核酸检测，在周边区域疫情的严峻形势下，坂仔镇镇未出现疑似病例、确诊病例，扎实有序开展新冠肺炎疫苗接种，不断提高适宜人群疫苗接种率，筑牢疫情防控防护网、隔离墙。

【民生保障】

2021年，坂仔镇实施心田元保小学校园围墙修复工程，东风小学恢复招生；落实“双减”工作，课后延时服务实现全覆盖。简化优化救助审批程序，完成低保710人、五保168人入户排查，及时做好增减，最大限度拓宽救助范围。积极宣传就业创业政策，为就业困难群体提供就业帮助，公益性岗位安排就业10人。逐步完善居家养老服务，发放扶残助学、居家托养、残疾人社保补贴等补助资金11.7万元。

【综合治理】

2021年，坂仔镇扎实开展打击整治非法出入境从事跨境违法犯罪，紧盯重点对象，细化工作措施，滞留缅北涉诈人员逼返工作取得显著成效。推进“乡村110”建设，15个村（居）全部推行网格化管理。深入弘扬新时代“枫桥经验”，把“评理室”作为服务群众信访工作的重要抓手，实现镇级和15个村（居）信访评理室全覆盖，已开展信访评理工作的评理室13个，全年信访评理20件，已化解20件。推进平安建设，建立永久性的平安建设、扫黑除恶宣传栏2个，大型宣传版面5个，发放宣传单2000余份，出动平安建设宣传车36次，将平安“三率”、扫黑除恶知识、打击治理电信网络诈骗等宣传到村居民巷，不断扩大宣传覆盖面。

【政府自身建设】

2021年，坂仔镇坚持在镇党委的统一领导下，践行“主动作为、竭尽全力、结果导向”工作机制，有力推进各项工作。认真履行全面从严治党主体责任，强化意识形态及保密工作责任制落实，机关效能和作风建设持续改善。落实“一肩挑”要求，顺利完成村级换届选举，选优配强支部书记和村委干部。梳理120条镇级、9条村级政务服务事项清单，全年网上申请办件5804件、办结率100%，“12345”诉求平台完成122件，群众满意率达98%。坚守清正廉洁底线，坚决落实党风廉政建设“一岗双责”，深入贯彻中央八项规定精神，驰而不息纠正“四风”。用好西坑乡村振兴廉政教育基地，深化廉政风险防控，加大重点领域的监督检查，强化权力运行的制约，坚决纠正损害群众利益的不正之风。

（供稿：坂仔镇党政办）

国强乡

【概况】

2021年，国强乡财政年收入930.72万元，完成规模工业产值1.413亿元；实现固定资产投资2.2亿元；城乡居民可支配收入达到15120元。2021年，国强乡统筹推进“两违”图斑整治工作，共完成27宗占用耕地违法图斑的处置。年内，全乡没有出现重大安全生产事故。

【项目建设】

2021年，国强乡完成总投资2500万元白叶深坑矿区一期项目建设、推进总投资500万元国强南草坪公路站项目建设、总投资550万元新建村古村落修复工程项目建设、总投资450万元2021年度高标准农田项目建设。争取资金350万元，完成国火线、闽梅线、国强中学路段改造；投资100万元提升镇区至碧岭路段亮化工程，实施亮灯等民生项目。通过打造省级乡村振兴试点村新建村“红色文化+绿色生态”的发展新典型和乾岭村“支部+合作社+电商”的发展新模式等，以点带面、分类分步推进其他行

2021年2月3日，国强乡组织志愿者开展“移风易俗引领风尚 文明新风润泽乡村”宣讲活动 （国强乡 供图）

政村建设发展，完成风山村半月楼交通站旧址修缮等3个文化类项目建设和高标准农田、花山溪生态果园、国火线道路拓宽硬化、闽梅线、国强中学路段改造等基础设施类项目建设。积极谋划坂仔镇—国强乡道路改造、国强乡—大溪镇环大芹山道路，集镇整治提升工程等项目。

【招商引资】

2021年，国强乡与漳州瑞辉木业有限公司签订合同，总投资约2000万元；引进泉州银超卫浴有限公司建设欧龙大厦总部，可增加固定资产投资近4000万元；盘活侯卿首府房地产、引进平和优品贸易有限公司等。

【疫情防控】

2021年，国强乡结合乡镇换届，及时充实应对新型冠状病毒感染的肺炎疫情工作机构，运用宣传车、公众号等方式加强疫苗接种和疫情防控宣传，采取约谈流动厨师和白事主持人等方式，推动“白事简办、红事缓办”。截至2021年12月，全乡60周岁以上人群新冠疫苗第一针接种覆盖率和18周岁以上第一针接种覆盖率均居全县前列，累计摸排外来人员511人，电话流调90批次2258条。

【民生保障】

2021年，国强乡发放低保22.4万元，五保资金12.83万元，临时救助77人12.1万元，城乡居民医保缴费及养老保险缴费均在95%以上。持续开展奖教奖学活动，新建村幼儿园建成投入使用。

【生态建设】

2021年，国强乡针对花山溪饮用水水源地风险突出问题，建立白叶村示范点，采用优质配方肥、土壤酸化改良剂、推广施用有机肥替代化肥和果园留草等四大综合整治措施；实施农村人居环境综合提升，清理沟渠23千米，生活垃圾2300余吨。

【产业升级】

2021年，国强乡做强壮大乾岭村丰绿蜜柚专业合作社品牌，鼓励发动村民实施蜜柚改良及化肥减量化等，大力实施退果还茶项目，推进新建村、白水村等高海拔地区退果还茶800余亩等，不断探索产业发展新路子，壮大村集体经济收入。

【社会治理】

2021年，国强乡全力以赴维护社会稳定，把各类矛盾纠纷解决在基层、化解在萌芽状态，共接待群众来件来访举报案件12件，办结率、回复率达100%。

（供稿：国强乡党政办）

安厚镇

【概况】

2021年，安厚镇全年实现规模工业总产值5.6亿元、完成固定资产投资3.38亿元、限额以上商贸零售额0.27亿元、财税收入594万元。年内，安厚镇人民政府被市委、市政府评为“2017—

2021年7月，安厚镇青赔交地工作人员深入三马村项目工地现场，解决线路工程穿越大量柚子树、权属核对复杂、青赔难度大等难题

（安厚镇 供图）

2020年度平安建设先进集体”，被漳州市扫黑除恶专项斗争领导小组评为“漳州市扫黑除恶专项斗争2018—2020年度先进集体”。

【工业发展】

2021年，安厚镇完成7个总投资3.5亿元的市县重点项目，推动民耀畜牧设备、明隆辉商品混凝土、乐辉沙发等项目开工建设。重视推动招商引资，洽谈15位外出乡贤，接洽8家意向落地企业，签订宏达鑫机械、庆凡机械、邦晟机械等3个项目。

【现代农业】

2021年，安厚镇新增省级家庭农场1家、县级示范合作社1家、示范家庭农场2家。提升农业质效，推进化肥减量增效、生态果园建设、标准化栽培等技术，嫁接葡萄柚、红美人、橙、柑橘等品种约1600亩，落实耕地地力保护补贴198.4万元。举办首届助力乡村振兴产业发展论坛暨蜜柚文化体育旅游季，推动省农科院、三农网等4家单位签约、2个项目落地。强化配套建设，6个村高标准农田建设项目通过县级验收，7个村高标准农田建设项目持续推进。

【疫情防控】

2021年，安厚镇完成3-11周岁第一针接种4939人次，一针率达102.41%。完成18周岁以上第一针接种26559人次，一针率达84.21%；第二针疫苗接种25455人次，二针率达80.71%。

【扶贫工作】

2021年，安厚镇帮助247户申请乡村振兴补助资金42.428万元；新增设脱贫公益性岗位30个，共带动44户合计增收30万元。创新保险帮扶机制，持续运转全市首个乡镇帮扶保险工作站；指导建档立卡村入股鑫华源家庭农场，每年村财增收6.32万元。4个重点户村光伏发电项目每年增加村财收入6万元以上。注重教育扶贫，帮助38人次申请平和县脱贫户子女接受中高职和技工院校教育补助11.25万元，村级奖学奖教助学金3万元。建立起各挂钩干部收集脱贫户看病就医理赔材料的创新举措，帮助212人次完成医药费理赔及住院津贴补助超过100万元。

【生态环境】

2021年，安厚镇坚持水岸同治，用好一般债资金提升大径、白石等8个村级污水站收集率，14个入河排污口达标排放。治理生猪散养户12户，面积0.8亩；牛蛙养殖场8个，面积3亩。加大农药废弃物回收，入库农药包装废弃物15645公斤，同比增长88.7%。开展三合溪饮用水源地风险突出问题整治，完成核心区“退果还田还林”，对大坑、东川、美峰等3个村、21户农户、2752株蜜柚实施清除，完成率100%。大力保护饮用水源水域，拆除“千吨万人”水源地影响项目。2021年省级贫困村饮水安全巩固提升工程顺利完工。全面落实“林长制”，完成采伐迹地更新造林和低产果园更新造林498亩、“三沿一环”森林景观带改造项目造林643亩、封山育林756亩、森林抚育1927亩、百年以上古树名木调查和申请挂牌保护21株、松林改造提升183亩。

【人居环境】

2021年，安厚镇实施村庄规划10个、裸房整治152栋，推选省级“美丽庭院”4户、市级“美丽庭院”16户、县级“美丽庭院”35户。投入300万元实施生活垃圾收集转运和村庄垃圾治理。强化“两违”整治，下发图斑总数224宗，拆除12宗、复绿14宗、立案查处155宗、备案设施农用地32宗，处置率100%。

【社会事业】

2021年，安厚镇累计发放奖金65多万元。健全学校管理机制，顺利推进“双减”工作，课后延时服务实现全覆盖。加强退伍军人、军烈属关爱，悬挂光荣牌1225个，发放慰问金2.74万元。

【平安建设】

2021年，安厚镇24个村（社区）已建成视频监控平台，实现镇、村主要出入口、重点路段、案件高发区等全覆盖。破获摩托车盗窃、入室盗窃、电信诈骗等各类盗抢骗案件16起、赌博案件17起、吸毒案件5起。排查房屋结构安全隐患23743宗。

（供稿：安厚镇党政办）

大溪镇

【概况】

2021年，大溪镇固定资产投资4.67亿元，积极向上争取资金4496万元。商贸总收入3091.4万元。财政收入509.92万元，一般公共预算总收入完成1624万元，增长4.04%。年内，大芹威士忌在英国举办大赛（WWA）中获得银奖。2021年，大溪镇积极发挥家风家训馆宣教作用，开放家风家训馆87场次，累计参观1000余人次。

【项目建设】

2021年，大溪镇招商项目签约1个，工业投资完成1.3281亿元。帮助协调解决涉企难题48件。加快庄上大楼的修缮保护步伐，争取上级资金5156万元，完成招标并开始修缮。启动环大芹山旅游线路、景点的策划、提升工作。省级乡村振兴试点村大松村实施松岗岭环境整治工程，投资85万元；上陂组机耕路硬化项目，投资80万元，硬化机耕路长850米及排水沟；拓宽东溪桥头路面工程。

【疫情防控】

2021年，大溪镇创新五方联动式排查和五级链条式管理，突出网格化作用，优化防控力量。扎实推进接种新冠疫苗，2021年接种新冠疫苗65117针剂，打牢防疫基础。通过支持防疫物资、提供核酸检测支援、介绍用工、协调资金等措施，帮助企业复工复产。

【镇村建设】

2021年，大溪镇结合“两违”

2021年5月31日，由大溪镇党委、政府牵头，大溪镇便民服务中心、江寨村党支部、村委会、江寨小学共同举行“六一”关爱江寨小学留守儿童活动　（大溪镇　供图）

图斑整治，跟进乱占耕地、未批先建等整治，处置面积2.5364万平方米；及时处理整改6起暗访督办的镇区街道违法搭建建筑物、构建物的问题。依托灵通山风景区，引导创建百香果、芭乐基地700多亩，带动村民增收近40万元。试点推进“园改耕”项目45.8亩，集中拆除6宗违法占用耕地建房、立案调查151宗，规范农村建房程序。在新红、江寨、峰山、新光、大芹、新荣等村建立205亩的蜜柚种植示范片，2021年化肥使用量控制在36.78吨，同比减少3.2%。创建省级“美丽庭院”示范户4户，市级“美丽庭院”示范户12户，县级“美丽庭院”示范户25户；石寨村获评省级森林村庄，大松村、下村村、江寨村获评“福建省卫生村”，灵通风景区被评为市级文明风景旅游区；壶嗣村等16个村庄被评为县级文明村。

【民生工程】

2021年，大溪镇全镇新增城乡低保84户123人，享受城乡低保968户1455人。年内，全镇无工资性高龄老人共1096人，其中80—89周岁的共953人，90—99周岁共137人，百岁老人共6人。开展紧急救助194人共29.33万元。

【社会事业】

2021年，大溪镇推动教育优先优质发展，鼓励引导民间设立“教育奖励基金会”，全镇各民间“教育奖励基金会”为391名优秀教师发放奖金51.11万元，为815名优秀学生发放奖金40.14万元。

【平安建设】

2021年，大溪镇加大对违规违章行为的教育惩处，查处各类交通违法行为1057起。建立下村片区乡村“110”联防联控指挥中心，以下村村作为综治中心规范化示范村。逐步排查矛盾纠纷，及时调解初东积案，综治维稳持续向好，累计化解矛盾纠纷42件。新增公共区域视频监控。

【作风建设】

2021年，大溪镇开展各类疫情防控监督30多场次，督促整改或解决问题5个；开展换届监督26次，督促整改问题1个；开展日常警示教育14场次900余人次。

（供稿：大溪镇党政办）

霞寨镇

【概况】

2021年，霞寨镇完成固定资产投资6.26亿元；工农业生产总值21.24亿元，同比增长6.31%；完成规模以上工业总产值2.66亿元，同比增长14.8%；商贸批发销售额完成4.98亿元，同比增长2.6%；限额以上餐饮营业总额351万元，同比增长21.5%；全年财税收入779.33万元，农民人均可支配收入预计达23128元。年内，霞寨镇被福建省发改委评为“福建省特色小镇”，高寨村被司法部、民政部评为“民主法治示范村（社区）”，高峰生态谷被评定为国家AAA级旅游景区、省级森林康养基地。

【招商引资】

2021年，霞寨镇开工建设8个重点项目，其中1个市级重点项目。新增限额以上商贸企业2家。外出招商12次，完成新签约产业项目2个，总投资1.82亿元，其中豌豆糖浆加工项目已完成合同签约及土地购买。意向签约项目2个，计划投资额2.5亿元。年内，开展有关电子商务培训4期，培训215人。与此同时，加快培育新型业态，打造网络销售、电商直播、产地供货等新型企业模式，引进“鲜起点”供应链直播基地，打造蜜柚销售直播生态。

【现代农业】

2021年，霞寨镇完成2020年度高标准农田建设任务，2021年度高标准农田建设项目超时序推进。“园改耕”项目先试先行，完成第一批县级土地开发80.02亩，完成第二批规划设计705亩。

【第三产业】

2021年，霞寨镇以蜜柚文化产业、生态乡村旅游为载体，着力打造出“柚海高寨”“文化

2021年9月9日，平和县疫苗接种"逐村清零"台账整理经验交流会在霞寨镇召开
（霞寨镇 供图）

钟腾""生态高峰"3张特色旅游名片。配强高寨和钟腾两个村的党组织，进一步发挥高寨将党支部建在产业链上的做法，与高峰谷串点成线，做大做强农旅融合，推动乡村振兴示范线路建设。

【城乡面貌】

2021年，霞寨镇完成长汀、团结2个村入河排污口整治；推动生活垃圾收集与无害化处理，实现垃圾清扫保洁全覆盖，清理垃圾11447吨、处理蜜柚废果9413吨。完成4个村"多规合一"村庄规划编制，裸房整治151户。农村两违治理完成处置4.7041万平方米，开展"四清"整治54宗，面积1.7879万平方米，"四化"整治4处。

【生态环境】

2021年，霞寨镇加强环境保护和整治，实施土壤酸化耕地治理项目，对6000亩土地施用300吨土壤调理剂；推进退果还林、退果还茶工作，实现退果还林960.1亩、退果还茶632.01亩。建立农资废弃物（农药瓶、农膜）回收处置制度，回收农资废弃物10222公斤。推进花山溪流域治理，建设10条小流域综合治理项目，投资800万元，建设群英、中润、古隆3个蜜柚生态果园千亩示范片，化肥施用量同比减少16.1%，农药施用量同比减少7.2%。

【扶贫工作】

2021年，霞寨镇排查符合"雨露计划"补助学生有46名，发放助学补助12.9万元。联系漳州东方科技集团、漳州市红十字会等到霞寨镇开展爱心助学活动，扶助困难学生35名，发放帮扶慰问资金5.1万元。排查蜜柚种植314户，茶叶种植1户，合计种植1298.3亩，发放产业扶持补助资金67.36万元。为脱贫户提供公益性岗位40个。落实贫困户蜜柚价格指数保险，在3月理赔262单次128.53万元，下半年收到163户蜜柚价格指数保险出险材料。年内，发放扶贫小额贷款44批次，共计126.11万元。

【社会治理】

2021年，霞寨镇公调办联合律师工作室，深化以司法所、公安民警、村综治协管员为主体的"2+3"调解模式，巩固提升"一村一法律顾问"做法。年内，受理233起矛盾纠纷，化解232起，化解率达99.6%，受理"12345"平台案件105件，案件回复率和按期办结率均达100%。"一村一法律顾问运作模式"作为典型示范案例，在法治漳州论坛上被分享。

【民生工程】

2021年，霞寨镇改建提升平和三中旧校门；投资100多万元建设中心小学东大门，投入70多万元完成中心小学操场扩建征地工作；投资1300多万元建设的小坪幼儿园顺利实现秋季入学；投资1600多万元的安全生态水系项目已建设完成；长东线坑内至古隆段路面改造接近尾声；县级土地开发80多亩，另有700多亩土地规划设计中。

（供稿：霞寨镇党政办）

芦溪镇

【概况】

2021年，芦溪镇全年完成财税收入2509.65万元，完成全年任务102.6%；规模以上工业产值完成4.24亿元；固定资产投资完成3.28亿元，完成入库项目13个，总投资额2.6亿元，全年预计可完成入库16个，总投资额3.7亿元；限额以上商贸完成971.4万元。推进“生态立体循环农业”，引进福建省君品佳农业科技有限公司，建立健全无公害绿色农产品保鲜、仓储、加工、物流、电商等全产业链服务保障。

【项目建设】

2021年，芦溪镇共有8个县级重点项目，项目计划总投资32720万元，计划年度投资13220万元，全年累计投资14445万元。芦溪镇主要领导共外出招商6次，已成功和漳州亿佳兴家具（南靖）、君品佳农业科技有限公司、福建省伍诚铝模有限公司达成投资意向。

【人居环境】

2021年，芦溪镇投入640万元用于河道清淤疏浚及垃圾清运工作，实现生产生活废弃物集中清运处理。2021年，芦溪出境断面水质检测均能达到三类水以上标准，完成2个村污水处理站验收工作，芦溪镇17个村15个污水处理站已全部投入使用。实施村坑—树林土地开发项目26.42亩，实施2020年度、2021年度高标准农田建设项目。2021年，芦溪镇积极向上争取项目资金，安全生态水系三期、南芦线芦丰至东槐段道路提升改造工程及芦溪镇人居环境整治提升项目获批实施。

【民生事业】

2021年，芦溪镇完成千人以上农村饮用水水源保护区范围划定及6个村农村饮水提升工程等；完成东槐等4个村村庄规划编制工作；完成连城村弄猴至坦坑道路硬化项目、连益村后畲节约自然村屋后崩塌地灾治理工程、秀芦村红色文化旅游提升等；建成一批居家养老服务示范点，漳汀等3个村幸福院参与全省五星级幸福院评定；全面完成村（社区）委员会换届工作。

【社会治理】

2021年，芦溪镇开展平安家园建设，搭建平安乡村监控平台，加强公共安全视频监控建设与联网，持续推进“全线设防”；强力打击治理电信网络诈骗、非法出入境从事跨境违法犯罪活动。1月10日，在首个中国人民警察节，中宣部授予“漳州110”“时代楷模”称号，芦溪镇“乡村110”治理新模式作为典型，参加央视《时代楷模发布厅》节目，芦丰村“乡村110”巡防队队长叶伯群受邀作典型发言。

【疫情防控】

2021年，芦溪镇严格落实“五级责任链条”机制，严防严控境

2021年6月16日，芦溪镇举办安全咨询日活动　　（芦溪镇 供图）

外及重点地区返乡人员；结合公安部门和指挥部数据反馈，开展全镇综合网格化排查，形成排查数据台账。对于重点地区返乡人员，镇卫健办第一时间联系技术人员上门安装监控设备，实行在线管控，同时，积极稳妥有序推动疫苗接种工作。

【产业发展】

2021年，芦溪镇创新发展新型农业项目——“稻田蛙”立体循环农业。该项目已经通过福建省海洋与渔业局组织的专家评估。全镇已在12个村建立示范点，采用“党支部+企业（合作社）+村民”的模式，共同打造130亩“稻田蛙”立体循环农业，年产值可达720多万元，带动320名村民增加经济收入。年内，建设完成翠冠梨种植基地、优质百香果种植基地、兰花种植示范基地和红莲子种植基地。

【旅游发展】

2021年，芦溪镇依托蕉路村绳武楼古色古香特色、土楼旅馆、水上农家乐风情特色小吃、芦溪红酒、咸菜等旅游产品，成功创建“国家旅游扶贫示范村”、“全国乡村旅游重点村”和“漳州市美丽乡村示范点”，成为重要的旅游集散地和目的地。积极对接英才集团、绳武楼旅游投资公司、福建山水九曲旅游开发有限公司等龙头企业，促进芦溪工业产业、乡村旅游、家庭农场、电子商务长远发展。

【社会事业】

2021年，芦溪镇新建1个乡镇新时代文明实践所，18个村（居）新时代文明实践站，形成“镇级一所、一村（居）一站”的服务管理体系。建立派出所、教育、工商、卫生、文化联席会议机制，加强校园周边环境整治，确保校园无安全事故、无纠纷案件、无上访事件、无周边环境问题。年内，芦溪乡贤、企业家豪士（福建）食品有限公司捐款20万元，奖励优秀学生50名、优秀教师32名。

【安全生产】

2021年，芦溪镇开展各项安全排查工作，排查97处房屋结构安全隐患、95处“三合一”场所及人员密集场所隐患、4处涉水区域安全隐患，已全部整改到位，增设26个安全警示牌。责令停止14家无证销售烟花爆竹商铺、16家销售燃气、液化气商铺。年内，开展“一盔一带”整治工作、“夜查”、“两客一危一货”专项行动，严厉打击无证无牌驾驶、酒驾、醉驾、疲劳驾驶、超载等危害道路交通安全的行为。建立健全道路交通安全评估机制，加强对参与蜜柚短途运输车辆的隐患排查工作力度。落实电动车消防安全和每月对辖区非煤矿山安全生产检查工作。

（供稿：芦溪镇党政办）

崎岭乡

【概况】

2021年，崎岭乡完成固定资产投资4.1972亿元，超额完成任务107.5%；规模工业总产值0.9779亿元，增长23.4%；财政收入650万元，增长11%；向上争取资金完成818万元。

【现代农业】

2021年，崎岭乡积极培育新型农业经营主体，推荐省级家庭农场1家、县级家庭农场2家。2021年，完成退果还茶1464.97亩；发动茶企积极参加春季、秋季白芽奇兰茶王赛等活动，鼓励坤松、闽山岩、正尖山等茶企在茶叶制作方面创新推广直条型奇兰做法，拓展销售市场，全乡整体茶叶产值同比提升10%以上。

【项目建设】

2021年，崎岭乡加快推进顶寨村省级示范村和南湖示范村建设，投入181.05万元对永利楼、南湖楼、蔡百万故居周边环境进行整治；完成顶寨茶叶制作加工坊修建工程；完成省重点项目官峰水库南湖土坑仔进库道路征地等工作；实施彭溪奇兰茶王谷生态园区项目一期建设；韩江上游九峰溪流域（崎岭段）水生态环境综合治理工程项目进入初设阶段；持续推进2021年度高标准农田项目。

【城乡面貌】

2021年，崎岭乡投入56万元完成1.2千米的合溪漫步道建设。投入35万元建设104盏路灯实现国道355线崎岭段全线通路灯。完成崎岭公交站台建设，实现崎岭至小溪通公交车。完成南湖、新南、溪头、彭溪等4个村的村庄规划，规范农村建房审批。扎实推进天地网图斑处置，处置违法占用耕地图斑67宗面积42.59亩。

【生态环境】

2021年，崎岭乡推动土壤污染防治，加强农业面源污染治理，建立健全环境卫生保洁机制，配备和完善垃圾箱、摆臂式垃圾车等设施，并及时转运到华安垃圾焚烧发电厂处理；完善河道专管员队伍建设，加强日常巡查宣传；投入127.49万元完成彭溪村饮用水安全（一期）项目。

【扶贫工作】

2021年，崎岭乡走访入户脱贫户244户，发放省级专项产业扶贫发展资金47.675万元，帮助220户脱贫户产业发展。发放“雨露计划”补助41名脱贫户大中专学生共12.3万元，帮助学生完成学业。

【社会治理】

2021年，崎岭乡推进“平安家园”视频监控建设，逐步实施彭溪、南湖、顶寨、新南等村安装监控探头。发放平安宣传材料17500份；成功劝返滞留缅北涉诈高危人员7人，劝返率87.5%；加大矛盾纠纷排查化解力度，有效防范和化解各类矛盾风险，确保社会和谐安定稳定。

【民生工程】

2021年，崎岭乡完成27个为民办实事项目，有效落实“双减”工作，投资1098万元的南湖幼儿园建成投用。为确保学校周边环境安全，分别投资42万元和38万元建设崎岭中学笼式足球场和运动场地护坡等设施。整合教育资源，力推集中办学，动员溪头正兴小学18名学生到崎岭中心小学就读。通过教师节对32名优秀教师进行表彰。落实保障民生专项资金，特困人员、低保人员、残疾人等相关资金全部按时足额发放。

（供稿：崎岭乡党政办）

2021年6月29日，崎岭乡开展新时代文明实践所“百名千场”宣讲活动　（崎岭乡　供图）

九峰镇

【概况】

2021年，九峰镇地区生产总值完成268935万元；固定资产完成投资58360万元；规模以上工业总产值85434.9万元；财税收入完成1033.8万元；向上争取资金1252.98万元；农民人均纯收入19828元。年内，上报上级部门确认签约漳州市大芹山红学培训基地、石鹰宫旅游开发等2个项目，计投资5亿元，已落地开工。

【疫情防控】

2021年，九峰镇设立党员先锋岗60余个，整合支部党员、乡村110等力量，深入村（居）、商超、寺庙、市场等巡查督导，有效劝导“红事”缓办、“白事”

简办共 20 余场，实时更新流动宣传车、每日开展村口广播 8 次，上报省外重点地区返乡人员、省内重点地区返乡人员，实现九峰镇“零感染”“零疑似”。2021 年，九峰镇 18 周岁以上人群接种第一针疫苗 22102 剂，接种第二针疫苗 21246 剂，接种第三针疫苗 1077 剂；3—11 周岁人群接种第一针疫苗 3891 剂，接种第二针疫苗 3646 剂；12—17 岁人群接种第一针疫苗 3232 剂，接种第二针疫苗 3280 剂。

【农业发展】

2021 年，九峰镇完成 1 期福田、城西、下坪等 6 个村低效园地改耕地 10.84 公顷，推进 2 期 10 公顷扫尾工作，完成下北片蔬菜种植基地土地流转 380 亩，引进并规模种植 901 号茄子 3.33 公顷，产品远销往漳州、厦门、广东等地。坚持因地制宜，优先支持环大芹山高海拔地区“退果还茶”，重点解决“茶中柚”问题，完成“退果还茶”90.4 公顷、新种茶园 21.94 公顷。

【项目建设】

2021 年，九峰镇共有 4 个县级重点项目，分别是生态水系提升工程、国家级传统古村落提升项目、印象半径旅游综合开发项目、红军洞旅游开发建设，计划年度总投资 1.897 亿元，实际完成投资 2.0677 亿元，占计划投资的 109%。

【扶贫工作】

2021 年，九峰镇对全镇 387 户脱贫户开展脱贫成效大回访活动，核实“一键报贫”农户 20 户，给予 24 户脱贫不稳定户和受疫情影响户每户 1000 元产业发展政策倾斜，帮助 41 名贫困学生申报雨露计划补助资金共计 12.3 万元。

【乡村振兴】

2021 年，九峰镇重点打造黄田村、复兴村、澄溪村等 3 个乡村振兴试点村，通过串点连线，辐射带动周边村的乡村振兴进程。完成 2021 年度 7 个村的村庄规划编制任务。设置公益性岗位 25 个，发放乡村振兴补助资金 46.289 万元，帮助 246 户产业发展脱贫户购买蜜柚价格指数保险，累计理赔 45 户 20 余万元。以联胜黄田线乡村振兴项目为抓手，稳步推进黄田古村落环境提升、古村落历史建筑修缮、印象半径旅游综合开发、名峰山旅游开发等项目，推出“崇福堂—城隍庙—黄田村—印象半径—大芹山”九峰二日游精品路线，形成乡村特色旅游内循环。

【社会保障】

2021 年，九峰镇新增低保 113 个、五保 11 个，清退低保户 37 个、五保户 11 个，办理老人证 1451 人，临时救助 272 人次，救助金额 27.83 万元，慰问困难户 128 户，慰问金额 2.78 万元。新农保完成率为 95.22%，新农合率为 94.33%。便民服务中心工作窗口共办件 1986 件，办结率 100%。

【综合整治】

2021 年，九峰镇完成百路千村整治 22 宗，处置违法占用耕地 44 宗 5.49 公顷，拆除下西、复兴顶风违建框架房 12 间，立案处理违法占用耕地 120 多宗。推进福田、

2021 年 6 月，九峰镇黄田村夜景亮化工程完工亮灯（九峰镇 供图）

东富、下坪等6个村低效园地改耕地10.84公顷，新增耕地9.13公顷。引导九峰镇100多户蜜柚收购业主共同维护国道两侧环境卫生，不倾倒、不堆放蜜柚废果烂果。完成九峰镇14个村、2.33公顷农村老旧房屋拆除，进行复垦。

【生态环境】

2021年，九峰镇开展河漂垃圾及水浮莲清理专项行动，清理水浮莲面积约3万平方米，九峰溪国控断面的水质11个月为Ⅲ类达标水质。做好九峰镇6个千人以上饮用水源地的整治方案编制和现场划界立牌，完成大尖山水源地蜜柚去青。完成眉山、澄溪等两个村的农村生活污水收集与处理建设，镇区污水厂正式投入使用。加强漳州市宏顺纸业有限公司、平和县祥凯纸业有限公司2家企业的排污在线监控。完成九峰镇村级自来水厂水质的整改提升，新建和改建13个村级安全饮水工程。拆除占用河道建筑约250平方米，清理占河乱种面积约2000平方米。修复上仓、苏洋2个村的农田水利灌溉渠道。梅潭河安全生态水系九峰段项目建设及下坪小流域水土流失综合治理项目已进入扫尾阶段。

【社会治理】

2021年，九峰镇建立初信初访首办责任制，共受理信访件43件，办结42件，办结率97.67%；受理“12345”便民服务平台件267件，办结263件，办结率98.5%。严厉打击电信网络诈骗，对全镇16—45周岁的2万多名村民进行再次摸排，做好劝返工作，并对8名回流人员进行建档管控。举办安全生产、消防安全等培训会7次，防汛和消防应急演练2次。开展安全生产大检查大整治5次，排查出安全隐患35条。镇“公调对接”办公室2021年“公调对接”办公室共受理各类矛盾纠纷389起，调解结案398起，调解成功率100%，调解经验做法得到省、市、县各级领导肯定。

【基层组织建设】

2021年，九峰镇引导支部党员、村民代表签订《严守换届纪律承诺书》共1500余份，圆满完成村（社区）“两委”换届工作，全镇25个村、2个社区顺利实现“一肩挑”100%，实现镇村党员干部思想轮训全覆盖。全镇25个村的村财收入均突破10万元，突破50万元以上的村10个，占40%。

（供稿：九峰镇党政办）

长乐乡

【概况】

2021年，长乐乡规模工业产值累计完成6770万元，比上年同期增长12.39%。零售业完成营业额895.5万元，比上年同期增长13.24%。批发业完成营业额3116.3万元，比上年同期增长20%。住宿业营业完成412万元，比上年同期增长17.28%。全年新增固定资产投资项目5个，总投资额1.8亿，开工5个，投产1个。固投累计完成1.9亿元。2021年，核实疫情流调信息1906条。18周岁以上第一针接种率84.30%，60周岁以上第一针接种率85.11%。

【生态环境】

2021年，长乐乡强力推进“两违”综合治理，拆除违规建筑2.4432万平方米。在全乡推行垃圾分类工作，新建沤肥池1个，垃圾分类亭7个，新增垃圾桶108个，配备22名保洁员。完成退果还林35亩，还茶80亩，蜜柚高接换种500亩，果园留草覆盖1050亩，化肥减量、有机肥替代化肥1800多亩，化肥、农药使用量同比减少6%。执行严格的耕地保护制度，加大违法占用耕地图斑处置力度，拆除2宗顶风农村乱占耕地建房，完成35宗图斑整治。国控断面水质提升1个，跨省长乐葵山监测点水质达标率100%，清理、维护河道7千米。完成植树造林1700亩，森林抚育2700亩，封山育林1200亩。完成村庄生活污水治理设施项目建设1个，建设管道5.6千米，实现全乡污水处理全覆盖。

【扶贫工作】

2021年，长乐乡投入5.4839

万元用于衔接推进乡村振兴，为全乡236户有发展产业的脱贫户发放补助33.209万元，为产业补助不足1500元的脱贫户再次追加至1500元，发放追加补助148户10.63万元。积极开发公益性岗位20个，比上年增长30%。认真落实防止返贫动态监测和帮扶机制，做到“日汇总周核实”，截至年底共排查977人次。累计发放小额信贷24笔55.7万元，未出现逾期情况。雨露计划补助30人，两次“回头看”均无漏报现象。年内，保产业帮扶保险655.4亩，蜜柚价格指数保险670.7亩，水稻保险7399.41亩。

【乡村振兴】

2021年，长乐乡以平和暴动纪念馆被评为第六批福建省爱国主义教育基地、以福建省党史学习教育参观学习点为契机，不断推进长乐乡红色旅游综合提升项目建设，推出党史学习教育“七个一”系列活动，吸引省市县机关企事业单位、高校、社会团体等4万多人前来参观学习，增加长乐群众收入近百万元。年内，投资400多万元推进建南村省级乡村振兴示范村和葵山、联胜、联三乡村振兴串点连线建设，亮化长乐大桥至建南村村部道路投资200多万元提升乐北村红色美丽村庄建设。

【民生项目】

2021年，长乐乡聚焦群众需求，完成18个“我为群众办实事”项目。年内，投入160万元完成镇区道路白改黑提升改造工程，投入近300万元硬化拓宽村道5.56千米，投入50万元建设高速出口至镇区沿途道路及联胜村道路亮化工程，投入60万元建设联三村、农家村安全饮水工程。完成建南村、乐北村环境整治1.8万平方米。完成村庄规划3个，裸房整治22栋，授牌“美丽庭院”示范户10户。完成镇区房屋壁面改造1313平方米。配合实施闽粤联网工程，完成征地8067平方米，拆迁建筑237平方米。

【社会治理】

2021年，长乐乡强力打击电信诈骗、非法出入境，摸排前科人员4人，边境拦截人员1人。每村配备公共安全视频监控，强化平安边界建设。巩固提升“党建+”模式，建设法治乡村，常态化开展安全生产大检查，加强重点行业领域安全监管，未发生安全生产事故。年内，巩固提升全乡9个村“一门式办理”“一站式服务”的乡村振兴服务站，全面完成我乡村“两委”换届选举工作。

（供稿：长乐乡党政办）

2021年12月，长乐乡率先在全县实现镇区道路白改黑（蔡雍盛 摄）

秀峰乡

【概况】

2021年，秀峰乡完成财政收入293.95万元，完成社会消费品零售总额2.5亿元，同比增长8.5%；完成全社会固定资产投资2.4亿元，同比增长33.3%。年内，健全完善“一把手”招商制度，开展项目招商推介，考察金光明家具公司、厦门佳丽宝食品有限公司等多家企业，吸引多家企业到秀峰踏勘。

【疫情防控】

2021年，秀峰乡疫苗接种工作落实“一盘棋”制度，成立疫苗接种数据信息处理专班，完成上级下达的疫苗接种任务。60周岁上第一针完成1996人，第二针完成1765人，第三针完成635人。3—11周岁第一针完成550人，第二针完成512人。18周岁以上第一针完成4818人第二针完成4632人，加强针完成731人。

【项目建设】

2021年，秀峰乡累计投资1200万元，用于建设坪东—坪洄高标准农田、整治秀峰中心幼儿园校外环境、实施福塘村宜居乡村提升工程、秀峰福塘幼儿园乡等一批项目工程。建设蓄水池4座、取水口7个，农沟6990米，渠道3036米，田间道6754米，完善农田基础设施建设。投入300万余元，龙岭村二期污水处理提升项目、生态水系亮化工程，舍人村乡贤休闲公园路灯工程，南峰村、文田村道路硬化，福塘村河道整治等项目建成投用。

【乡村振兴】

2021年，秀峰乡全覆盖推进河道生态环境整治，累计清理河道垃圾20多吨，全面落实保护区禁捕退捕，整治非法捕鱼及非法垂钓70余人次。投资约400万元，建成双塘村、福塘村污水处理厂，另外加大龙岭村配套污水管网铺设面。全乡共排查房屋4102栋，保障全乡住房安全。加大裸房整治力度，规范农村住宅审批。完成“两违”处置面积2.6万平方米，占年度任务2.4万平方米的108.3%。投入50余万元，用于购置垃圾桶120余个以及全乡垃圾清理转运。联合派出所、自然资源等部门开展自然保护地生态环境问题排查整改专项行动；严厉打击非法采石行为，保护国家自然资源。

【扶贫工作】

2021年，秀峰乡实现教育资助全覆盖、住房安全有保障、医疗政策全兑现、水质监测全合格。实施8个激励性产业扶贫项目，发放产业补助23.152万元，117户、365人受益增收，产业扶贫覆盖率达80%。全乡89户因病致贫户，做到医疗费用“零支出”。同时，为217户贫困户签约家庭医生，定期上门为贫困户体检，避免因病返贫。为27名中高职教育学生，发放雨露计划补助8.1万元。

【平安建设】

2021年，秀峰乡持续推进扫黑除恶专项斗争、建设“平安秀峰”、志愿服务、社会治理、电信反诈等工作，全年未发生集访、越级访和群体性事件。年内，开展安全生产演练2次、安全生产隐患排查32次，排查整治安全隐患46个。

（供稿：秀峰乡党政办）

安厚农场

【概况】

2021年，安厚农场经济总收入11783.84万元，农场人均纯

2021年8月，福建省安厚农场对下辖漳州市安农美商贸有限公司进行改造升级，打造平和琯溪蜜柚、白芽奇兰茶、克拉克瓷、平和特产4个文化展示中心及宁夏海原扶贫名优产品展销馆

（安厚农场 供图）

收入21355.34元。种养业收入6058.18万元，工业产值1918.98万元，第三产业收入1773.8万元。11月，安农美农业发展有限公司搬迁至平和县商贸城。

【农场工作】

2021年1月，安厚农场完善龟仔头、南山作业区各300亩琯溪蜜柚现代化农业果园示范基地管理。2月，与漳州农业发展集团对接，设立安农美公司粮油直供服务中心，与全县部分单位食堂签订服务协议，供给优质精油大米。5月，积极争取上级主管部门政策扶持，投入220万元，解决西蝉作业区防洪工程。6月，投入112万元建设下坪作业区生产开发配套设施项目、美丽家园建设排污设施和亮化工程等。7月，投入12万元建设作业区群众饮水工程。

（供稿：安厚农场党政办）

平和工业园区

【概况】

2021年，平和工业园区围绕开展"产业发展项目建设年"活动和"六比一看"竞赛，着力推动各项工作扎实开展，累计实现规模工业产值114亿元，比上年同期增加46亿元，同比增长67.65%；税收入库10004.65万元，比上年同期增加1804.48万元，增长22.01%，完成全年任务100.05%。新引进签约招商引资项目7个，新落地信达管业、得利再生资源、德拓新型建材等3个，计划投资2.5亿元。

【营商环境】

2021年，平和工业园区创设园区企业服务中心，推行党员服务先锋岗，实行"一站式"代办制度。与县法院、检察院联建2个"工作室"，多次深入企业提供法律服务，帮助企业多个方面解决问题6件。设立"企业党员示范岗""党员服务队"等17个，党员主动亮明身份，下沉企业担当"防疫先锋"，为企业排忧解难。

【组织建设】

2021年，平和工业园区选派12名业务骨干到企业担任党建指导员，参与指导党建工作60余次。多方联动推进党政企融合，建立园区党群活动服务中心，新打造标准化党支部2个（程盛党支部、陶瓷联合党支部），构建党建服务新模式。

【要素保障】

2021年，平和工业园区开展征地攻坚活动，较快推进西蝉成片开发地块的征地，用1个月时间征地接近100亩。推进西蝉蜗牛池等久拖未决的征地扫尾攻坚，完成信达管业等8个项目征地扫尾工作，全年完成征地300多亩，完成房屋拆迁5126平方米。推进土地成片开发，持续获批平和县第一、四批次成片开发方案，合计2061.837亩，其中西蝉成片开农转报批已完成选址意见书、规划条件意见书等。推进批而未供和闲置土地处置，处置批而未供土地853.4亩，完成数全县最多，闲置土地13宗1104.78亩全部得到妥善处置。推进盘活闲置厂房，完成多年未生产的腾云

福建鑫源祥木业有限公司生产车间一角　（平和工业园区　供图）

纸业嫁接中凯环保、汀龙机械通过法院拍卖引进木业生产项目、汇润丰通过股权转让嫁接PVC（聚氯乙烯）项目，全年共完成闲置厂房5宗，面积超过10万平方米。

【项目建设】

2021年，平和工业园区新引进落地项目7个，总投资15.55亿元；完成新增入库项目11个，总投资16.23亿元。在建重点项目12个，总投资65.28亿元，全年完成投资额20亿元，建成或部分建成项目5个。月度新增规工企业2家，年度新增规工企业4家，超额完成县下达任务。积极谋划，完成年度新增限额以上贸易企业1家。园区标准化建设重点项目完成12个投资额10.2亿元，竣工项目完成6个。新建成厂房完成36.341万平方米。

【生态环保问题整改】

2021年，平和工业园区“煤改气”工作在完成陶瓷企业技术改造的基础上，着力破解“改而不用”问题，于2021年12月完成2家供气企业合作对接，启动漳州城投益民燃气投建靖城综合调压站分输管线（黄井段）项目立项等前期。污水处理厂扩容提标项目已完成可研批复、初步设计和概算编制。污水管网抢修工程5处345米，投入资金97.5万元。计划于2022年一季度完成污水管网扩建工程的招标工作。

【疫情防控】

2021年，平和工业园区坚持科学精准从严从紧做好疫情防控，设置2个疫情防控宣传大型展板，2个宣传栏，悬挂宣传横幅78条，发放宣传手册、倡议书1000多份，流动宣传车50余次。率先在全县组织对园区全域人员（含黄井村）进行全员核酸检测，共完成核酸采样9661人。开展疫苗接种“逐企清零”行动，完成两针剂（含一针剂）接种人数为5461人，加强针接种人数为2125人。

【安全生产】

2021年，平和工业园区着力推进安全生产各类大整治大排查活动，扎实落实一岗双责，实行每月、季巡查制度，落实常态化检查，有效排查消除安全隐患。率先全县开展《中华人民共和国安全生产法》宣传贯彻工作，开展各类演练近百场次，开展安全培训等10余场次。

【社会治理】

2021年，平和工业园区坚持经济发展与维护稳定两手抓两手硬，以扫黑除恶专项斗争为抓手，严厉打击各类违法犯罪活动，有效解决群众反映强烈的突出治安问题。深入开展矛盾纠纷排查调处工作，重点研判信访积案化解工作，及时解决各类纠纷。加强与驻园区法官工作室、检察官工作室、黄井警务室、消防站等部门建立健全治安防控、调解、安全生产及消防应急排查等工作机制，形成齐抓共管的综合治理工作格局。

（供稿：工业园区管理委员会）

平和县2020—2021年全年主要经济指标

平和县2020—2021年全年主要经济指标情况一览表

表12

指标名称		计量单位	2020年		2021年	
			全市	平和	全市	平和
1. 生产总值	总量	亿元	4545.61	254.57	5025.40	271.49
	增长	%	-3.90	-6.3	7.7	6.1
2. 农林牧渔业总产值	总量	亿元	919.75	91.36	992.57	101.06
	增长	%	3.25	2.13	5.7	7.1
3. 规模以上工业产值	总量	亿元	5408.17	154.00	6953.19	247.02
	增长	%	-13.2	-28.5	11.2	9.8
4. 规模以上工业增加值	总量	亿元	1526.66	44.56	—	
	增长	%	-13.5	-28.8	10.9	9.5
5. 固定资产投资（不含农户）	总量	亿元	1882.46	84.39	2036.51	95.70
	增长	%	-27.8	-12.7	8.2	13.4
其中：工业投资	总量	亿元	683.10	37.16	764.62	38.39
	增长	%	-35.6	-21.4	11.9	3.3
6. 实际利用外资	总量	亿元	41.14	0.44	22.85	0.33
	增长	%	8.00	-47.00	完成52.9%	完成32.7%
7. 社会消费品零售额	总量	亿元	1697.15	99.58	1804.57	104.60
	增长	%	-5.0	-6.5	6.3	5.0
#限额以上消费品零售额	总量	亿元	535.65	15.95	430.55	19.19
	增长	%	-11.4	-18.9	2.6	14.1
8. 一般公共预算总收入	总量	亿元	350.65	8.92	384.50	8.94
	增长	%	-1.6	-5.4	9.7	0.2

续表 12

指标名称		计量单位	2020 年		2021 年	
			全市	平和	全市	平和
# 地方一般公共预算收入	总量	亿元	218.56	6.34	246.18	6.38
	增长	%	-0.4	0.3	12.6	0.6
9. 城镇居民人均可支配收入	总量	元	40008	34940	43309	36938
	增长	%	2.7	1.5	8.2	5.7
10. 农村居民人均可支配收入	总量	元	21103	20770	23582	23005
	增长	%	6.1	7.7	11.7	10.8

平和县机关部门、乡镇（场、区）和企事业单位正副职领导干部名录

（注：参考省、市做法，名单以 2021 年 12 月 31 日在职者为准，相同职务人员做适当归类，不作为排序依据，其中“★”为女同志）

中共平和县委

书　记：蔡绿璇★

副书记：黄永健　郑炎山（正处长级）

常　委：王毅伟　郭毅置　李　真★　林炳仁　林丽玲★　王振惠　林英强　王国东

平和县纪检监察机关

县纪委

书　记：林炳仁

副书记：陈木坤　杨跃盛

常　委：赖捷民　张耀光　蔡劲楚　蔡冬梅★

县监委

主　任：林炳仁

副主任：陈木坤　杨跃盛

委　员：赖捷民　张耀光　林明生　周　良

纪检监察组

驻县委办纪检监察组副组长：罗文雄　李　腾

驻县政府办纪检监察组组长：江伟平

副组长：黄苏娜★

驻县委组织部纪检监察组组长：黄金龙

副组长：林丽君★

驻县委宣传部纪检监察组组长：何伟泉

副组长：周玉彬★

驻县文化体育和旅游局纪检监察组组长：蔡奇宏

副组长：张志军　朱保平

驻县农业农村局纪检监察组组长：朱仁山

副组长：黄周武　杨坤章

驻县人社局纪检监察组组长：蔡冬梅★

副组长：吴锦程

驻县市场监督管理局纪检监察组组长：胡梁铭
副组长：黄志军　林周城

驻县交通运输局纪检监察组组长：杨祥隆
副组长：赖胜民　刘剑旭

县直机关纪检监察工委书记：曾培锋

中共平和县委工作机关及直属单位

县委办
主　任：蔡立保
副主任：江海清

组织部
部　长：王毅伟
副部长：李振忠　石艺军　杨龙峰　柯雅瑄★

宣传部
部　长：李　真★
副部长：黄荣军　张山梁　黄荣才

统战部
部　长：林丽玲★
分管日常工作副部长、民宗局局长：林智文
副部长：胡木清　曾韶光

政法委
书　记：王国东
副书记：苏鹏华　叶　斌
政治处主任：陈连福

编办
主　任：陈　建
副主任：黄秀清★

台港澳办
主　任：曾溪辉
副主任：叶剑锋

县直机关党工委
书　记：王毅伟
常务副书记：吴振坤
副书记、纪工委书记：曾培锋
副书记：朱朝东

巡察办
主　任：张东升
副主任：童桂贤★ 刘俊杰
巡察一组组长：曾小群
巡察一组副组长：黄镇平
巡察二组组长：叶志文
巡察二组副组长：林志远
巡察三组组长：陈维平

老干局
局　长：柯雅瑄★
副局长：朱秋城　庄新勇

党校
校　长：王毅伟
副校长：张群雄　周家庆

党史和地方志研究室
主　任：林丽红★
副主任：黄镇城

档案馆
馆　长：张茂成
副馆长：张锻成

平和县第十八届人大常委会

主　任：曾　民　2016.12 起任职
副主任：江益权　2016.12 起任职
　　　　庄汉土　2016.12 起任职

林慧颖★2016.12 起任职
蔡云英★2021.01 起任职
委　员：卢金洪　朱高德　刘玉秀★　李九伍
杨万美　吴两木　张庆福　张国雄
陈良州　林中峰　林丽娜★　黄日升
黄祖捷　黄琳倩★　曾春玉★　赖艺玲★
赖育民　蔡振平　蔡裕民
（注：林英强转任县委常委、县政府副县长，卢和强、吴金成、赖志生转任政府组成部门负责人）

平和县第十九届人大常委会

主　任：朱新丰　2021.12 起任职
副主任：朱顺忠　2021.12 起任职
林慧颖★ 2021.12 起任职
钟育辉　2021.12 起任职
委　员：吴聪勇　石艺军　黄镇城　赖伟民
黄良仕　曾春玉★　黄松生　黄深泉
吴茂长　黄卫光　李海明　陈锦绣★
叶庆南　陈联荣　潘嘉贤　黄清流
黄杰文　赖警苗★　林丽玉★　叶　斌
江海清　赖智清　沈艺斌★　陈原辉
曾　奋　林丽君★　陈军辉　卢小兰★

平和县人大常委会工作部门和专门委员会

人大办
主　任：吴聪勇
副主任：李海明

人事代表委
主　任：石艺军
副主任：陈锦绣★

监察司法工委
主　任：黄镇城

财经委
主　任：赖伟民

农经委
主　任：黄良仕
副主任：叶明山

教科文卫委
主　任：曾春玉★
副主任：卢振德

侨台民宗委
主　任：黄松生

城环委
主　任：黄深泉
副主任：林绍东

信访办
主　任：吴茂长
副主任：曾卫军

平和县人民政府

县　长：黄永健
副县长：林英强　蒋启财　吴映红★　林贵良
吴朝东　林琦志　林方晔　郭艺泓

平和县政府工作部门及直属单位

政府办
主　任：张万土
副主任：卢鑫城　林　伟

发改局
局　长：杨武牧
副局长：杨绍文　何志德　陈高翔

教育局
党委书记、局长：卢和强
副 局 长：曾庆生　黄增贤

公安局
党委书记、局长：郭艺泓
党委副书记、政委：侯志斌
副局长：曾光辉　张裕来　林水湖
纪检组组长：曾跃明

民政局
党组书记、局长：罗少真
副局长：叶春华★ 卢建福

财政局
党组书记、局长：赖志生
副局长：陈　喆　林　伟

司法局
党组书记、局长：陈耀勇
副局长：庄立平　曾艺云★ 赖思臻（挂职）
政治处主任：林荣海

人社局
党组书记、局长：吴金成
副局长：周小龙　吴燕华★

自然资源局
党组书记、局长：吴志育
副局长：林建君　林元龛

住建局
党组书记：赖建生
局长：庄汉生
副局长：黄陆君　林项利

交通运输局
党组书记、局长：曾乃君
副局长：张炳南　杨振兴　陈耀华

水利局
党组书记、局长：黄志雄
副局长：张炳辉　陈镇坤

农业农村局
党组书记、局长：李明聪
副局长：曾子文　陈晖津

农业机械站
站　长：黄毅军

供销社
副主任（主持）：庄泽勇
副主任：蔡贤达　罗小雨

二轻联社
主　任：杨慧全
副主任：黄启文

粮食和物资储备局
局　长：庄赞立

工信局
党组书记、局长：陈建章
党组副书记、科学技术局局长：林兹荣
副局长：黄杰文　张文昌　卢建昌

文体旅局
党组书记、局长：卢　胜
副局长：曾凡东　简易妮★

县融媒体中心
副主任：庄智洲　曾建彬　李润南

卫健局
党组书记、局长：陈苍山

副局长：叶志鹏　杨勇生

退役军人事务局
党组书记、局长：叶俊城
副局长：游南长　赖志雄

应急局
党组书记、局长：李林城
副局长：蔡小勇　卢位南

审计局
党组书记、局长：周志平
副局长：卢佑泽

林业局
党组书记、局长：林立武
副局长：曾力克　叶圣宏

市场监督管理局
党组书记、局长：卢林海
党组副书记、副局长：周建斌
副局长：曾欢正　庄文琛

统计局
党组书记、局长：林荣建
副局长：周宏雷　赖东泸

地震办
副主任：李　惠★

信访局
局　长：张元清
副局长：周松凯

城市管理局
党组书记、局长：龚奕斌
副局长：周长发　周志荣　吴炳清

行政审批局
党组书记、局长：张少云★
副局长：赖五洲

行政服务中心
主　任：叶俊城
副主任：吴文珍★ 蔡志平

三平管委会
党组书记、主任：卢文深
副主任：李云龙　朱培德

灵通风景区管委会
主任：林荣耀
副主任：叶河清　曾陈彬　叶文汇（挂职）

疾控预防控制中心
主　任：陈丽淑★
县总医院
党委书记：周建树
党委副书记、院长：赖林俊

县妇幼保健院
院　长：黄跃平

福建兴和投资发展集团有限公司
董事长：赖志生
总经理：赖文革

福建平和城市建设投资开发有限公司
董事长：林项利
总经理：赖爱平

福建平和旅游投资开发有限公司
董事长：魏　远
总经理：林中伟

平和县交通发展有限公司

董事长：张炳南

总经理：叶文宪

副总经理：庄振庚　叶建民

政协平和县委员会

主　席：李瑞林

副主席：林启明　曾文汉　蔡立保　谢伟宏

平和县政协工作部门

政协办

主　任：杨锋滨

副主任：李惠生

经济委

主　任：林坤和

副主任：张荣裕

文化文史和学习委

主　任：石江林

副主任：卢波思

台港澳侨委

主　任：游佩静★

提案委

主　任：赖艺玲★

副主任：曾庆辉

社会法制委

主　任：张阳平

副主任：蔡成发

科教卫体委

主　任：林建水

副主任：黄志中

平和县人民检察院

党组书记、检察长：黄国盛

党组副书记、副检察长：黄明生

政治处主任：叶河南

纪检组组长：朱宏达

专职检委：陈小梅★　黄建生

平和县人民法院

党组书记、院长：高长江

副院长：沈蔚林　周德生

政治处主任：曾锦阳

纪检组组长：黄友三

执行局局长：庄文才

专职审委：叶河山　曾锦池

平和县群体组织

总工会

主席：林丽玲★

党组书记、常务副主席：陈连明

副主席：林添才　杨丽娟★

共青团县委

书　记：黄杰文

副书记：黄琳倩★　赖舒达

张　婷★（挂职）　吴锦林（挂职）

妇联

党组书记、主席：陈小红★

副主席：卢颖芳★

文联

主　席：林少鸿

副主席：王达理　黄荣才（兼职）

黄水成（兼职）

科协
党组书记：黄洪河
主　席：赖警苗★
副主席：罗国欣　叶劲松

社科联
主　席：罗梓盈
副主席：林胜洁
周国林（兼职）

工商联
党组书记：胡木清
主席：林启明
副主席：曾玉城★

侨联
主　席：江爱荣
副主席：游永烽

台联
会　长：林丽娜★

残联
理事长：林跃忠
副理事长：吴志城　蔡少锋

关工委
第一主任：王毅伟
主　任：张百忍
执行主任：庄新勇

红十字会
常务副会长：林丽玉★

计生协会
会长：林慧颖★
常务专职副会长：张思斌
专职副会长：张汉强
兼职副会长：叶志鹏　黄跃平

慈善总会
执行会长：周瑞民
副会长：李耕云　蔡新城

老体协
主　席：周瑞民
副主席：吴丽华★　林仁瑞
黄丽真★　赖美娟★

老促会
会　长：江益权
副会长：黄汉洋　赖全州

驻平和中央和省、市属机关企事业单位

税务局
局长：洪文成
副局长：吴志江　陈永长
纪检组组长：陈国明

医疗保障局
局　长：张国扬
副局长：张　欣

住房公积金管理部
主　任：陈毅龙

生态环境局
党组书记、局长：卢　立
副局长：朱永松　曾长兴　叶生华

气象局
局　长：罗淑英★
副局长：林建生

漳州市公路局平和分局
主　任：刘　架
副主任：张新禄

烟草专卖局（分公司）
局　长：陈艺惠
副经理：张永忠
副局长：陈　勇
专职纪检员：孙庆川

国家平和县供电公司
党委副书记、总经理：林石生
党委书记、副总经理：杨高光辉
副总经理：杨炳荣　江　毅　陈艺鑫
纪委书记：林清辉

中国人民银行平和县支行
行　长：阮毅辉
副行长：郑上海　曾祥锋

中国银行保险监督管理委员会漳州监管分局平和监管组
组　长：苏顺庆

中国农业银行股份有限公司平和县支行
行　长：蔡智深
副行长：黄艺平
纪委书记：蔡金德

中国银行平和支行
行　长：蓝亚忠
副行长：郑　力　王小波

中国建设银行股份有限公司平和支行
行　长：赵子荣
副行长：张超煌

中国工商银行股份有限公司平和支行
行　长：陈志刚
副行长：黄淑贞★

中国农业发展银行平和县支行
行　长：蔡建华
副行长：郑　立

平和县农村信用合作联社
党委书记、理事长：林文智
党委副书记、主任：韩启川
纪委书记、监事长：俞承安
副主任：吴文金

邮储银行平和县支行
行　长：张栋材
副行长：李海平

中国邮政集团公司福建省平和县分公司
总经理：郑木昌
副总经理：朱钦清　钟勇文

中国电信平和分公司
党支部书记：曾　强
副总经理：黄坤渊　魏志鸿

中国移动通信集团福建有限公司平和分公司
总经理：黄秋生
副总经理：周炎生　钟锦松　卜兴建

中国联合网络通信有限公司平和县分公司
总经理：张小泳

中国人民财产保险股份有限公司平和支公司
副经理（主持）：林杉河
副经理：林翼虎

中国人寿保险股份有限公司平和县支公司
经　理：周友福
副经理：蒋伟华　柯培辉

福建新华发行（集团）有限责任公司
平和分公司经理
副经理：林荣强（主持）

乡镇（场、区）

文峰镇
党委书记：蒋启财
党委副书记、镇长：曾达文
人大主席：叶庆南
党委副书记：赖耿明
纪委书记：叶明智
党委政法委员：林跃明
党委组织委员：张　星
党委宣传委员：邹艺军
党委统战委员：黄碧洪★
副镇长：庄　昕★　卢和平
副镇长、派出所所长：曾绍兴
司法所所长：林荣海
便民服务中心主任：张金碧★
综合执法大队大队长：黄长灵

山格镇
党委书记：黄建鑫
党委副书记、镇长：林锦锋
人大主席：陈耀华
党委副书记：林江成
纪委书记：卢镇辉
党委政法委员：吴志强
党委组织委员：林文平
党委宣传委员、统战委员：曾荣德
副镇长、派出所所长：林文忠
党委委员、副镇长：吴庆通
副镇长：蓝艺华★　李宗武　郑宇超　杨　鑫★
司法所所长：周勇强
农业农村服务中心主任：杨　虹★
便民服务中心主任：吴艺丹★
综合执法大队大队长：林秋伟

小溪镇
党委书记：赖文尧
党委副书记、镇长：林志坤
人大主席：陈联荣
党委副书记：李添元
纪委书记：陈生福
政法委员：吴金溶
组织委员：黄伟煌
宣传委员、统战委员：郭淑玲★
派出所所长：卢江松
党委委员、副镇长：林绍昌
副镇长：朱坤林　江　莉★　吴漳旺
农业农村服务中心主任：何志发
便民服务中心主任：何建国
综合执法大队大队长：林宗平

南胜镇
党委书记：赖进杰
党委副书记、镇长：杨龙坤
人大主席：潘嘉贤
党委副书记：庄聪智
纪委书记：朱永裕
政法委员：蔡伟龙
组织委员：罗嘉沩
宣传委员：易芳芳★
统战委员：吴培游
副镇长、派出所所长：赖智慧
副镇长：林勇银　林景荣
农业农村服务中心主任：卢永平
综合执法大队大队长：朱英林
便民服务中心主任：林　绿★

五寨乡
党委书记：陈志平
党委副书记、乡长：杨玉龙
人大主席：周水山
党委副书记：陈君武
纪委书记：卢娜萍★
政法委员：林龙山
组织委员：林美娟★
宣传委员：卢建平
统战委员：吴城洪
副乡长：叶淑霞★　黄景华
副乡长（挂职）、派出所所长：周鸿源
农业农村服务中心主任：陈远彪

坂仔镇
党委书记：杨镇源
党委副书记、镇长：林志伟
人大主席：朱锡养
党委副书记：吴炎清
纪委书记、监察组组长：陈杰伟
政法委员：游宇晖
组织委员：林桂梅★
宣传委员：蔡志光
统战委员：　林光辉
副镇长：黄智泓　林伟龙
便民服务中心主任：陈晓莹★
农业服务中心主任：吴广福
综合执法大队大队长：叶银辉

国强乡
党委书记：赖文尧
党委副书记、乡长：陈振平
人大主席：杨俊生
党委副书记：张清峰
纪委书记：张文君
政法委员：蔡小勇
组织委员：吴晓游
宣传委员：黄鹏龙
统战委员：朱炼初
副乡长：郑耿伟　沈佳臻★
司法所所长：黄兴强
农业服务中心主任：蔡林海

安厚镇
党委书记：陈盛林
党委副书记、镇长：庄坤明
人大主席：吴秋发
党委副书记：叶文腾
纪委书记：曾鹏程
政法委员：李瑞东
组织委员：高靖祥
宣传委员：赖志强
统战委员：张建树
副镇长：黄　滔　林惠娇★
派出所所长：黄永元
司法所所长：朱上海

大溪镇
党委书记：林永金
党委副书记、镇长：赖志慧★
人大主席：赖文辉
党委副书记：朱智生
纪委书记：李林源
政法委员：吴长平
组织委员：曾凡华
宣传委员：石志军
统战委员、副镇长：张高照
副镇长：陈金彪　刘国才
司法所所长：张文达
便民服务中心主任：陈碧美★
农业服务中心主任：张金霸
综合执法大队大队长：林建立

霞寨镇
党委书记：涂来顺
党委副书记、镇长：赖智平

人大主席：林清益
党委副书记：黄茂林
纪委书记：曾树金
政法委员：李泽龙
组织委员：黄志聪
宣传委员：周艺燕★
统战委员：卢宥均
副镇长：郭艺斌　陈志斌
司法所所长：赖宗金
农业服务中心主任：吴坤元
综合执法大队大队长：张德城
便民服务中心主任：赖智清

芦溪镇

党委书记：刘伟宏
党委副书记、镇长：陈耀辉
人大主席：林明达
党委副书记：朱景明
党委副书记、政法委员：朱林庄
纪委书记：林洋海
组织委员：曾明杰
宣传委员、综合执法大队大队长：曾慧斌
统战委员：叶长虹
派出所所长：张文伟
副镇长：邓晓颖★　赖小能★
司法所所长：黄益金
便民服务中心主任：韩晓贤★
农业服务中心主任：庄荣玮

崎岭乡

党委书记：林海光
党委副书记、乡长：曾明新
人大主席：周南辉
党委副书记：吴银川
纪委书记：林艺煌
政法委员、司法所长：黄泽斌
组织委员：石李菁★
宣传委员：李雅玲★
统战委员：曾安邦
副乡长：杨勇泉　曾建军
副乡长、派出所所长：肖金锌
便民服务中心主任：曾维锋
农业服务中心主任：卢毅涌

九峰镇

党委书记：张连清
党委副书记、镇长：傅炎民
人大主席：黄清流
党委副书记：卢艺铭
纪委书记：陈　勇
政法委员：周良基
组织委员：曾文淮
宣传委员：曾景辉
统战委员：朱松和
副镇长：曾建良　林柏峰
便民服务中心主任：林锦辉
综合执法大队大队长：曾国辉

长乐乡

党委书记：庄振坤
党委副书记、乡长：林晓锋
人大主席：罗林福
党委副书记：陈婧弘★
纪委书记：赵锦辉
政法委员：张志金
组织委员：林泽鹏
宣传委员、统战委员：陈博鑫
副乡长：李艺文　何　琼★
便民服务中心主任：林伟才
农业服务中心主任：林荣链
综合执法大队大队长：张　勇

秀峰乡

党委书记：朱海波
党委副书记、乡长：赵　勇
人大主席：陈佳生

党委副书记：黄燎原
政法委员：林伟镇
纪委书记：叶炜毅
组织委员：黄江鑫
副乡长：张海滨　吕丹凤★　蔡文升

安厚农场

党工委书记：赖荣章
党工委副书记：卢和金
副场长：张志兴

工业园区

党工委书记：蒋启财
党工委副书记、管委会主任：郑剑锋
管委会副主任：吴鸿章　庄贤伟　蓝娇红★

2021年平和县获得市级以上表彰先进集体、先进个人名录

2021年平和县获得市级以上表彰先进集体一览表

表13

获得表彰单位名称	获表彰名称	颁奖单位
平和县人民政府办公室	第十四届市级文明单位（2018—2020年度）	中共漳州市委 漳州市人民政府
平和县扶贫开发领导小组办公室	全国脱贫攻坚先进集体	中共中央 国务院
平和县委组织部党支部	全省先进基层党组织	中共福建省委
中共平和县委组织部	福建省扫黑除恶专项斗争先进集体	福建省扫黑除恶专项斗争领导小组
中共平和县委组织部	第十四届省级文明单位	中共福建省委 福建省人民政府
中共平和县委宣传部支部委员会	福建省“全媒体党史知识竞赛”优秀组织奖、突出贡献奖	中共福建省委宣传部
平和县交通运输局党总支	全市先进基层党组织	中共漳州市委
中共平和县委统战部	第十四届（2018—2020年度）市级文明单位	中共漳州市委 漳州市人民政府
中共平和县委统战部	2020年度全省统战理论政策研究创新成果三等奖	中共福建省委统战部
中共平和县委党校	第十四届（2018—2020年度）市级文明单位	中共漳州市委 漳州市人民政府
平和县审计局	第十四届省级文明单位	中共福建省委 福建省人民政府
平和县	信访工作“三无”县	国家信访局
平和县财政局	全省财政系统先进集体	福建省人力资源和社会保障厅 福建省财政厅
平和县财政局	第十四届（2018—2020年度）市级文明单位	中共漳州市委
平和县农业农村局	表彰	农业农村部畜牧兽医局
平和县农业农村局	2020年度全省农业农村系统绩效评估优秀单位	福建省农业农村厅
平和县教育局	2021年国家义务教育质量监测“优秀组织单位”	教育部

续表 13

获得表彰单位名称	获表彰名称	颁奖单位
平和县教育局	第十四届（2018—2020 年度）市级文明单位	中共漳州市委 漳州市人民政府
平和县卫健局	福建省卫生健康系统先进集体	福建省人社厅 福建省卫健委
平和县人民法院	第十四届省级文明单位	中共福建省委 福建省人民政府
平和县人民检察院	2021 年福建省巾帼文明岗	福建省妇联
平和县人民检察院	第十四届（2018—2020 年）省级文明单位	中共福建省委 福建省人民政府
平和县人民检察院	2016—2020 年全省普法工作先进单位	中共福建省委宣传部 福建省司法厅
平和县人民检察院	全市先进基层党组织	中共漳州市委
平和县公安局政工室	全省公安教育训练工作成绩突出集体	福建省公安厅
平和县公安局巡特警反恐大队党支部	全省先进基层党组织	中共福建省委
平和县公安局巡特警反恐大队	全省优秀公安基层单位	福建省人力资源和社会保障厅 福建省公安厅
平和县公安局部督“10·20”特大制贩销假币案专案组	集体二等功	福建省公安厅
平和县公安局文峰派出所	集体二等功	福建省公安厅
平和县公安局小溪派出所	福建省五一先锋号	福建省总工会
平和县公安局小溪派出所党支部	全市先进基层党组织	中共漳州市委
平和县税务局	第十四届（2018—2020 年度）省级文明单位	中共福建省委 福建省人民政府
国家税务总局平和县税务局第一税务分局（办税服务厅）	2021—2023 年省级青年文明号	共青团福建省委 福建省创建青年文明号组委会
中共漳州市平和生态环境局支部委员会	全市先进基层党组织	中共漳州市委
平和县职工服务中心服务大厅	福建省五一先锋号	福建省总工会
平和县红十字会	2021 年度福建省红十字会“99 公益日”优秀组织单位	福建省红十字会
平和县计划生育协会	全省计划生育协会先进单位	福建省人口和计划生育领导小组
平和县计划生育协会	2016—2020 年计生家庭意外伤害保险工作先进单位	福建省计划生育协会 中国人寿保险股份有限公司福建分公司
平和县爱心助学协会	选送的“爱心助学 传习行动”获 2021 年福建省志愿服务项目大赛铜奖	福建省志愿服务大赛委员会
平和县老促会	2021 年度老区宣传工作三等奖	中国老区建设促进会

续表 13

获得表彰单位名称	获表彰名称	颁奖单位
平和县老促会	“喜迎建党百年·福建老区故事”征文征图活动优秀组织奖	福建省民政厅 福建省老区办 福建省老促会
平和县工商联	福建省“千企帮千村”精准扶贫行动先进集体	中共福建省委统战部 福建省工商业联合会 福建省乡村振兴局 福建省光彩事业促进会 中国农业发展银行福建省分厅
平和县工商联	全国“五好”县级工商联	中华全国工商业联合会
平和县三平风景区	福建省第十四届（2018—2020 年度）文明风景旅游区	中共福建省委 福建省人民政府
平和县医院	2020 年度福建省“安康杯”竞赛先进单位	福建省总工会 福建省应急管理厅 福建省卫生健康委员会
平和县医院	“五小”创新大赛三等奖	福建省总工会
平和县霞寨供销社庄稼医院	2021 年度全省示范庄稼医院	福建省供销社
国网平和县供电公司	第十四届省级文明单位	中共福建省委 福建省人民政府
平和县融媒体中心	“百年党史铸辉煌——全媒体党史知识竞赛”突出贡献奖	中共福建省委宣传部 中共福建省委省直机关工委 福建省广播电视局 福建省广播影视集团
平和县慈善总会	2021 年福建省公益性捐赠税前扣除资格的公益性社会团体	福建省财政厅 国家税务总局福建省税务局 福建省民政厅
平和第三中学	省级义务教育管理标准化学校	福建省教育厅
平和县国强中学	省级义务教育管理标准化学校	福建省教育厅
平和县安厚中学	省级义务教育管理标准化学校	福建省教育厅
平和县宝丰小学	省级义务教育管理标准化学校	福建省教育厅
平和县东寨小学	省级义务教育管理标准化学校	福建省教育厅
平和县坑里小学	省级义务教育管理标准化学校	福建省教育厅
平和县龙头小学	省级义务教育管理标准化学校	福建省教育厅
平和县汤厝小学	省级义务教育管理标准化学校	福建省教育厅
平和县宜盆小学	省级义务教育管理标准化学校	福建省教育厅
平和第二中学	第一批省级平安校园	福建省教育厅
平和第三中学	第一批省级平安校园	福建省教育厅
平和县育英小学	第一批省级平安校园	福建省教育厅
平和县小溪中心小学	第一批省级平安校园	福建省教育厅
平和县五寨中心小学	第一批省级平安校园	福建省教育厅
平和县南胜中心小学	第一批省级平安校园	福建省教育厅

续表 13

获得表彰单位名称	获表彰名称	颁奖单位
平和县大溪中心小学	第一批省级平安校园	福建省教育厅
平和县霞寨中心小学	第一批省级平安校园	福建省教育厅
平和县开智学校	第一批省级平安校园	福建省教育厅
平和县实验幼儿园	第一批省级平安校园	福建省教育厅
平和县新星幼儿园	第一批省级平安校园	福建省教育厅
平和第一中学	第二届（2018—2020 年度）省级文明校园	中共福建省委 福建省人民政府
平和县育英小学	第二届（2018—2020 年度）省级文明校园	中共福建省委 福建省人民政府
平和县新星幼儿园	第二届（2018—2020 年度）省级文明校园	中共福建省委 福建省人民政府
平和县第三实验小学	2018—2020 年度市级文明校园	中共漳州市委 漳州市人民政府
平和县金华小学	2018—2020 年度市级文明校园	中共漳州市委 漳州市人民政府
平和县实验幼儿园	2018—2020 年度市级文明校园	中共漳州市委 漳州市人民政府
平和第二中学	2018—2020 年度市级文明校园	中共漳州市委 漳州市人民政府
平和广兆中学	2018—2020 年度市级文明校园	中共漳州市委 漳州市人民政府
平和县坂仔中心小学	2018—2020 年度市级文明校园	中共漳州市委 漳州市人民政府
平和县安厚中心小学	2018—2020 年度市级文明校园	中共漳州市委 漳州市人民政府
平和县南胜中心小学	2018—2020 年度市级文明校园	中共漳州市委 漳州市人民政府
平和县九峰中心小学	2018—2020 年度市级文明校园	中共漳州市委 漳州市人民政府
平和县育英小学分校	2018—2020 年度市级文明校园	中共漳州市委 漳州市人民政府
平和县南胜中学	2018—2020 年度市级文明校园	中共漳州市委 漳州市人民政府
平和县霞寨中心小学	2018—2020 年度市级文明校园	中共漳州市委 漳州市人民政府
平和县小溪中心小学	2018—2020 年度市级文明校园	中共漳州市委 漳州市人民政府
平和第一中学	组织学生参与第十八届福建省青少年机器人竞赛并获得银牌	福建省科学技术协会 福建省教育厅
平和职业技术学校	2018—2020 年度市级文明校园	中共漳州市委 漳州市人民政府

续表 13

获得表彰单位名称	获表彰名称	颁奖单位
平和县图书馆	“百年风华正青春”——第三届福建省“读中华经典，诵时代华章”诵读比赛组织奖	福建省文化和旅游厅 福建省广播影视集团
平和县潮剧传承保护中心	福建省戏剧水仙花奖组织奖	福建省文学艺术界联合会 福建省文化和旅游厅 福建省戏剧家协会
平和县文峰镇	第十四届（2018—2022 年度）文明乡镇	中共福建省委 福建省人民政府
平和县文峰镇	福建省卫生乡镇	福建省爱国运动卫生委员会
平和县小溪镇	2021 年全国乡村特色产业十亿元镇	国务院农业农村部
平和县小溪镇	福建省 2018—2020 年度省级文明村镇	中共福建省委 福建省人民政府
中共平和县小溪镇离退休党支部委员会	省级离退休干部示范党支部	中共福建省委离退休干部工作委员会 中共福建省委老干局
平和县小溪镇联光村	福建省 2018—2020 年度省级文明村镇	中共福建省委 福建省人民政府
平和县小溪镇新桥村	福建省 2018—2020 年度省级文明村镇	中共福建省委 福建省人民政府
平和县小溪镇共和村	福建省卫生村	福建省爱国运动卫生委员会
平和县小溪镇宝善村	福建省卫生村	福建省爱国运动卫生委员会
平和县小溪镇旧县村	福建省卫生村	福建省爱国运动卫生委员会
平和县小溪镇联星村	福建省卫生村	福建省爱国运动卫生委员会
平和县小溪镇西林村	福建省卫生村	福建省爱国运动卫生委员会
平和县小溪镇溪州村	福建省卫生村	福建省爱国运动卫生委员会
平和县小溪镇新桥村	福建省卫生村	福建省爱国运动卫生委员会
平和县小溪镇玉溪村	福建省卫生村	福建省爱国运动卫生委员会
平和县小溪镇古楼村	福建省卫生村	福建省爱国运动卫生委员会
平和县小溪镇厝丘村	福建省卫生村	福建省爱国运动卫生委员会
平和县小溪镇联光村	福建省卫生村	福建省爱国运动卫生委员会
平和县小溪镇高南村	福建省卫生村	福建省爱国运动卫生委员会
中共平和县南胜镇离退休干部支部委员会	省级离退休干部示范党支部	中共福建省委离退休干部工作委员会 中共福建省委老干部局
平和县五寨乡	第十四届（2018—2020 年度）文明乡镇	中共福建省委 福建省人民政府
平和县五寨乡	福建省卫生乡镇	福建省爱国卫生运动委员会
平和县五寨乡	省级乡村治理示范乡镇	中共福建省委农村工作领导小组办公室 中共福建省委组织部 中共福建省委宣传部 福建省农业农村厅 福建省民政厅 福建省司法厅

续表 13

获得表彰单位名称	获表彰名称	颁奖单位
平和县五寨乡前岭村	2021 年度省级“一村一品”示范村和农业产业化省级示范联合体	福建省农业农村厅
平和县五寨乡前岭村	省级重点特色乡（镇）、实绩突出村	中共福建省委扶贫开发成果巩固与乡村振兴工作领导小组
平和县国强乡新建村	全市先进基层党组织	中共漳州市委
平和县安厚镇	2017—2020 年度平安建设先进集体	中共漳州市委 漳州市人民政府
平和县霞寨镇	福建省特色小镇	福建省发展和改革委员会
平和县霞寨镇	省级乡村治理示范乡镇	中共福建省委组织部
平和县霞寨镇高寨村	民主法治示范村（社区）	司法部、民政部
平和县霞寨镇高峰谷	百条红色茶香旅游精品路线	中国农业国际促进会
平和县霞寨镇高峰谷	省级森林康养基地	福建省林业局 福建省民政厅 福建省总工会
中共平和县崎岭乡顶寨村支部委员会	全市先进基层党组织	中共漳州市委
平和县九峰镇党委	福建省脱贫攻坚先进集体	中共福建省委 福建省人民政府
平和县长乐乡退役军人服务站	设区市示范型退役军人服务站	中共福建省委退役军人事务工作领导小组办公室
平和暴动纪念馆	福建省 100 个党史学习教育参观学习点	福建党史学习教育领导小组办公室
平和暴动纪念馆	第六批福建省爱国主义教育基地	中共福建省委宣传部
中国人民银行平和县支行营业室	“学制度、悟思想、促规范、正新风”之财务制度“每周一学一测”活动先进集体	中国人民银行福州中心支行
中国移动通信集团福建有限公司平和分公司	2018—2020 年度福建省级文明单位	中共福建省委 福建省人民政府
中国移动通信集团福建有限公司平和分公司	福建省“安康杯”先进集体	福建省总工会 福建省应急管理厅 福建省卫生健康委员会
中国移动通信集团福建有限公司平和分公司	福建省“百年党史铸辉煌——全媒体党史知识竞赛”优秀组织奖、人气代表队	中共福建省委宣传部 中共福建省委省直机关工委 福建省广播电视局 福建省广播影视集团 中国移动通信集团福建有限公司
中国移动通信集团福建有限公司平和分公司	2020 年度法治移动先进单位	中国移动通信集团福建有限公司漳州分公司
平和县实验幼儿园	2019—2020 年度福建省三八红旗集体	福建省妇联
中国农业发展银行平和县支行	2020 年度业务经营十佳县级支行	中国农业发展银行福建省分行
中国农业发展银行平和县支行	青年文明号	中国农业发展银行福建省分行

续表 13

获得表彰单位名称	获表彰名称	颁奖单位
中国农业发展银行平和县支行	先进基层党组织	中共中国农业发展银行福建省分行委员会
中国农业发展银行平和县支行	宣传工作先进集体	中共中国农业发展银行福建省分行委员会
中国人民财产保险股份有限公司平和支公司	2018—2020 年度市级文明单位	中共漳州市委
中国人民财产保险股份有限公司平和支公司	2019—2020 年度“诚信先进单位”	福建省诚信促进会
中国邮政集团有限公司福建省平和县分公司	“最美快递员”	福建省邮政管理局 福建省快递行业协会
中国邮政集团有限公司福建省平和县分公司	工人先锋号	福建省总工会

2021 年平和县获得市级以上表彰先进个人一览表

表 14

姓名	单位	奖项名称	颁奖单位
林泽松	中共平和县委组织部	2021 年优秀通讯员	中国组织人事报社
施坚艺	平和县检察院	全省检察机关第二十期司法警察培训班优秀学员	福建省人民检察院司法警察总队
杨艺鸿	平和县检察院	全省检察机关先进个人	福建省人力资源和社会保障厅
张理智	平和县检察院	全省检察机关扫黑除恶专项斗争优秀个人	福建省人民检察院
杨艺鸿	平和县检察院	全省检察机关优秀办案检察官	福建省人民检察院
沈蔚林	平和县人民法院	全省扫黑除恶先进工作者	福建省扫黑除恶专项斗争领导小组
马淑惠	平和县人民法院	全省扫黑除恶先进个人	福建省高级人民法院
翁境宏	平和县人民法院	全省扫黑除恶先进个人	福建省高级人民法院
朱惠珍	平和县人民法院	2020 年度福建省三八红旗手	福建省妇联
黄志耀	平和县供销合作社联合社	作品入选“百年正青春 永远跟党走”福建省供销社系统庆祝中国共产党成立 100 周年书法美术摄影展	福建省供销合作社联合社
张汉强	平和县计划生育协会	全省计划生育协会新闻信息优秀通讯员	福建省计划生育协会
林丽娜	平和县台湾同胞联谊会	全盟脱贫攻坚先进个人	台盟中央委员会
林丽娜	平和县台湾同胞联谊会	促进福建建设和两岸交流贡献奖	福建省台湾同胞联谊会
罗喆涵	共青团平和县委员会	2020 年度“福建省优秀共青团员”	共青团福建省委
赖文辉	平和县发展和改革局	优秀党务工作者	中共漳州市委
赖炎生	平和县发展和改革局	第五批优秀驻村干部	中共漳州市委 漳州市人民政府
黄少芳	漳州市平和生态环境局	全省生态环境系统先进工作者	福建省人力资源和社会保障厅 福建省生态环境厅
蔡艺友	平和县气象局	福建省五一劳动奖章	福建省总工会

续表 14

姓名	单位	奖项名称	颁奖单位
蔡艺友	平和县气象局	福建省金牌工人	福建省总工会
蔡艺友	平和县气象局	福建省技术能手	福建省人力资源和社会保障厅
黄江丽	平和县人社局	全省人力资源和社会保障系统先进工作者	福建省人力资源和社会保障厅
吴镇海、黄冰心家庭	平和县山格镇中心小学	2021 年福建省绿色家庭	福建省妇联 福建省生态环境厅
何志生	平和县总工会	福建省“安康杯”竞赛组织工作优秀个人	福建省总工会 福建省应急管理厅 福建省卫生健康委员会
何明城	平和县烟草专卖局	2021 年统计论文征集评选活动三等奖	国家烟草专卖局烟草经济信息中心
黄水成	平和县作协	2020 全国报纸副刊年度美文二等奖	中国报纸副刊研究会
黄水成	平和县作协	2020 年度福建报纸副刊年赛一等奖	福建法治报社、 福建省新闻工作者协会报纸副刊工作委员会
黄水成	平和县作协	2020 年度福建新闻奖二等奖	福建省新闻工作者协会
朱超源	平和县作协	全国征文比赛一等奖	中共中央保密委员会办公室 国家保密局
罗燕军	平和县作协	全国征文比赛三等奖	中共中央保密委员会办公室 国家保密局
黄荣金	平和县美协	第五届福建省迎春画展优秀奖	福建省美协
黄荣金	平和县美协	“意之大者——第八届福建省写意画大展”优秀奖	福建省美协
林明才	平和县美协	作品《大美漳州·盛世芳华》获“大美漳州——全国中国画作品展”优秀奖	中国美协
朱忠信	平和县文体旅局	福建省戏剧水仙花奖专业组表演奖三等奖	福建省文学艺术界联合会 福建省文化和旅游厅 福建省戏剧家协会
叶耀宗	平和县文体旅局	福建省戏剧水仙花奖专业组演奏奖三等奖	福建省文学艺术界联合会 福建省文化和旅游厅 福建省戏剧家协会
曾美玲	平和县九峰镇	获中华人民共和国第十一届残疾人运动会暨第八届特殊奥林匹克运动会跆拳道女子 K42 58 公斤级第二名	中国残疾人联合会 中国残奥委员会
黄泽文	平和县金华小学	福建省第五批中小学学科教学带头人	福建省教育厅
杨文钦	平和县金华小学分校	福建省第五批中小学学科教学带头人	福建省教育厅
张雪琦	平和县农村信用合作联社	福建农信系统优秀共产党员	福建省农村信用社联合社
张雪琦	平和县农村信用合作联社	福建农信“巾帼建功标兵”	福建省农村信用社联合社
刘侍斌	平和县农村信用合作联社	福建农信系统优秀共产党员	福建省农村信用社联合社

续表 14

姓名	单位	奖项名称	颁奖单位
蔡毅豪	中国人民银行平和县支行	同一存款人信息系统上线试运行汇总表现突出单位和个人	中国人民银行福州中心支行
朱江平	中国人民银行平和县支行	“学制度、悟思想、促规范、正新风”之财务制度“每周一学一测”活动先进个人	中国人民银行福州中心支行
张晨昕	中国人民银行平和县支行	“学制度、悟思想、促规范、正新风”之财务制度“每周一学一测”活动先进个人	中国人民银行福州中心支行
卢纯青	中国人民银行平和县支行	“饮水思源头 殷殷爱党情”主题征文优秀奖	中国人民银行福州中心支行
蔡建华	中国农业发展银行平和县支行	先进工作者	中共中国农业发展银行福建省分行委员会
蔡建华	中国农业发展银行平和县支行	“重点客户工程”个人贡献奖	中国农业发展银行福建省分行
蔡建华	中国农业发展银行平和县支行	优秀共产党员	中共中国农业发展银行福建省分行委员会
林少辉	平和县公安局	全省优秀公安局长、政委	福建省人力资源和社会保障厅 福建省公安厅
陈思毅	平和县公安局	全省优秀人民警察	福建省人力资源和社会保障厅 福建省公安厅
叶杰晖	平和县公安局	全省优秀人民警察	福建省人力资源和社会保障厅 福建省公安厅
江潇潇	平和县公安局	个人二等功	福建省公安厅
卢河亮	平和县公安局	全市优秀共产党员	中共漳州市委
陈 贺	平和县新阶联	主持的“梦享柚生鲜供应链”项目在第八届“创青春”中国创新创业大赛乡村振兴专项电商组决赛中获得金奖	第八届“创青春”中国青年创新创业大赛全国组委会
曾清森	平和县新阶联	2021 年度福建省乡村文化和旅游能人	福建省文化和旅游厅
钟锦松	中国移动通信集团福建有限公司平和分公司	漳州市优秀党务工作者	中共漳州市委
卢军雄	福建广电网络集团平和分公司集客部	十佳集客客户经理	福建广电网络集团
林东海	福建广电网络集团平和分公司坂仔广电网络站	十佳网格（营维员）	福建广电网络集团
庄荣章	平和县五寨乡	漳州市优秀共产党员	中共漳州市委
吴学良	平和县坂仔镇	“暖心之星”荣誉称号	中国计划生育协会
赖文达	平和县国强乡	八闽银发先锋	中共福建省委组织部 中共福建省委离退休干部工作委员会 中共福建省委老干部局
林永金	平和县大溪镇	福建省脱贫攻坚先进个人	中共福建省委 福建省人民政府

续表 14

姓名	单位	奖项名称	颁奖单位
赖文辉	平和县大溪镇	漳州市优秀党务工作者	中共漳州市委
涂来顺	平和县霞寨镇	福建省脱贫攻坚 先进个人	中共福建省委 福建省人民政府
黄茂林	平和县霞寨镇	福建省脱贫攻坚 先进个人	中共福建省委 福建省人民政府
赖汉明	平和县霞寨镇	福建省第四届“母亲河奖”绿色卫士奖	福建省保护母亲河行动领导小组
曾明新	平和县崎岭乡	2017-2020 年度漳州市 平安建设先进工作者	中共漳州市委 漳州市人民政府
林艺煌	平和县崎岭乡	全市优秀共产党员	中共漳州市委
曾建良	平和县九峰镇	2017-2020 年度漳州市平安建设先进 工作者	中共漳州市委 漳州市人民政府
张连清	平和县九峰镇	漳州市实施乡村振兴战略先进个人	中共漳州市委 漳州市人民政府
罗奇伟	平和县工业园区	漳州市优秀共产党员	中共漳州市委

索引

说明

一、本索引采用主题词分析法，按主题词首字汉语拼音字母顺序排列。

二、栏目、分目标题用黑体字。“特载”“专记”“大事记”“附录”内容不作索引。

三、索引主题词后的数字表示页码。

C

D

H

J

K

L

M

N

P

Q

T

W

X

Y

Z